省级精品课程

高水平应用型培育立项建设专业群系列教材

财务管理

（第二版）

Financial Management

王培培 主 编

肖晓慧 郝祥坤 副主编

东北财经大学出版社

Dongbei University of Finance & Economics Press

大连

图书在版编目（CIP）数据

财务管理 / 王培培主编．—2版．—大连：东北财经大学出版社，2022.12
（高水平应用型培育立项建设专业群系列教材）
ISBN 978-7-5654-4748-8

Ⅰ.财… Ⅱ.王… Ⅲ.财务管理-高等学校-教材 Ⅳ.F275

中国版本图书馆CIP数据核字（2022）第250124号

东北财经大学出版社出版
（大连市黑石礁尖山街217号 邮政编码 116025）
网 址：http：//www.dufep.cn
读者信箱：dufep@dufe.edu.cn
大连图腾彩色印刷有限公司印刷 东北财经大学出版社发行

幅面尺寸：185mm×260mm 字数：492千字 印张：20.5 插页：1
2022年12月第2版 2022年12月第1次印刷

责任编辑：王 丽 刘晓彤 责任校对：王 筱
封面设计：冀贵收 版式设计：原 皓

定价：45.00元

教学支持 售后服务 联系电话：（0411）84710309

如有印装质量问题，请联系营销部：（0411）84710711

第二版前言

“财务管理”是高等院校财会类专业核心课程，是财会类专业学生的知识结构和能力结构的重要组成部分。随着我国市场经济的快速发展，企业财务管理环境也发生了巨大变化，对企业财务管理活动产生实质性的影响，因此，财务管理教材也必须不断予以更新，以满足教学需要。这便是我们编写《财务管理》一书的主旨所在。

本教材的主要内容包括：总论、财务报表分析、财务管理价值观念、长期筹资管理、短期筹资管理、资本成本和资本结构、投资决策原理、投资决策实务、短期资产管理、股利理论与政策、财务战略与预算、公司并购管理、公司重组破产清算等。通过对本课程的学习，学生应掌握公司财务管理的基本理论与方法，能够熟练运用所学知识对公司筹资、投资和分配活动进行计量、评估、预测、分析和决策，对当前公司理财行为进行分析和判断，初步掌握撰写企事业单位各种财务管理分析报告的技能，掌握公司筹资、投资、利润分配等更深层次的理论、方法和实务操作流程，注重对现实问题的分析能力和应对能力的培养，为将来成为具有较强综合分析能力和解决问题能力的综合素质较高的复合型经济管理人才奠定基础。

本教材的主要特点是：以能力培养为导向，具有较强的实用性和适用性；通过实例计算和案例分析，帮助学生掌握财务管理原理与方法；每章附有多种类型习题，基本覆盖各章节的重点和难点，便于学生复习与自测；配有电子教案（含各章详尽习题答案），方便教师教学使用，提高教学效果。本教材第二版在原有知识的基础上，结合各章知识要点增加了相关思政内容，力求在传授知识的过程中更好地育人。

本教材由王培培担任主编，肖晓慧、郝祥坤担任副主编。具体编写分工如下：第一章由王培培编写；第二章、第六章由郝祥坤编写；第三章由卞晓姗编写；第四章由秦娴编写；第五章、第九章由肖晓慧编写；第七章、第八章由张飞腾编写；第十章、第十三章由卜俊清编写；第十一章由王子元编写；第十二章由彭利达编写。主编负责章节结构的设计和安排，并在一定范围内征求意见后拟定大纲；初稿完成后经过主编、副主编反复审阅修改，最后由主编负责总纂和定稿。

在编写过程中，我们参考了大量国内外有关专家、学者的论著、教材和文章，吸收了一些最新的研究成果，在此我们表示衷心的感谢。由于编者的经验和水平有限，书中的疏漏和不当之处在所难免，恳请同行、专家和广大读者批评指正。

编　者

2022年10月

目 录

第一章

总论

学习目标

知识目标： 通过本章的学习，理解财务管理的定义和目标，掌握不同财务管理目标的优缺点，了解财务管理的具体环节，掌握财务管理体制的一般模式，了解财务管理环境，掌握不同环境对企业财务管理活动的影响。

技能目标： 通过本章的学习，掌握财务管理目标理论及其优缺点，掌握财务管理利益冲突协调的方法，能够运用企业财务管理的不同模式进行具体管理体制的选择与决策，同时，随着财务管理环境的变化，不断完善企业财务管理活动。

第一节 财务管理概述

一、财务管理的概念

财务管理是指组织企业财务活动、处理财务关系的一项综合性管理工作。理解企业财务管理的基本概念，还必须了解资金运动、财务活动及财务关系等相关概念。

（一）资金运动

资金运动是指企业实物商品运动和金融商品运动过程中的价值运动。资金是企业生产经营过程中商品价值的货币表现，其实质是再生产过程中运动着的价值。资金运动具体表现为两种形式：

1. 实物商品资金运动

企业再生产过程是实物商品的使用价值的生产和交换与价值的形成和实现过程的统一。实物商品经过采购、生产和销售三个基本环节，既表现为其使用价值的实现过程，又表现为其价值运动过程。这种价值运动过程，如图1-1所示。

$$G \rightarrow W\begin{cases}A\\P_m\end{cases}\rightarrow P \rightarrow W' \rightarrow G'$$

图1-1　实物商品价值运动过程

随着实物商品的采购、生产和销售环节的进行，货币资金（G）依次转化为商品资金（W即表现为一定数量的劳动力（A）和生产资料（P_m））、生产资金（P）、产成品资金（W′）和更多的货币资金（G′），资金运动的结果实现了资金的增值性要求。

2. 金融商品资金运动

金融商品是指在金融市场上反复买卖，并有市场价格的各种有价证券（如股票、债券等）。企业进行的各种金融商品的投资或买卖活动，如图1-2所示。

$$G \rightarrow G^w \rightarrow G'$$

图1-2　金融商品投资或买卖活动

随着金融商品买卖活动的进行，货币资金（G）依次转化为金融商品资金（G^w）和更多的货币资金（G′）。

如果企业通过发行股票或债券筹集资金以及之后偿付资金（如回购股票、支付股利、还本付息），则完整的实物商品资金运动过程，如图1-3所示。其中，$G^w \rightarrow G$成为实物商品运动的前提，称为筹资活动，这时，实物商品运动称为广义的投资活动，$G' \rightarrow G^w$成为实物商品运动的结果，称为偿付筹资活动。

$$G^w \rightarrow G \rightarrow W\begin{cases}A\\P_m\end{cases}\rightarrow P \rightarrow W' \rightarrow G' \rightarrow G^w$$

图1-3　完整的实物商品资金运动过程

（二）财务活动

财务活动是指资金的筹集、运用、耗资、收回及分配等一系列行为。如前所述，企业资金运动过程是资金形态的不断转化及增值过程，这一过程是通过一系列的财务活动实现的。其中，资金的运用、耗资、收回又称为投资。资金运动和财务活动的对应关系，如图1-4所示。

$$\underbrace{G^w \rightarrow G}_{\text{筹资活动}} \rightarrow \underbrace{W\begin{cases}A\\P_m\end{cases}\rightarrow P \rightarrow W'}_{\text{投资活动}} \rightarrow \underbrace{G' \rightarrow G^w}_{\text{分配活动}}$$

图1-4　资金运动和财务活动的对应关系

其中，筹资活动是资金运动的前提，投资活动是资金运动的关键，分配活动是作为投资成果进行的，体现了企业投资与筹资的目标要求。

（三）财务关系

财务关系是指企业在组织财务活动过程中与有关各方所发生的经济利益关系。企业的财务活动是以企业为主体进行的，企业作为法人在组织财务活动过程中，必然与企业内外部有关各方发生广泛的经济利益关系，这就是企业的财务关系。企业的财务关系可概括为以下几个方面：

1. 企业与政府之间的财务关系

政府作为社会管理者，担负着维护社会正常秩序、保卫国家安全、组织和管理社会活动等任务。政府为完成这一任务，必然会无偿参与企业利润的分配。企业则必然按照国家税法的规定缴纳各种税款，包括所得税、流转税和计入成本的税金。这种关系体现为一种强制性和无偿性的分配关系。

2. 企业与投资者之间的财务关系

这主要是指企业的所有者向企业投入资本而形成的所有权关系，具体表现为独资、控股和参股关系。企业的所有者主要有：国家、个人和法人单位。企业作为独立的经营实体，独立经营，自负盈亏，实现所有者资本的保值与增值。所有者以出资人的身份参与企业税后利润的分配，其与企业之间体现为所有权性质的投资与受资的关系。

3. 企业与债权人之间的财务关系

这主要是指债权人向企业贷放资金，企业按照借款合同的规定按时支付利息和归还本金所形成的经济关系。企业的债权人主要有：金融机构、企业和个人。企业除利用权益资金进行经营活动外，还要借入一定数量的资金，以便扩大企业经营规模，降低资金成本。企业同债权人的财务关系在性质上属于债务与债权关系。在这种关系中，债权人不像资本投资者那样有权直接参与企业的经营管理，对企业的重大活动不享有表决权，也不参与企业剩余收益的分配，但在企业破产清算时享有优先求偿权。因此，债权人投资的风险相对较小，收益也较低。

4. 企业与受资者之间的财务关系

这主要是指企业以购买股票或直接投资的形式向其他企业投资所形成的经济关系。随着市场经济的不断深入发展，企业经营规模和经营范围的不断扩大，这种关系将越来越普遍。企业与受资方的财务关系体现为所有权性质的投资与受资的关系。企业向其他单位投资，依照其出资额，可形成独资、控股和参股三种关系，并根据其出资额参与受资方的重大决策和利润分配。企业投资的最终目的是取得收益，但预期收益能否实现，存在一定的投资风险。投资风险越大，要求的收益就越高。

5. 企业与债务人之间的财务关系

这主要是指企业将资金以购买债券、提供借款或商业信用等形式出借给其他单位所形成的经济关系。企业将资金借出后，有权要求其债务人按约定的条件支付利息和归还本金。企业同其他债务人的关系体现为债权与债务关系。企业在提供信用的过程中，一方面会产生直接的信用收入，另一方面也会发生相应的机会成本和面临坏账损失的风险，企业必须考虑两者的对称性。

6. 企业内部各单位之间的财务关系

这主要是指企业内部各单位之间在生产经营各环节中相互提供产品或劳务所形成的经济关系。在企业内部实行责任预算及责任考核与评价的情况下，企业内部各责任中心之间相互提供产品与劳务，应以内部转移价格进行核算。这种在企业内部形成的资金结算关系，体现了企业内部各单位之间的利益均衡关系。

7. 企业与职工之间的财务关系

这主要是指企业在向职工支付劳动报酬过程中所形成的经济关系。职工是企业的劳动者，他们以自身提供的劳动作为参与企业利润分配的依据。企业根据劳动者的劳动情况，利用其收入向职工支付工资、津贴和奖金，体现着职工个人和集体在劳动成果上的分配关系。

二、财务管理的内容

根据以上分析，财务管理是基于企业再生产过程中客观存在的财务活动和财务关系而产生的，是企业组织财务活动、处理与各方面财务关系的一项综合性管理工作。企业筹资、投资和利润分配构成了完整的企业财务活动，与此对应，企业筹资管理、投资管理和利润分配管理便成为企业财务管理的基本内容。

（一）筹资管理

筹资管理是企业财务管理的首要环节，是企业投资活动的基础。事实上，在企业发展过程中，筹资及筹资管理是贯穿始终的。企业无论是在创立之时，还是在成长过程中追求规模扩张，甚至是在日常经营周转过程中，都可能需要筹措资金。可见，筹资是指企业为满足投资和用资的需要，筹措和集中所需资金的过程。在筹资过程中，企业一方面要确定筹资的总规模，以保证投资所需要的资金；另一方面要选择恰当的筹资方式，以降低筹资的代价和筹资的风险。

（二）投资管理

投资是指企业资金的运用，是为了获得收益或避免风险而进行的资金投放活动。在投资过程中，企业必须考虑投资规模。同时，企业还必须通过投资方向和投资方式的选择，确定合理的投资结构，以提高投资效益、降低投资风险。投资管理是企业财务管理的重要环节。投资决策的失败，对企业未来的经营成败具有根本性影响。

（三）利润（股利）分配管理

企业通过投资必然会取得收入，获得资金的增值。分配是作为投资的结果而出现的，它是对投资成果的分配。投资成果表现为取得各种收入，并在扣除各种成本费用后获得利润。所以，广义地说，分配是指对投资收入（如销售收入）和利润进行分割和分派的过程，而狭义的分配仅指对利润的分配。利润（股利）分配管理就是要解决，在企业缴纳所得税后所获得的税后利润中，有多少分配给投资者，有多少留在企业作为再投资之用。因此，利润（股利）分配决策的关键是确定利润（股利）的支付率。

实际上，一些大型企业在开展管理财务活动时，往往将财务管理内容分为财务基本业务管理和财务特殊业务管理。财务基本业务管理的内容包括筹资管理、投资管理和利润分配管理，财务特殊业务管理则包括外汇管理，跨国公司财务管理，企业兼并、收购与清算管理等。

第二节 财务管理目标

一、企业财务管理目标理论

企业财务管理目标有如下几种具有代表性的理论：

（一）利润最大化

利润最大化就是假定企业财务管理以实现利润最大化为目标。

以利润最大化作为财务管理目标，其主要原因有三个方面：一是人类从事生产经营活动的目的是创造更多的剩余产品，在市场经济条件下，剩余产品的多少可以用利润这个指标来衡量；二是在自由竞争的资本市场中，资本的使用权最终属于获利最多的企业；三是只有每个企业都最大限度地创造利润，整个社会的财富才可能实现最大化，从而带来社会的进步和发展。

利润最大化目标的主要优点是：企业追求利润最大化，就必须讲求经济核算，加强管理，改进技术，提高劳动生产率，降低产品成本。这些措施都有利于企业资源的合理配置，有利于企业整体经济效益的提高。

但是，以利润最大化作为财务管理目标也存在以下缺陷：

（1）没有考虑利润实现时间和资金时间价值。比如，今年100万元的利润和10年以后同等数额的利润，其实际价值是不一样的，10年间还会有时间价值的增加，而且这一数值会随着贴现率的不同而有所不同。

（2）没有考虑风险问题。不同行业具有不同的风险，同等利润值在不同行业中的意义也不相同，比如，风险比较高的高科技企业和风险相对较小的制造业企业无法简单地比较。

（3）没有反映创造的利润与投入的资本之间的关系。

（4）可能导致企业短期财务决策倾向，影响企业长远发展。由于利润指标通常按年计算，因此，企业决策也往往会服务于年度指标的完成或实现。

（二）股东财富最大化

股东财富最大化是指企业财务管理以实现股东财富最大化为目标。在上市公司中，股东财富是由其所拥有的股票数量和股票市场价格两方面决定的。在股票数量一定时，股票价格达到最高，股东财富也就达到最大。

与利润最大化相比，股东财富最大化的主要优点有：

（1）考虑了风险因素，因为通常股价会对风险做出较敏感的反应。

（2）在一定程度上能够避免企业的短期行为，因为不仅企业目前的利润会影响股票价格，而且其未来的利润同样会对股价产生重要影响。

（3）对上市公司而言，股东财富最大化的目标比较容易量化，便于考核和奖惩。

以股东财富最大化作为财务管理目标也存在以下缺点：

（1）通常只适用于上市公司，非上市公司难以应用，因为非上市公司无法像上市公司一样随时能够准确获得股价。

（2）股价受众多因素的影响，特别是企业外部的因素，有些还可能是非正常因素。股价不能完全准确地反映企业财务管理状况，如有的上市公司处于破产的边缘，但由于可能存在某些机会，其股价可能还在走高。

（3）它强调更多的是股东利益，而对其他相关者的利益重视不够。

（三）企业价值最大化

企业价值最大化是指企业财务管理以实现企业价值的最大化为目标。企业价值可以理解为企业所有者权益的市场价值，或者是企业所能创造的预计未来现金流量的现值。未来现金流量这一概念，包含了资金的时间价值和风险价值两方面的因素。因为对未来现金流量的预测包含了不确定性和风险因素，而现金流量的现值是以资金的时间价值为基础对现金流量进行折现计算得出的。

企业价值最大化要求企业通过采用最优的财务政策，充分考虑资金的时间价值和风险与报酬的关系，在保证企业长期稳定发展的基础上使企业总价值达到最大。

以企业价值最大化作为财务管理目标，具有以下优点：

（1）考虑了取得报酬的时间，并利用时间价值的原理进行了计量。

（2）考虑了风险与报酬的关系。

（3）将企业长期、稳定的发展和持续的获利能力放在首位，能够克服企业在追求利润上的短期行为，因为不仅目前的利润会影响企业价值，而且其未来的利润对企业价值也会产生重大影响。

（4）用价值代替价格，克服了过多受外界市场因素干扰的缺陷，有效地规避了企业的短期行为。

但是，以企业价值最大化作为财务管理目标也存在以下问题：

（1）企业的价值过于理论化，不易操作。尽管对于上市公司来说，股票价格的变动在一定程度上揭示了企业价值的变化，但是，股价是多种因素共同作用的结果，特别是在资本市场效率低下的情况下，股票价格很难反映企业的价值。

（2）对于非上市公司来说，只有对企业进行专门的评估才能确定其价值，而在评估企业的资产价值时，由于受评估标准和评估方式的影响，很难做到足够的客观和准确。

近年来，随着上市公司数量的增加，以及上市公司在国民经济中地位、作用的增强，企业价值最大化目标逐渐得到了广泛认可。

（四）相关者利益最大化

在现代企业是多边契约关系的总和的前提下，要确立科学的财务管理目标，就要首先考虑哪些利益关系会对企业发展产生影响。在市场经济中，企业的理财主体更加细化和多元化。股东作为企业所有者，在企业中承担着最大的权利、义务、风险和报酬，但是债权人、员工、企业经营者、客户、供应商和政府部门也为企业承担着风险，这些风险包括以下方面：

（1）随着举债经营的企业越来越多，举债比例和规模也不断扩大，债权人的风险大大增加。

（2）在社会分工细化的今天，由于简单劳动越来越少，复杂劳动越来越多，职工的再就业风险不断增加。

（3）在现代企业制度下，企业经理人受所有者委托，作为代理人管理和经营企业，在激烈的市场竞争和复杂多变的市场形势下，代理人所承担的责任越来越大，风险也随之加大。

（4）受市场竞争和经济全球化的影响，企业与客户以及企业与供应商之间不再是简单的买卖关系，更多的是长期的伙伴关系，处于一条供应链上，并共同参与同其他供应链的竞争，因而企业的客户及供应商也与企业共同承担一部分风险。

（5）政府部门不管是作为出资者，还是作为监管机构，都与企业各方的利益密切相关。

综上所述，企业的利益相关者不仅包括股东，还包括债权人、企业经营者、客户、供应商、员工、政府部门等。因此，在确定企业财务管理目标时，不能忽视这些相关利益群体的利益。

相关者利益最大化目标的具体内容包括如下几个方面：

（1）强调风险与报酬的均衡，将风险限制在企业可以承受的范围内。

（2）强调股东的首要地位，并强调企业与股东之间的协调关系。

（3）强调对代理人即企业经营者的监督和控制，建立有效的激励机制以使企业战略目标顺利实现。

（4）关心本企业普通职工的利益，创造优美和谐的工作环境和提供合理恰当的福利待遇，以使职工长期努力为企业工作。

（5）不断加强与债权人的关系，培养可靠的资金供应者。

（6）关心客户的长期利益，以便保持销售收入的长期稳定增长。

（7）加强与供应商的协作，共同面对市场竞争，并注重企业形象的宣传，遵守承诺，讲究信誉。

（8）保持与政府部门的良好关系。

以相关者利益最大化作为财务管理目标，具有以下优点：

（1）有利于企业长期稳定发展。这一目标注重企业在发展过程中考虑并满足各利益相关者的利益关系。在追求长期稳定发展的过程中，站在企业的角度进行投资研究，可以避免站在股东的角度进行投资可能导致的一系列问题。

（2）体现了合作共赢的价值理念，有利于实现企业经济效益和社会效益的统一。由于兼顾了企业、股东、客户、政府部门等的利益，企业就不仅仅是一个单纯牟利的组织，其还承担了一定的社会责任。企业在寻求其自身发展和利益最大化的过程中，出于对客户及其他利益相关者的利益的考虑，就会依法经营、依法管理，正确处理各种财务关系，自觉维护和保障国家、集体和社会公众的合法权益。

（3）这一目标本身是一个多元化、多层次的目标体系，较好地兼顾了各利益主体的利益。这一目标可使企业各利益主体相互作用、相互协调，并在使企业利益、股东利益达到最大化的同时，也使其他利益相关者的利益达到最大化。也就是说，将企业财富这块“蛋糕”做到最大的同时，保证每个利益主体所得到的“蛋糕”份额更多。

（4）体现了前瞻性和现实性的统一。比如，企业作为利益相关者之一，有一套自身的评价指标，如未来企业报酬贴现值；股东可以使用股票市价作为评价指标；债权人可以寻求风险最小、利息最大；员工可以确保工资福利最优；政府可以考虑社会效益等。不同的利益相关者拥有各自的指标，只要合理合法、互利互惠、相互协调，就可以实现所有相关者的利益最大化。

因此，相关者利益最大化是企业财务管理最理想的目标。但是鉴于该目标过于理想化，且无法操作，本书后面章节仍采用企业价值最大化作为财务管理目标。

二、利益冲突的协调

将相关者利益最大化作为财务管理目标，其首要任务就是要协调相关者的利益关系，化解他们之间的利益冲突。协调相关者的利益冲突要把握的原则是：尽可能使企业相关者的利益分配在数量上和时间上达到动态协调平衡。而在所有的利益冲突协调中，所有者与经营者、所有者与债权人的利益冲突协调是至关重要的。

（一）所有者与经营者的利益冲突协调

在现代企业中，经营者一般不拥有占支配地位的股权，他们只是所有者的代理人。所有者期望经营者代表他们的利益工作，实现所有者财富最大化，而经营者则有其自身的利益考虑，二者的目标经常会不一致。通常而言，所有者能够向经营者支付多少报酬，取决于经营者能够为所有者创造多少财富。经营者和所有者的主要利益冲突，就是经营者希望在创造财富的同时能够获取更多的报酬、更多的享受，而所有者则希望以较小的代价（支付较少的报酬）实现更多的财富。

为了协调这一利益冲突，通常可采取以下方式：

1. 解聘

这是一种通过所有者约束经营者的办法。所有者对经营者进行监督，如果经营者绩效不佳，就解聘经营者；经营者为了不被解聘就需要努力工作，为实现财务管理目标服务。

2. 接收

这是一种通过市场约束经营者的办法。如果经营者决策失误，经营不力，绩效不佳，该企业就可能被其他企业强行接收或吞并，相应的经营者也会被解聘。经营者为了避免这种接收的发生，就必须努力实现财务管理目标。

3. 激励

激励就是将经营者的报酬与其绩效直接挂钩，以使经营者自觉采取能够提高所有者财富的措施。激励通常有两种方式：

（1）股票期权。它是允许经营者以约定的价格购买一定数量的本企业股票，股票的市场价格高于约定价格的部分就是经营者所得的报酬。经营者为了获得更大的股票涨价益处，就必然会主动采取能够提高股价的行动，从而增加所有者的财富。

（2）绩效股。它是企业运用每股收益、资产收益率等指标来评价经营者绩效，并视其绩效大小给予经营者数量不等的股票作为报酬。如果经营者绩效未能达到规定目标，经营者将丧失原先持有的部分绩效股。这种方式使经营者不仅为了得到更多的绩效股而不断采取措施提高经营绩效，而且为了使每股市价最大化，其也会采取各种措施使股价稳定上升，从而增加所有者的财富。即使由于客观原因股价并未提高，经营者也会因为获取绩效股而获利。

（二）所有者与债权人的利益冲突协调

所有者的目标可能与债权人期望实现的目标发生矛盾。首先，所有者可能要求经营者改变举债资金的原定用途，将其用于风险更高的项目，这会加大偿债风险，债权人的负债价值也必然会降低，造成债权人风险与收益的不对称。因为高风险的项目一旦成功，额外的利润就会被所有者独享；但若失败，债权人却要与所有者共同承担由此而造成的损失。其次，所有者可能在未征得现有债权人同意的情况下，要求经营者举借新债，由此偿债风险相应变大，从而导致原有债权价值的降低。

所有者与债权人的上述利益冲突，可以通过以下方式解决：

1. 限制性借债

债权人通过事先规定借款用途、增加借款担保条款和借款信用条件，使所有者不能通过以上两种方式削弱债权人的债权价值。

2. 收回借款或停止借款

当债权人发现企业有侵蚀其债权价值的意图时，可以采取收回债权或不再给予新的借款等措施，从而保护自身权益。

第三节 财务管理环节

财务管理环节是企业财务管理的工作步骤与一般工作程序。一般而言，企业财务管理包括以下几个环节：

一、预测、计划与预算

(一) 财务预测

财务预测是根据企业财务活动的历史资料，考虑现实的要求和条件，对企业未来的财务活动做出较为具体的预计和测算的过程。财务预测可以测算各项生产经营方案的经济效益，为决策提供可靠的依据；可以预测财务收支的发展变化情况，以确定经营目标；可以测算各项定额和标准，为编制计划、分解计划指标服务。

财务预测的方法主要有定性预测和定量预测两类。定性预测法，主要是利用直观材料，依靠个人的主观判断和综合分析能力，对事物未来的状况和趋势做出预测的一种方法；定量预测法，主要是根据变量之间存在的数量关系建立数学模型进行预测的一种方法。

(二) 财务计划

财务计划是根据企业整体战略目标和规划，结合财务预测的结果，对财务活动进行规划，并以指标的形式落实到每一个计划期间的过程。财务计划主要通过指标和表格，以货币形式反映在一定计划期内企业生产经营活动所需要的资金及其来源、财务收入和支出、财务成果及其分配的情况。

确定财务计划指标的方法一般有平衡法、因素法、比例法和定额法等。

(三) 财务预算

财务预算是根据财务战略、财务计划和各种预测信息，确定预算期内各种预算指标的过程。它是财务战略的具体化，是财务计划的分解和落实。

财务预算的方法通常包括固定预算与弹性预算、增量预算与零基预算、定期预算与滚动预算等。

二、决策与控制

(一) 财务决策

财务决策是指按照财务战略目标的总体要求，利用专门的方法对各种备选方案进行比较和分析，从中选出最佳方案的过程。财务决策是财务管理的核心，决策的成功与否直接关系到企业的兴衰成败。

财务决策的方法主要有两类：一类是经验判断法，是根据决策者的经验来判断、选择，常用的方法有淘汰法、排队法、归类法等；另一类是定量分析法，常用的方法有优选对比法、数学微分法、线性规划法、概率决策法等。

(二) 财务控制

财务控制是指利用有关信息和特定手段，对企业的财务活动施加影响或调节，以便实现计划所规定的财务目标的过程。

财务控制的方法通常有前馈控制、过程控制、反馈控制等。

三、分析与考核

(一) 财务分析

财务分析是指根据企业财务报表等信息资料，采用专门方法，系统分析和评价企业财务状况、经营成果以及未来趋势的过程。

财务分析的方法通常有比较分析、比率分析、综合分析等。

（二）财务考核

财务考核是指将报告期的实际完成数与规定的考核指标进行对比，确定有关责任单位和个人任务完成情况的过程。财务考核与奖惩紧密联系，是贯彻责任制原则的要求，也是构建激励与约束机制的关键环节。

财务考核的形式多种多样，可以采用绝对指标、相对指标、完成百分比进行考核，也可以采用多种财务指标进行综合评价考核。

第四节 财务管理体制

企业财务管理体制是明确企业各财务层级财务权限、责任和利益的制度，其核心问题是如何配置财务管理权限。企业财务管理体制决定着企业财务管理的运行机制和实施模式。

一、企业财务管理体制的一般模式

概括地说，企业财务管理体制可分为三种类型：

（一）集权型财务管理体制

集权型财务管理体制是指企业对各所属单位的所有财务管理决策进行集中统一，各所属单位没有财务决策权，企业总部财务部门不但参与决策，在特定情况下还直接参与各所属单位的决策执行过程。

在集权型财务管理体制下，企业内部的主要管理权限集中于企业总部，各所属单位执行企业总部的各项指令。它的优点在于：企业内部的各项决策均由企业总部制定和部署，企业内部可充分展现其一体化管理的优势，利用企业的人才、智力、信息资源，努力降低资金成本和风险损失，使决策的统一化、制度化得到有力的保障。采用集权型财务管理体制，有利于在整个企业内部优化资源配置，有利于实行内部调拨价格，有利于内部采取避税措施以及防范汇率风险等。它的缺点包括：集权过度会使各所属单位缺乏主动性、积极性，丧失活力，也可能因为决策程序相对复杂而失去适应市场的弹性，丧失市场机会。

（二）分权型财务管理体制

分权型财务管理体制是指企业将财务决策权与管理权完全下放到各所属单位，各所属单位只需对一些决策结果报请企业总部备案即可。

在分权型财务管理体制下，企业内部的管理权限分散于各所属单位，各所属单位在人、财、物、供、产、销等方面有决策权。它的优点包括：由于各所属单位负责人有权对影响经营成果的因素进行控制，加之身在基层并了解情况，有利于针对本企业存在的问题及时做出有效决策，因地制宜地搞好各项业务，也有利于分散经营风险，促进各所属单位管理人员和财务人员的成长。它的缺点包括：各所属单位大多从自身利益出发安排财务活动，缺乏全局观念和整体意识，从而可能导致资金管理分散、资金成本增大、费用失控、利润分配无序等问题的出现。

（三）集权与分权相结合型财务管理体制

集权与分权相结合型财务管理体制，其实质就是集权下的分权，企业对各所属单位在所有重大问题的决策与处理上实行高度集权，各所属单位则对日常经营活动具有较大的自主权。

集权与分权相结合型财务管理体制意在以企业发展战略和经营目标为核心，将企业内部重大决策权集中于企业总部，而赋予各所属单位自主经营权。其主要特点是：

（1）在制度上，企业应制定统一的内部管理制度，明确财务权限及收益分配方法，各所属单位应遵照执行，并根据自身的特点加以补充。

（2）在管理上，利用企业的各项优势，对部分权限集中管理。

（3）在经营上，充分调动各所属单位的生产经营积极性。各所属单位围绕企业发展战略和经营目标，在遵守企业统一制度的前提下，可自主制定生产经营的各项决策。为避免配合失误，实现责任明确，凡需要由企业总部决定的事项，在规定时间内，企业总部应明确答复，否则，各所属单位有权自行处置。

集权与分权相结合型财务管理体制吸收了集权型财务管理体制和分权型财务管理体制的优点，避免了二者的缺点，从而具有较大的优越性。

二、集权与分权的选择

企业的财务特征决定了分权的必然性，而企业的规模效益、风险防范又要求集权。集权和分权各有特点，各有利弊。对集权与分权的选择、对分权程度的把握历来是企业财务管理的一个难点。

从聚合资源优势、贯彻实施企业发展战略和实现经营目标的角度来看，集权型财务管理体制显然是最具保障力的。但是，企业意欲采用集权型财务管理体制，除了企业管理层必须具备较高的素质及能力外，在企业内部还必须有一个能够及时、准确地传递信息的网络系统，并通过对信息传递过程的严格控制以保障信息的质量。如果这些条件能够满足，集权型财务管理体制的优势便有了充分发挥的可能性。但与此同时，信息传递及过程控制有关的成本问题也会随之产生。此外，随着集权程度的提高，集权型财务管理体制的复合优势可能会不断凸显，但各所属单位或组织机构的积极性、创造性与应变能力却可能会被不断削弱。

分权型财务管理体制实质上是把决策管理权在不同程度上下放到比较接近信息源的各所属单位或组织机构，这样便可以在相当程度上缩短信息传递的时间、解决信息传递过程中的控制问题，从而使信息传递与过程控制等的相关成本得以降低，并能大大提高信息的决策价值与利用效率。但随着权力的分散，企业管理目标换位的问题也会随之产生，这是采用分权型财务管理体制通常无法避免的一种成本或代价。对集权型或分权型财务管理体制的选择，本质上体现着企业的管理决策，是企业基于对环境约束与发展战略的考虑顺势而定的权变性策略。

依托环境预期与战略发展规划，企业总部必须根据企业的不同类型、发展的不同阶段以及不同阶段的战略目标取向等因素，对不同财务管理体制及其权力的层次结构做出相应的选择与安排。

财务决策权的集中与分散没有固定的模式，同时其模式也不是一成不变的。财务管理体制的集权与分权，需要考虑企业与各所属单位之间的资本关系和业务关系的具体特征，以及集权与分权的“成本”和“利益”。作为实体企业，其各所属单位之间往往具有某种业务上的联系，特别是那些实施纵向一体化战略的企业，要求各所属单位保持密切的业务联系。各所属单位之间业务联系越密切，就越有必要采用相对集中的财务管理体制；反之，则相反。如果说各所属单位之间业务联系的密切程度是企业有无必要实施相对集中的财务管理体制的一个基本因素，那么，企业与各所属单位之间的资本关系特征则是企业能否采取相对集中的财务管理体制的一个基本条件。企业只有在掌握了各所属单位一定比例有表决权的股份（如50%以上）之后，才有可能通过指派较多董事的方式有效地影响各所属单位的财务决策，也只有这样，各所属单位的财务决策才有可能相对“集中”于企业总部。

事实上，考虑财务管理体制的集中与分散，除了受制于以上方面外，还取决于集权与分权的“成本”和“利益”差异。集权的“成本”主要是各所属单位积极性的损失和财务决策效率的下降，分权的“成本”主要是可能发生的各所属单位财务决策目标及财务行为与企业整体财务目标的背离以及财务资源利用效率的下降。集权的“利益”主要是易于协调企业的财务目标和提高财务资源的利用效率，分权的“利益”主要是可以提高财务决策的效率和调动各所属单位的积极性。

此外，集权和分权应该考虑的因素还包括环境、规模和管理者的管理水平。由管理者的素质、管理方法和管理手段等因素共同决定的企业及各所属单位的管理水平，对财权的集中和分散也具有重要影响。较高的管理水平，有助于企业更多地集中财权，否则，财权过于集中只会导致决策效率低下。

三、企业财务管理体制的设计原则

企业如何选择适应自身需要的财务管理体制，如何在不同的发展阶段更新财务管理模式，在企业管理中占据重要地位。从企业的角度出发，其财务管理体制的设定或变更应当遵循如下四项原则：

（一）与现代企业制度的要求相适应的原则

现代企业制度是一种产权制度，它是以产权为依托，对各种经济主体在产权关系中的权利、责任、义务进行合理有效的组织、调节的制度安排，它具有“产权清晰、责任明确、政企分开、管理科学”的特征。

企业内部相互关系的处理应以产权制度安排为基本依据。企业作为各所属单位的股东，根据产权关系享有作为终极股东的基本权利，特别是对所属单位的收益权、管理者的选择权、重大事项的决策权等。但是，企业各所属单位往往不是企业的分支机构或分公司，其经营权是其行使民事责任的基本保障，以自身的经营与资产对其盈亏负责。

企业与各所属单位之间的产权关系确认了两个不同主体的存在，这是现代企业制度特别是现代企业产权制度的根本要求。在西方，在处理母子公司关系时，法律明确要求保护子公司权益，其制度安排大致如下：（1）规定董事的诚信义务与法律责任，实现对子公司的保护；（2）保护子公司不受母公司不利指示的损害，从而保护子公司权益；（3）规定子公司有权向母公司起诉，从而保护自身权利与利益。

按照现代企业制度的要求，企业财务管理体制必须以产权管理为核心，以财务管理为主线，以财务制度为依据，体现现代企业制度特别是现代企业产权制度管理的思想。

（二）明确企业对各所属单位管理的决策权、执行权与监督权三者分立的原则

现代企业要做到科学管理，首先必须从决策与管理程序上做到科学、民主，因此，决策权、执行权与监督权三权分立的制度必不可少。这一管理原则的作用就在于加强决策的科学性与民主性，强化决策执行的刚性和可考核性，强化监督的独立性和公正性，从而形成良性循环。

(三) 明确财务综合管理和分层管理思想的原则

现代企业制度要求管理是一种综合管理、战略管理，因此，企业财务管理不是也不可能是企业总部财务部门的财务管理，当然也不是各所属单位财务部门的财务管理，它是一种战略管理。这种管理要求：(1) 从企业整体角度对企业的财务战略进行定位；(2) 对企业的财务管理行为进行统一规范，做到高层的决策结果能被基层的战略经营单位完全执行；(3) 以制度管理代替个人的行为管理，从而保证企业管理的连续性；(4) 以现代企业财务分层管理思想指导具体的管理实践（股东大会、董事会、经理人员、财务经理及财务部门各自的管理内容与管理体系)。

(四) 与企业组织体制相对应的原则

企业组织体制大体上有U形组织、H形组织和M形组织三种形式。U形组织仅存在于产品简单、规模较小的企业，实行管理层级的集中控制。H形组织实质上是企业集团的组织形式，子公司具有法人资格，分公司则是相对独立的利润中心。由于在竞争日益激烈的市场环境中不能显示其长期效益和整体活力，因此，20世纪70年代后其在大型企业中的主导地位逐渐被M形组织所替代。M形组织由三个相互关联的层次组成。其中，第一个层次是由董事会和经理班子组成的总部，它是企业的最高决策层。它既不像U形组织那样直接从事各所属单位的日常管理，也不像H形组织那样基本上是一个空壳。M形组织的主要职能是战略规划和关系协调。第二个层次是由职能和支持、服务部门组成的。其中的计划部是公司战略研究和执行的部门，它应向企业总部提供经营战略的选择和相应的配套政策方案，指导各所属单位根据企业的整体战略制定中长期规划和年度业务计划。M形组织的财务部门是总部控制的，负责整个企业的资金筹措、运作和税务安排。第三个层次是围绕企业的主导或核心业务，互相依存又相互独立的各所属单位，每个所属单位又是一个U形组织。可见，M形组织的集权程度较高，突出整体优化，具有较强的战略研究、实施功能和内部关系协调功能。它是目前国际上较大规模企业管理体制的主流形式。M形组织的具体形式有事业部制、矩阵制、多维结构等。

在M形组织中，在业务经营管理权限下放的同时，更加强化财务部门的职能作用。事实上，西方多数控股型公司，在总部不对其子公司的经营过分干预的情况下，其财务部门的职能更为重要，它起到指挥资本运营的作用。有关资料表明，在英国的控股型公司中，财务部门的人数占到管理总部人数的60%～70%，而且主管财务的副总裁在公司起着核心作用。一方面，他是母子公司的“外交部长”，行使对外处理财务事务的职能；另一方面，他又是各子公司的财务总管，各子公司的财务主管是“外交部长”的委派人员，充当“外交部长”当地代言人的角色。

四、集权与分权相结合型财务管理体制的一般内容

总结我国企业的实践经验，集权与分权相结合型财务管理体制的核心内容是企业总部应做到制度统一、资金集中、信息集成和人员委派。其具体应集中制度制定权，筹资、融资权，投资权，用资、担保权，固定资产购置权，财务机构设置权，收益分配权；分散经营自主权、人员管理权、业务定价权、费用开支审批权。

(一) 集中制度制定权

企业总部根据《企业会计准则》《企业财务通则》等国家法律法规的要求，结合企业自身的实际情况和发展战略、管理需要，制定统一的财务管理制度，在整个企业范围内统一施行。各所属单位只有制度执行权，而无制度制定权和解释权，但各所属单位可以根据自身需要制定实施细则和补充规定。

（二）集中筹资、融资权

资金筹集是企业资金运动的起点，为了使企业内部筹资风险最小、筹资成本最低，应由企业总部统一筹集资金，各所属单位有偿使用。如需银行贷款，可由企业总部办理贷款总额，各所属单位分别办理贷款手续，按规定自行付息；如需发行短期商业票据，企业总部应充分考虑企业资金占用情况，并注意在到期日前存足款项，不要因为票据到期不能兑现而影响企业信誉；如需利用海外兵团筹集外资，应统一由企业总部根据国家现行政策办理相关手续，并严格审查贷款合同条款，注意汇率及利率变动因素，防止发生损失。企业总部追踪审查各所属单位的现金使用状况，具体做法是各所属单位按规定时间向企业总部上报“现金流量表”，动态描述各所属单位现金增减状况和分析各所属单位资金存量是否合理。遇有部分所属单位资金存量过多、运用不畅，而其他所属单位又急需资金的情况时，企业总部可调动资金，并应支付利息。企业内部应严禁各所属单位之间放贷，如需临时拆借资金，对在规定金额之上的，应报企业总部批准。

（三）集中投资权

企业对外投资必须遵守的原则为：效益性、分散风险性、安全性、整体性及合理性。无论是企业总部还是各所属单位对外投资都必须经过立项、可行性研究、论证、决策的过程，除专业人员外，还必须有财务人员参加。财务人员应会同有关专业人员，通过仔细调查了解，开展可行性分析，预测今后若干年的市场变化趋势及可能发生风险的概率，投资该项目的建设期、投资回收期、投资回报率等，写出可行性研究报告，报送有关领导层。

为了保证提高投资效益，分散及减少投资风险，企业内部对外投资可实行限额管理制度，对于超过限额的投资，其决策权属于企业总部。被投资项目一经批准确立，财务部门应协助有关部门对项目进行跟踪管理，对出现的偏离可行性研究报告的差异，应及时报有关部门予以纠正。对投资收益不能达到预期的项目应及时清理解决，并应追究有关人员的责任。同时，企业应完善投资管理，应根据自身特点建立一套具有可操作性的财务考核指标体系，规避财务风险。

（四）集中用资、担保权

企业总部应加强对资金使用安全性的管理，对于大额资金拨付，要严格监督，建立审批手续，并严格执行。这是因为各所属单位财务状况关系到企业所投资本的保值和增值情况，同时各所属单位因资金受阻会导致获利能力下降，降低企业的投资回报率。因此，各所属单位用于经营项目的资金，要在经营规划范围内使用，用于资本项目上的资金支付应履行企业规定的报批手续。

企业内部对外担保权应归属于企业总部，未经批准，各所属单位不得为外部企业提供担保，企业内部各所属单位相互担保，应经企业总部同意。同时，企业总部为各所属单位提供担保应制定相应的审批程序，可由各所属单位与银行签订贷款协议，企业总部为各所属单位提供贷款担保，同时要求各所属单位向企业总部提供“反担保”，保证资金的合理使用及按时归还，使贷款得到监控。

同时，企业对逾期未收的货款，应做出硬性规定。对逾期未收的货款，指定专人，统一步调，积极清理，谁经手，谁批准，由谁去收回货款。

（五）集中固定资产购置权

各所属单位需要购置固定资产必须说明理由，提出申请报企业总部审批，经批准后方可购置。各所属单位资金不得自行用于资本性支出。

（六）集中财务机构设置权

各所属单位的财务机构设置必须报企业总部批准，财务人员由企业总部统一招聘，财务负责人或财务主管人员由企业总部统一委派。

（七）集中收益分配权

企业内部应统一收益分配制度，各所属单位应客观、真实、及时地反映其财务状况及经营成果。各所属单位收益的分配，属于法律、法规明确规定的按规定分配，剩余部分由企业总部本着长远利益与现实利益相结合的原则，确定分留比例。各所属单位留存的收益原则上可自行分配，但应报企业总部备案。

（八）分散经营自主权

各所属单位负责人主持本企业的生产经营管理工作，组织实施年度经营计划，决定生产和销售，研究和考虑市场周围的环境，了解和关注同行业企业的经营情况和战略措施，按规定时间向企业总部汇报生产管理工作情况。对于突发的重大事件，要及时向企业总部汇报。

（九）分散人员管理权

各所属单位负责人有权任免下属管理人员，有权决定员工的聘用与辞退，企业总部原则上不应干预，但其财务主管人员的任免应报经企业总部批准或由企业总部统一委派。

（十）分散业务定价权

各所属单位所经营的业务均不相同，因此，业务的定价应由各所属单位经营部门自行决定，但必须遵守加速资金流转、保证经营质量、提高经济效益的原则。

（十一）分散费用开支审批权

各所属单位在经营中必然会发生各种费用，企业总部没有必要进行集中管理，各所属单位在遵守财务制度的前提下，由其负责人审批各种合理的用于企业经营管理的费用开支。

第五节　财务管理环境

财务管理环境是指对企业财务活动和财务管理产生影响和作用的企业内外部的各种条件。通过环境分析，企业可以提高财务行为对环境的适应能力、应变能力和利用能力，以便更好地实现企业财务管理目标。

一、技术环境

财务管理的技术环境，是指财务管理得以实现的技术手段和技术条件，它决定着财务管理的效率和效果。目前，我国进行财务管理所依据的会计信息是会计信息系统提供的，占企业经济信息总量的60%～70%。在企业内部，会计信息主要是提供给管理层决策使用的，而在企业外部，会计信息则主要为投资者、债权人等服务。

目前，我国正全面推进会计信息化建设，力争通过5～10年的努力，建立健全会计信息化法规体系和会计信息化标准体系（包括可扩展商业报告语言（XBRL）分类标准），全力打造会计信息化人才队伍，基本实现大型企事业单位会计信息化与经营管理信息化的融合，进一步提升企事业单位的管理水平和风险防范能力，做到数出一门、资源共享，便于不同信息使用者获取、分析和利用，以进行投资和相关决策；基本实现大型会计师事务所采用信息化手段对客户的财务报告和内部控制进行审计，进一步提升社会审计质量和效率；基本实现政府会计管理和会计监督的信息化，进一步提升会计管理水平和监管效能。通过全面推进会计信息化工作，使我国会计信息化达到或接近世界先进水平。我国企业会计信息化的全面推进，必将促使企业财务管理的技术环境得到进一步完善和优化。

二、经济环境

在影响财务管理的各种外部环境中，经济环境是最为重要的。

经济环境内容十分广泛，包括经济体制、经济周期、经济发展水平、宏观经济政策及通货膨胀水平等。

（一）经济体制

在计划经济体制下，国家统筹企业资本、统一投资、统负盈亏，企业利润统一上缴、亏损全部由国家补贴，企业虽然是一个独立的核算单位，但其无独立的理财权利。企业财务管理活动的内容比较单一，财务管理方法比较简单。在市场经济体制下，企业成为“自主经营、自负盈亏”的经济实体，有独立的经营权，同时也有独立的理财权。企业可以从其自身需要出发，合理确定资本需要量，然后到市场上筹集资本，再将筹集到的资本投放到高效益的项目上以获取更大的收益，最后将收益根据需要和可能进行分配，保证企业自始至终根据自身条件和外部环境做出各种财务管理决策并组织实施。因此，企业财务管理活动的内容比较丰富，方法也复杂多样。

（二）经济周期

在市场经济条件下，经济的发展与运行带有一定的波动性，大体上要经历复苏、繁荣、衰退和萧条几个阶段的循环，这种循环叫作经济周期。

在经济周期的不同阶段，企业应采用不同的财务管理战略。西方财务学者探讨了经济周期中的财务管理战略，现择其要点归纳见表1-1。

表1-1 **经济周期中的财务管理战略**

复苏	繁荣	衰退	萧条
1.增加厂房设备	1.增加厂房设备	1.停止扩张	1.建立投资标准
2.实行长期租赁	2.继续增加存货	2.出售多余设备	2.保持市场份额
3.增加存货	3.提高产品价格	3.停产不利产品	3.压缩管理费用
4.开发新产品	4.开展营销规划	4.停止长期采购	4.放弃次要利益
5.增加劳动力	5.增加劳动力	5.削减存货	5.削减存货
		6.停止扩招员工	6.裁减员工

（三）经济发展水平

财务管理的发展水平是和经济发展水平密切相关的，经济发展水平越高，财务管理水平也越好。财务管理水平的提高，将推动企业降低成本、改进效率、提高效益，从而促进经济发展水平的提高；而经济发展水平的提高，将改变企业的财务战略、财务理念、财务管理模式和财务管理的方法及手段，从而促进企业财务管理水平的提高。财务管理应当以经济发展水平为基础，以宏观经济发展目标为导向，从业务工作角度保证企业经营目标和经营战略的实现。

（四）宏观经济政策

我国经济体制改革的目标是建立社会主义市场经济体制，以进一步解放和发展生产力。在这个目标的指导下，我国已经并正在进行财税体制、金融体制、外汇体制、外贸体制、计划体制、价格体制、投资体制、社会保障制度等各项改革。所有这些改革措施，深刻地影响着我国的经济生活，也深刻地影响着我国企业的发展和财务活动的运行。例如，金融政策中的货币发行量、信贷规模会影响企业投资的资金来源和投资的预期收益；财税政策会影响企业的资金结构和投资项目的选择等；价格政策会影响资金的投向、投资回收期及预期收益；会计制度的改革会影响会计要素的确认和计量，进而对企业财务活动的事前预测、决策及事后评价产生影响等。

（五）通货膨胀水平

通货膨胀对企业财务活动的影响是多方面的，主要表现在：

（1）引起资金占用大量增加，从而增加企业的资金需求。

（2）引起企业利润虚增，造成企业资金由于利润分配而流失。

（3）引起利润上升，加大企业的权益资金成本。

（4）引起有价证券价格下降，加大企业的筹资难度。

（5）引起资金供应紧张，增加企业的筹资困难。

为了减轻通货膨胀对企业造成的不利影响，企业应当采取措施予以防范。在通货膨胀初期，货币面临着贬值的风险，这时企业进行投资可以避免风险，实现资本保值；应与客户签订长期购货合同，以减少物价上涨造成的损失；取得长期负债，保持资本成本的稳定。在通货膨胀持续期，企业可以采用比较严格的信用条件，减少企业债权；调整财务政策，防止和减少企业资本流失等。

三、金融环境

（一）金融机构、金融工具与金融市场

金融机构主要是指银行和非银行金融机构。银行是指经营存款、放款、汇兑、储蓄等金融业务，承担信用中介的金融机构，包括各种商业银行和政策性银行，如中国工商银行、中国农业银行、中国银行、中国建设银行、国家开发银行、中国农业发展银行、中国进出口银行等。非银行金融机构主要包括保险公司、信托投资公司、证券公司、财务公司、金融资产管理公司、金融租赁公司等。

金融工具是指融通资金双方在金融市场上进行资金交易、转让的工具，借助金融工具，资金从供给方转移到需求方。金融工具分为基本金融工具和衍生金融工具两大类。常见的基本金融工具有货币、票据、债券、股票等。衍生金融工具又称派生金融工具，是在基本金融工具的基础上通过特定技术设计形成的新的融资工具，如各种远期合约、互换、掉期、资产支持证券等，其种类非常复杂、繁多，具有高风险、高杠杆效应的特点。

金融市场是指资金供应者和资金需求者双方通过一定的金融工具进行交易而融通资金的场所。金融市场的构成要素包括资金供应者和资金需求者、金融工具、交易价格、组织方式等。金融市场为企业融资和投资提供了场所，可以帮助企业实现长短期资金转换、引导资本流向和流量，以提高资本效率。

（二）金融市场的分类

金融市场可以按照不同的标准进行分类。

1. 按照期限分类

以期限为标准，金融市场可分为货币市场和资本市场。货币市场又称短期金融市场，是指以期限在1年以内的金融工具为媒介，进行短期资金融通的市场，包括同业拆借市场、票据市场、大额定期存单市场和短期债券市场；资本市场又称长期金融市场，是指以期限在1年以上的金融工具为媒介，进行长期资金交易活动的市场，包括股票市场和债券市场。

2. 按照功能分类

以功能为标准，金融市场可分为发行市场和流通市场。发行市场又称一级市场，其主要处理金融工具的发行与最初购买者之间的交易；流通市场又称二级市场，其主要处理现有金融工具转让和变现的交易。

3. 按照融资对象分类

以融资对象为标准，金融市场可分为资本市场、外汇市场和黄金市场。资本市场以货币和资本为交易对象；外汇市场以各种外汇金融工具为交易对象；黄金市场则是集中进行黄金买卖和金币兑换的交易市场。

4. 按照所交易金融工具的属性分类

以所交易金融工具的属性为标准，金融市场可分为基础性金融市场与金融衍生品市场。基础性金融市场是指以基础性金融产品为交易对象的金融市场，如商业票据、企业债券、企业股票的交易市场；金融衍生品市场是指以金融衍生品为交易对象的金融市场，如远期、期货、掉期（交换）、期权，以及具有远期、期货、掉期（交换）、期权中一种或多种特征的结构化金融工具的交易市场。

5. 按照地理范围分类

以地理范围为标准，金融市场可分为地方性金融市场、全国性金融市场和国际性金融市场。

（三）货币市场

货币市场的主要功能是调节短期资金融通。其主要特点包括：（1）期限短，一般为3～6个月，最长不超过1年。（2）交易目的是解决短期资金周转。它的资金来源主要是资金所有者暂时闲置的资金，融通资金的用途一般是弥补短期资金的不足。（3）金融工具有较强的“货币性”，具有流动性强、价格平稳、风险较小等特性。

货币市场主要有拆借市场、票据市场、大额定期存单市场和短期债券市场等。拆借市场是指银行（包括非银行金融机构）同业之间短期性资本的借贷活动。这种交易一般没有固定的场所，主要通过电信手段成交，期限按日计算，一般不超过1个月。票据市场包括票据承兑市场和票据贴现市场。票据承兑市场是票据流通转让的基础；票据贴现市场是对未到期票据进行贴现的市场，为客户提供短期资本融通，包括贴现、再贴现和转贴现。大额定期存单市场是一种买卖银行发行的可转让大额定期存单的市场。短期债券市场主要是买卖1年期以内的短期企业债券和政府债券，尤其是政府的国库券交易。短期债券的转让可以通过贴现或买卖的方式进行。短期债券以其信誉好、期限短、利率优惠等优点，成为货币市场的重要金融工具之一。

（四）资本市场

资本市场的主要功能是实现长期资本融通。其主要特点包括：（1）融资期限长，至少1年，最长可达10年甚至10年以上。（2）融资目的是满足长期投资性资本需要，用于补充长期资本，扩大生产能力。（3）资本借贷量大。（4）收益较高，但风险也较大。

资本市场主要包括债券市场、股票市场和融资租赁市场等。

债券市场和股票市场由证券（债券和股票）的发行和流通构成。有价证券的发行是一项复杂的金融活动，一般要经过以下几个重要环节：（1）证券种类的选择。（2）偿还期限的确定。（3）发售方式的选择。在证券流通中，其参与者除了买卖双方外，还包括中介，且中介表现非常活跃。这些中介主要有证券经纪人、证券商，他们在流通市场中起着不同的作用。

融资租赁市场是通过资产租赁实现长期资金融通的市场，它具有融资与融物相结合的特点，融资期限一般与资产租赁期限一致。

四、法律环境

（一）法律环境的范畴

市场经济是法治经济，企业的一些经济活动总是在一定的法律规范内进行的。法律既约束企业的非法经济行为，也为企业从事的各种合法经济活动提供保护。

国家相关法律法规按照对财务管理内容的影响情况，可以分为如下几类：

（1）影响企业筹资的各种法律法规，主要有：公司法、证券法、金融法、证券交易法等。这些法律法规可以从不同方面规范或制约企业的筹资活动。

（2）影响企业投资的各种法律法规，主要有：证券交易法、公司法、企业财务通则等。这些法律法规从不同角度规范企业的投资活动。

（3）影响企业收益分配的各种法律法规，主要有：税法、公司法、企业财务通则等。这些法律法规从不同方面对企业收益分配进行了规范。

（二）法律环境对企业财务管理的影响

法律环境对企业的影响是多方面的，影响范围包括企业组织形式、公司治理结构、投融资活动、日常经营、收益分配等。《中华人民共和国公司法》规定，企业可以采用独资、合伙、公司制等企业组织形式。企业组织形式不同，业主（股东）权利责任、企业投融资、收益分配、纳税、信息披露等不同，公司治理结构也不同。上述不同种类的法律法规，分别从不同方面约束企业的经济行为，对企业财务管理产生影响。

【课程思政要点】

1.马克思主义认为，世界是普遍联系的整体，任何事物内部各要素之间以及事物之间都存在着相互影响、相互制约和相互作用的关系。任何一个事物的联系，按照马克思主义的看法，都包括内外两个向度，也就是内部联系和外部联系。所谓内部联系，是指任何事物本身都是由内部的不同部分和要素构成的，并且这些不同的部分和要素之间都存在着相互影响、相互制约和相互作用的关系；所谓外部联系，是指任何事物都不能孤立存在，都同其本身外部的其他事物处于一定的相互联系之中，这些不同的事物之间也都存在着相互影响、相互制约和相互作用的关系。很明显，根据马克思主义事物普遍联系的原理，一个企业要取得很好的发展，必须处理好它的内部联系和外部联系，不断深化对内改革，扩大对外交流，避免闭关自守、闭门造车、因循守旧、故步自封、自高自大。

2. 在认识世界的过程中，意识不仅可以反映事物的现象，而且可以通过抽象思维反映事物的本质和规律。而且，在改造世界的过程中，意识具有指导性。意识可以通过实践把观念的事物变成现实的事物。意识的这一能动作用具有两种不同的性质：其一，正确的意识促进事物的发展，使人们的实践活动获得成功；其二，错误的意识阻碍事物的发展，使人们的实践活动遭到失败。意识的这一作用是意识能动性最突出的表现。企业开展财务管理相关工作就是充分利用正确的意识促进企业达到更好的财务管理目标，实现企业更好、更快、更大的发展。

【复习思考】

1. 企业财务管理目标理论有哪些？它们的优缺点是什么？
2. 企业财务管理体制的设计原则是什么？
3. 财务管理环境包括几部分？每一部分对企业的影响具体体现在哪些方面？

【练习题】

一、单项选择题

1. 下列各项中，属于公司制企业优点的是（　　）。

A. 容易转让所有权　　B. 组建公司成本高

C. 双重课税　　D. 无限责任

2. 下列有关企业及其组织形式的说法中，不正确的是（　　）。

A. 企业是市场经济活动的主要参与者

B. 企业的典型形式为个人独资企业、合伙企业以及公司制企业

C. 合伙企业的缺点为双重课税

D. 有限责任公司承担有限责任

3. 以实现企业利润最大化为目标的财务管理目标是（　　）。

A. 利润最大化目标　　B. 股东财富最大化目标

C. 企业价值最大化目标　　D. 相关者利益最大化目标

4. 下列各项中，不属于企业相关者利益最大化财务管理目标特点的是（　　）。

A. 有利于企业长期稳定发展

B. 体现了合作共赢的价值理念，有利于实现企业经济效益和社会效益的统一

C. 体现了现实性和前瞻性的统一

D. 这一目标没有兼顾各利益主体的利益

5. 下列各项中，属于各种财务管理目标基础的是（　　）。

A. 利润最大化　　B. 股东财富最大化

C. 企业价值最大化　　D. 相关者利益最大化

6. 下列各项中，不属于企业价值最大化目标优点的是（　　）。

A. 考虑了资金的时间价值

B. 考虑了投资的风险价值

C.有效地规避了企业的短期行为

D.股票价格客观、真实地反映了企业价值

7.下列各项中，符合企业相关者利益最大化财务管理目标要求的是（　　）。

A.强调股东的首要地位　B.强调债权人的首要地位

C.强调员工的首要地位　D.强调经营者的首要地位

8.下列各项中，属于协调所有者和经营者矛盾的方法是（　　）。

A.限制性借债　B.停止借款　C.解聘　D.收回借款

9.下列属于通过采取激励方式协调所有者与经营者利益冲突的方法是（　　）。

A.解聘　B.股票期权　C.接收　D.限制性借债

10.根据企业财务活动的历史资料，考虑现实的要求和条件，对企业未来的财务活动做出较为具体的预计和测算的过程，指的是（　　）。

A.财务预测　B.财务计划　C.财务预算　D.财务决策

二、多项选择题

1.下列各项中，属于企业功能的有（　　）。

A.企业是市场经济活动的主要参与者

B.企业是社会生产和服务的主要承担者

C.企业可以推进社会经济技术进步

D.企业经济可能减缓社会经济发展

2.下列各项中，属于企业价值创造必要环节的有（　　）。

A.成本管理　B.收入与分配管理　C.营运资金管理　D.投资管理

3.下面关于财务管理环节的表述中，正确的有（　　）。

A.财务分析是根据企业财务报表等信息资料，采用专门方法，系统分析和评价企业财务状况、经营成果以及未来趋势的过程

B.财务预算是根据财务战略、财务计划和各种预测信息，确定预算期内各种预算指标的过程

C.财务决策是利用有关信息和特定手段，对企业的财务活动施加影响或调节，以便实现计划所规定的财务目标的过程

D.财务预测是根据企业财务活动的历史资料，考虑现实的要求和条件，对企业未来的财务活动做出较为具体的预计和测算的过程

4.甲企业采用分权型财务管理体制，可能导致的问题有（　　）。

A.费用失控　B.资金管理分散　C.资金成本增大　D.利润分配无序

5.通货膨胀对企业财务活动的影响是多方面的，主要表现在（　　）。

A.引起资金占用大量增加，从而增加企业的资金需求

B.引起企业利润虚增，造成企业资金由于利润分配而流失

C.引起利润增加，加大企业的权益资本成本

D.引起资金供应紧张，增加企业的筹资困难

三、判断题

1.从财务管理的角度看，企业价值是账面资产的总价值，企业价值可以理解为企业所有者权益和债权人权益的账面价值，或者是企业所能创造的预计未来现金流量的

现值。（ ）

2.在利益冲突协调中，所有者与经营者的利益冲突协调方法主要有解聘、接收和激励。（ ）

3.监督是协调所有者和经营者利益冲突方法中解聘的一种形式。（ ）

4.确保产品的质量、保障消费安全是企业对消费者的社会责任。（ ）

5.财务计划是财务战略的具体化，是财务预算的分解和落实。（ ）

6.财务预算是财务管理的核心，预算的准确与否直接关系到企业的兴衰成败。（ ）

7.实施纵向一体化战略的企业，宜采用相对集中的财务管理体制。（ ）

8.分权的“成本”主要是可能发生各所属单位财务决策目标及财务行为与企业整体财务目标的背离以及财务决策效率的下降。（ ）

9.财务管理的技术环境，是指财务管理得以实现的技术手段和技术条件，它决定着财务管理的效率和效果。（ ）

10.在市场经济条件下，经济的发展与运行带有一定的波动性，大体上要经历复苏、繁荣和衰退三个阶段的循环，这种循环叫作经济周期。（ ）

第二章

财务报表分析

学习目标

知识目标： 通过本章的学习，了解财务比率综合评分法的含义及基本原理，理解财务分析方法原理及应用时应注意的问题，理解财务分析各项指标的含义及其内容，掌握偿债能力、营运能力、盈利能力和发展能力指标的计算与分析方法，掌握杜邦分析体系的应用。

技能目标： 通过本章的学习，能够根据企业的财务会计报表资料，分析与评价企业的偿债能力、营运能力、盈利能力和发展能力，能对企业的综合财务状况进行财务分析与评价。

第一节 财务报表分析概述

一、财务报表分析的作用

企业在生产经营过程中，应依据企业会计准则等会计规范进行会计核算，并编制财务报告。财务报告是企业向会计信息使用者提供信息的主要文件，它反映了企业的财务状况、经营成果和现金流量等方面的会计信息，为会计信息使用者进行经济决策提供依据。企业在进行会计核算和编制财务报告时，必须遵循企业会计准则，以保证会计信息客观、公允地反映企业的财务状况、经营成果和现金流量。企业在财务报告中提供的会计信息应当符合企业会计准则所要求的质量特征，如可靠性、相关性等。一般来说，为了保证会计信息的公允性，企业提供给外部会计信息使用者的财务报告应当经过注册会计师审计。注册会计师对财务报告进行独立审计后出具审计报告，以说明财务报告的编制是否符合企业会计准则的要求，所提供的会计信息是否公允地反映了企业的财务状况、经营成果和现金流量。

由于财务报告通过会计方法提供的各种会计信息只是一些独立的数据，无法深入、综合性地反映企业各方面的财务能力，也无法反映企业各种能力在一定时期内的发展变化趋势。因此，为了提高财务报告的利用程度，需要对财务报告的会计信息做进一步的加工和处理，以便更加深入、全面地反映企业的各种财务能力和发展趋势，通过财务分析就能解决上述问题。

所谓的财务分析，就是以企业的财务报告等会计资料为基础，对财务报告所提供的会计信息做进一步的加工和处理，从而对企业的财务状况、经营成果和现金流量进行分析和评价，以为股东、管理层、债权人及政府部门等利益相关者进行财务预测和财务决策提供依据的一种方法。财务分析的具体作用如下：

1. 了解企业财务能力

通过财务分析，可以全面评价企业在一定时期内的各种财务能力，包括偿债能力、营运能力、盈利能力和发展能力，从而找出企业经营活动中存在的问题，总结企业财务管理中的经验教训，促进企业改善经营活动、提高管理水平。

2. 提供决策有用信息

通过财务分析，可以为企业投资者、债权人和其他利益相关者提供更加系统的、有针对性的会计信息，便于他们更加深入地了解企业的财务状况、经营成果和现金流量，为其投资决策、融资决策和其他经济决策提供依据。

3. 考核计划完成情况

通过财务分析，可以检查企业内部各职能部门和单位完成经营计划的情况，考核各部门和单位的经营业绩，有利于企业建立和完善业绩评价体系，协调各种财务关系，保证企业财务目标的顺利实现。

因此，财务分析的作用可以概括为对财务报告所提供的会计信息做进一步的加工和处理，为会计信息使用者提供更具相关性的会计信息，以提高其决策质量。

二、财务分析的目的

财务分析的目的取决于财务报表使用者的目的。虽然财务分析所依据的会计资料是客观的，但是，不同的财务报表使用者所关心的问题不同，因此，他们进行财务分析的目的也各不相同。财务报表使用者主要包括债权人、股权投资者、企业管理层、政府部门及其他机构。下面分别介绍不同的会计信息使用者进行财务分析的目的。

（一）债权人进行财务分析的目的

债权人为企业提供资金所能获得的报酬是固定的，贸易债权人的报酬直接来自商业销售的毛利，非贸易债权人的报酬来自债务合同约定的利息。无论企业的业绩多么优秀，债权人的报酬只能限定为固定的利息或者商业销售的毛利。但是，如果企业发生亏损或者经营困难，没有足够的偿付能力，债权人就可能无法收回全部或部分本金。债权人风险与报酬的这种不对称性特征，决定了他们非常关注其贷款的安全性，这也是债权人进行财务分析的主要目的。债权人为了保证其债权的安全，非常关注债务人的现有资源以及未来现金流量的可靠性、及时性和稳定性。在进行财务分析时，债权人对债务企业未来的预期更为稳健，要求债务企业的管理层对未来的预期应与企业现有资源具有确切的联系，同时有足够的能力实现预期。债权人的财务分析集中于评价企业控制现金流量的能力和在多变的经济环境下保持稳定的财务基础的能力。由于债务的期限长短不同，债权人进行财务分析所关注的重点也有所不同。对短期信用而言，债权人主要关心企业当前的财务状况、短期资产的流动性以及资金周转状况。而长期信用的债权人则侧重于分析企业未来的现金流量和评价企业未来的盈利能力。从持续经营的角度看，企业未来的盈利能力是确保企业在各种情况下有能力履行债务合同的基本保障，因此，盈利能力分析对于长期债权人来说非常重要。此外，无论是短期信用还是长期信用，债权人都重视对企业资本结构的分析。资本结构决定了企业的财务风险，从而会影响债权人债权的安全性。

（二）股权投资者进行财务分析的目的

股权投资者拥有对企业的剩余权益，只有在企业的债权人和优先股股东等优先权享有者的求偿权得到满足之后，股权投资者才享有剩余财产的分配权。在企业持续经营的情况下，企业只有在支付债务利息和优先股股利之后，才能向股权投资者分配利润；在企业清算时，企业只有在偿付债权人和优先股股东之后，才能将剩余财产偿付给股权投资者。在企业繁荣时期，股权投资者可以比优先权享有者获得更多的收益；而在企业衰退时期，股权投资者要首先承担损失。因此，股权投资者要承担更大的风险。这种风险特征决定了他们对会计信息的要求更多，对企业的财务分析也更全面。

股权投资者进行财务分析的主要目的是分析企业的盈利能力和风险状况，以便据此评估企业价值或股票价值，并进行有效的投资决策。企业价值是企业未来的预期收益以适当的折现率进行折现的现值。企业未来的预期收益取决于其盈利能力，而折现率受财务风险的影响，财务风险越大，折现率应当越大。由此可见，股权投资者的财务分析内容更加全面，包括对企业的盈利能力、资产管理水平、财务风险、竞争能力、发展前景等方面的分析与评价。

（三）企业管理层进行财务分析的目的

企业管理层主要是指企业的经理，他们受托于企业所有者，对企业进行有效的经营管理。管理层对企业现时的财务状况、盈利能力和未来持续发展能力非常关注，他们进行财务分析的主要目的是通过财务分析所提供的信息来监控企业的经营活动和财务状况的变化，以便尽早发现问题，采取改进措施。由于他们能够经常地、不受限制地获取会计信息，因此能够更加全面和系统地进行财务分析。管理层往往不是孤立地看待某一事件，而是系统地分析产生这一事件的原因和结果之间的联系，通过财务分析所提供的有价值的信息来提醒企业的经济环境、经营状况和财务状况可能发生的重大变化，以便提前采取应对措施。

（四）其他财务分析主体进行财务分析的目的

其他财务分析的主体或服务对象主要指与企业经营有关的企业单位和国家行政管理与监督部门。与企业经营有关的企业单位主要指材料供应者、产品购买者等。这些企业单位出于保护自身利益的需要，也非常关心往来企业的财务状况，从而进行财务分析。他们进行财务分析的主要目的是了解企业的信用状况，包括商业上的信用和财务上的信用。商业信用指按时、按质完成各种交易行为；财务信用则指及时清算各种款项。对企业的信用状况进行分析，首先可评价企业的支付能力和偿债能力，其次可根据对企业利润表中反映的企业交易完成情况进行分析判断来说明。许多政府部门都需要使用企业的会计信息，如财政部门、税务部门、统计部门以及监管机构等。政府部门进行财务分析的主要目的是更好地了解宏观经济政策的运行情况和企业的经营活动是否遵守法律法规，以便为其制定相关政策提供决策依据。

三、财务分析的内容

（一）盈利能力分析

获取利润是企业的主要经营目标之一，它也反映了企业的综合素质。企业要生存和发展，必须争取获得较高的利润，这样才能在竞争中立于不败之地。投资者和债权人都十分关心企业的盈利能力，较强的盈利能力可以提高企业偿还债务的能力、提升企业的信誉。对企业盈利能力的分析不能仅看其获取利润的绝对数，还应分析其相对指标，这些都可以通过财务分析来实现。

（二）偿债能力分析

偿债能力是指企业偿还到期债务的能力。通过对企业的财务报告等会计资料进行分析，可以了解企业资产的流动性、负债水平以及偿还债务的能力，从而评价企业的财务状况和财务风险，为管理者、投资者和债权人提供企业偿债能力的财务信息。

（三）营运能力分析

营运能力反映了企业对资产的利用和管理能力。企业的生产经营过程就是利用资产取得收益的过程。资产是企业生产经营活动的经济资源，对资产的利用和管理能力直接影响企业的收益，它体现了企业的经营能力。对营运能力进行分析，可以了解企业资产的保值和增值情况，分析企业资产的利用效率、管理水平、资金周转状况、现金流量状况等，为评价企业的经营管理水平提供依据。

（四）发展能力分析

无论是企业的管理者还是投资者、债权人，都十分关注企业的发展能力，因为这关系到他们的切身利益。通过对企业的发展能力进行分析，可以判断企业的发展潜力，预测企业的经营前景，从而为企业管理者和投资者进行经营决策和投资决策提供重要的依据，避免决策失误给其带来的重大经济损失。

（五）财务综合分析

财务综合分析是指全面分析和评价企业各方面的财务状况，对企业风险、收益、成本和现金流量等进行分析和判断，为提高企业财务管理水平、改善经营业绩提供信息。

第二节 财务报表分析的程序与方法

一、财务分析的基础

财务报表附注的内容

财务分析的基础是企业所处的财务环境及其自身经营产生的财务信息，即财务报告。财务报告是企业对外提供的反映企业某一特定日期的财务状况和某一会计期间的经营成果、现金流量等会计信息的文件。财务报告包括财务报表和其他应当在财务报告中披露的相关信息和资料。财务报表具体由会计报表及其附注两部分构成。财务报表是企业财务会计确认与计量的最终结果体现，投资者等会计信息使用者主要通过财务报表来了解企业当前的财务状况、经营成果和现金流量等情况，从而预测企业未来的发展趋势。因此，财务报表是向投资者等财务报告使用者提供决策有用信息的主要媒介和渠道，是连接投资者、债权人、政府部门及其他利益相关者等与企业管理层之间信息的桥梁和纽带。

以财务报表为核心的财务报告体系可以提供从不同角度反映的企业财务状况、经营成果和现金流量等方面较为完整的信息。在经济全球化背景下，高质量的财务报表能够提供多样化的财务信息，这对于投资者、债权人和其他利益相关者做出合理的决策具有重要意义和价值。在现代企业制度下，企业的所有者和投资者、债权人、经营者，以及政府管理部门和社会监督部门的工作人员等，要与企业发生投资、借贷、交易等活动，都需要依据财务报告信息对企业状况进行分析。因此，了解财务报告结构、内容及其可提供的信息，是每个分析者所必需的财务信息。我们通常所说的财务报表主要指三张基本报表：资产负债表、利润表和现金流量表。

（一）资产负债表

资产负债表是反映企业在某一特定日期的财务状况的财务报表。它以“资产＝负债＋股东权益”这一会计等式为依据编制，按照一定的分类标准和次序，反映企业在某一特定日期资产、负债及股东权益的基本状况。

资产负债表的结构

从资产负债表的结构来看，它主要包括资产、负债与股东权益三大类项目。资产负债表的左方反映企业的资产状况，资产按流动性从大到小分项列示，上半部分列示了各项流动资产的金额，下半部分列示了各项非流动资产的金额。资产负债表的右方反映企业的负债与股东权益状况，它说明了企业资金的来源情况，即有多少来源于债权人、有多少来源于企业所有者的投资。资产负债表是进行财务分析的一张重要财务报表，它提供了企业的资产结构、资产流动性、资金来源状况、负债水平以及负债结构等财务信息。分析者通过对资产负债表进行分析，可以了解企业的偿债能力、营运能力等财务能力，为债权人、投资者以及企业管理者提供决策依据。

（二）利润表

利润表是反映企业在一定期间生产经营成果的财务报表。它以“利润＝收入－费用”这一会计等式为依据编制而成。通过利润表，分析者可以了解企业利润计划的完成情况，分析企业的盈利能力以及利润增减变化的原因，预测企业利润的发展趋势，从而获得决策有用的财务信息。利润表通常按照利润的构成项目分别列示。

利润表的结构

企业的收入主要包括营业收入（主营业务收入、其他业务收入）、其他收益、投资收益、公允价值变动收益、资产处置收益、营业外收入等。费用支出主要包括营业成本（主营业务成本、其他业务成本）、税金及附加、销售费用、管理费用、研发费用、财务费用、资产减值损失、投资损失、公允价值变动损失、资产处置损失、营业外支出等。企业的利润因收入与费用的不同配比，可以分为三个层次：营业利润、利润总额（税前利润）和净利润。营业利润是营业收入减去营业成本，再扣除税金及附加、销售费用、管理费用、研发费用、财务费用、资产减值损失，加上其他收益、投资收益（或减去投资损失）、公允价值变动收益（或减去公允价值变动损失）和资产处置收益（或减去资产处置损失）等得到的利润。营业利润主要反映企业的经营所得。营业利润加上营业外收支净额后的利润就是利润总额，它是计算所得税的基础。利润总额扣除所得税费用后的余额就是企业的净利润，它是企业所有者可以得到的收益。

（三）现金流量表

现金流量表是以现金及现金等价物为基础编制的财务状况变动表，是企业对外报送的一张重要财务报表。它为财务报表使用者提供企业一定会计期间现金和现金等价物流入和流出的信息，以便于报表使用者了解和评价企业获取现金和现金等价物的能力，并据以预测企业的未来现金流量。

现金流量表反映了企业在一定会计期间的现金流量状况，它将企业的现金流量划分为经营活动产生的现金流量、投资活动产生的现金流量和筹资活动产生的现金流量三类，按照收付实现制原则编制而成，将权责发生制下的盈利信息调整为收付实现制下的现金流量信息。

二、财务分析的程序

无论是企业的管理者，还是投资者、债权人，在做出财务评价和经济决策时，都必须进行充分的财务分析。为了保证财务分析的有效进行，必须遵循科学的程序。财务分析的程序一般包括以下几个步骤：

（一）确定财务分析的范围

财务分析的范围取决于财务分析的目的，它可以是企业经营活动的某一方面，也可以是企业经营活动的全过程。例如，债权人可能只关心企业偿还债务的能力，因此不必对企业经营活动的全过程进行分析，而企业的经营管理者则需要进行全面的财务分析。

（二）收集有关的经济资料

财务分析的范围决定了所需收集的经济资料的数量：分析范围越小，所需资料越少；分析范围越大，则所需资料也越多。

（三）选择适当的分析方法

财务分析的目的和范围不同，所选用的分析方法和指标也不同。常用的财务分析方法有比率分析法、比较分析法等，这些方法各有特点，在进行财务分析时可以单独使用，也可以结合使用。局部的财务分析可以只选择其中的某一种方法，全面的财务分析则应该综合运用各种方法，以便进行对比，做出客观和全面的财务评价。

（四）确定分析指标

分析方法选定之后，就要确定分析指标。分析指标是根据财务分析的目的而确定的，不同的分析目的所使用的分析指标也不同，如分析偿债能力应当采用流动比率、资产负债率等指标。

（五）进行因素分析

因素分析法就是要在报表整体分析的基础上，确定各因素对其影响的方向和程度，为企业正确进行财务评价提供最基本的依据。通过财务分析，可以找出影响企业经营活动和财务状况的各种因素。在诸多因素中，有的是有利因素，有的是不利因素；有的是外部因素，有的是内部因素。因素分析不仅要解释现象，而且要分析其原因。在进行因素分析时，必须抓住主要矛盾，即影响企业生产经营活动和财务状况的主要因素，这样才能有的放矢，提出相应的措施，做出正确的决策。

（六）提供改进建议

财务分析的最终目的是为经济决策提供依据。通过上述的比较与分析，就可以提出各种方案，然后权衡各种方案的利弊与得失，从中选出最佳方案，做出经济决策。这个过程也是一个信息反馈的过程，决策者可以通过财务分析总结经验、吸取教训，进而以改进经营管理工作。

三、财务分析的方法

财务分析的方法主要包括比率分析法和比较分析法。

（一）比率分析法

比率分析法是将企业同一时期的财务报表中的相关项目进行对比，得出一系列财务比率，以此来揭示企业财务状况的分析方法。财务比率主要包括构成比率、效率比率和相关比率三大类。

1. 构成比率

构成比率又称结构比率，是反映某项经济指标的各个组成部分与总体之间关系的财务比率，如流动资产与资产总额的比率、流动负债与负债总额的比率。

2. 效率比率

效率比率是反映某项经济活动投入与产出之间关系的财务比率，如资产报酬率、销售净利率等。利用效率比率可以考察经济活动的经济效益，从而揭示企业的盈利能力。

3. 相关比率

相关比率是反映企业经济活动中某两个或两个以上相关项目比值的财务比率，如流动比率、速动比率等。利用相关比率可以考察各项经济活动之间的相互关系，从而揭示企业的财务状况。

（二）比较分析法

比较分析法是将同一企业不同时期的财务状况或不同企业之间的财务状况进行比较，从而揭示企业财务状况所存在差异的分析方法。比较分析法可分为纵向比较分析法和横向比较分析法两种。

1. 纵向比较分析法

纵向比较分析法又称趋势分析法，是将同一企业连续若干期间的财务状况进行比较，确定其增减变动的方向、数额和幅度，以此来揭示企业财务状况的发展变化趋势的分析方法，如比较财务报表法、比较财务比率法等。

2. 横向比较分析法

横向比较分析法是将本企业的财务状况与其他企业同期的财务状况进行比较，确定其存在的差异及程度，以此来揭示企业财务状况所存在问题的分析方法。

第三节 财务比率分析

一、盈利能力分析

盈利能力是指企业获取利润的能力。利润是企业的重要经营目标，是企业生存和发展的物质基础，它不仅关系到企业所有者的投资报酬，也是企业偿还债务的一个重要保障。因此，企业的债权人、所有者以及管理者都十分关心企业的盈利能力。盈利能力分析是企业财务分析的重要组成部分，也是评价企业经营管理水平的重要依据。企业的各项经营活动都会影响利润，如营业活动、对外投资活动、营业外收支活动等都会引起企业利润的变化。但是，在对企业盈利能力进行分析时，一般只分析企业正常经营活动的盈利能力，不涉及非正常的经营活动。这是因为，一些非正常的、特殊的经营活动虽然也会给企业带来收益，但它们不是经常的和持续的，因此，不能将其作为企业的一种持续性的盈利能力加以评价。评价企业盈利能力的财务比率主要有资产报酬率、股东权益报酬率、销售毛利率、销售净利率、成本费用净利率等，对于股份有限公司，还应分析其每股利润、每股现金流量、每股股利、股利支付率、市盈率和市净率等。

（一）资产息税前利润率

资产息税前利润率是指企业一定时期的息税前利润与资产平均总额的比率。其计算公式为：

$$资产息税前利润率=\frac{息税前利润}{资产平均总额}$$

企业所实现的息税前利润首先要用于支付债务利息，然后才能缴纳所得税和向股东分配。因此，息税前利润可以看作企业为债权人、政府和股东所创造的报酬。资产息税前利润率不受企业资本结构变化的影响，通常用来评价企业利用全部经济资源获取报酬的能力，反映了企业利用全部资产进行经营活动的效率。债权人分析企业资产报酬率时，可以采用资产息税前利润率。一般来说，只要企业的资产息税前利润率大于负债利息率，企业就有足够的收益用于支付债务利息。因此，该项比率不仅可以评价企业的盈利能力，而且可以评价企业的偿债能力。

（二）资产利润率

资产利润率是指企业一定时期的利润总额与资产平均总额的比率，它反映了企业在扣除所得税费用之前的全部收益。其计算公式为：

$$资产利润率=\frac{利润总额}{资产平均总额}$$

影响企业利润总额的因素主要有营业利润、营业外收支等，所得税政策的变化不会对利润总额产生影响。因此，资产利润率不仅能够综合地评价企业的资产盈利能力，而且可以反映企业管理者的资产配置能力。

（三）资产净利率

资产净利率是指企业一定时期的净利润与资产平均总额的比率。资产净利率通常用于评价企业对股权投资的回报能力，股东分析企业资产报酬率时，通常采用资产净利率。其计算公式为：

$$资产净利率=\frac{净利润}{资产平均总额}$$

在资产净利率的计算公式中，分子采用净利润，企业的经营活动、投资活动、筹资活动以及国家税收政策的变化都会影响净利润。这一比率越高，说明企业的盈利能力越强。资产净利率的高低并没有一个绝对的评价标准。在分析企业的资产净利率时，通常采用比较分析法，与该企业以前会计年度的资产净利率进行比较，可以判断企业资产盈利能力的变动趋势，或者与同行业平均资产净利率进行比较，可以判断企业在同行业中所处的地位。通过这种比较分析，可以评价企业的经营效率，发现其经营管理中存在的问题。如果企业的资产净利率偏低，说明该企业经营效率较低，经营管理存在问题，应该调整经营方针、加强经营管理、提高资产的利用效率。

（四）股东权益报酬率

股东权益报酬率也称净资产收益率，是指企业一定时期的净利润与股东权益平均总额的比率。股东权益报酬率是评价企业盈利能力的一个重要财务比率，它反映了企业股东所获取的投资报酬的高低。其计算公式为：

$$股东权益报酬率=\frac{净利润}{股东权益平均总额}$$

$$股东权益平均总额=\frac{期初股东权益总额+期末股东权益总额}{2}$$

该比率越高，说明企业的盈利能力越强。式中的股东权益平均总额是用账面价值而不是市场价值计算的。在正常情况下，股份公司的股东权益市场价值都会高于其账面价值，因此，以股东权益的市场价值计算的股东权益报酬率可能会远低于以账面价值计算的股东权益报酬率。

（五）销售毛利率

销售毛利率是指企业销售毛利与营业收入净额的比率。销售毛利率反映了企业营业成本与营业收入的比例关系。其计算公式为：

$$销售毛利率=\frac{销售毛利}{营业收入净额}$$

其中，销售毛利=营业收入净额-营业成本。营业收入净额是指营业收入扣除销售退回、销售折扣与折让后的净额。销售毛利率越大，说明在营业收入净额中营业成本所占的比重越小，企业通过销售获取利润的能力越强。

（六）销售净利率

销售净利率是指企业净利润与营业收入净额的比率。销售净利率说明了企业净利润占营业收入净额的比例，它可以用来评价企业通过销售获取利润的能力。其计算公式为：

$$销售净利率=\frac{净利润}{营业收入净额}$$

销售净利率表明企业每100元营业收入可实现的净利润是多少。该比率越高，说明企业通过扩大销售获取报酬的能力越强。评价企业的销售净利率时，应比较企业历年的指标，从而判断企业销售净利率的变化趋势。但是，销售净利率受行业特点影响较大，因此，还应结合不同行业的具体情况进行分析。

（七）成本费用净利率

成本费用净利率是指企业净利润与成本费用总额的比率，它反映了企业生产经营过程中发生的耗费与获得的报酬之间的关系。其计算公式为：

$$成本费用净利率=\frac{净利润}{成本费用总额}$$

式中的成本费用总额是企业为了取得利润而付出的代价，主要包括营业成本、税金及附加、销售费用、管理费用、财务费用和所得税费用等。成本费用净利率越高，说明企业为获取报酬而付出的代价越小，企业的盈利能力越强。因此，通过这个比率不仅可以评价企业的盈利能力，还可以评价企业对成本费用的控制能力和经营管理水平。

（八）每股利润

每股利润也称每股收益或每股盈余，是指股份公司发行在外的普通股每股所取得的利润，它是股份公司税后利润分析的一个重要指标。每股利润等于净利润扣除优先股股利后的余额，除以发行在外的普通股平均股数。其计算公式为：

$$\text{每股利润}=\frac{\text{净利润}-\text{优先股股利}}{\text{发行在外的普通股平均股数}}$$

每股利润可以反映公司盈利能力的大小，每股利润越高，说明公司的盈利能力越强。虽然每股利润可以很直观地反映股份公司的盈利能力以及股东的报酬，但它是一个绝对数指标，在分析每股利润时，还应结合流通在外的股数。如果某股份公司采用股本扩张的政策，大量配股或以股票股利的形式分配股利，这样必然会摊薄每股利润，使得每股利润减少。同时，分析者还应注意到每股股价的高低，如果A、B两家公司的每股利润都是0.5元，但是A公司的股价为10元，而B公司的股价为15元，则投资于A、B两家公司的风险和报酬显然是不同的。因此，投资者不能只是片面地分析每股利润，最好结合股东权益报酬率来分析公司的盈利能力。

（九）每股现金流量

每股现金流量是指公司普通股每股所取得的经营活动现金流量。每股现金流量等于经营活动产生的现金流量净额扣除优先股股利后的余额，除以发行在外的普通股平均股数。其计算公式为：

$$\text{每股现金流量}=\frac{\text{经营活动产生的现金流量净额}-\text{优先股股利}}{\text{发行在外的普通股平均股数}}$$

每股利润的高低虽然与股利分配有着密切的关系，但它不是决定股利分配的唯一因素。如果某公司的每股利润很高，但是缺乏现金，那么也无法分配现金股利。因此，还有必要分析公司的每股现金流量。每股现金流量越高，说明公司越有能力支付现金股利。在计算每股利润和每股现金流量时，式中的分母用公司发行在外的普通股平均股数。如果年度内普通股的股数未发生变化，则发行在外的普通股平均股数就是年末普通股总股份数；如果年度内普通股的股数发生了变化，则发行在外的普通股平均股数应当使用按月计算的加权平均发行在外的普通股股数。其计算公式为：

$$\text{加权平均发行在外的普通股股数}=\frac{\sum(\text{发行在外的普通股股数}\times\text{发行在外的月份数})}{12}$$

（十）每股股利

每股股利等于普通股分配的现金股利总额除以普通股总股份数，它反映了普通股每股分得的现金股利。其计算公式为：

$$\text{每股股利}=\frac{\text{现金股利总额}-\text{优先股股利}}{\text{普通股总股份数}}$$

每股股利的高低不仅取决于公司盈利能力的强弱，还取决于公司的股利政策和现金是否充裕。倾向于分配现金股利的投资者，应当比较分析公司历年的每股股利，从而了解公司的股利政策。

（十一）股利支付率

股利支付率是反映股利支付情况的指标，是指普通股每股股利与每股利润的比率，它表明了股份公司的净收益中有多少用于现金股利的分派。其计算公式为：

$$\text{股利支付率}=\frac{\text{每股股利}}{\text{每股利润}}$$

与股利支付率相关的，反映利润留存比例的指标是留存比率，或称收益留存率。其计算公式为：

$$留存比率=\frac{每股利润-每股股利}{每股利润}$$

留存比率反映了企业净利润留存的百分比，因此，它与股利支付率之和等于1，即股利支付率+留存比率=1。股利支付率主要取决于公司的股利政策，没有一个具体的标准来判断股利支付率究竟是大好还是小好。一般而言，如果一个公司的现金流比较充裕，并且目前没有更好的投资项目，则可能会倾向于发放现金股利；如果公司有较好的投资项目，则可能会少发放现金股利，而将资金用于投资。

（十二）市盈率

市盈率也称价格盈余比率或价格与收益比率，是指普通股每股市价与每股利润的比率。市盈率是以企业盈利能力为基础的市场估值指标。通过对市盈率进行分析，可以判断股票的市场定价是否符合公司的基本状况，为投资者的投资活动提供决策依据。其计算公式为：

$$市盈率=\frac{每股市价}{每股利润}$$

市盈率是反映公司市场价值与盈利能力之间关系的一个重要财务比率，投资者对这个比率十分重视，将其作为投资决策的重要参考因素之一。资本市场上并不存在一个标准市盈率，对市盈率的分析要结合行业特点和企业的盈利前景。一般来说，市盈率较高，说明投资者对该公司的发展前景看好，愿意出较高的价格购买该公司股票。所以，成长性好的公司，股票市盈率通常要高一些，而盈利能力差、缺乏成长性的公司，股票市盈率要低一些。但是也应注意，如果某股票的市盈率过高，则也意味着这只股票具有较高的投资风险。

（十三）市净率

市净率是指普通股每股市价与每股净资产的比率。市净率反映了公司股票的市场价值与账面价值之间的关系，该比率越高，说明股票的市场价值越大。其计算公式为：

$$市净率=\frac{每股市价}{每股净资产}$$

一般来说，资产质量好、盈利能力强的公司，其市净率会比较高；而风险较大、发展前景较差的公司，其市净率会比较低。在一个有效的资本市场中，如果公司股票的市净率小于1，即股价低于每股净资产，则说明投资者对公司的未来发展前景持悲观的态度。

二、偿债能力分析

偿债能力是指企业偿还各种到期债务的能力。偿债能力分析是企业财务分析的一个重要方面，通过这种分析可以揭示企业的财务风险。企业管理者、债权人及股权投资者都十分重视企业的偿债能力分析。偿债能力分析主要分为短期偿债能力分析和长期偿债能力分析。

（一）短期偿债能力分析

短期偿债能力是指企业偿付流动负债的能力。流动负债是将在1年内或超过1年的一个营业周期内需要偿付的债务，这部分负债对企业的财务风险影响较大，如果不能及时偿还，就可能使企业陷入财务困境，面临破产倒闭的危险。在资产负债表中，流动负债与流动资产形成一种对应关系。一般来说，流动负债需要以现金直接偿还，而流动资产是在1

年内或超过1年的一个营业周期内可变现的资产，因而流动资产就成为偿还流动负债的一个安全保障。因此，可以通过分析流动负债与流动资产之间的关系来判断企业的短期偿债能力。评价企业短期偿债能力的财务比率主要有流动比率、速动比率、现金比率、现金流量比率等。

1. 流动比率

流动比率是企业流动资产与流动负债的比率。其计算公式为：

$$流动比率=\frac{流动资产}{流动负债}$$

流动资产主要包括货币资金、交易性金融资产、应收及预付款项、存货和1年内到期的非流动资产等，一般用资产负债表中的期末流动资产总额表示；流动负债主要包括短期借款、交易性金融负债、应付及预收款项、应交税费、1年内到期的非流动负债等，通常也用资产负债表中的期末流动负债总额表示。

流动比率是衡量企业短期偿债能力的一个重要财务指标，这个比率越高，说明企业偿还流动负债的能力越强，流动负债得到偿还的保障越大。但是，过高的流动比率也并非好现象，因为流动比率过高，可能说明企业滞留在流动资产上的资金过多，未能有效地加以利用，可能会影响企业的盈利能力。一般认为，流动比率在2左右比较合适。实际上，对流动比率的分析应该结合不同行业的特点、流动资产结构及各项流动资产的实际变现能力等因素。有的行业流动比率较高，有的行业则较低，不可一概而论。但是，单凭这种经验判断也并不可靠，有时流动比率较高，但其短期偿债能力也未必很强，因为这可能是存货积压或滞销的结果。而且，企业也很容易伪造这个比率，以掩饰其偿债能力的不足。例如，企业期末故意将借款还清，下期期初再借入，这样就可以人为地提高期末流动比率。假设某一公司拥有流动资产20万元、流动负债10万元，则流动比率为2，如果该公司期末编制财务报表时故意偿还5万元短期借款，待下期期初再借入，则该公司的流动资产就变成了15万元，流动负债变成了5万元，流动比率变成了3。这样，企业就提高了期末流动比率，粉饰了短期偿债能力。因此，利用流动比率来评价企业的短期偿债能力存在一定的局限性。

2. 速动比率

从前面的分析可知，流动比率在评价企业短期偿债能力时存在一定的局限性。如果流动比率较高，但流动资产的流动性较差，则企业的短期偿债能力仍然不强。在流动资产中，交易性金融资产、应收票据、应收账款的变现能力均比存货强，存货需要经过销售才能转变为现金，如果存货滞销，则其变现就成为问题，所以存货是流动资产中流动性相对较差的资产。一般来说，流动资产扣除存货后的资产称为速动资产，主要包括货币资金、交易性金融资产、应收票据、应收账款等。其计算公式为：

$$速动比率=\frac{速动资产}{流动负债}=\frac{流动资产-存货}{流动负债}$$

利用速动比率来判断企业的短期偿债能力比流动比率更进了一步，因为它排除了变现能力较差的存货。速动比率越高，说明企业的短期偿债能力越强。一般认为，速动比率为1时比较合适。在实际分析时，应该根据企业性质和其他因素来综合判断，不可一概而论。通常影响速动比率可信度的重要因素是应收账款的变现能力，如果企业的应收账款中有较大部分不易收回，可能会成为坏账，那么速动比率就不能真实地反映企业的偿债能力。因此，在利用速动比率分析企业短期偿债能力时，应该结合应收账款账龄结构进行分析。需要说明的是，用流动资产扣除存货来计算速动资产只是一种粗略的计算，严格地讲，不仅要扣除存货，还应扣除预付账款、1年内到期的非流动资产和其他流动资产等变现能力较差的项目。这样，速动资产就只包括货币资金、交易性金融资产、应收票据、应收账款、应收利息、应收股利和其他应收款。

3. 现金比率

现金比率是企业的现金类资产与流动负债的比率。现金类资产包括库存现金、随时可用于支付的银行存款和现金等价物，即现金流量表中所反映的现金及现金等价物。其计算公式为：

$$现金比率=\frac{现金+现金等价物}{流动负债}$$

现金比率可以反映企业的直接偿付能力，因为现金是企业偿还债务的最终手段，如果企业缺乏现金，就可能发生支付困难，面临财务危机。因而，现金比率较高，说明企业有较好的支付能力，对偿付债务是有保障的。但是，如果这个比率过高，可能意味着企业拥有过多的盈利能力较低的现金类资产，企业的资产未能得到有效的运用。

4. 现金流量比率

现金流量比率是企业经营活动产生的现金流量净额与流动负债的比率。其计算公式为：

$$现金流量比率=\frac{经营活动产生的现金流量净额}{流动负债}$$

流动比率、速动比率和现金比率都是反映企业短期偿债能力的静态指标，揭示了企业的现存资源对偿还到期债务的保障程度。现金流量比率则从动态的角度反映了本期经营活动产生的现金流量净额偿付流动负债的能力。

经营活动产生的现金流量净额是过去一个会计年度的经营结果，而流动负债则是未来一个会计年度需要偿还的债务，二者的会计期间不同。因此，这个指标是建立在以过去一年的现金流量来估计未来一年的现金流量的假设基础之上的。使用这一财务比率时，需要考虑未来一个会计年度影响经营活动产生的现金流量的因素。

（二）长期偿债能力分析

长期偿债能力是指企业偿还长期负债的能力。企业的长期负债主要有长期借款、应付债券、长期应付款、预计负债等。企业的长期债权人和所有者不仅关心企业短期偿债能力，更关心企业长期偿债能力。因此，在对企业进行短期偿债能力分析的同时，还需要对企业长期偿债能力进行分析，以便于债权人和投资者全面了解企业的偿债能力及财务风险。反映企业长期偿债能力的财务比率主要有资产负债率、权益乘数、产权比率、有形净值债务率、偿债保障比率、利息保障倍数等。

1. 资产负债率

资产负债率也称负债比率或举债经营比率，是企业负债总额与资产总额的比率，它反映了企业的资产总额中有多大比例是通过举债而得到的。其计算公式为：

$$资产负债率=\frac{负债总额}{资产总额}$$

资产负债率反映了企业偿还债务的综合能力，表明每1元资产保障负债的数量，这个比率越高，企业偿还债务的能力越差，财务风险越大；反之，则企业偿还债务的能力越强。从债权人的角度来看，他们最关心的是其借给企业的资金的安全性。如果这个比率过高，说明在企业的全部资产中，股东提供的资本所占比重太低，企业的财务风险主要由债权人承担，其借款的安全性缺乏可靠的保障，所以，债权人总是希望企业的负债比率低一些。从企业股东的角度来看，他们关心的主要是投资报酬的高低。企业借入的资金与股东投入的资金在生产经营中可以发挥同样的作用，如果企业负债所支付的利率低于资产报酬率，股东就可以利用举债经营取得更多的投资报酬。因此，股东所关心的往往是全部资产报酬率是否超过了借款的利率。企业股东可以通过举债经营的方式，以有限的资本、付出有限的代价而取得对企业的控制权，并且可以得到举债经营的杠杆利益。因此，在财务分析中，资产负债率也被人们称为财务杠杆比率。企业管理者既要考虑企业的盈利，也要顾及企业所承担的财务风险。资产负债率作为财务杠杆比率，不仅反映了企业的长期财务状况，也反映了企业管理层的进取精神。如果企业不利用举债经营或者负债比率很小，则说明企业管理者比较保守，对前途信心不足，利用债权人资本进行经营的能力较差。但是，负债也必须有一定限度，负债比率过高，企业的财务风险将增大，一旦资产负债率超过100%，则说明企业资不抵债，有濒临倒闭的危险。

至于资产负债率为多少才是合理的，并没有一个确定的标准。不同行业、不同类型的企业的资产负债率会存在较大差异。一般而言，处于高速成长时期的企业，其资产负债率可能会高一些，这样，所有者会得到更多的杠杆利益。但是，作为财务管理者，在确定企业的资产负债率时一定要审时度势，充分考虑企业内部的各种因素和企业外部的市场环境，在风险与报酬之间权衡利弊与得失，然后才能做出正确的财务决策。

2. 权益乘数

权益乘数即资产总额是股东权益总额的多少倍数。权益乘数反映了企业财务杠杆的大小。权益乘数越大，说明股东投入的资本在资产中所占的比重越小，财务杠杆越大。其计算公式为：

$$权益乘数=\frac{资产总额}{股东权益总额}$$

股东权益比率是权益乘数的倒数，即股东权益总额与资产总额的比率，该比率反映了资产总额中有多大比例是所有者投入的。股东权益比率与资产负债率之和等于1。因此，这两个比率是从不同的侧面来反映企业长期财务状况的，股东权益比率越大，资产负债率就越小，企业的财务风险也越小，企业偿还长期债务的能力就越强。

$$股东权益比率=\frac{股东权益总额}{资产总额}$$

3. 产权比率

产权比率也称负债股权比率，是负债总额与股东权益总额的比率。其计算公式为：

$$产权比率=\frac{负债总额}{股东权益总额}$$

产权比率反映了债权人所提供资金与股东所提供资金的比例关系，因此可以揭示企业的财务风险以及股东权益对债务的保障程度。该比率越低，说明企业长期财务状况越好，债权人债权的安全性越有保障，企业的财务风险越小。

4. 有形净值债务率

由于无形资产的价值具有不确定性，因此为了进一步分析股东权益对负债的保障程度，可以保守地认为无形资产不宜用来偿还债务，故将其从产权比率计算公式的分母中扣除，这样计算出的财务比率称为有形净值债务率。其计算公式为：

$$有形净值债务率=\frac{负债总额}{股东权益总额-无形资产净值}$$

从上述公式可以看出，有形净值债务率实际上是产权比率的延伸，它更为保守地反映了在企业清算时债权人投入的资本受到股东权益保障的程度。该比率越低，说明企业的财务风险越小。

5. 偿债保障比率

偿债保障比率也称债务偿还期，是负债总额与经营活动产生的现金流量净额的比值。其计算公式为：

$$偿债保障比率=\frac{负债总额}{经营活动产生的现金流量净额}$$

偿债保障比率反映了用企业经营活动产生的现金流量净额偿还全部债务所需的时间，所以，该比率也被称为债务偿还期。一般认为，经营活动产生的现金流量是企业长期资金的最主要来源，而投资活动和筹资活动所获得的现金流量虽然在必要时也可用于偿还债务，但不能将其视为经常性的现金流量。因此，偿债保障比率可以用来衡量企业通过经营活动所获得的现金偿还债务的能力。该比率越低，说明企业偿还债务的能力越强。

6. 利息保障倍数

利息保障倍数是税前利润加利息费用之和与利息费用的比值。其计算公式为：

$$利息保障倍数=\frac{税前利润+利息费用}{利息费用}$$

式中的税前利润是指缴纳所得税之前的利润总额；利息费用不仅包括财务费用中的利息费用，还包括计入固定资产成本的资本化利息。利息保障倍数反映了企业的经营所得支付债务利息的能力。如果这个比率太低，说明企业难以保证用经营所得来按时按量支付债务利息，这会引起债权人的担心。一般来说，企业的利息保障倍数至少要大于1，否则，就难以偿付债务本金及利息，若长此以往，甚至会导致企业破产倒闭。至于该财务比率究竟为多少时才能说明企业偿付利息的能力强，并没有一个确定的标准，通常要根据企业的历年数据和行业特点来判断。

（三）影响企业偿债能力的其他因素

上述财务比率是分析企业偿债能力的主要指标，分析者可以比较最近几年的有关财务比率来判断企业偿债能力的变化趋势，也可以比较某一企业与同行业其他企业的财务比率来判断该企业偿债能力的强弱。但是，在分析企业偿债能力时，除了使用上述指标外，还应考虑以下因素对企业偿债能力的影响，这些因素既影响企业的短期偿债能力，也影响企业的长期偿债能力。

1. 或有负债

或有负债是企业过去的交易或者事项形成的潜在义务，其存在需要通过未来不确定事项的发生或不发生予以证实。或有负债可能会转化为企业的债务，也可能不会转化为企业的债务，因此，其结果具有不确定性。例如，已贴现未到期的商业承兑汇票、销售的产品可能会发生的质量事故赔偿、诉讼案件和经济纠纷可能败诉导致需要赔偿的金额等。这些或有负债在资产负债表日还不能确定未来的结果如何，不能作为负债在资产负债表的负债类项目中进行反映。但是，或有负债在将来一旦转化为企业的现实义务，就会对企业的财务状况产生影响，尤其是金额巨大的或有负债会增加企业的财务风险，影响企业的偿债能力。因此，在进行偿债能力分析时，应该考虑这一影响因素。

2. 担保责任

在经济活动中，企业可能会发生以本企业的资产为其他企业的债务提供法律担保的情况，如为其他企业的银行借款提供担保、为其他企业履行有关经济合同提供法律担保等。如果被担保人不履行合同，这种担保责任就有可能成为企业的负债，增加企业的财务风险。但是，这种担保责任在财务报表中并未得到反映，因此，在进行财务分析时，必须考虑企业是否有巨额的法律担保责任。

3. 可用的银行授信额度

可用的银行授信额度是指银行授予企业的贷款指标，该项信用额度已经得到银行的批准，但企业尚未办理贷款手续。对于这种授信额度，企业可以随时使用，从而能够方便、快捷地取得银行借款，可以提高企业的偿付能力，缓解财务困难。

三、营运能力分析

营运能力反映了企业的资金周转状况，对此进行分析，可以了解企业的营业状况及经营管理水平。资金周转状况好，说明企业的经营管理水平高，资金利用效率高。企业的资金周转状况与供、产、销各个经营环节密切相关，任何一个环节出现问题，都会影响企业资金的正常周转。资金只有顺利地通过各个经营环节，才能完成一次循环。在供、产、销各环节中，销售有着特殊的意义，因为产品只有销售出去才能实现其价值，收回最初投入的资金，顺利地完成一次资金周转。这样，就可以通过产品销售情况与企业资金占用量来分析企业的资金周转状况，评价企业的营运能力。评价企业营运能力常用的财务比率有应收账款周转率、存货周转率、流动资产周转率、固定资产周转率、总资产周转率等。

（一）应收账款周转率

应收账款周转率是企业一定时期的赊销收入净额与应收账款平均余额的比率。应收账款周转率是评价应收账款流动性大小的一个重要财务比率，它反映了应收账款在一个会计年度内的周转次数，可以用来分析应收账款的变现速度和管理效率。该比率越高，说明应收账款的周转速度越快，流动性越强。企业也可以用应收账款周转天数来反映应收账款的周转情况。其计算公式为：

$$应收账款周转率=\frac{赊销收入净额}{应收账款平均余额}$$

$$应收账款平均余额=\frac{期初应收账款余额+期末应收账款余额}{2}$$

$$应收账款周转天数=\frac{360}{应收账款周转率}$$

式中的赊销收入净额是指销售收入净额扣除现销收入之后的余额；销售收入净额是指销售收入扣除销售退回、销售折扣及折让后的余额。在利润表中，营业收入就是销售收入。在这里，我们一般假设公司的营业收入全部都是赊销收入净额。

由于商业信用的普遍应用，应收账款成为企业一项重要的流动资产，应收账款的变现能力直接影响资产的流动性。应收账款周转率高，说明企业回收应收账款的速度快，这样可以减少坏账损失，提高资产的流动性，企业的短期偿债能力也会得到增强，这在一定程度上可以弥补流动比率低的不利影响。如果企业的应收账款周转率过低，则说明企业回收应收账款的效率较差，或者信用政策过于宽松，这样会导致应收账款占用的资金数量过多，影响企业资金利用率和资金的正常周转。但是，如果应收账款周转率过高，则可能是企业奉行了比较严格的信用政策、制定的信用标准和信用条件过于苛刻的结果，这样会限制企业销售量的扩大，从而影响企业的盈利水平，且往往同时表现为存货周转率偏低。

应收账款周转天数表示应收账款周转一次所需的天数。平均收账期越短，说明企业的应收账款周转速度越快。应收账款平均收账期与应收账款周转率成反比例变动，对该项指标的分析是制定企业信用政策的一个重要依据。

（二）存货周转率

存货周转率也称存货利用率，是企业一定时期的销售成本与存货平均余额的比率。存货周转状况也可以用存货周转天数来表示。存货周转天数表示存货周转一次所需的时间，天数越短，说明存货周转得越快。其计算公式为：

$$存货周转率=\frac{销售成本}{存货平均余额}$$

$$存货平均余额=\frac{期初存货余额+期末存货余额}{2}$$

$$存货周转天数=\frac{360}{存货周转率}$$

式中的销售成本可以从利润表中得到，假设营业成本全部为销售成本；存货平均余额是指期初存货余额与期末存货余额的平均数，可以根据资产负债表计算得出。如果企业生产经营活动具有很强的季节性，则年度内各季度的销售成本与存货都会有较大幅度的波动。因此，存货平均余额应该按月份或季度来计算，先计算各月份或各季度的存货平均余额，再计算全年的存货平均余额。

存货周转率说明一定时期内企业存货周转的次数，可以反映企业存货的变现速度，衡量企业的销售能力及存货储备量。存货周转率反映了企业的销售效率和存货使用效率。在正常经营的情况下，存货周转率越高，说明存货周转速度越快，企业的销售能力越强，存货占用的营运资本越少，企业资产的流动性越好，资金利用效率越高；反之，存货周转率过低，常常是由于库存管理不善、销售状况不好，造成存货的积压，说明企业在产品销售方面存在一定的问题，应当采取积极的销售策略，提高存货的周转速度。但是，有时企业出于特殊的原因会增大存货储备量，如在通货膨胀比较严重的情况下，企业为了降低存货采购成本，可能会提高存货储备量，这种情况导致的存货周转率降低是一种正常现象。一般来说，存货周转率越高越好，但是，如果存货周转率过高，也可能说明企业在存货管理方面存在一些问题，如存货水平太低，甚至经常缺货，或者采购次数过于频繁、批量太小等。因此，对存货周转率的分析，应当结合企业的实际情况，具体问题具体分析。

（三）流动资产周转率

流动资产周转率是企业销售收入与流动资产平均余额的比率，它反映了企业全部流动资产的利用效率。其计算公式为：

$$流动资产周转率=\frac{销售收入}{流动资产平均余额}$$

$$流动资产平均余额=\frac{期初流动资产余额+期末流动资产余额}{2}$$

式中的销售收入即营业收入。流动资产周转率表明在一个会计年度内企业流动资产周转的次数，它反映了流动资产周转的速度。该指标越高，说明企业流动资产的利用效率越高。流动资产周转率是分析流动资产周转情况的一个综合指标，流动资产周转得快可以节约流动资金，提高资金的利用效率。但是，究竟流动资产周转率为多少合适，并没有一个确定的标准。通常，分析流动资产周转率应比较企业历年的数据，并结合行业特点。流动资产周转天数的计算方法同上。

（四）固定资产周转率

固定资产周转率是企业销售收入与固定资产平均净值的比率。其计算公式为：

$$固定资产周转率=\frac{销售收入}{固定资产平均净值}$$

$$固定资产平均净值=\frac{期初固定资产净值+期末固定资产净值}{2}$$

式中的销售收入即营业收入。固定资产周转率主要用于分析企业对厂房、设备等固定资产的利用效率。该比率越高，说明固定资产的利用率越高，管理水平越好。如果固定资产周转率与同行业平均水平相比偏低，说明企业的生产效率较低，可能会影响企业的盈利能力。固定资产周转天数的计算方法同上。

（五）总资产周转率

总资产周转率是企业销售收入与资产平均总额的比率。其计算公式为：

$$总资产周转率=\frac{销售收入}{资产平均总额}$$

$$资产平均总额=\frac{期初资产总额+期末资产总额}{2}$$

式中的销售收入一般指营业收入。总资产周转率可以用来分析企业全部资产的使用效率。如果这个比率较低，说明企业利用其资产进行经营活动的效率较差，会影响企业的盈利能力，企业应该采取措施提高销售收入或处置资产，以提高总资产利用率。总资产周转天数的计算方法同上。

四、发展能力分析

发展能力也称成长能力，是指企业在从事经营活动过程中所表现出的增长能力，如规模的扩大、盈利的持续增长、市场竞争力的增强等。反映企业发展能力的主要财务比率有销售增长率、资产增长率、股权资本增长率、利润增长率等。

（一）销售增长率

销售增长率是指企业本年营业收入增长额与上年营业收入总额的比率。销售增长率反映了企业营业收入的变化情况，是评价企业成长性和市场竞争力的重要指标。其计算公式为：

$$销售增长率=\frac{本年营业收入增长额}{上年营业收入总额}$$

式中的本年营业收入增长额是指本年营业收入总额与上年营业收入总额的差额。该比率大于零，表示企业本年营业收入增加；反之，则表示企业本年营业收入减少。该比率越高，说明企业营业收入的成长性越好，企业的发展能力越强。

（二）资产增长率

资产增长率是指企业本年总资产增长额与年初资产总额的比率。该比率反映了企业本年度资产规模的增长情况。其计算公式为：

$$资产增长率=\frac{本年总资产增长额}{年初资产总额}$$

式中的本年总资产增长额是指本年资产年末余额与年初余额的差额。资产增长率是从企业资产规模扩张的角度来衡量企业的发展能力。企业资产总量的增长对企业的发展具有重要影响，一般来说，资产增长率越高，说明企业资产规模增长的速度越快，企业的竞争力越强。但是，在分析企业资产数量增长的同时，也要注意分析企业资产质量的变化。

（三）股权资本增长率

股权资本增长率也称净资产增长率或资本积累率，是指企业本年股东权益增长额与年初股东权益总额的比率。股权资本增长率反映了企业当年股东权益的变化水平，体现了企业资本的积累能力，是评价企业发展潜力的重要财务指标。其计算公式为：

$$股权资本增长率=\frac{本年股东权益增长额}{年初股东权益总额}$$

式中的本年股东权益增长额是指本年股东权益年末余额与年初余额的差额。该比率越高，说明企业资本积累的能力越强，企业的发展能力也越好。

（四）利润增长率

利润增长率是指企业本年利润总额增长额与上年利润总额的比率。利润增长率反映了企业盈利能力的变化。其计算公式为：

$$利润增长率=\frac{本年利润总额增长额}{上年利润总额}$$

式中的本年利润总额增长额是指本年利润总额与上年利润总额的差额。该比率越高，说明企业的成长性越好，发展能力越强。分析者也可以根据分析的目的，计算净利润增长率，其计算方法与利润增长率相同，只需将计算公式中的“利润总额”替换为“净利润”即可。

上述四项财务比率分别从不同的角度反映了企业的发展能力。需要说明的是，仅用一年的财务比率是不能准确评价企业发展能力的，而应当计算连续若干年的财务比率，这样才能准确地评价企业发展能力的持续性。

第四节　财务综合分析

通过上述企业财务状况和经营成果的分析，分析者可以了解企业各方面能力的基本情况，但其不能说明企业的总体财务状况。一个企业可能长期偿债能力不好，但短期偿债能力还可以，而另一个企业可能正好相反，两个企业的总体偿债能力如何，需要借助于综合分析的方法才能得出结论。这里主要介绍财务比率综合评分法和杜邦分析法。

一、财务比率综合评分法

财务比率综合评分法最早是于20世纪初由美国银行家亚历山大·沃尔提出并使用的，所以也称为沃尔评分法。财务比率综合评分法是选择一系列能够反映企业各方面财务状况的财务比率，通过对这些财务比率打分得出综合得分，来评价企业综合财务状况的一种方法。沃尔选择了七项财务比率，并分别给定了各项指标在总分中的权重，根据各项指标的实际值与该项指标的标准值（行业平均水平或理想值）的比值确定各项指标的得分，最后根据各项指标的得分和各该项指标的权重确定综合得分，用以对企业的信用水平进行评分。财务比率综合评分法一般包括如下程序：

1. 选定评价财务状况的财务比率

财务比率的选择应当注意以下几个问题：一是要具有全面性，要求涵盖反映企业偿债能力、营运能力、盈利能力和发展能力的四大类财务比率。二是要具有代表性，即要选择能够说明问题的重要财务比率，避免在评价内容上重复设置指标。例如，资产负债率和产权比率的作用基本相同，选择资产负债率，一般不应再选择产权比率。三是要具有变化方向的一致性，一般应选择反映企业财务状况的正指标，即选择那些财务比率增大时表示财务状况改善、财务比率减小时表示财务状况恶化的指标。对于特别重要但属于反映企业财务状况的逆指标，如资产负债率，可以倒数表示，即资产负债率可用“资产/负债”表示。

2. 确定财务比率的标准评分值

根据各项财务比率的重要程度，确定其标准评分值，即重要性系数。各项财务比率的标准评分值之和应等于100分。各项财务比率标准评分值的确定是财务比率综合评分法的一个重要问题，它直接影响对企业财务状况的评分。对于各项财务比率的重要程度，不同的分析者会有截然不同的态度，一般来说，应根据企业经营活动的性质、企业的生产经营规模、市场形象和分析者的分析目的等因素来确定。

3. 计算关系比率

计算企业一定时期内各项财务比率的实际值，然后，计算出各项财务比率的实际值与标准值的比值，即关系比率。关系比率反映了企业某一财务比率的实际值偏离标准值的程度。

4. 计算得出各项财务比率的实际得分

各项财务比率的实际得分是关系比率和标准评分值的乘积，每项财务比率的得分都不得超过上限或下限，各项财务比率实际得分的合计数就是企业财务状况的综合得分。企业财务状况的综合得分反映了企业的综合财务状况。如果综合得分等于或接近于100分，则说明企业的财务状况是良好的，达到了预先确定的标准；如果综合得分远远低于100分，则说明企业的财务状况较差，应当采取适当的措施加以改善；如果综合得分远远超过100分，则说明企业的财务状况很理想。

【例2-1】A公司的财务指标见表2-1。

表2-1 A公司的财务指标

财务比率	比重	标准比率	实际比率	相对比率	评分
流动比率	10	2	1.5	0.75	7.5
速动比率	10	1	1.3	1.3	13
资产/负债	12	2	2.2	1.1	13.2
存货周转率	10	6	6.3	1.05	10.5
应收账款周转率	10	10	11	1.1	11
总资产周转率	12	2	1.8	0.9	10.8
资产净利率	10	0.3	0.33	1.1	11
股东权益报酬率	12	0.5	0.52	1.04	12.48
销售净利率	14	0.1	0.11	1.1	15.4
合计	100				104.88

A公司的综合得分为104.88分，略高于标准数值，这说明公司的财务状况是良好的。从理论上讲，沃尔评分法存在一个弱点：未能证明为什么要选择这些指标，而不是更多或更少的指标，或者选择其他的指标，以及未能证明每个指标所占比重的合理性。尽管沃尔评分法在理论上还有待证明，在技术上也不够完善，但其还是在实践中得到了广泛应用。

二、杜邦分析法

杜邦分析法是利用各项财务指标之间的内在联系，对企业综合经营理财能力及经济效益进行系统分析评价的方法，因其最初由美国杜邦公司创立并成功运用而得名。杜邦分析法的推导过程如下：

股东权益报酬率=资产净利率×权益乘数

资产净利率=销售净利率×总资产周转率

销售净利率=净利润÷销售收入

总资产周转率=销售收入÷资产平均总额

杜邦分析体系在揭示上述几种关系之后，再将净利润、总资产进行层层分解，这样就可以全面、系统地揭示企业的财务状况，以及财务状况这个系统内部各个因素之间的相互关系。企业财务管理的重要目标之一就是实现股东财富最大化，股东权益报酬率恰恰反映了股东投入资金的获利能力，反映了企业筹资、投资和生产运营等各方面经营活动的效率。股东权益报酬率取决于资产净利率和权益乘数。资产净利率反映了企业运用资产进行生产经营活动的效率，而权益乘数则主要反映了企业的筹资情况，即企业资金来源结构。

资产净利率是反映企业获利能力的一个重要财务比率，它揭示了企业生产经营活动的效率，也是综合性极强的一个指标。企业的销售收入、成本费用、资产结构、资产周转速度以及资金占用量等各种因素都直接影响企业资产净利率。资产净利率是销售净利率与总资产周转率的乘积，因此，可以从企业的销售活动与资产管理两个方面来进行分析。

从企业的销售活动方面来看，销售净利率反映了企业净利润与销售收入之间的关系。一般来说，销售收入增加，企业的净利润会随之增加，但是要想提高销售净利率，必须一方面提高销售收入，另一方面降低各种成本费用，这样才能使净利润的增长高于销售收入的增长，从而使销售净利率得到提高。由此可见，提高销售净利率必须从以下两个方面入手：开拓市场，增加销售收入；加强成本费用控制，降低耗费，增加利润。

从企业的资产管理方面来看，应主要分析以下两个方面：第一，分析企业的资产结构是否合理，即流动资产与非流动资产的比例是否合理。一般来说，如果企业流动资产中货币资金所占比重过大，就应当分析企业的现金持有量是否合理，有无现金闲置的现象，因为过量的现金会影响企业的获利能力；如果企业流动资产中存货与应收账款所占比重过大，就会占用大量资金，影响企业的资金周转速度。第二，结合销售收入分析企业的资产周转情况。如果企业资产周转较慢，就会占用大量资金，增加资金成本，减少利润。对企业资产周转情况的分析要从总资产周转率、存货周转率与应收账款周转率等指标入手，并将资产周转情况与资金占用情况结合起来进行分析。

杜邦分析法的局限性

在利用杜邦分析法时，应注意以下几个方面：

（1）股东权益报酬率是综合性最强的财务指标，是整个分析系统的起点和核心。

（2）权益乘数表明了企业的负债程度。

（3）总资产收益率是销售利润率与总资产周转率的乘积。

（4）销售净利率反映了企业净利润与销售净收入的关系。

（5）总资产周转率反映了企业资产实现销售收入的综合能力。

下面就杜邦分析体系在分析变动趋势方面的应用进行简要说明。

【例2-2】假设A公司2×21年和2×22年的有关数据见表2-2。

表2-2　　**A公司2×21年和2×22年的有关数据**

指标	2×21年	2×22年
股东权益报酬率	0.1536	0.1443
资产净利率	0.0966	0.0839
权益乘数	1.59	1.72
销售净利率	0.1153	0.1207
总资产周转率	0.838	0.695

根据杜邦分析法可知，销售净利率×总资产周转率×权益乘数=股东权益报酬率。

2×21年：

0.1153×0.838×1.59=0.1536

第一次替换：将销售净利率替换为2×22年的0.1207：

0.1207×0.838×1.59=0.1608

第二次替换：将总资产周转率替换为2×22年的0.695：

0.1207×0.695×1.59=0.1334

第三次替换：将权益乘数替换为2×22年的1.72：

0.1207×0.695×1.72=0.1443

根据上述计算结果，该公司2×22年的股东权益报酬率与2×21年相比下降0.0093（0.1536−0.1443）。该公司销售净利率增加0.0054（0.1207−0.1153），使股东权益报酬率增加0.0072（0.1608−0.1536）；总资产周转率下降0.143（0.838−0.695），使股东权益报酬率下降0.0274（0.1608−0.1334）；权益乘数增加0.13（1.72−1.59），使股东权益报酬率增加0.0109（0.1443−0.1334）。同理，我们可以分析资产净利率下降的原因，资产净利率等于销售净利率乘以总资产周转率。该公司销售净利率增加0.0054，使资产净利率增加0.0045（0.0054×0.838），而总资产周转率下降0.143，使资产净利率下降0.0173（0.143×0.1207）。

从杜邦分析体系可以看出，公司的获利能力涉及生产经营活动的方方面面，股东权益报酬率与公司的筹资结构、销售规模、成本水平、资产管理水平等因素密切相关，这些因素构成一个完整的系统，只有协调好这些因素之间的关系，才能使股东权益报酬率得到提高，从而实现股东财富最大化的目标。

【课程思政要点】

实事求是原则是决策应遵循的最基本的原则。“实事”就是客观存在着的一切事物；“是”就是客观事物内在的必然的联系，即规律性；“求”就是去研究和探讨。实事求是，是辩证唯物主义的思想路线和重要原则，也是中国共产党历来经验的科学总结，科学决策同样离不开这一基本原则。企业编制财务报表应遵循这一原则，避免弄虚作假。近年来，发生的较有名的瑞幸咖啡财务造假事件，值得企业财务人员好好反思，以此为戒。该案例具体如下：

2020年2月1日凌晨，美国一家名为浑水（Muddy Waters Research）的研究机构发布了一篇长达89页的做空报告，矛头直指中概股瑞幸咖啡，瑞幸咖啡也瞬间被推至风口浪尖。2020年4月2日，瑞幸咖啡发布公告称，公司2019年2季度至4季度期间虚增了21.8亿元人民币交易额。此消息一经公布，资本市场反应迅速，4月2日美股开盘，瑞幸咖啡大跌78%，开盘40分钟就引发5次熔断，市值一夜间蒸发378亿元人民币。2020年6月29日，瑞幸咖啡在纳斯达克交易所正式停牌，但其表示针对我国国内的消费市场，4 000余家门店将继续运营。2020年12月16日，瑞幸咖啡宣布将支付1.8亿美元，就美国证券交易委员会（SEC）对其进行的会计欺诈指控达成和解。SEC也在当天向美国纽约南区联邦地区法院提交了拟议的和解方案，指明双方的和解协议须得到法院批准。2021年9月，瑞幸咖啡宣布已经与美国集体诉讼的原告代表签署了1.875亿美元的和解意向书。按照瑞幸咖啡APP上“拿铁”16元/杯的价格计算，瑞幸咖啡要卖出超过7 500万杯拿铁才能“挣回”这笔罚款。

2022年2月，瑞幸咖啡向美国证券交易委员会（SEC）提交文件显示，该公司已经满足此前与SEC达成和解协议的条件，即美国纽约南区联邦地区法院的最终判决同意瑞幸咖啡缴纳约1.8亿美元（约合人民币12亿元）的罚款。SEC向法院提交了一份通知，确认瑞幸咖啡通过债务重组安排向公司的证券持有人支付现金，已经满足了法院最终判决的惩罚条款。除了向投资者进行赔偿外，瑞幸咖啡还向开曼法院正式提交了对可转债债权人的债务重组方案，以及向SEC正式递交了包括经审计的财务报告在内的2020年年报。至此，瑞幸咖啡财务造假事件暂告一段落。

所以，请同学们深刻地认识财务造假后果的严重性，要知法守法，不弄虚作假，做一个诚信守法、有职业道德的财务人。

【复习思考】

1.企业资产负债率的高低对债权人和股东会产生什么影响？

2.企业的应收账款周转率偏低可能是由什么原因造成的？

3.为什么说企业的营运能力可以反映其经营管理水平？

4.企业应当如何提高营运能力？

5.在评价股份有限公司的盈利能力时，哪个财务指标应当作为核心指标？

6.在评价企业的发展趋势时，应当注意哪些问题？

7.为什么说股东权益报酬率是杜邦分析法的核心？

8.在应用杜邦分析法进行企业财务状况的综合分析时，应当如何分析各项因素对企业股东权益报酬率的影响程度？

9.假如你是一名政府税务部门的工作人员，你应当如何利用财务分析来了解某企业是否如实缴纳税款？

【练习题】

一、单项选择题

1.在财务分析中，投资者是指（　　）。

A.社会公众　　B.金融机构　　C.优先股股东　　D.普通股股东

2.流动资产和流动负债的比值被称为（　　）。

A.流动比率　　B.速动比率　　C.营运比率　　D.资产负债率

3.当法定盈余公积达到注册资本的（　　）时，可以不再计提。

A.5%　　B.10%　　C.25%　　D.50%

4.用于偿还流动负债的流动资产是指（　　）。

A.存出投资款　　B.回收期在1年以上的应收款项

C.现金　　D.存出银行汇票存款

5.下列各项中，能够降低企业流动资产变现能力的是（　　）。

A.取得商业承兑汇票　　B.未决诉讼、仲裁形成或有负债

C.有可动用的银行贷款指标　　D.长期投资到期收回

6.下列各项中，可以分析评价企业长期偿债能力的指标是（　　）。

A.存货周转率　B.流动比率　C.速动比率　D.资产负债率

7.要想取得财务杠杆效应，应当使全部资本利润率（　）借款利息率。

A.大于　B.小于　C.等于　D.无关系

8.计算应收账款周转率时应使用的收入指标是（　）。

A.主营业务收入　B.赊销收入净额　C.销售收入　D.营业利润

9.当销售利润率一定时，投资报酬率的高低直接取决于（　）。

A.销售收入的多少　B.营业利润的高低

C.投资收益的大小　D.资产周转的快慢

10.销售毛利率=1-（　）。

A.变动成本率　B.销售成本率　C.成本费用率　D.销售利润率

二、多项选择题

1.财务报表分析具有广泛的用途，一般包括（　）。

A.寻找投资对象和兼并对象　B.预测企业未来的财务状况

C.预测企业未来的经营成果　D.评价企业管理业绩和经营决策

E.判断投资、筹资和经营活动的成效

2.财务报表分析的主体包括（　）。

A.债权人　B.投资者　C.经理人员

D.审计师　E.职工和工会

3.造成流动比率不能正确反映企业偿债能力的原因有（　）。

A.季节性经营的企业，销售不均衡　B.大量使用分期付款结算方式

C.年末销售大幅度上升或下降　D.大量的销售为现销

E.存货计价方式发生改变

4.在计算速动比率时，要把存货从流动资产中剔除的原因包括（　）。

A.存货估价成本与合理市价相差悬殊

B.存货中可能含有已毁损报废但还未作处理的不能变现的存货

C.存货种类繁多，难以综合计算其价值

D.存货的变现速度最慢

E.部分存货可能已抵押给债权人

5.资产负债率的计算公式中的资产总额包括（　）。

A.长期投资　B.递延资产　C.固定资产

D.流动资产　E.无形资产

三、判断题

1.评价企业盈利能力的财务比率主要有资产报酬率、股东权益报酬率、销售毛利率、销售净利率、成本费用净利率等。（　）

2.存货周转率是营业收入与存货平均余额之比。（　）

3.提高速动比率不仅增强了企业的短期偿债能力，而且提高了企业的资金收益水平。（　）

4.财务报表分析的方法主要有比率分析法、因素分析法和趋势分析法。（　）

5.在杜邦分析体系中计算权益乘数时，资产负债率是用期末负债总额与期末资产总额

来计算的。 ( )

6.采用因素分析法，可以分析引起变化的主要原因、变动的性质，并可预测企业未来的发展前景。 ( )

7.在总资产净利率不变的情况下，资产负债率越低，股东权益报酬率越高。 ( )

8.反映企业发展能力的指标主要有营业增长率和利润增长率。 ( )

9.权益乘数的高低取决于企业的资金结构，负债比率越高，权益乘数越低，财务风险越大。 ( )

10.某企业去年的营业净利率为6.2%，总资产周转率为1.8；今年的营业净利率为6.4%，总资产周转率为1.46。若两年的资产负债率相同，则今年的股东权益报酬率与去年相比，其变化趋势为上升。 ( )

四、计算题

A公司的资产负债表和利润表分别见表2-3和表2-4。

表2-3 **资产负债表**

编制单位：A公司 2×22年12月31日 单位：万元

资　　产	期末余额	年初余额	负债及所有者权益	期末余额	年初余额
流动资产：			流动负债：		
货币资金	900	800	短期借款	2 300	2 000
交易性金融资产	500	1 000	应付票据及应付账款	1 200	1 000
应收票据及应收账款	1 300	1 200	预收款项	400	300
预付款项	70	40	应付职工薪酬	30	50
存货	5 280	4 060	其他流动负债	70	50
其他流动资产			流动负债合计	4 000	3 400
流动资产合计	8 050	7 100	非流动负债：		
非流动资产：			长期借款	2 500	2 000
长期股权投资	400	400	应付债券		
固定资产	14 000	12 000	非流动负债合计	2 500	2 000
无形资产	550	500	负债合计	6 500	5 400
非流动资产合计	14 950	12 900	所有者权益：		
			实收资本	12 000	12 000
			资本公积		
			盈余公积	1 600	1 600
			未分配利润	2 900	1 000
			所有者权益合计	16 500	14 600
资产总计	23 000	20 000	负债及所有者权益总计	23 000	20 000

表2-4　　利润表

编制单位：A公司　　2×22年度　　单位：万元

项　　目	本期金额	上期金额
一、营业收入	20 000	18 000
减：营业成本	12 200	10 700
税金及附加	1 200	1 080
销售费用	1 900	1 620
管理费用	1 000	800
财务费用	300	200
资产减值损失		
加：投资收益（损失以"-"号填列）		
公允价值变动收益（损失以"-"号填列）	1 300	900
二、营业利润（亏损以"-"号填列）	4 700	4 500
加：营业外收入	150	100
减：营业外支出	650	600
三、利润总额（亏损总额以"-"号填列）	4 200	4 000
减：所得税费用	1 050	1 000
四、净利润（净亏损以"-"号填列）	3 150	3 000
五、其他综合收益的税后净额		
六、综合收益总额		

要求：分别计算下列指标，并进行分析评价。

（1）反映企业短期偿债能力的指标（流动比率、速动比率、现金比率）；

（2）反映企业长期偿债能力的指标（资产负债率、利息保障倍数），假定财务费用均为利息支出；

（3）反映企业营运能力的指标（应收账款周转率、存货周转率、流动资产周转率），假定上年年初应收账款余额为1 100万元、存货余额为3 840万元、流动资产余额为6 000万元、固定资产余额为11 800万元；

（4）反映企业盈利能力的指标（销售净利率、成本费用净利率、资产净利率、股东权益报酬率），假定上年年初总资产余额为19 000万元、所有者权益余额为13 000万元；

（5）反映企业发展能力的指标（销售增长率、资产增长率）。

第三章

财务管理价值观念

学习目标

知识目标： 通过本章的学习，要求学生理解货币时间价值的含义和相关计算；了解投资风险与报酬的关系，掌握风险衡量的计算；理解证券投资的种类和特点。

技能目标： 通过本章的学习，能够运用货币时间价值和风险与报酬的基本原理进行简单的财务决策分析，掌握资本资产定价模型，掌握不同证券的价值评估方法。

第一节 货币时间价值

一、货币时间价值的概念

货币的时间价值，是指货币经历一定时间的投资和再投资所增加的价值。

在商品经济中，有这样一种现象：现在的1元钱和1年后的1元钱，其经济价值不相等，或者说其经济效用不同。现在的1元钱，比1年后的1元钱的经济价值要大一些，即使不存在通货膨胀也是如此。为什么会这样呢？例如，将现在的1元钱存入银行，1年后可得到1.10元（假设存款利率为10%）。这1元钱经过1年时间的投资增加了0.10元，这就是货币的时间价值。

任何企业的财务活动都是在特定的时空中进行的。货币的时间价值原理正确地揭示了在不同时点上资金之间的换算关系。货币投入生产经营过程后，其金额随着时间的持续而不断增长，这是一种客观的经济现象。企业资金循环的起点是投入货币资金，企业用其来购买所需的资源，然后生产出新的产品，产品出售时得到的货币量大于最初投入的货币量。资金的循环以及因此实现的货币增值，需要或多或少的时间，每完成一次循环，货币就增加一定的金额，周转的次数越多，增值额也越大。因此，随着时间的延续，货币总量在循环中按几何级数增长，形成了货币的时间价值。

需要注意的是，将货币作为资本投入生产过程所获得的价值增加并不完全是货币的时间价值。这是因为，所有的经营都不可避免地具有风险，而投资者承担风险也要获得相应的报酬（本章第二节内容将对此进行详述）。此外，通货膨胀也会影响货币的实际购买力，因此，对所投资项目的报酬率也会产生影响。资金的供应者在通货膨胀的情况下，必然要求索取更高的报酬以补偿其购买力损失，这部分补偿称为通货膨胀贴水。可见，货币在经营过程中产生的报酬不仅包括时间价值，还包括货币资金提供者要求的风险报酬和通货膨胀贴水。因此，本书认为，时间价值是扣除风险报酬和通货膨胀贴水后的真实报酬率。

货币的时间价值有两种表现形式：相对数形式和绝对数形式。相对数形式，即货币时间价值率，是指扣除风险报酬和通货膨胀贴水后的平均资金利润率或平均报酬率；绝对数形式，即时间价值额，是指资金与时间价值率的乘积。时间价值虽然有两种表示方法，但在实际工作中并不进行严格的区分。因此，在述及货币时间价值的时候，有时用绝对数，有时用相对数。

银行存款利率、贷款利率、各种债券利率以及股票的股利率都可以看作投资报酬率，它们与时间价值都是有区别的，只有在没有风险和通货膨胀的情况下，时间价值才与上述各报酬率相等。为了分层次地、由简到难地研究问题，在论述货币时间价值时采用抽象分析法，一般假定没有风险、没有通货膨胀，以利率代表货币时间价值率，本章以此假设为基础。

二、现金流量时间线

计算货币资金的时间价值，首先要清楚资金运动发生的时间和方向，即每笔资金在哪个时点上发生，资金流向是流入还是流出。现金流量时间线提供了一个重要的计算货币资金时间价值的工具，它可以直观、便捷地反映资金运动发生的时间和方向。典型的现金流量时间线，如图3-1所示。

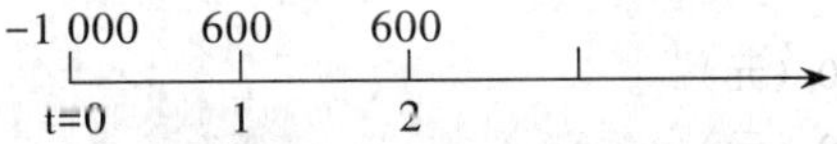

图3-1　现金流量时间线

图3-1中的横轴为时间轴，箭头所指的方向表示时间的增加。横轴上的坐标代表各个时点，t=0表示现在，t=1，2，…，n分别表示从现在开始的第1期期末、从现在开始的第2期期末，依此类推。如果每期的时间间隔为1年，则t=1表示从现在起第1年年末，t=2表示从现在起第2年年末。换句话说，t=1也表示第2年年初。图3-1所示的现金流量时间线表示在t=0时刻有1 000单位的现金流出，在t=1，2时刻各有600单位的现金流入。

现金流量时间线对于更好地理解和计算货币时间价值很有帮助，本书将在后面的章节中多次运用这一工具来解决许多复杂的问题。

三、一次性收付款项的终值和现值

一次性收付款项是指在某一特定时点上一次性支出或收入，经过一段时间后再一次性收回或支出的款项。例如，现在将一笔10 000元的现金存入银行，5年后一次性取出本利和。

资金时间价值的计算，涉及两个重要的概念，即现值和终值。现值（present value，P），又称本金，是指未来某一时点上一定量的现金折算到现在的价值。终值（future value，F），又称将来值或本利和，是指现在一定量的现金在将来某一时点上的价值。

由于终值和现值的计算同利息的计算方法有关，而利息的计算方法又有复利和单利两种，因此，终值与现值的计算也有复利和单利计算之分。单利是指一定期间内只根据本金计算利息，当期产生的利息在下一期不作为本金，不重复计算利息。例如，本金为1 000元、年利率为3.6%的5年期单利定期存款，到期时的利息收入为180元，每年的利息收入为36元（1 000×3.6%）。而复利则是不仅本金要计算利息，而且利息也要计算利息，即通常所说的“利滚利”。复利的概念充分体现了资金时间价值的含义，因为资金可以再投资，而且理性的投资者总是尽可能快速地将资金投向合适的领域，以赚取报酬。在讨论资金的时间价值时，一般都按复利计算。

（一）单利

通常用P表示现值，F表示终值，i表示利息率（贴现率、折现率），n表示计息期数，I表示利息。

1. 单利利息

$I=P\cdot i\cdot n$

每年的利息额实际上就是资金的增值额。

2. 单利终值

$F=P\cdot(1+i\cdot n)$

资金的终值就是本金与每年的利息额之和。

3. 单利现值

$P=F/(1+i\cdot n)$

【例3-1】某人将一笔5 000元现金存入银行，银行1年期定期利率为5%。

要求：计算第1年和第2年的利息、终值。

$I_1=5\ 000\times5\%\times1=250$（元）

$I_2=5\ 000\times5\%\times2=500$（元）

$F_1=5\ 000\times(1+5\%\times1)=5\ 250$（元）

$F_2=5\ 000\times(1+5\%\times2)=5\ 500$（元）

从上面的计算中，显而易见，第1年的利息在第2年不再计息，只有本金在第2年计息。此外，如无特殊说明，给出的利率均为年利率。

【例3-2】某人希望5年后获得10 000元本利和，银行利率为5%。

要求：计算现在需要存入银行多少元资金？

$P=10\ 000\div(1+5\%\times5)=8\ 000$（元）

上面现值的计算，也可称贴现值的计算，贴现使用的利率称为贴现率。

（二）复利

复利计算方法是指每经过一个计息期，要将该期所派生的利息加入本金再计算利息，逐期滚动计算。这里所说的计息期，是指相邻两次计息的间隔，如年、月、日等。除非特别说明，计息期一般为1年。

复利终值、复利现值与计息期数的关系

1. 复利终值

复利终值是指一定量的本金按复利计算的若干年后的本利和，即现有资金P，经过n年，其终值F为多少。复利终值的计算公式为：

$F = P \cdot (1 + i)^n$

上式中，$(1+i)^n$称为复利终值系数（future value interest factor），可记作（F/P，i，n），则复利终值的计算公式也可以表示为：

$F = P \cdot (1 + i)^n = P \cdot$（F/P，i，n）

【例3-3】某人现在将5 000元存入银行，银行利率为5%。

要求：计算第1年和第2年的本利和。

第1年的F=5 000×（F/P，5%，1）=5 000×1.05=5 250（元）

第2年的F=5 000×（F/P，5%，2）=5 000×1.1025=5 512.5（元）

上式中的（F/P，5%，2）表示利率为5%、期限为2年的复利终值系数。在复利终值系数表（参见附表一）上，我们可以从横行中找到利率5%，从纵列中找到期数2年，纵横相交处，可查到（F/P，5%，2）=1.1025。该系数表明，在年利率为5%的条件下，现在的1元与2年后的1.1025元相等。将单利终值与复利终值比较，我们可以发现，在第1年，单利终值和复利终值是相等的；在第2年，单利终值和复利终值不相等，两者相差12.5元（5 512.5−5 500），这是因为第1年本金所产生的利息在第2年也要计算利息，即12.5元（250×5%）。因此，从第2年开始，单利终值和复利终值是不相等的。

2. 复利现值

复利现值是复利终值的对称概念，指未来一定时间的特定资金按复利计算的现在价值，或者说为取得将来一定的本利和现在所需要的本金。复利现值的计算，是指已知F、i、n时，求P。通过复利终值计算可知：

$F = P \cdot (1 + i)^n$

所以：

$$P = F \cdot \frac{1}{(1 + i)^n}$$

上式中，$\frac{1}{(1 + i)^n}$称为复利现值系数（present value interest factor），可记作（P/F，i，n），则复利现值的计算公式也可以表示为：

P=F·（P/F，i，n）

【例3-4】某人希望5年后获得10 000元本利和，银行利率为5%。

要求：计算现在应该存入银行多少元资金？

P=F·（P/F，5%，5）=10 000×0.7835=7 835（元）

上式中的（P/F，5%，5）表示利率为5%、期限为5年的复利现值系数。同样地，我们在复利现值系数表（参见附表二）上，从横行中找到利率5%，从纵列中找到期限5年，纵横相交处，可查到（P/F，5%，5）=0.7835。该系数表明，在年利率为5%的条件下，5年后的1元与现在的0.7835元相等。

四、非一次性收付款项的终值和现值

上面介绍了一次性收付款项，除此之外，还存在一定时期内多次收付的款项，即非一次性收付款项。非一次性收付款项根据每次收付款项金额是否相等，可分为等额系列收付款项和不等额系列收付款项。

（一）等额系列收付款项的终值和现值

等额系列收付款项是指等额、定期的系列收支，也称为年金（annuity，A）。例如，分期付款赊购、分期偿还贷款、发放养老金、分期支付工程款、每年相同的销售收入等，都属于年金收付形式。按照收付时点和方式的不同，可以将年金分为普通年金、预付年金、递延年金和永续年金四种。

需要注意的是，在财务管理中讲到年金，除非特别指明，一般是指普通年金。

1. 普通年金

普通年金又称后付年金，是指每期期末等额收付款项的年金。这种年金形式在现实经济生活中最为常见。

（1）普通年金终值。

普通年金终值犹如零存整取的本利和，它是在一定时期内每期期末等额收付款项的复利终值之和。

通常用A代表年金数额，i代表利息率，n代表计息期数，F_A代表年金终值。普通年金终值的计算可用图3-2来说明。

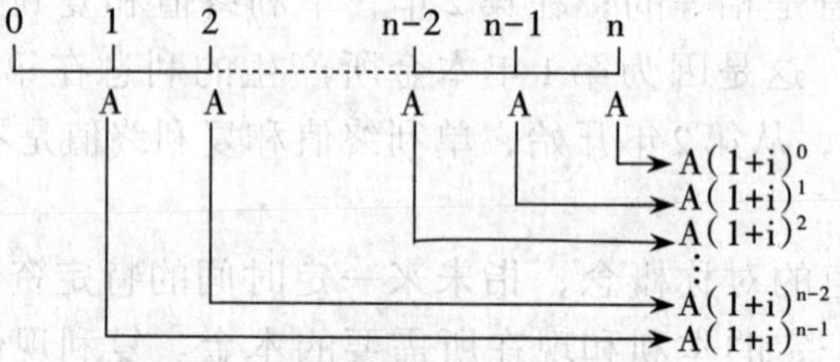

图3-2　普通年金终值计算示意图

由图3-2可知，普通年金终值的计算公式为：

$$F_A = A\cdot(1+i)^0 + A\cdot(1+i)^1 + A\cdot(1+i)^2 + \cdots + A\cdot(1+i)^{n-2} + A\cdot(1+i)^{n-1} \quad ①$$

$$= A\cdot[(1+i)^0 + (1+i)^1 + (1+i)^2 + \cdots + (1+i)^{n-2} + (1+i)^{n-1}]$$

$$= A\cdot\sum_{t=1}^{n}(1+i)^{n-t}$$

将①式两边同时乘以（1+i），可得：

$$F_A\cdot(1+i) = A\cdot(1+i)^1 + A\cdot(1+i)^2 + A\cdot(1+i)^3 + \cdots + A\cdot(1+i)^{n-1} + A\cdot(1+i)^n \quad ②$$

用②式减去①式，可得：

$$F_A\cdot i = A\cdot(1+i)^n - A = A\cdot[(1+i)^n - 1]$$

$$F_A = A\cdot\frac{(1+i)^n - 1}{i} \quad ③$$

①式中的$\sum_{t=1}^{n}(1+i)^{n-t}$和③式中的$\frac{(1+i)^n-1}{i}$，称为年金终值系数或年金复利系数（参见附表三），通常写作（F/A，i，n），其他符号含义同前。因此，普通年金终值的计算公式也可表示为：

F_A=A·（F/A，i，n）

【例3-5】某人在5年中每年年底存入银行1 000元，存款年利率为8%，复利计息，那么第5年年末年金终值为多少元？

F_A=A·（F/A，8%，5）=1 000×5.8666=5 866.6（元）

（2）偿债基金。

偿债基金是指为了在约定的未来某一时点清偿某笔债务或积聚一定数额的资金而必须

分次等额储存的款项。每次等额储存的款项就是年金（A），可以获得按复利计算的利息，未来的债务或需要积聚的资金实际上等于年金终值（F_A）。

偿债基金的计算实际上是年金终值的逆运算。根据年金终值的计算公式，可推算出偿债基金的计算公式为：

$$A = F_A \cdot \frac{i}{(1+i)^n - 1}$$

上式中，$\frac{i}{(1+i)^n - 1}$是年金终值系数的倒数，称为偿债基金系数，可记作（A/F，i，n），其数值可查阅“偿债基金系数表”，也可根据“年金终值系数表”的倒数推算出来，偿债基金的计算公式也可表示为：

$$A = F_A \cdot (A/F,\ i,\ n) = F_A \cdot \frac{1}{(F/A,\ i,\ n)}$$

【例3-6】某人拟在5年后还清10 000元债务，从现在起每年年末等额存入银行一笔款项，假设银行存款利率为10%，则每年需要存入多少元？

$$A = F_A \cdot (A/F,\ 10\%,\ 5) = F_A \cdot \frac{1}{(F/A,\ 10\%,\ 5)} = 10\,000 \div 6.1051 = 1\,638\text{（元）}$$

因此，在银行存款利率为10%时，每年存入1 638元，5年后可得10 000元，用来还清债务。

（3）普通年金现值。

普通年金现值是指在一定时期内每期期末等额收支款项的复利现值之和。实际上，其就是指为了在每期期末取得或支出相等金额的款项，现在需要一次性投入或借入多少金额。年金现值用P_A表示，普通年金现值的计算可用图3-3加以说明。

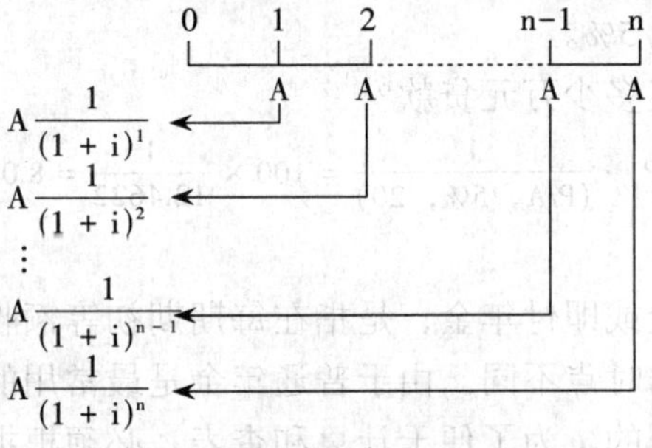

图3-3　普通年金现值计算示意图

由图3-3可知，普通年金现值的计算公式为：

$$P_A = A \cdot \frac{1}{(1+i)^1} + A \cdot \frac{1}{(1+i)^2} + \cdots + A \cdot \frac{1}{(1+i)^{n-1}} + A \cdot \frac{1}{(1+i)^n} = A \cdot \sum_{t=1}^{n} \frac{1}{(1+i)^t} \quad ④$$

将④式两边同时乘以（1+i），可得：

$$P_A \cdot (1+i) = A + A \cdot \frac{1}{(1+i)^1} + \cdots + A \cdot \frac{1}{(1+i)^{n-2}} + A \cdot \frac{1}{(1+i)^{n-1}} \quad ⑤$$

用⑤式减去④式，可得：

$$P_A \cdot i = A - A \cdot \frac{1}{(1+i)^n} = A \cdot \left[1 - \frac{1}{(1+i)^n}\right]$$

$$P_A = A \cdot \frac{(1+i)^n - 1}{i(1+i)^n} \quad ⑥$$

④式中的 $\sum_{t=1}^{n}\frac{1}{(1+i)^t}$ 和⑥式中的 $\frac{(1+i)^n-1}{i(1+i)^n}$，称为年金现值系数，通常写作（P/A，i，n），其他符号含义同前。因此，普通年金现值的计算公式也可表示为：

$P_A = A \cdot (P/A,\ i,\ n)$

【例3-7】某人准备在今后5年中每年年末从银行取得10 000元，如果利息率为10%，则现在应存入多少元？

$P_A = A \cdot (P/A,\ 10\%,\ 5) = 10\ 000 \times 3.7908 = 37\ 908$（元）

（4）资本回收额。

资本回收额是指在给定的年限内等额回收或清偿初始投入的资本或所欠的债务，这里的等额款项为年资本回收额。

年资本回收额的计算，其实质为：已知年金现值 P_A，求年金数额A。资本回收额的计算实际上是年金现值的逆运算。根据年金现值的计算公式，可推算出资本回收额的计算公式为：

$$A = P_A \cdot \frac{i(1+i)^n}{(1+i)^n-1}$$

上式中，$\frac{i(1+i)^n}{(1+i)^n-1}$ 是年金现值系数的倒数，称为资本回收系数，可记作（A/P，i，n），其数值可查阅“资本回收系数表”，也可根据“年金现值系数表”的倒数推算出来，资本回收额的计算公式也可表示为：

$$A = P_A \cdot (A/P,\ i,\ n) = P_A \cdot \frac{1}{(P/A,\ i,\ n)}$$

【例3-8】某人购入一套商品房，需向银行按揭贷款100万元，准备20年内每年年末等额偿还，银行贷款利率为5%。

要求：计算每年应归还多少万元贷款？

$$A = P_A \cdot (A/P,\ 5\%,\ 20) = P_A \cdot \frac{1}{(P/A,\ 5\%,\ 20)} = 100 \times \frac{1}{12.4622} = 8.02\text{（万元）}$$

2. 预付年金

预付年金又称先付年金或即付年金，是指在每期期初等额收付的年金。预付年金与普通年金的区别在于收付款的时点不同。由于普通年金是最常用的，因此，年金终值和现值的系数表是按普通年金编制的，为了便于计算和查表，必须根据普通年金的计算公式，推导出预付年金的计算公式。

（1）预付年金终值。

预付年金终值是指在一定时期内每期期初等额收付款项的复利终值之和。n期预付年金终值和n期普通年金终值的关系可用图3-4加以说明。

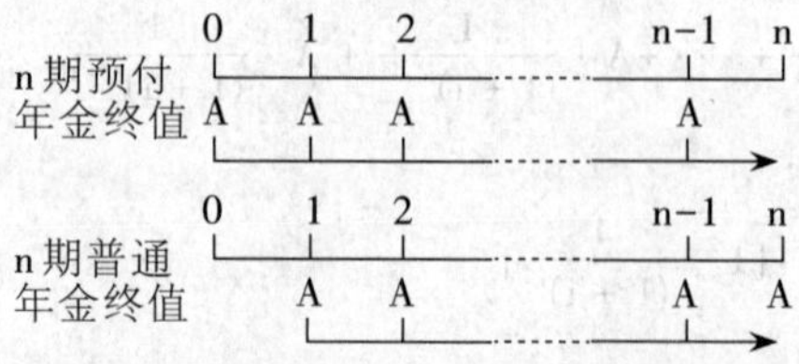

图3-4 预付年金终值与普通年金终值比较示意图

由图3-4可知，n期预付年金与n期普通年金的付款次数相同，但由于付款时间的不同，n期预付年金终值比n期普通年金终值多计算一期利息。因此，可先求出n期普通年金的终值，然后再乘以（1+i），便可求出n期预付年金的终值。其计算公式为：

$$F_A = A \cdot \frac{(1+i)^n - 1}{i} \cdot (1+i) = A \cdot (F/A,\ i,\ n) \cdot (1+i)$$

此外，还可根据n期预付年金终值与（n+1）期普通年金终值的关系推导出另一个计算公式。n期预付年金终值与（n+1）期普通年金终值的计息期数相同，但比（n+1）期普通年金终值少付一次款。因此，只要将（n+1）期普通年金的终值减去一期的付款额A，便可求出n期预付年金的终值。其计算公式为：

$$F_A = A \cdot [(F/A,\ i,\ n+1) - 1]$$

【例3-9】某人每年年初存入银行1 000元，银行存款年利率为8%，则第10年的本利和应为多少元？

$F_A = A \cdot (F/A,\ 8\%,\ 10) \cdot (1+8\%) = 1\ 000 \times 14.4866 \times 1.08 = 15\ 646$（元）

（2）预付年金现值。

预付年金现值是指将在一定时期内按相同时间间隔在每期期初收付的相等金额折算到第1期期初的现值之和。n期预付年金现值和n期普通年金现值的关系可用图3-5加以说明。

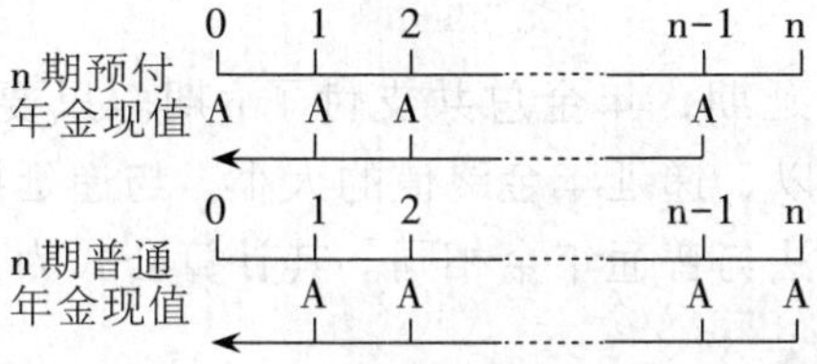

图3-5 预付年金现值与普通年金现值比较示意图

从图3-5可以看出，n期预付年金现值与n期普通年金现值的付款次数相同，但由于付款时间的不同，在计算现值时，n期普通年金比n期预付年金多折现一期。因此，可先求出n期普通年金的现值，然后再乘以（1+i），便可求出n期预付年金的现值。其计算公式为：

$$P_A = A \cdot \frac{(1+i)^n - 1}{i(1+i)^n} \cdot (1+i) = A \cdot (P/A,\ i,\ n) \cdot (1+i)$$

此外，还可根据n期预付年金现值与（n-1）期普通年金现值的关系推导出另一个计算公式。n期预付年金现值与（n-1）期普通年金现值的折现期数相同，但比（n-1）期普通年金现值多一期不用折现的付款额A。因此，只要将（n-1）期普通年金的现值加上一期不用折现的付款额A，便可求出n期预付年金的现值。其计算公式为：

$$P_A = A \cdot [(P/A,\ i,\ n-1) + 1]$$

【例3-10】某企业租用一套设备，在10年中每年年初要支付租金5 000元，年利息率为8%，则这些租金的现值为多少元？

$P_A = A \cdot (P/A,\ 8\%,\ 10) \cdot (1+8\%) = 5\ 000 \times 6.7101 \times 1.08 = 36\ 235$（元）

或 $P_A = A \cdot [(P/A,\ 8\%,\ 10-1) + 1] = 5\ 000 \times (6.2469+1) = 36\ 235$（元）

3. 递延年金

递延年金又称延期年金，是指在最初若干期没有收付款项的情况下，后面若干期等额的系列收付款项。它是普通年金的特殊形式。前两种年金的第一次收付时间都发生在整个收付期的第1期，要么在第1期期末，要么在第1期期初。但有时会遇到第一次收付不发生在第1期，而是间隔几期后才在以后的每期期末发生一系列的收付款项的情况，这种年金形式就是递延年金。因此，凡是不在第1期开始收付的年金，就可称为递延年金。图3-6可说明递延年金和普通年金的区别。

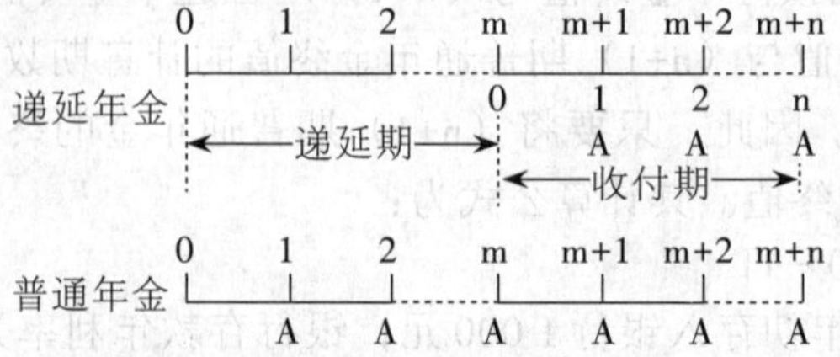

图3-6 递延年金与普通年金的区别

由图3-6可知，递延年金的第一次年金收付款项没有发生在第1期，而是间隔了m期（m期就是递延期），在第（m+1）期的期末才发生第一次收付款项，并且在以后的n期内，每期期末均发生等额的现金收付款项。与普通年金相比，尽管期限一样，都是（m+n）期，但普通年金在（m+n）期内，每个期末都要发生收付款项，而递延年金在（m+n）期内，只有后n期发生收付款项，前m期无收付款项发生。

（1）递延年金终值。

在图3-6中，先不看递延期，年金总共支付了n期。只要将这n期年金折算到期末，即可得到递延年金终值。所以，递延年金终值的大小，与递延期无关，只与年金总共支付了多少期有关，它的计算方法与普通年金相同。其计算公式为：

$F_A = A \cdot (F/A,\ i,\ n)$

【例3-11】某企业于年初投资一个项目，估计从第5年开始至第10年，每年年末可得收益10万元，假定年利率为5%。

要求：计算该投资项目年收益的终值。

$F_A = A \cdot (F/A,\ 5\%,\ 6)=10\times6.8019=68.019$（万元）

（2）递延年金现值。

递延年金的现值可用以下三种方法来计算：

①把递延年金视为n期的普通年金，求出年金在递延期期末m点的现值，再将m点的现值调整到第1期期初，可得：

$P_A = A \cdot (P/A,\ i,\ n) \cdot (P/F,\ i,\ m)$

②先假设递延期也发生收支，则变成一个（m+n）期的普通年金，求出（m+n）期的年金现值，再扣除并未发生年金收支的m期递延期的年金现值，即可求得递延年金的现值，可得：

$P_A = A \cdot [(P/A,\ i,\ m+n) - (P/A,\ i,\ m)]$

③先算出递延年金的终值，再将终值折算到第1期期初，即可求得递延年金的现值，可得：

$P_A = A \cdot (F/A,\ i,\ n) \cdot (P/F,\ i,\ m+n)$

【例3-12】某企业于年初投资一个项目，希望从第5年开始每年年末取得10万元收益，投资期限为10年，假定年利率为5%。

要求：计算该企业于年初最多投资多少元才有利？

解法一：$P_A = A \cdot (P/A, 5\%, 6) \cdot (P/F, 5\%, 4) = 10 \times 5.0757 \times 0.8227 = 41.76$（万元）

解法二：$P_A = A \cdot [(P/A, 5\%, 10) - (P/A, 5\%, 4)] = 10 \times (7.7217 - 3.5460) = 41.76$（万元）

解法三：$P_A = A \cdot (F/A, 5\%, 6) \cdot (P/F, 5\%, 10) = 10 \times 6.8019 \times 0.6139 = 41.76$（万元）

通过计算可知，该企业年初的投资额不超过41.76万元才合算。

4. 永续年金

永续年金是指无限期的收入或支出相等金额的年金，也称永久年金。它是普通年金的一种特殊形式。永续年金期限趋于无限，没有终止时间，则没有终值，只有现值。永续年金现值的计算公式为：

$$P_A = A \cdot \frac{(1+i)^n - 1}{i(1+i)^n} = A \cdot \frac{1 - \frac{1}{(1+i)^n}}{i}$$

当$n \to +\infty$，$\frac{1}{(1+i)^n} \to 0$，则：

$$P_A = A \cdot \frac{1}{i}$$

【例3-13】一项每年年底收入为800元的永续年金投资，利息率为8%，则其现值是多少元？

$$P_A = 800 \times \frac{1}{8\%} = 10\,000 \text{（元）}$$

（二）不等额系列收付款项的终值和现值

不等额系列收付款项是指在一定时期内多次收付，而每次收付的金额不相等的款项。不等额收付款项的货币时间价值的计算包括终值和现值的计算。

1. 不等额系列收付款项终值

前面讲述的年金每次收入或付出的款项都是相等的，但在财务管理实践中，更多的情况是每次收入或付出的款项并不相等。不等额系列收付款项终值的形式和计算，如图3-7所示。

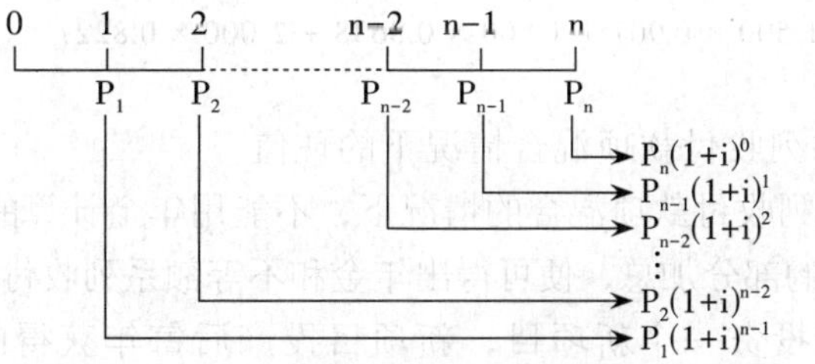

图3-7　不等额系列收付款项终值计算示意图

由图3-7可知，不等额系列收付款项终值的计算公式为：

$$F = P_n \cdot (1+i)^0 + P_{n-1} \cdot (1+i)^1 + P_{n-2} \cdot (1+i)^2 + \cdots + P_2 \cdot (1+i)^{n-2} + P_1 \cdot (1+i)^{n-1}$$

$$= \sum_{t=1}^{n} P_t \cdot (1+i)^{n-t}$$

可见，不等额系列收付款项终值等于每期收付款项的终值之和。

【例3-14】某人的存钱计划如下：第1年年末存入2 000元，第2年年末存入2 500元，第3年年末存入3 000元。如果年利率为4%，那么他在第3年年末可以得到的本利和是多少元？

$F = 2\,000 \times (1 + 4\%)^{3-1} + 2\,500 \times (1 + 4\%)^{3-2} + 3\,000 \times (1 + 4\%)^{3-3}$

$= 2\,000 \times (F/P, 4\%, 2) + 2\,500 \times (F/P, 4\%, 1) + 3\,000$

$= 2\,000 \times 1.0816 + 2\,500 \times 1.04 + 3\,000$

$= 7\,763.2$（元）

2. 不等额系列收付款项现值

不等额系列收付款项现值的形式和计算，如图3-8所示。

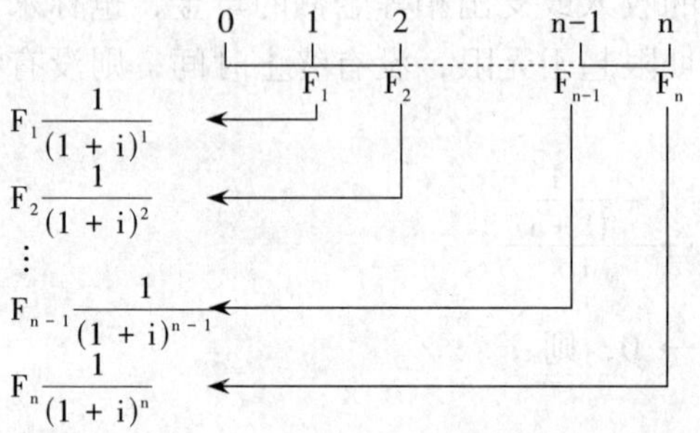

图3-8　不等额系列收付款项现值计算示意图

由图3-8可知，不等额系列收付款项现值的计算公式为：

$$P = F_1 \cdot \frac{1}{(1+i)^1} + F_2 \cdot \frac{1}{(1+i)^2} + \cdots + F_{n-1} \cdot \frac{1}{(1+i)^{n-1}} + F_n \cdot \frac{1}{(1+i)^n}$$

$$= \sum_{t=1}^{n} F_t \cdot \frac{1}{(1+i)^t}$$

可见，不等额系列收付款项现值等于每期收付款项的现值之和。

【例3-15】某人现在想存入银行一笔款项，希望在第1年年末可以取出1 300元，第2年年末可以取出1 500元，第3年年末可以取出1 800元，第4年年末可以取出2 000元。如果年利率为5%，那么他现在应存入多少元到银行？

$$P = 1\,300 \times \frac{1}{(1+5\%)^1} + 1\,500 \times \frac{1}{(1+5\%)^2} + 1\,800 \times \frac{1}{(1+5\%)^3} + 2\,000 \times \frac{1}{(1+5\%)^4}$$

$= 1\,300 \times (P/F, 5\%, 1) + 1\,500 \times (P/F, 5\%, 2) + 1\,800 \times (P/F, 5\%, 3) + 2\,000 \times (P/F, 5\%, 4)$

$= 1\,300 \times 0.9524 + 1\,500 \times 0.907 + 1\,800 \times 0.8638 + 2\,000 \times 0.8227$

$= 5\,799$（元）

3. 年金和不等额系列收付款项混合情况下的现值

在年金和不等额系列收付款项混合的情况下，不能用年金计算的部分，则用复利公式计算，然后与用年金计算的部分加总，便可得出年金和不等额系列收付款项混合情况下的现值。

【例3-16】某公司投资一个新项目，新项目投产后每年获得的现金流入量见表3-1，折现率为9%。

要求：计算这一系列现金流入量的现值。

表3-1　**新项目现金流量表**　金额单位：元

年次（t）	现金流量	年次（t）	现金流量
1	1 000	6	2 000
2	1 000	7	2 000
3	1 000	8	2 000
4	1 000	9	2 000
5	2 000	10	3 000

在本例题中，第1至4年的现金流量相等，可以看作求4年期的普通年金现值；第5至9年的现金流量也相等，可以看作递延年金；第10年的现金流量单独折现即可。

因此，这笔现金流量的现值计算如下：

$$P = 1\,000 \times (P/A，9\%，4) + 2\,000 \times [(P/A，9\%，9) - (P/A，9\%，4)] + 3\,000 \times (P/F，9\%，10)$$
$$= 1\,000 \times 3.2397 + 2\,000 \times (5.9952 - 3.2397) + 3\,000 \times 0.4224$$
$$= 10\,017.9（元）$$

五、利率的计算

（一）利息率（折现率）的推算

前面所讨论的都是已知利息率（折现率）和计息期数，求终值、现值或年金的问题。在财务管理中，有时也会遇到已知终值、现值、年金、计息期数，而需要求利息率的问题，如计算项目投资的内部收益率。

1. 一次性收付款项利息率（折现率）的推算

根据复利终值计算公式或复利现值计算公式，可得：

$$i = \left(\frac{F}{P}\right)^{\frac{1}{n}} - 1$$

2. 永续年金利息率（折现率）的推算

根据永续年金现值计算公式$P_A = A \cdot \frac{1}{i}$，可得：

$$i = A \cdot \frac{1}{P_A}$$

3. 普通年金利息率（折现率）的推算

普通年金利息率（折现率）的推算比较复杂，可利用有关年金的系数表计算，也可使用插值法求得。

根据普通年金终值和普通年金现值的计算公式，可分别推算出普通年金终值系数和普通年金现值系数，分别为：

$$\frac{F_A}{A} = (F/A，i，n)$$

$$\frac{P_A}{A} = (P/A，i，n)$$

若F_A、A、n已知，则可通过查阅“普通年金终值系数表”，找出等于$\frac{F_A}{A}$的系数值，其对应的i即为所求的i；若P_A、A、n已知，则可通过查阅“普通年金现值系数表”，找出等于$\frac{P_A}{A}$的系数值，其对应的i即为所求的i。若找不到完全对应的i，则要运用插值法求得。

可见，利用“普通年金终值系数表”和“普通年金现值系数表”求i的基本原理和步骤是一致的。

以普通年金现值为例，在已知P_A、A、n的情况下，推算利息率（折现率）i的基本方法和步骤为：

（1）计算出$\frac{P_A}{A}$的值，假设$\frac{P_A}{A} = \alpha$。

（2）查阅“普通年金现值系数表”，沿着已知n所在的行横向查找。若恰好能够找到某一系数值等于α，则该系数值所在的列相对应的利率便为所求的i。

（3）若无法找到恰好等于α的系数值，就应在表中n行上查找与α最接近的两个左右临界系数值，设为β_1、β_2（$\beta_1 > \alpha > \beta_2$或$\beta_1 < \alpha < \beta_2$），读出$\beta_1$、$\beta_2$所对应的临界利率，然后进一步运用插值法。

（4）在插值法下，因假定利率i同相关的系数在较小范围内线性相关，故可根据临界系数β_1、β_2和临界利率i_1、i_2计算出i。

其计算公式为：

$$i = i_1 + \frac{\alpha - \beta_1}{\beta_2 - \beta_1} \cdot (i_2 - i_1)$$

【例3-17】某公司于第1年年初借款350 000元，每年年末还本付息额均为80 000元，分5年还清，则实际的借款利率为多少？

$$\frac{P_A}{A} = (P/A,\ i,\ n) = \frac{350\ 000}{80\ 000} = 4.375$$

$$\alpha = 4.375$$

查阅“普通年金现值系数表”，在n=10的行上横向查找，无法找到恰好为4.375（α）的系数值，于是在该行上查找大于和小于4.375的临界系数值，分别为$\beta_1 = 4.4518 > 4.375$，$\beta_2 = 4.3295 < 4.375$，同时读出临界利率i_1=4%，i_2=5%。

则有：

$$1\%\left\{\begin{array}{l} x\%\left\{\begin{array}{l}4\% \\ i\end{array}\right. \\ \quad 5\%\end{array}\right.$$

$$\frac{x\%}{1\%} = \frac{0.0768}{0.1223}$$

年金现值系数为：

$$0.1223\left\{\begin{array}{l} 0.0768\left\{\begin{array}{l}4.4518 \\ 4.375\end{array}\right. \\ \qquad 4.3295\end{array}\right.$$

$$x = 0.63$$

$$i = 4\% + 0.63\% = 4.63\%$$

或者直接用公式计算可得：

$$i = 4\% + \left(\frac{4.4518 - 4.375}{4.4518 - 4.3295}\right) \times (5\% - 4\%) = 4.63\%$$

同理，也可以按照上述方法和步骤，利用“普通年金终值系数表”求得i。

（二）名义利率与实际利率

上述讨论的计算问题均假定利率为年利率，且每年计算复利一次。但实际上，复利的计息期不一定总是一年，有可能是半年、季度、月或日，如有些债券半年计息一次，有的抵押贷款每月计息一次。当一年内计算复利的次数超过一次时，这样给出的年利率称为名义年利率（nominal interest rate），而实际年利率（effective interest rate）或称有效年利率，则需要通过换算求出。将名义年利率换算为实际年利率的公式如下：

$$i = \left(1 + \frac{r}{m}\right)^m - 1$$

式中：i表示实际年利率（或有效年利率）；r表示名义年利率；m表示每年计算复利

的次数。

【例3-18】某人购买某公司债券，该债券面值为5 000元，期限为3年，年利率为6%，每半年计息一次，则债券到期时可得的本利和是多少？

债券的实际年利率为：

$$i=\left(1+\frac{6\%}{2}\right)^2-1=6.09\%$$

$$\begin{aligned}F&=P\cdot(1+i)^n\\&=5\ 000\times(1+6.09\%)^3\\&=5\ 970\text{（元）}\end{aligned}$$

第二节　风险与报酬

一、风险与报酬概述

对大多数投资者而言，个人或企业当前投入资金是期望在未来能够赚取更多的资金。报酬（return），为投资者提供了一种恰当描述投资项目财务绩效的方式。报酬的多少可以通过报酬率来衡量。假设某投资者购入10万元的短期国库券，利率为10%，一年后可获得11万元，那么这一年的投资报酬率为10%，则为：

$$\begin{aligned}\text{投资报酬率}&=\frac{\text{投资所得}-\text{初始投资}}{\text{初始投资}}\\&=\frac{11-10}{10}\times100\%=10\%\end{aligned}$$

事实上，投资者获得的投资报酬率就是国库券的票面利率，一般认为该投资是无风险的。然而，如果将这10万元投资于一家刚成立的高科技公司，则该投资的报酬就无法明确估计，即投资面临风险（risk）。

风险是指在一定条件下、一定时期内，某一行动具有多种可能但不确定的结果。人们一般可以事先估计采取某一行动可能导致的各种结果，以及每种结果出现的可能性大小，但无法确定最终结果是什么。例如，掷一枚硬币，我们可以事先知道硬币落地时有正面朝上和反面朝上两种结果，并且每种结果出现的可能性各为50%，但谁也无法事先知道每一次硬币落地时究竟是正面朝上还是反面朝上，这就是风险。从财务管理角度而言，风险就是企业在财务活动中由于各种难以预料和无法控制的因素，使企业的实际收益与预期收益发生背离，从而蒙受经济损失的可能性。例如，企业所期望的收益率是30%，而实际获得的收益率是20%，两者的差异即反映了风险。

风险的分类

公司的财务决策几乎都是在包含风险和不确定性因素的情况下做出的。离开了风险，就无法正确评价公司投资报酬率的高低。风险是客观存在的，按风险的程度，可以把公司的财务决策分为三种类型。

1. 确定性决策

决策者对未来的情况是完全确定的或已知的决策，称为确定性决策。例如，前述投资者将10万元投资于利率为10%的短期国库券，由于国家实力雄厚，到期得到10%的报酬几乎是肯定的，因此，一般认为这种决策为确定性决策。

2. 风险性决策

决策者对未来的情况不能完全确定，但不确定性出现的可能性——概率的具体分布是已知的或可以估计的，这种情况下的决策称为风险性决策。

3. 不确定性决策

决策者不仅对未来的情况不能完全确定，而且对不确定性可能出现的概率也不清楚，这种情况下的决策称为不确定性决策。

从理论上讲，不确定性是无法计量的，但在财务管理中，通常为不确定性规定了一些主观概率，以便进行定量分析。不确定性在规定了主观概率以后，就与风险十分近似了。因此，在公司财务管理中，对风险与不确定性并不做出严格区分，当谈到风险时，可能是风险，更可能是不确定性。

投资者之所以愿意投资风险高的项目，是因为其获得的报酬率足够高，能够补偿其投资风险。很明显，在上述例子中，如果投资高科技公司的期望报酬率与短期国库券一样，那么几乎没有投资者愿意投资高科技公司。

二、单项资产的风险与报酬

如前所述，对投资活动而言，风险是与投资报酬的可能性相联系的，因此，对风险的衡量就要从投资报酬的可能性入手。

（一）概率

在完全相同的条件下，某一事件可能发生也可能不发生，可能出现这种结果也可能出现另外一种结果，这类事件称为随机事件。概率就是用来反映随机事件发生的可能性大小的数值，一般用R表示随机事件，R_i表示随机事件的第i种结果，P_i表示第i种结果出现的概率。一般随机事件的概率在0与1之间，即$0 \leqslant P_i \leqslant 1$，$P_i$越大，表示该事件发生的可能性越大；反之，$P_i$越小，表示该事件发生的可能性越小。所有可能的结果出现的概率之和一定为1，即$\sum_{i=1}^{n} P_i = 1$。肯定发生的事件概率为1，肯定不发生的事件概率为0。

假设有两家公司西京公司和东方公司，其公司股票报酬率的概率分布见表3-2。从表3-2可以看出，市场需求旺盛的概率为30%，此时两家公司的股东都将获得很高的报酬率；市场需求正常的概率为40%，此时股票报酬率适中；而市场需求低迷的概率为30%，此时东方公司的股东只能获得低报酬率，西京公司的股东甚至会遭受损失。

表3-2　**西京公司和东方公司的概率分布**

市场需求类型	各类需求发生概率	各类需求状况下股票报酬率	
		西京公司	东方公司
旺盛	0.3	100%	20%
正常	0.4	15%	15%
低迷	0.3	-70%	10%
合计	1.0		

概率分布是指一项活动可能出现的所有结果的概率的集合。概率分布有两种类型：一种是离散型概率分布，即随机事件可能出现的结果只取有限个值，概率分布在各个特定的R值上，如图3-9所示。另一种是连续型概率分布，即随机事件可能出现的结果有无数个值，也对应无数个相应的概率，概率分布在连续图像两点之间的区间上，如图3-10所示。

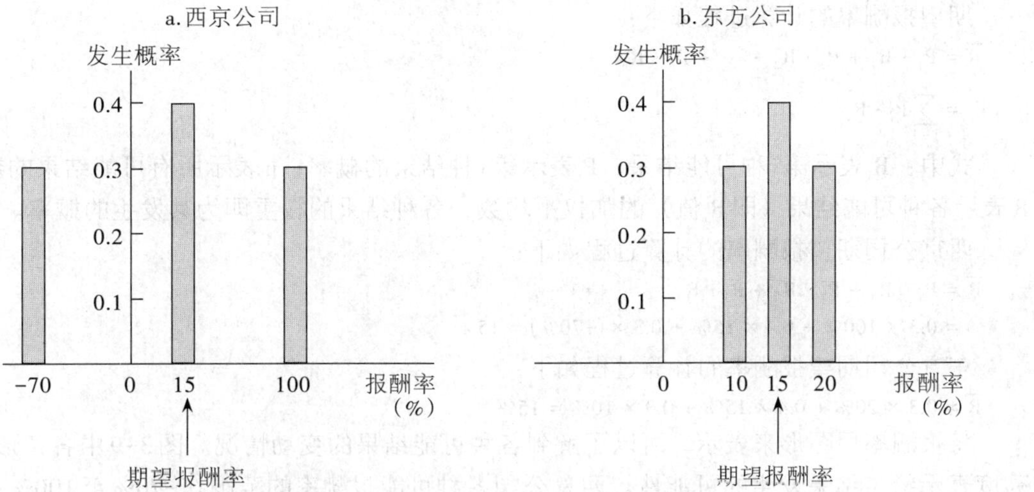

图3-9　西京公司和东方公司报酬率的离散型概率分布图

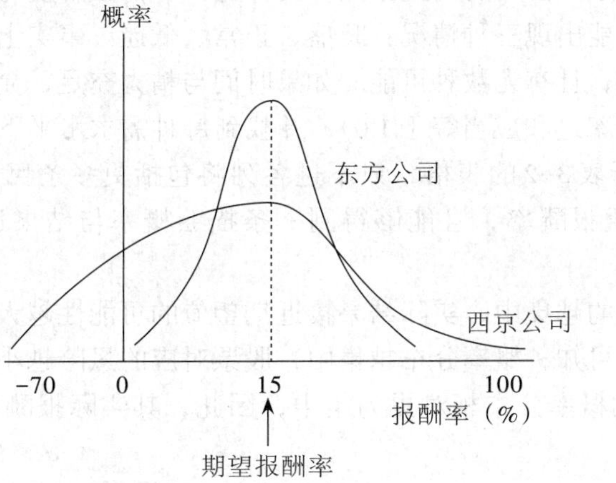

图3-10　西京公司和东方公司报酬率的连续型概率分布图

（二）期望报酬率

将各种可能的结果与其所对应的发生概率相乘，并将乘积相加，则得到各种结果的加权平均数。此处权重系数为各种结果发生的概率，加权平均数则为期望报酬率（expected rate of return，$\overline{R}$）。表3-3所示的期望报酬率的计算，显示西京公司和东方公司的期望报酬率均为15%。

表3-3　　西京公司和东方公司期望报酬率的计算

市场需求类型（1）	各类需求发生概率（2）	西京公司		东方公司	
		各类需求下报酬率（3）	乘积（4）=（2）×（3）	各类需求下报酬率（5）	乘积（6）=（2）×（5）
旺盛	0.3	100%	30%	20%	6%
正常	0.4	15%	6%	15%	6%
低迷	0.3	-70%	-21%	10%	3%
合计	1.0		$\overline{R}$ = 15%		$\overline{R}$ = 15%

期望报酬率的计算过程如下：

$$\overline{R} = P_1 \cdot R_1 + P_2 \cdot R_2 + \cdots + P_n \cdot R_n$$

$$= \sum_{i=1}^{n} P_i \cdot R_i$$

式中：R_i表示第i种可能结果；P_i表示第i种结果的概率；n表示所有可能结果的数目；$\overline{R}$表示各种可能结果（即R_i值）的加权平均数，各种结果的权重即为其发生的概率。

西京公司期望报酬率的计算过程如下：

$$\overline{R} = P_1 \cdot R_1 + P_2 \cdot R_2 + P_3 \cdot R_3$$

$$= 0.3 \times 100\% + 0.4 \times 15\% + 0.3 \times (-70\%) = 15\%$$

东方公司期望报酬率的计算过程如下：

$$\overline{R} = 0.3 \times 20\% + 0.4 \times 15\% + 0.3 \times 10\% = 15\%$$

将报酬率用图形来表示，可以了解到各种可能结果的变动情况。图3-9中各条形柱的高度表示给定结果发生的可能性。西京公司各种可能报酬率的范围在-70%至100%之间，期望报酬率为15%。东方公司的期望报酬率同样为15%，但其波动范围则狭窄得多。

本例中仅假设可能出现三种情况：旺盛、正常、低迷。事实上，需求可以分布在极度低迷与极度旺盛之间，且有无数种可能。如果时间与精力充足，允许找出每种可能的需求水平对应的概率（概率之和应当等于1.0），并找到每种需求水平下的报酬率，那么同样也能够得到一个类似于表3-2的表格，只不过各列将包括更多条目。和前例一样，该表同样也能够计算出期望报酬率，且能够得到一条描绘概率与结果近似关系的连续性曲线（如图3-10所示）。

概率分布图所示的越集中，实际结果接近期望值的可能性越大，其背离期望报酬率的可能性则越小。由此可知，概率分布越集中，股票对应的风险越小。与西京公司相比，东方公司股票报酬率的概率分布相对更为集中，因此，其实际报酬率将更接近15%的期望报酬率。

（三）离散程度

利用概率分布的概念能够对风险进行衡量，即期望报酬率的概率分布越集中，则该投资的风险越小。据此定义可知，东方公司的风险比西京公司要小，因为其实际报酬率背离期望报酬率的可能性更小。

为了定量地衡量风险的大小，可以借助统计学中衡量离散程度的指标。

1. 标准差

为了准确度量风险的大小，我们引入标准差（standard deviation，SD）这一度量概率分布密度的指标。标准差越小，概率分布越集中，相应地，风险也就越小。标准差的具体计算过程如下：

（1）计算期望报酬率。

$$\overline{R} = \sum_{i=1}^{n} P_i \cdot R_i$$

（2）每种可能的报酬率（R_i）减去期望报酬率（$\overline{R}$），得到一组相对于$\overline{R}$的离差。

$$离差 = R_i - \overline{R}$$

（3）求出各离差的平方，并将结果与该结果对应的发生概率相乘，然后将这些乘积相加，得到概率分布的方差（variance）。

$$\sigma^2=\sum_{i=1}^{n}(R_i-\overline{R})^2\cdot P_i$$

（4）最后，求出方差的平方根，即可得到标准差。

$$\sigma=\sqrt{\sum_{i=1}^{n}(R_i-\overline{R})^2\cdot P_i}$$

可见，标准差实际上是偏离期望值的离差的加权平均值，它度量的是实际值偏离期望值的程度。

前例中，西京公司的标准差为：

$$\sigma=\sqrt{(100\%-15\%)^2\times0.3+(15\%-15\%)^2\times0.4+(-70\%-15\%)^2\times0.3}$$
$$=65.84\%$$

东方公司的标准差为：

$$\sigma=\sqrt{(20\%-15\%)^2\times0.3+(15\%-15\%)^2\times0.4+(10\%-15\%)^2\times0.3}$$
$$=3.87\%$$

西京公司的标准差更大，说明其报酬率的离差程度更大，即无法实现期望报酬率的可能性更大。由此可以判断，当单独持有时，西京公司的股票比东方公司的股票风险更大。

如果报酬率的概率服从正态分布，那么实际报酬率落在以期望报酬率为中心，±1个标准差区间内的概率大约为68.26%（如图3-11所示）。该图中还列示了±2σ、±3σ的情况。对于西京公司，$\overline{R}=15\%$，$\sigma=65.84\%$；而对于东方公司，$\overline{R}=15\%$，$\sigma=3.87\%$。倘若两个分布皆为正态分布，那么西京公司的实际报酬率将有68.26%的概率落在15%±65.84%，即-50.84%至80.84%的范围内。对于东方公司，其实际报酬率将有68.26%的概率落在15%±3.87%，即11.13%至18.87%的范围内。由于σ较小，东方公司报酬率显著低于期望报酬率的概率也较小，因此其股票风险也较小。

正态分布

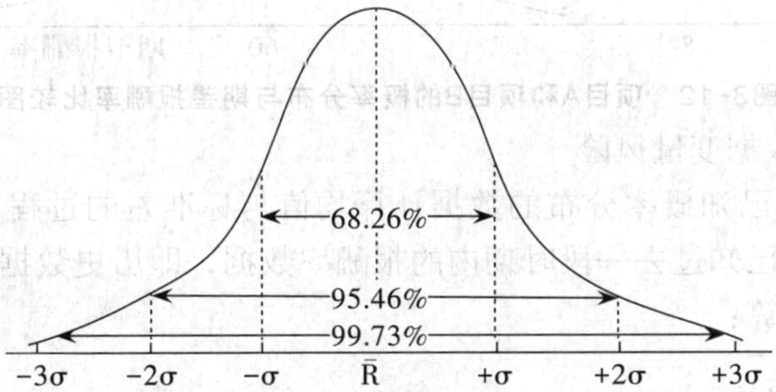

图3-11　正态分布的概率区间图

2. 离散系数

如果两个项目的期望报酬率相同、标准差不同，理性投资者会选择标准差较小，即风险较小的项目。类似地，如果两个项目具有相同的风险（标准差），但期望报酬率不同，投资者通常会选择期望报酬率较高的项目。因为投资者都希望冒着尽可能小的风险，而获得尽可能高的报酬。但是，如果有两项投资，一项期望报酬率较高而另一项标准差较低，投资者该如何抉择呢？此时，另一个风险度量指标——离散系数（coefficient of variation，CV，也称变异系数）可以较好地解决这一问题。其计算公式为：

$$CV = \frac{\sigma}{\overline{R}}$$

上式中符号的含义同前。离散系数度量了单位报酬率的风险，为项目的选择提供了更有意义的比较基础。由于西京公司与东方公司的期望报酬率相同，故前例中并无必要计算离散系数。当期望报酬率相等时，标准差较大的西京公司的离散系数应当较大。事实上，西京公司的离散系数为4.39（65.84÷15），东方公司的离散系数为0.26（3.87÷15）。可见，依此标准，西京公司的风险约是东方公司的17倍。

【例3-19】项目A的期望报酬率为60%，标准差为15%；项目B的期望报酬率为8%，而标准差仅为3%，则投资者应该选择哪个项目进行投资？

项目A的离散系数为：$CV = \frac{15}{60} = 0.25$

项目B的离散系数为：$CV = \frac{3}{8} = 0.375$

因此，投资者应该选择项目A。

事实上，项目B具有较小的标准差，因此其概率分布更集中（如图3-12所示）。但是，从图3-12可以清楚地发现，项目B实际获得低报酬率的可能性大于项目A，因为项目A的期望报酬率要高得多。由于离散系数同时反映了风险与报酬，故在处理两个或多个具有显著不同期望报酬率的投资项目时，它是一个更好的风险度量指标。

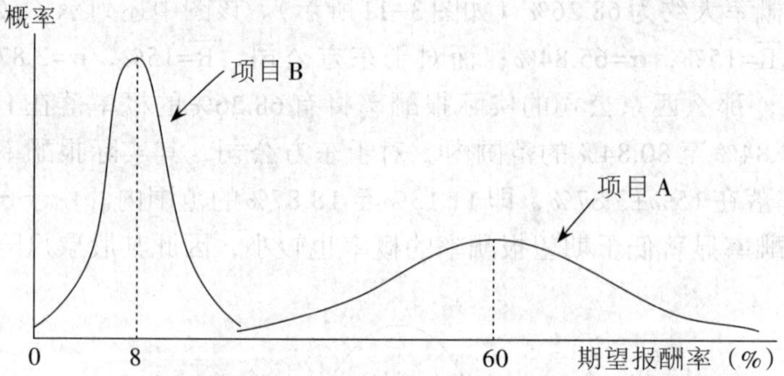

图3-12　项目A和项目B的概率分布与期望报酬率比较图

（四）利用历史数据度量风险

前例描述了利用已知概率分布的数据计算均值与标准差的过程，但在实际决策过程中，更普遍的情况是已知过去一段时期内的报酬率数据，即历史数据，此时报酬率的标准差可利用如下公式估算：

$$估计\sigma = \sqrt{\frac{\sum_{t=1}^{n}(R_t - \overline{R})^2}{n-1}}$$

式中：估计σ表示估算的标准差；R_t表示第t期所实现的报酬率；$\overline{R}$表示过去n年所获得的平均年度报酬率。

【例3-20】某项目过去3年的报酬率情况为：2×20年，报酬率15%；2×21年，报酬率-5%；2×22年，报酬率20%。试估计该项目的风险。

$$\overline{R} = \frac{15\% - 5\% + 20\%}{3} = 10\%$$

$$估计\sigma = \sqrt{\frac{(15\% - 10\%)^2 + (-5\% - 10\%)^2 + (20\% - 10\%)^2}{3 - 1}}$$
$$= 13.2\%$$

历史的σ通常用作对未来σ的一种估计，由此，我们可以通过历史报酬率数据来估计投资风险。

三、投资组合的风险与报酬

投资者在进行证券投资时，一般并不把所有资金投资于一种证券，而是同时持有多种证券。这种同时投资于多种证券的方式，称为证券的投资组合（portfolio），又称证券组合或投资组合。这里的“证券”是“资产”的代名词，它可以是任何产生现金流的事物，例如，一项生产性生物资产、一条生产线或者一个企业。由多种证券构成的投资组合，会减少风险，报酬率高的证券抵销报酬率低的证券所带来的负面影响。因此，绝大多数法人投资者如工商业企业、信托投资公司、投资基金公司等都同时投资于多种证券，即使是个人投资者，一般也是持有证券的投资组合而不只是投资于某一个公司的股票或债券。所以，了解证券投资组合的风险与报酬对于公司财务人员来说非常重要。

（一）投资组合的报酬率

投资组合的期望报酬率，是指组合中单项证券期望报酬率的加权平均值，权重为整个组合中投入各项证券的资金占总投资额的比重。其计算公式为：

$$\overline{R}_p = \omega_1 \cdot \overline{R}_1 + \omega_2 \cdot \overline{R}_2 + \cdots + \omega_n \cdot \overline{R}_n = \sum_{i=1}^{n} \omega_i \cdot \overline{R}_i$$

式中：$\overline{R}_p$表示投资组合的期望报酬率；$\overline{R}_i$表示单项证券的期望报酬率；n表示证券组合中有n种证券；ω_i表示第i项证券所占的比重。

【例3-21】2×22年9月，某证券分析师预测的四只股票的期望报酬率见表3-4。

表3-4　**四只股票的期望报酬率**

股票代码及名称	期望报酬率	股票代码及名称	期望报酬率
600540 新赛股份	24%	600887 伊利股份	12%
600871 仪征化纤	18%	600900 长江电力	6%

对每只股票投入5万元，组成一个价值为20万元的证券组合，那么该投资组合的期望报酬率为：

$$\overline{R}_p = \omega_1 \cdot \overline{R}_1 + \omega_2 \cdot \overline{R}_2 + \omega_3 \cdot \overline{R}_3 + \omega_4 \cdot \overline{R}_4$$
$$= 24\% \times 25\% + 18\% \times 25\% + 12\% \times 25\% + 6\% \times 25\% = 15\%$$

一年以后，各只股票的实际报酬率为R_i，很可能与期望值不相等，因此，投资组合的实际报酬率很可能不等于15%。也就是说，证券投资组合同样存在风险。

（二）投资组合的风险

投资组合的风险可以用标准差来衡量。投资组合的期望报酬率是证券组合中各单项证券期望报酬率的加权平均值，但投资组合的风险并不是各项证券的方差或标准差的加权平均值。证券组合的风险不仅取决于组合内各单项证券的风险，还与各单项证券之间的相互关系有关。

【例3-22】假设由甲项目和乙项目组成投资组合，投资比例分别是60%和40%。甲项目和乙项目各自的报酬率、组合报酬率及概率分布见表3-5。

表3-5　**甲项目和乙项目各自的报酬率、组合报酬率及概率分布表**

市场需求类型	发生概率	甲项目报酬率	乙项目报酬率	组合报酬率
繁荣	0.3	30%	25%	28%
正常	0.6	10%	10%	10%
衰退	0.1	–20%	–5%	–14%
期望报酬率		13%	13%	13%
标准差		14.18%	9%	12.07%

$$\sigma_{组合}=\sqrt{(28\%-13\%)^2\times0.3+(10\%-13\%)^2\times0.6+(-14\%-13\%)^2\times0.1}=12.07\%$$

可见，投资组合的标准差（12.07%）不等于甲项目和乙项目单个标准差的加权平均值（60%×14.18%+40%×9%=12.11%）。其原因是单个项目标准差的加权平均值忽略了组合中项目之间的相互关系，因此，不能用单个项目标准差的加权平均值作为投资组合期望报酬率的标准差。

1. 投资组合的标准差

投资组合的标准差的通用计算公式为：

$$\sigma_p=\sqrt{\sum_{j=1}^{n}\sum_{k=1}^{n}w_j\cdot w_k\cdot\sigma_{jk}}$$

式中：σ_p表示投资组合的标准差；n表示投资组合中证券的数目；w_j表示投资于证券j的金额比例；w_k表示投资于证券k的金额比例；σ_{jk}表示证券j和证券k报酬率的协方差；两个“∑”表示投资组合中所有证券两两组合的协方差。

协方差（covariance）是表示两种证券报酬率之间相关程度的绝对数。相关系数（correlation coefficient）是表示两种证券报酬率之间相关程度的相对数。它们的关系式为：

$$\sigma_{jk}=\rho_{jk}\cdot\sigma_j\cdot\sigma_k$$

$$\rho_{jk}=\frac{\sigma_{jk}}{\sigma_j\cdot\sigma_k}$$

相关关系

式中：ρ_{jk}表示两种证券的相关系数；σ_j、σ_k分别表示第j种和第k种证券的标准差。

2. 两种投资组合的标准差

如果投资组合由两种证券构成，则组合的标准差为：

$$\sigma_p=\sqrt{w_1{}^2\cdot\sigma_1{}^2+2w_1\cdot w_2\cdot\sigma_{1,2}+w_2{}^2\cdot\sigma_2{}^2}$$

或 $$\sigma_p=\sqrt{w_1{}^2\cdot\sigma_1{}^2+2w_1\cdot w_2\cdot\rho_{1,2}\cdot\sigma_1\cdot\sigma_2+w_2{}^2\cdot\sigma_2{}^2}$$

式中：w_1和w_2分别表示证券1和证券2的投资额在投资组合总额中所占的比例；σ_1和σ_2分别表示证券1和证券2的标准差；$\sigma_{1,2}$表示证券1和证券2的协方差；$\rho_{1,2}$表示证券1和证券2的相关系数。

证券1和证券2组成的投资组合的协方差的计算公式为：

$$\sigma_{1,2}=\sum_{i=1}^{n}(R_{1i}-\overline{R}_1)\cdot(R_{2i}-\overline{R}_2)\cdot P_{1,2i}$$

式中：R_{1i}表示证券1在第i种情况下的报酬率；R_{2i}表示证券2在第i种情况下的报酬

率；$P_{1,2i}$表示投资组合中出现第i种情况的概率。

另外，由于$\sigma_{jk}=\rho_{jk}\cdot\sigma_j\cdot\sigma_k$，所以有：

$$\rho_{1,2}=\frac{\sum_{i=1}^{n}(R_{1i}-\overline{R}_1)\cdot(R_{2i}-\overline{R}_2)\cdot P_{1,2i}}{\sigma_1\cdot\sigma_2}$$

【例3-23】按照【例3-22】中甲项目和乙项目的数据，计算甲、乙投资组合的协方差、相关系数和标准差。

$$\sigma_{甲乙}=(30\%-13\%)\times(25\%-13\%)\times0.3+(10\%-13\%)\times(10\%-13\%)\times0.6+(-20\%-13\%)\times(-5\%-13\%)\times0.1=0.0126$$

$$\rho_{甲乙}=\frac{0.0126}{14.18\%\times9\%}=0.9873$$

$$\sigma_p=\sqrt{(60\%)^2\times(14.18\%)^2+2\times60\%\times40\%\times0.0126+(40\%)^2\times(9\%)^2}=12.08\%$$

（三）投资组合与风险分散

与投资组合的报酬率不同，投资组合的风险σ_p通常并非组合内部单项资产标准差的加权平均数。事实上，我们可以利用某些有风险的单项资产组成一个完全无风险的投资组合，这就是风险分散。下面通过三种证券的投资组合来说明风险分散。

表3-6列示了股票W与M各自的报酬率数据，以及对两只股票各投资50%时投资组合的相关数据。图3-13所示的三张图描述了报酬率随着时间的变化，从图中可以看出，两只股票在单独持有时都具有相当的风险，但构成投资组合WM时却不再具有风险。

表3-6 股票W与M及组合WM的报酬率

年度	股票W（R_W）	股票M（R_M）	组合WM（R_p）
2×18	40%	-10%	15%
2×19	-10%	40%	15%
2×20	35%	-5%	15%
2×21	-5%	35%	15%
2×22	15%	15%	15%
平均报酬率	15%	15%	15%
标准差	22.6%	22.6%	0

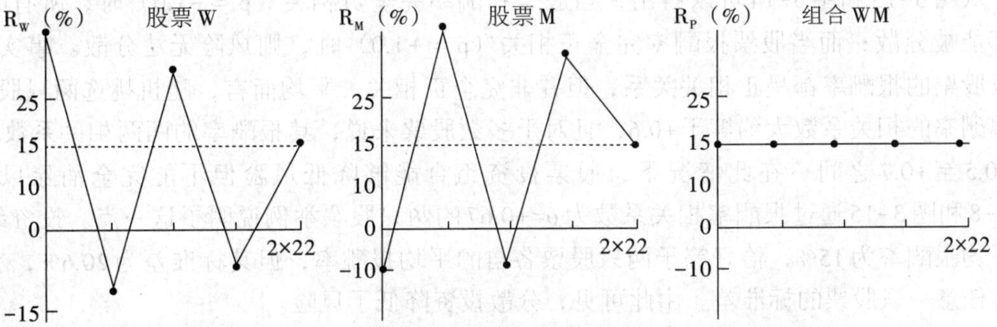

图3-13 完全负相关股票（ρ = -1.0）及组合WM的报酬率

之所以能够利用股票W与M构成一个无风险的投资组合，是因为二者的报酬率呈反周期变动关系——当W的报酬率下降时，M的报酬率上升；反之亦然。两个变量同时变动的趋势称为相关性，相关系数ρ度量了这种趋势。当ρ = -1.0时，股票W与M的报酬率完全负相关。

完全负相关（ρ = -1.0）的反面即完全正相关（ρ = +1.0）。两只完全正相关的股票的报酬率将会同时增减，由这样两只股票组成的投资组合与单只股票具有相同的风险，表3-7和图3-14说明了这一点。而且，此时投资组合的标准差等于单只股票的标准差，即若投资组合由完全正相关的股票组成，则无法分散风险。

表3-7　**股票M与M′及组合MM′的报酬率**

年度	股票M（R_M）	股票M′（$R_{M'}$）	组合MM′（R_p）
2×18	-10%	-10%	-10%
2×19	40%	40%	40%
2×20	-5%	-5%	-5%
2×21	35%	35%	35%
2×22	15%	15%	15%
平均报酬率	15%	15%	15%
标准差	22.6%	22.6%	22.6%

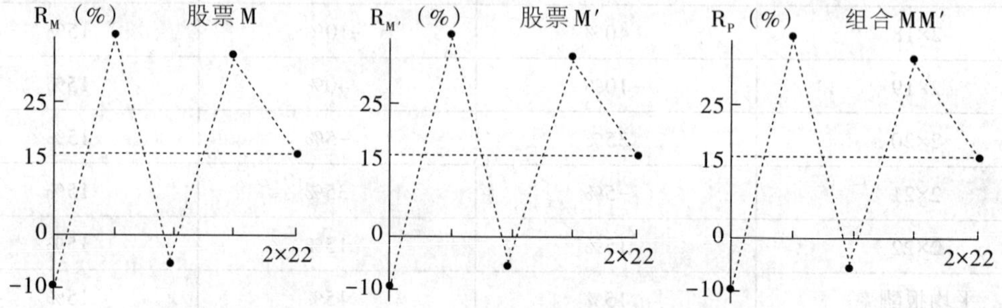

图3-14　完全正相关股票（ρ = +1.0）及组合MM′的报酬率

从图3-13和图3-14可以看出，当股票报酬率完全负相关（ρ = -1.0）时，所有的风险都能被分散；而当股票报酬率完全正相关（ρ = +1.0）时，则风险无法分散。事实上，多数股票的报酬率都呈正相关关系，但并非完全正相关。平均而言，随机挑选两只股票，其报酬率的相关系数大约等于+0.6，且对于多数股票来说，其报酬率的两两相关系数ρ都在+0.5至+0.7之间。在此情况下，股票投资组合能够降低风险但不能完全消除风险。表3-8和图3-15通过报酬率相关系数为ρ=+0.67的两只股票举例说明了这一点。投资组合的平均报酬率为15%，恰好等于两只股票各自的平均报酬率，但其标准差为20.6%，小于其中任意一只股票的标准差。由此可见，分散投资降低了风险。

表3-8　**股票W与Y及组合WY的报酬率**

年度	股票W（R_W）	股票Y（R_Y）	组合WY（R_p）
2×18	40%	28%	34%
2×19	-10%	20%	5%
2×20	35%	41%	38%
2×21	-5%	-17%	-11%
2×22	15%	3%	9%
平均报酬率	15%	15%	15%
标准差	22.6%	22.6%	20.6%

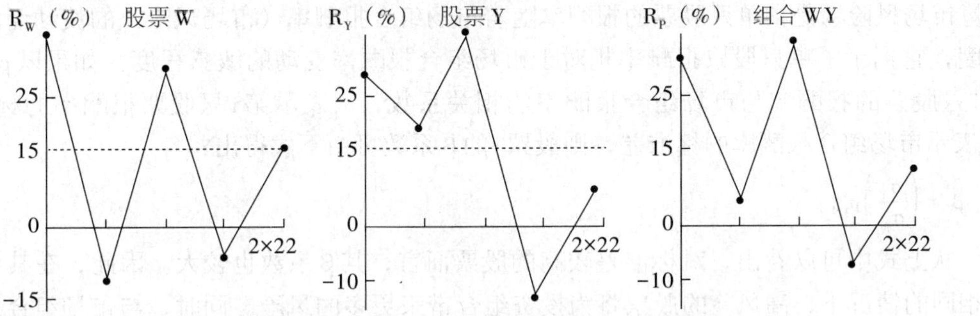

图3-15　部分相关股票（ρ = +0.67）及组合WY的报酬率

若投资组合包含的股票多于两只，通常情况下，投资组合的风险将随所包含股票数量的增加而降低。想要找到期望报酬率呈负相关的股票很困难，因为当经济繁荣时，多数股票都走势良好，而当经济低迷时，多数股票都表现不佳。因此，即使是非常大的投资组合，也仍然存在一些风险。

因此，任意一只股票所包含的风险，几乎有一半能够通过构建一个适度最大分散化的投资组合而消除。不过，由于总会残留一些风险，因此几乎不可能完全分散那些影响所有股票报酬率的整个股票市场的波动。

股票风险中通过投资组合能够被消除的部分称为可分散风险，而不能被消除的部分则称为市场风险。如果组合中股票数量足够多，则任意单只股票的可分散风险都能够被消除。

可分散风险是由某些随机事件导致的，如个别公司遭受火灾，公司在市场竞争中的失败等。这种风险可以通过证券持有的多样化来抵消，即多购买几家公司的股票，其中某些公司的股票报酬率上升，另一些公司的股票报酬率下降，从而将风险抵消。市场风险则产生于那些影响大多数公司的因素，如经济危机、通货膨胀、经济衰退以及高利率。由于这些因素会对大多数股票产生负面影响，因此无法通过分散化投资消除市场风险。资产组合与风险分散的关系，如图3-16所示。

通过上面的分析可知，投资组合可以分散隐含在单项资产中的风险，从而降低投资组合总体的风险。但是，影响市场上所有资产的市场风险却是无法通过投资组合分散的。因此，投资者因承担风险而期望得到的补偿也应该是对市场风险进行的补偿，而不能期望市场对可分散风险进行补偿。

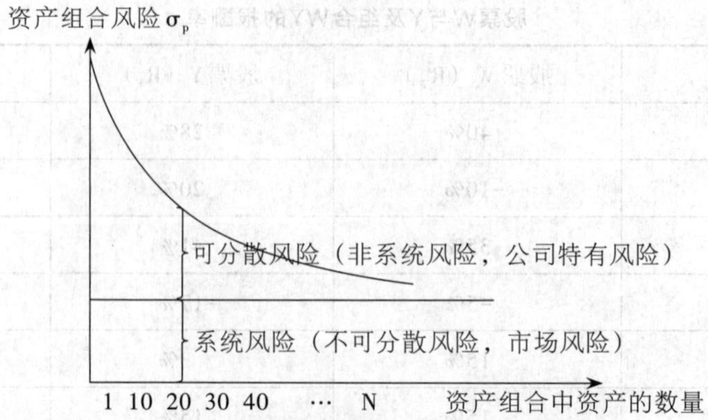

图3-16　资产组合与风险分散关系图

市场风险的衡量采用贝塔系数（beta coefficient，符号为β）。财务管理上用β系数来衡量市场风险，是指单只股票的报酬率随着市场组合报酬率（市场风险）的波动而波动的程度，它揭示了单只股票报酬率相对于市场组合报酬率变动的敏感程度。如果以ρ_{iM}表示第i只股票的报酬率与市场组合报酬率的相关系数，σ_i表示第i只股票报酬率的标准差，σ_M表示市场组合报酬率的标准差，则股票i的β系数可由下式得出：

$$\beta_i = \left(\frac{\sigma_i}{\sigma_M}\right)\rho_{iM}$$

从上式中可以看出，对标准差较高的股票而言，其β系数也较大。因此，在其他条件都相同的情况下，高风险的股票将为投资组合带来更多的风险。同时，与市场组合之间相关系数ρ_{iM}较高的股票也具有较大的β系数，从而风险也更高，此时意味着分散化的作用将不大，该股票将给投资组合带来较多风险。

市场组合（包括所有股票）在股票市场上，其报酬率代表股票的平均收益水平，报酬率的变动程度通常根据有代表性的股票市场指数（道·琼斯工业指数、标准普尔500指数、纽约证券交易所指数等）的变化来衡量。在整个股票市场波动时，个别股票的反应各不相同，有的发生剧烈的变动，有的只发生较小的变动，即各种股票对市场变化的敏感程度不一样，相应的β系数也就不一样。与市场水平同步波动的股票称为平均风险股票，平均风险股票的β系数为1。

根据以上分析，可得出下述结论：

（1）如果β=1，表示单只股票的期望报酬率与市场组合报酬率相同，其风险与市场组合风险也一致。

（2）如果β>1，表示单只股票的期望报酬率变动幅度高于市场组合报酬率变动幅度，其风险高于市场组合风险。

（3）如果β<1，表示单只股票的期望报酬率变动幅度低于市场组合报酬率变动幅度，其风险低于市场组合风险。

以上介绍了单只股票β系数的相关情况。投资组合的β系数是单只股票β系数的加权平均数，权数为各种股票在投资组合中所占的比重。其计算公式为：

$$\beta_p = \sum_{i=1}^{n} w_i \cdot \beta_i$$

式中：β_p表示投资组合的β系数；w_i表示投资组合中第i种股票所占的比重；β_i表示

第i种股票的β系数；n表示投资组合中包含的股票数量。

（四）投资组合的风险报酬率

投资者进行投资组合投资与进行单项投资一样，都要求对所承担的风险进行补偿，股票的风险越大，要求的报酬率越高。但是，与单项投资不同，投资组合投资要求补偿的风险只是市场风险，而不要求对可分散风险进行补偿。如果可分散风险的补偿存在，善于科学地进行投资组合的投资者将会购买这部分股票，并抬高其价格，其最后的报酬率只反映市场风险。因此，投资组合的风险报酬率是投资者因承担不可分散风险而要求的，超过时间价值的那部分额外报酬率，可用下式计算：

$$R_p = \beta_p(R_M - R_F)$$

式中：R_p表示投资组合的风险报酬率；β_p表示投资组合的β系数；R_M表示所有股票的平均报酬率，也就是由市场上所有股票组成的投资组合的报酬率，简称市场报酬率；R_F表示无风险报酬率，一般用政府公债的利息率来衡量。

【例3-24】科林公司持有由甲、乙、丙三种股票构成的投资组合，它们的β系数分别是2.0、1.0和0.5，它们在投资组合中所占的比重分别为60%、30%和10%，股票市场的平均报酬率为14%，无风险报酬率为10%。试确定这种投资组合的风险报酬率。

（1）确定投资组合的β系数。

$$\beta_p=60\%\times2.0+30\%\times1.0+10\%\times0.5=1.55$$

（2）计算该投资组合的风险报酬率。

$$R_p = \beta_p(R_M - R_F) = 1.55 \times (14\% - 10\%) = 6.2\%$$

计算出风险报酬率后，便可根据投资额和风险报酬率计算出风险报酬额。

从以上计算可以看出，调整各种证券在投资组合中的比重，可以改变投资组合的风险、风险报酬率和风险报酬额。同时还可以看出，在其他因素不变的情况下，风险报酬率取决于投资组合的β系数，β系数越大，风险报酬率越大；反之亦然。或者说，β系数反映了股票报酬率对于系统性风险的反应程度。

（五）最优投资组合

1. 有效投资组合的概念

根据风险报酬均衡原则，投资者希望报酬高、风险低，因此，投资者只希望投资于有效投资组合。有效投资组合是指在任何既定的风险程度上，提供的期望报酬率最高的投资组合；也可以是在任何既定的期望报酬率水平上，带来的风险最低的投资组合。

一个有效的投资组合中不会仅仅包括两项资产，当然，列示出所有可能的资产组合也是不可能的。只要先估计出各种股票实际报酬率的数值，就能用图形表示出各种组合风险报酬率对应点的集合是什么形状的。图3-17说明了所有可能的投资组合的期望报酬率情况。

当投资者面对包含多种可选择的投资方案时，该如何选择呢？如果选择投资组合N，则可以发现点E_1的期望报酬率与其相同，但风险更小；点F_1的风险与其相同，但期望报酬率更高。从点E到点F这条曲线上的各点才是更有意义的，它们或者在既定期望报酬率水平上风险更低，或者在既定风险水平上期望报酬率更高。所以，从点E到点F的这一段曲线就称为有效投资曲线。

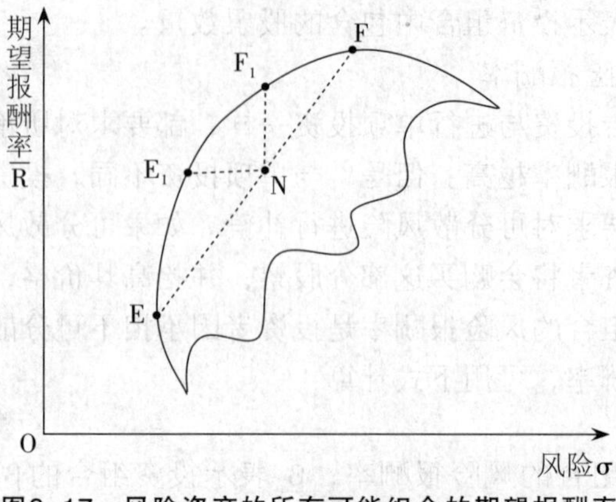

图3-17　风险资产的所有可能组合的期望报酬率

2. 最优投资组合的建立

要建立最优投资组合，还必须加入一个新的因素——无风险资产。一个投资组合不仅包括风险资产，还包括无风险资产。有了无风险资产，就能够说明投资者是如何选择投资组合的。

简言之，无风险资产的标准差为零。也就是说，它的未来报酬率没有不确定性，实际报酬率永远等于期望报酬率。从严格意义上讲，完全没有风险的资产是不存在的。但一般情况下，一些标准差非常小（或者说风险非常小）的资产可以视为无风险资产，比如政府发行的国库券。

当能够以无风险利率借入资金时，可能的投资组合对应点所形成的连线就是资本市场线（capital market line，CML）。资本市场线可以看作所有资产，包括风险资产和无风险资产的有效集，用图形表示就是图3-18中以R_F为起点的斜线。资本市场线在点A与有效投资组合曲线相切，点A就是最优投资组合，该切点代表了投资者所能获得的最高满意度。

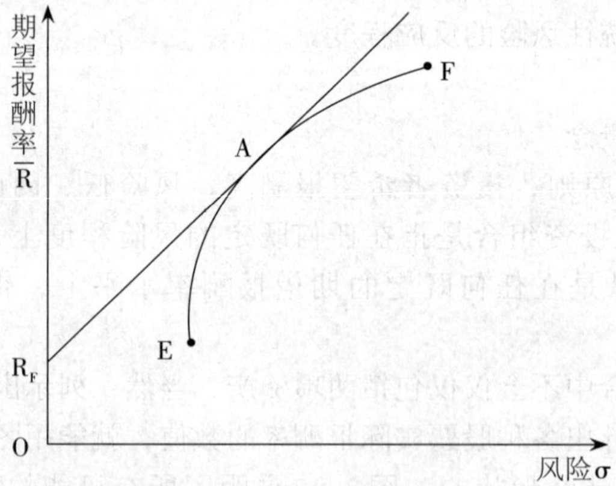

图3-18　最佳风险性投资组合和无风险借贷构成的可选择组合

四、主要资产定价模型

众所周知，投资者只有在期望报酬率足以补偿其承担的投资风险时才会购买风险性资产。由风险报酬均衡原则可知，风险越高，必要报酬率也就越高。多高的必要报酬率才足以抵补特定数量的风险呢？市场又是怎样决定必要报酬率的呢？一些基本的资产定价模型将风险与报酬率联系在一起，将报酬率表示成风险的函数，这些模型包括资本资产定价模型、多因素模型和套利定价模型。

(一)资本资产定价模型

市场的期望报酬率是无风险资产的报酬率加上因市场组合的内在风险所需的补偿，用公式表示为：

$$R_M = R_F + R_P$$

式中：R_M表示市场的期望报酬率；R_F表示无风险资产的报酬率；R_P表示投资者因持有市场组合而要求的风险溢价。

因为股票具有风险，所以期望报酬率与实际报酬率往往不同，某一时期市场的实际报酬率可能低于无风险资产的报酬率，甚至出现负值。但投资者要求风险与报酬均衡，所以风险溢价一般都假定为正值。这个值应该是多少呢？在实际操作中，通常用过去风险溢价的平均值作为未来风险溢价的最佳估计值。

在构造证券投资组合并计算它们的报酬率之后，资本资产定价模型可以进一步测算投资组合中的每一种证券的报酬率。资本资产定价模型（capital asset pricing model，CAPM）建立在一系列严格假设的基础之上：

(1)所有投资者都关注单一持有期。通过基于每个投资组合的期望报酬率和标准差，在可选择的投资组合中选择，他们都寻求最终财富效用的最大化。

(2)所有投资者都可以给定的无风险利率无限制地借入或借出资金，卖空任何资产均没有限制。

(3)投资者对期望报酬率、方差以及任何资产的协方差评价一致，即投资者有相同的期望。

(4)所有资产都是无限可分的，并有完美的流动性（即在任何价格下均可交易）。

(5)没有交易费用。

(6)没有税收。

(7)所有投资者都是价格接受者（即假设单个投资者的买卖行为不会影响股价）。

(8)所有资产的数量都是确定的。

资本资产定价模型的一般形式为：

$$R_i = R_F + \beta_i(R_M - R_F)$$

式中：R_i表示第i种股票或第i种证券的必要报酬率；R_F表示无风险报酬率；β_i表示第i种股票或第i种证券的β系数；R_M表示所有股票或所有证券的平均报酬率。

【例3-25】林纳公司股票的β系数为2.0，无风险利率为6%，市场上所有股票的平均报酬率为10%。那么，林纳公司股票的报酬率应为多少？

$$R_i = R_F + \beta_i(R_M - R_F) = 6\% + 2.0 \times (10\% - 6\%) = 14\%$$

也就是说，只有在林纳公司股票的报酬率达到或超过14%时，投资者方肯进行投资，如果低于14%，则投资者不会购买林纳公司的股票。

资本资产定价模型通常可以用图形来表示，证券市场线（security market line，SML）用于说明必要报酬率R与不可分散风险系数β之间的关系（如图3-19所示）。

由图3-19可见，无风险报酬率为6%，β系数不同的股票有着不同的风险报酬率，当β=0.5时，风险报酬率为2%；当β=1.0时，风险报酬率为4%；当β=2.0时，风险报酬率为8%。也就是说，β系数越高，要求的风险报酬率越高，在无风险报酬率不变的情况下，必要报酬率也就越高。

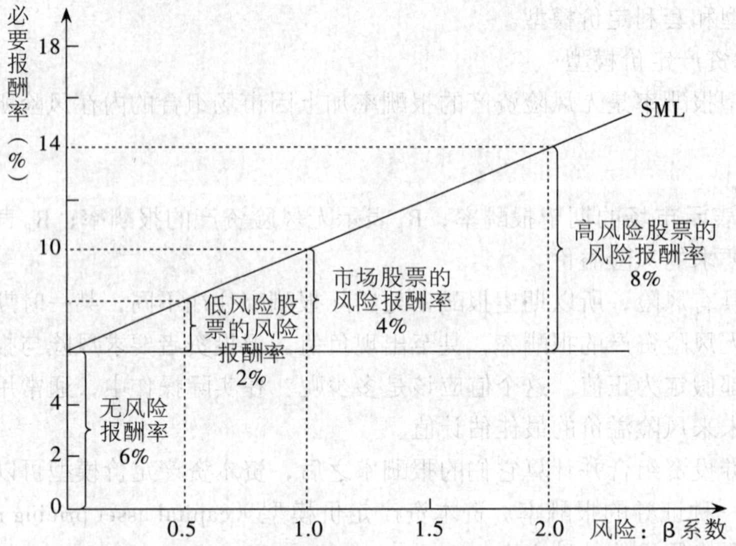

图3-19　必要报酬率与β系数的关系

从投资者的角度来看，无风险报酬率 R_F 是其投资的报酬率，但从筹资者的角度来看，则是其支出的无风险成本，或称无风险利率。市场上的无风险利率由两部分构成：一是无通货膨胀的报酬率 K_0，这是真正的时间价值部分；二是通货膨胀贴水 IP，它等于预期的通货膨胀率。这样，无风险报酬率 $R_F = K_0 + IP$。在图 3-19 中，R_F=6%，假设包括 3% 的真实报酬率和 3% 的通货膨胀贴水，则有 $R_F = K_0 + IP = 3\% + 3\% = 6\%$。

如果预期通货膨胀率上升 2%，增加到 5%，这将使 R_F 上升到 8%（如图 3-20 所示）。R_F 的增加也会引起所有股票报酬率的增加，例如，市场上股票的平均报酬率从 10% 增加到 12%。

图3-20　通货膨胀对证券报酬率的影响

证券市场线（SML）反映了投资者规避风险的程度——直线越陡峭，投资者越规避风险，也就是说，在同样的风险水平上，要求的报酬率更高，或者在同样的报酬率水平上，要求的风险更小。如果投资者不规避风险，当 R_F 为 6% 时，各种证券的报酬率也是 6%，这样，证券市场线将是水平的；当风险规避增加时，风险报酬率随之增加，证券市场线的斜率也会变大。图3-21说明了风险规避增加的情况，市场风险报酬率从4%上升到6%，必要报酬率也从10%上升到12%。风险规避的程度对风险较大的证券的影响更为明显。例如，一个β系数为0.5的股票的必要报酬率只增加了1个百分点，即从8%增加到9%；而一个β系数为2.0的股票的必要报酬率却增加了4个百分点，即从14%上升到18%。

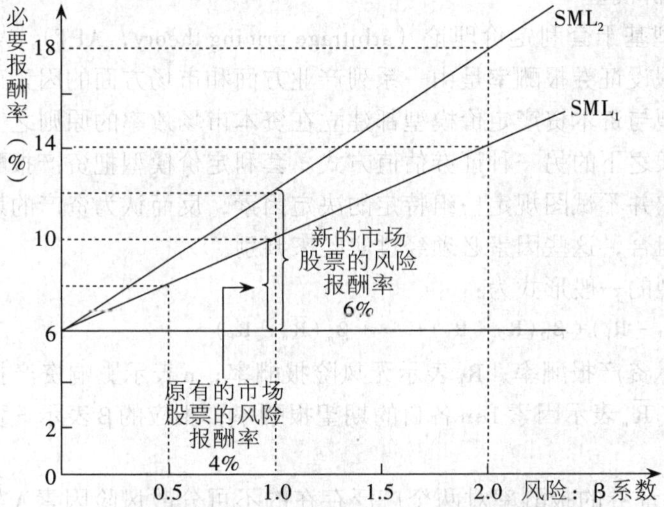

图3-21　风险规避对证券报酬率的影响

随着时间的推移，不仅证券市场线在变化，β系数也在不断变化。β系数可能会因为一个企业的资产组合、负债结构等因素的变化而改变，也可能会因为市场竞争的加剧、专利权的到期等情况而改变。β系数的变化会使公司股票的报酬率发生变化。

假设林纳公司股票的β系数从2.0降为1.5，那么其必要报酬率变为：

$$R_i = R_F + \beta_i(R_M - R_F) = 6\% + 1.5 \times (10\% - 6\%) = 12\%$$

反之，如果林纳公司股票的β系数从2.0上升到2.5，那么其必要报酬率变为：

$$R_i = R_F + \beta_i(R_M - R_F) = 6\% + 2.5 \times (10\% - 6\%) = 16\%$$

（二）多因素模型

资本资产定价模型（CAPM）的假设条件是均值和标准差包含了资产未来报酬率的所有相关信息。但是，可能还有更多的因素影响资产的期望报酬率。原则上，CAPM认为，一种资产的期望报酬率的大小取决于单一因素，但是在现实生活中，多因素模型可能更加有效。因为即使无风险报酬率是相对稳定的，受风险影响的那部分风险溢价仍可能受多种因素影响，一些因素影响所有企业，另一些因素可能仅影响特定公司。一般地，假设有n种相互独立因素影响不可分散风险，此时，股票的报酬率将会是一个多因素模型（multi-factor model），其形式为：

$$R_i = R_F + R(F_1, F_2, \cdots, F_n) + \varepsilon$$

式中：R_i表示股票报酬率；R_F表示无风险报酬率；F_n表示第n个影响因素；$R(F_1, F_2, \cdots, F_n)$表示这些因素的某一函数；ε表示由于可分散风险而带来的递增报酬率。

【例3-26】假设某证券的报酬率受通货膨胀、国内生产总值（GDP）和利率三种系统风险因素的影响，该证券对三种因素的敏感程度分别为2、1和-1.8，市场无风险报酬率为3%。假设年初通货膨胀率为5%，GDP增长率为8%，利率不变，而年末预期通货膨胀率为7%，GDP增长率为10%，利率增长率为2%，则该证券的期望报酬率为：

$$R_i = R_F + \beta_1 F_1 + \beta_2 F_2 + \beta_3 F_3$$
$$= 3\% + 2 \times (7\% - 5\%) + 1 \times (10\% - 8\%) - 1.8 \times (2\% - 0)$$
$$= 3\% + 4\% + 2\% - 3.6\% = 5.4\%$$

（三）套利定价模型

套利定价模型基于套利定价理论（arbitrage pricing theory，APT），从多因素的角度考虑证券报酬率，假设证券报酬率是由一系列产业方面和市场方面的因素确定的。

套利定价模型与资本资产定价模型都建立在资本市场效率的原则之上，套利定价模型仅仅是在同一框架之下的另一种证券估值方式。套利定价模型把资产报酬率放在一个多变量的基础之上，它并不试图规定一组特定的决定因素，反而认为资产的期望报酬率取决于一组因素的线性组合，这些因素必须经过实验来判别。

套利定价模型的一般形式为：

$$R_j = R_F + \beta_{j1}(\overline{R}_1 - R_F) + \beta_{j2}(\overline{R}_2 - R_F) + \cdots + \beta_{jn}(\overline{R}_n - R_F)$$

式中：R_j表示资产报酬率；R_F表示无风险报酬率；n表示影响资产报酬率的因素的个数；$\overline{R}_1$，$\overline{R}_2$，…，$\overline{R}_n$表示因素1~n各自的期望报酬率；相应的β表示该资产对不同因素的敏感程度。

【例3-27】某证券的报酬率对两个广泛存在的不可分散风险因素A与B敏感，对风险因素A的敏感程度为0.5，对风险因素B的敏感程度为1.2，风险因素A的期望报酬率为5%，风险因素B的期望报酬率为6%，市场无风险报酬率为3%，则该证券的报酬率为：

$$R_j = R_F + \beta_{jA}(\overline{R}_A - R_F) + \beta_{jB}(\overline{R}_B - R_F)$$
$$= 3\% + 0.5 \times (5\% - 3\%) + 1.2 \times (6\% - 3\%)$$
$$= 3\% + 1\% + 3.6\% = 7.6\%$$

第三节 证券估值

一、债券的特征及估值

债券是由公司、金融机构或政府发行的，表明发行人对其承担还本付息义务的一种债务性证券，是公司对外进行债务筹资的主要方式之一。作为一种有价证券，其发行者和购买者之间的权利和义务是通过债券契约固定下来的。

（一）债券的主要特征

尽管不同公司的债券往往在发行的时候订立了不同的债券契约，如有的债券到期可以转换成公司的普通股，有的债券在约定的条件下可以提前偿付等，但是，典型的债券契约至少包括以下条款：

1. 票面价值

债券的票面价值又称面值，是指债券发行人借入并且承诺于债券到期时偿付持有人的金额。例如，美国公司发行的大多数债券面值是1 000美元，而我国公司发行的企业债券面值大多为100元。

2. 票面利率

债券的票面利率是债券持有人定期获取的利息与债券面值的比率。例如，中国铝业公司发行的5年期企业债券面值为100元，每年支付3.8元的利息，债券的票面利息是3.8元，债券的票面利率是3.8%。3.8元是100元借款的利息，该支付额在债券发行时就确定了，在债券的流通期限内固定不变。多数债券的票面利率在债券持有期间不会改变，但也有一些债券在发行时不明确规定票面利率，而是规定利率水平根据某一标准（如银行存款利率）的变化而同方向调整，这种债券的利率一般称为浮动利率。

还有一些债券根本不支付利息，但是会以大大低于面值的折价方式发行，因而会提供资本利得而不是利息收入，这类债券称为零息债券。零息债券在美国应用较多，如IBM、洛克希德·马丁公司，甚至美国财政部都发行过零息债券。我国的企业很少发行零息债券，2002年6月，中国进出口银行发行的名为“02进出04”的金融债券是国内第一只真正意义上的零息债券。

3. 到期日

债券一般都有固定的偿还期限，到期日即指期限终止之时。债券期限有的短至3个月，有的则长达30年。通常债券的到期时间越长，其风险越大，债券的票面利率也越高。

（二）债券的估值方法

任何金融资产的估值都是资产预期创造现金流的现值，债券也不例外。债券的现金流依赖于债券的主要特征。对于一只典型的公司债券来说，如中国铝业公司发行的企业债券，其现金流由5年的债券利息支付加上债券到期时需要偿还的本金（100元面值）组成。如果是浮动利率债券，利息支付随时间变化而变化；如果是零息债券，则没有利息支付，只在债券到期时按面额支付。对有固定票面利率的债券而言，其现金流量如图3-22所示。

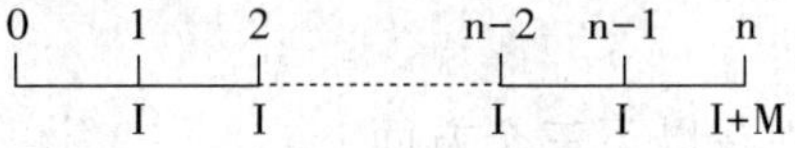

图3-22　债券现金流量示意图

债券价值的计算公式表示为：

$$V_B = \frac{I}{(1+R_d)^1} + \frac{I}{(1+R_d)^2} + \cdots + \frac{I}{(1+R_d)^n} + \frac{M}{(1+R_d)^n}$$

$$= \sum_{t=1}^{n} \frac{I}{(1+R_d)^t} + \frac{M}{(1+R_d)^n}$$

$$= I \cdot (P/A,\ R_d,\ n) + M \cdot (P/F,\ R_d,\ n)$$

式中：R_d表示债券的市场利率。这是计算债券现金流现值的折现率，亦即投资者投资债券所要求的必要报酬率。

n表示债券的到期期限。债券发行以后，n逐年减少。如果债券按年支付利息，n以年为单位来衡量，则发行到期年限为15年的债券（初始到期时间n=15），1年以后n=14，2年以后n=13，依此类推。后面会提到半年付息债券，这些债券每6个月支付一次利息，则图3-22中的n以半年为单位来衡量。

I表示每年的利息额。每年的利息额=票面利率×面值。如果债券为半年付息债券，则I为年利息额的一半；如果公司发行的是零息债券，那么I为零；如果是浮动利率债券，则I也是变动的。

M表示面值。该数额是到期时必须支付的。

上式可用于计算任何债券的价值。

【例3-28】A公司拟购买另一家公司发行的公司债券，该债券面值为100元，期限为5年，票面利率为10%，按年计息，当前市场利率为8%。

要求：该债券市场价格为多少时，A公司才能购买？

$V_B = I \cdot (P/A，R_d，n) + M \cdot (P/F，R_d，n)$

$= 100 \times 10\% \times (P/A，8\%，5) + 100 \times (P/F，8\%，5) = 107.99$（元）

即只有在该债券价格低于或等于107.99元时，A公司才能购买。

【例3-29】B公司计划发行一种2年期带息债券，面值为100元，票面利率为6%，每半年付息一次，到期一次偿还本金，债券的市场利率为7%。

要求：该债券的价格为多少时，投资者才会购买？

该债券半年付息一次，利息为3元（100×6%÷2），半年期的市场利率为3.5%（7%÷2）。

$V_B = I \cdot (P/A，R_d，n) + M \cdot (P/F，R_d，n)$

$= 100 \times 3\% \times (P/A，3.5\%，4) + 100 \times (P/F，3.5\%，4) = 98.16$（元）

即只有在该债券价格低于或等于98.16元时，投资者才会购买。

【例3-30】面值为100元、期限为5年的零息债券，到期按面值偿还，当时市场利率为8%。

要求：该债券的价格为多少时，投资者才会购买？

$V_B = M \cdot (P/F，R_d，n) = 100 \times (P/F，8\%，5) = 68.06$（元）

即只有在该债券价格低于或等于68.06元时，投资者才会购买。

（三）债券投资的优缺点

1. 债券投资的优点

债券投资的优点主要表现在以下三个方面：

（1）本金安全性高。与股票相比，债券投资风险比较小。政府发行的债券有国家财力作为后盾，其本金的安全性非常高，通常视为无风险证券。公司债券的持有者拥有优先求偿权，即当公司破产时，优先于股东分得公司资产，因此，其本金损失的可能性较小。

（2）收入比较稳定。债券票面一般都标有固定利息率，债券的发行人有按时支付利息的法定义务，因此，在正常情况下，投资于债券都能获得比较稳定的收入。

（3）许多债券都具有较好的流动性。政府及大型公司发行的债券一般都可在金融市场上迅速出售，流动性很好。

2. 债券投资的缺点

债券投资的缺点主要表现在以下三个方面：

（1）购买力风险比较大。债券的面值和利息率在发行时就已确定，如果投资期间的通货膨胀率比较高，则本金和利息的购买力将不同程度地受到侵蚀。在通货膨胀率非常高时，投资者虽然名义上有报酬，但实际上却遭受了损失。

（2）没有经营管理权。投资于债券只是获得报酬的一种手段，无权对债券发行单位施以影响和控制。

（3）需要承受利率风险。市场利率随时间上下波动，市场利率的上升会导致流通在外的债券价格下降。由于市场利率上升导致的债券价格下降的风险，称为利率风险。假如以100元的价格购买面值为100元的A公司债券，期限为5年，票面利率为10%。第2年市场利率上升至15%，则债券的价格会下跌到85.73元，因而每张债券将损失14.27元，上升的市场利率导致了债券持有者的损失。因此，投资债券的个人或公司承受着市场利率变化的风险。

二、股票的特征及估值

股票投资是公司进行证券投资的一个重要方面，随着我国股票市场的发展，股票投资已经变得越来越重要。

（一）股票的构成要素

为了更好地理解股票估值模型，我们有必要介绍股票的一些构成要素。

1. 股票价值

投资股票通常是为了在未来能够获得一定的现金流入。这种现金流入包括两部分：每期将要获得的股利以及出售股票时得到的价格收入。有时为了将股票的价值与价格相区别，也将股票的价值称为“股票内在价值”。

2. 股票价格

股票价格是指其在市场上的交易价格，它分为开盘价、收盘价、最高价和最低价等。股票价格会受到各种因素的影响而出现波动。

3. 股利

股利是股份有限公司以现金的形式从公司净利润中分配给股东的投资报酬，也称“红利”或“股息”。但也只是当公司有利润并且管理层愿意将利润分配给股东而不是将其进行再投资时，股东才有可能获得股利。

（二）股票的类别

股票有两种基本类型：普通股和优先股。普通股股东是公司的所有者，他们可以参与公司的董事选举，但是当公司破产时，普通股股东只能最后得到偿付。普通股股东可以从公司分得股利，但是发放股利并不是公司必须履行的义务。因此，普通股股东与公司债权人相比，要承担更大的风险，其报酬也具有更大的不确定性。

优先股则是公司发行的求偿权介于债券和普通股之间的一种混合证券。优先股相对于普通股的优先权是指清算时的优先求偿权，但是这种优先权的获得使优先股股东通常丧失了与普通股股东一样的投票权，从而限制了其参与公司事务的能力。优先股的现金股利是固定的，且先于普通股股利发放，每期支付的股利类似于债券支付的利息。不同的是，如果公司未能按时发放股利，优先股股东不能请求公司破产。当然，公司为保持良好的财务声誉，总是会想方设法地满足优先股股东的股利支付要求。

（三）优先股的估值

优先股的支付义务很像债券，其每期支付的股利与债券每期支付的利息类似，因此债券的估值方法也可用于优先股估值。如果优先股每年支付股利为D，n年后该公司以每股P元的价格回购，股东要求的必要报酬率为R，则优先股的价值为：

$$V = D \cdot (P/A,\ R,\ n) + P \cdot (P/F,\ R,\ n)$$

式中：V表示优先股的价值；其他符号含义同前。

与债券不同的是，优先股有时按季度支付股利。此时，其价值计算如下：

$$V = D \cdot (P/A,\ R/4,\ 4n) + P \cdot (P/F,\ R/4,\ 4n)$$

式中的符号含义同前。

【例3-31】B公司的优先股每季度分红每股2元，20年后，B公司必须以每股100元的价格回购这些优先股，股东要求的必要报酬率为8%，则该优先股当前的市场价值应为多少？

$V = 2 \times (P/A，8\%/4，80) + 100 \times (P/F，8\%/4，80) = 97.5$（元）

多数优先股永远不会到期，除非企业破产，因此这样的优先股估值可以进一步简化为永续年金的估值：

$$V = \frac{D}{R}$$

【例3-32】美洲航空公司对外流通的优先股每季度支付股利每股0.60美元，年必要报酬率为12%，则该公司优先股的价值是：

$$V = \frac{0.60}{12\% \div 4} = 20 \text{（美元）}$$

（四）普通股的估值

普通股的估值与债券的估值本质上都是未来现金流的折现，但是由于普通股的未来现金流是不确定的，依赖于公司的股利政策，因此普通股的估值与债券的估值存在差异。

普通股股票持有者的现金收入由两部分构成：一部分是在股票持有期间收到的现金股利；另一部分是出售股票时得到的变现收入。以D_1，D_2，…，D_n表示各期的股利收入，以P_n表示出售股票时得到的变现收入（即变现时的股票价格），必要报酬率为R，则股票当前的价值为：

$$V = \frac{D_1}{1+R} + \frac{D_2}{(1+R)^2} + \cdots + \frac{D_n}{(1+R)^n} + \frac{P_n}{(1+R)^n}$$

$$= \sum_{t=1}^{n} \frac{D_t}{(1+R)^t} + \frac{P_n}{(1+R)^n}$$

【例3-33】某只股票预期未来3年每年每股可获现金股利3元，3年后该只股票的预期售价为每股20元，要求的回报率为18%，则该只股票目前的价值为多少？

$$V = \frac{D_1}{1+R} + \frac{D_2}{(1+R)^2} + \frac{D_3}{(1+R)^3} + \frac{P_3}{(1+R)^3}$$

$$= \frac{3}{1+18\%} + \frac{3}{(1+18\%)^2} + \frac{3}{(1+18\%)^3} + \frac{20}{(1+18\%)^3} = 18.7 \text{（元）}$$

如果投资者永久持有股票，则股票的价值是未来股利的折现值。因此，普通股股票的价值为：

$$V = \frac{D_1}{1+R} + \frac{D_2}{(1+R)^2} + \cdots + \frac{D_n}{(1+R)^n} = \sum_{t=1}^{n} \frac{D_t}{(1+R)^t}$$

式中的符号含义同前。

因此，要给股票估值，就需要预测未来无穷期的所有现金股利，这显然是不可能的，因而需要对未来的现金股利做出一些假设，才能进行股票估值。

1. 股利稳定不变

在每年股利稳定不变，投资者持有期间很长的情况下，股票的估值模型可简化为：

$$V = \frac{D_1}{1+R} + \frac{D_2}{(1+R)^2} + \cdots + \frac{D_n}{(1+R)^n} = \frac{D}{R}$$

式中的符号含义同前。

【例3-34】某只股票采取固定股利政策，每年每股发放现金股利2元，必要报酬率为

10%，则该只股票的价值为：

$$V=\frac{D}{R}=\frac{2}{10\%}=20\text{（元）}$$

2. 股利固定增长

如果股票的现金股利在基期股利D_0的基础上以速度g不断增长，则有：

$$V=\frac{D_0(1+g)}{1+R}+\frac{D_0(1+g)^2}{(1+R)^2}+\cdots+\frac{D_0(1+g)^n}{(1+R)^n}+\cdots$$

$$=\sum_{t=1}^{\infty}\frac{D_0(1+g)^t}{(1+R)^t}=\frac{D_0(1+g)}{R-g}$$

或 $V=\frac{D_1}{R-g}$

式中的符号含义同前。

【例3-35】时代公司准备投资购买东方信托投资股份有限公司的股票，该股票去年每股股利2元，预计以后每年以4%的增长率增长。时代公司经分析后，认为必须得到10%的报酬率，才能购买东方信托投资股份有限公司的股票。

要求：计算该股票的价格应为多少时才可以购买？

$$V=\frac{2\times(1+4\%)}{10\%-4\%}=34.67\text{（元）}$$

即只有当东方信托投资股份有限公司的股票价格低于或等于34.67元时，时代公司才能购买。

（五）股票投资的优缺点

1. 股票投资的优点

股票投资是一种最具挑战性的投资，其报酬和风险都比较高。股票投资的优点主要有：

（1）能获得比较高的报酬。普通股的价格虽然变动频繁，但从长期看，优质股票的价格总是上涨的居多，只要选择得当，一般都能获得优厚的投资报酬。

（2）能适当降低购买力风险。普通股的股利不固定，在通货膨胀率比较高时，由于物价普遍上涨，股份公司盈利增加，股利的支付也随之增加。因此，与固定报酬证券相比，普通股能有效地降低购买力风险。

（3）拥有一定的经营控制权。普通股股东属于股份公司的所有者，有权监督和控制公司的生产经营情况。因此，欲控制一家公司，最好的途径就是收购这家公司的股票。

2. 股票投资的缺点

股票投资的缺点主要是风险大，这是因为：

（1）普通股对公司资产和盈利的求偿权均居最后。公司破产时，股东原有的投资可能得不到全数补偿，甚至可能血本无归。

（2）普通股的价格受众多因素影响，很不稳定。政治因素、经济因素、投资者心理因素、企业的盈利情况及风险情况等，都会影响股票价格，这也使股票投资具有较高的风险。

（3）普通股的收入不稳定。普通股股利的多少，视企业经营状况和财务状况而定，其有无、多寡均无法律上的保证，其收入的风险也远远大于固定收益证券。

【课程思政要点】

1.传统勤奋美德与货币时间价值概念的融合——通过举例，鼓励学生懂得日“复”一日，年“复”一年，只要持之以恒，就会取得很大进步，引导学生脚踏实地，树立终身学习理念。同时，融入中国传统文化的一些论述，例如，荀子《劝学》中的表述：“不积跬步，无以至千里；不积小流，无以成江海。”引导学生脚踏实地地做事。《论语》中也有孔子关于珍惜和管理时间的表述：“子在川上曰：逝者如斯夫，不舍昼夜。”陶渊明的诗句：“盛年不重来，一日难再晨。及时当勉励，岁月不待人。”勉励学生珍惜时间、努力学习。

2.正确消费观念与复利讲解的融合——通过搜集整理校园贷的相关案例，教育学生对校园贷要心生警惕，提醒学生树立正确的消费观念。

3.科学理财与风险与报酬讲解的融合——在现实经济生活中，各种理财活动的风险是客观存在的，高报酬往往伴随着高风险。我们作为财会人，要懂得用钱生钱的道理，要有节约意识，养成储蓄习惯，延迟消费，科学理财，充分提高资金的使用效果，充分实现资金的时间价值，使资金在有限的时间和空间范围内获取最大的价值。同时，关注理财渠道与方式，评估风险，拒绝各种高风险网贷，谨防上当受骗。

【复习思考】

1.如何理解货币的时间价值？

2.复利和单利有何区别？

3.年金是否一定是每年发生一次的现金流量？请举例说明。

4.如何理解风险与报酬的关系？

5.什么是市场风险和可分散风险？二者有何区别？

6.证券组合的作用是什么？如何计算证券组合的期望报酬率？

7.β系数的定义是什么？它用来衡量什么性质的风险？

8.资本资产定价模型和套利定价模型在定价方法上有什么不同？

【练习题】

一、单项选择题

1.将100元存入银行，利息率为10%，计算5年后的终值，应用（　　）来计算。

A.复利终值系数　　B.复利现值系数　　C.年金终值系数　　D.年金现值系数

2.下列项目中，（　　）称为普通年金。

A.先付年金　　B.后付年金　　C.延期年金　　D.永续年金

3.A方案在3年中每年年初付款100元，B方案在3年中每年年末付款100元，若利率为10%，则A、B两个方案在第3年年末的终值之差为（　　）元。

A.33.1　　B.31.3　　C.133.1　　D.13.31

4.在计算先付年金现值时，可以应用（　　）公式。

A.$P_A=A\times(P/A, i, n)$　　B.$P_A=A\times(P/A, i, n)\times(1+i)$

C.$P_A=A\times(P/F, i, n)\times(1+i)$　　D.$P_A=A\times(P/F, i, n)$

5.已知某证券的β系数等于2，则该证券的风险（　　）。

A.没有
B.非常低
C.与金融市场所有证券的平均风险一致
D.是金融市场所有证券平均风险的2倍

6.当两种股票完全负相关时，将这两种股票合理地组合在一起，则（　　）。
A.能适当分散风险　B.不能分散风险
C.能分散一部分市场风险　D.能分散全部可分散风险

7.如果向一个β=1.0的投资组合中加入一只β>1.0的股票，则下列说法中正确的是（　　）。
A.投资组合的β系数上升，风险下降　B.投资组合的β系数和风险都上升
C.投资组合的β系数下降，风险上升　D.投资组合的β系数和风险都下降

8.下列关于证券投资组合的说法中，正确的是（　　）。
A.证券投资组合要求补偿的风险只是市场风险，而不要求对可分散风险进行补偿
B.证券投资组合要求补偿的风险只是可分散风险，而不要求对市场风险进行补偿
C.证券投资组合要求补偿全部市场风险和可分散风险
D.证券投资组合要求补偿部分市场风险和可分散风险

9.无风险利率为6%，市场上所有股票的平均报酬率为10%，某股票的β系数为1.5，则该股票的报酬率为（　　）。
A.7.5%　B.12%　C.14%　D.16%

10.甲公司对外流通的优先股每季度支付股利每股1.2元，年必要报酬率为12%，则该公司优先股的价值是每股（　　）元。
A.20　B.40　C.10　D.60

二、多项选择题

1.下列关于货币时间价值的说法中，正确的有（　　）。
A.并不是所有的货币都有时间价值，只有把货币作为资本投入生产经营过程才能产生时间价值
B.货币的时间价值是在生产经营中产生的
C.货币的时间价值包含风险报酬率和通货膨胀贴水
D.货币的时间价值是扣除风险报酬率和通货膨胀贴水后的真实报酬率
E.银行存款利率可以看作投资报酬率，但与时间价值是有区别的

2.下列关于年金的说法中，正确的有（　　）。
A.n期先付年金现值比n期后付年金现值的付款次数多一次
B.n期先付年金现值与n期后付年金现值的付款时间不同
C.n期先付年金现值比n期后付年金现值多折现一期
D.n期后付年金现值比n期先付年金现值多折现一期
E.n期先付年金现值等于n期后付年金现值乘以折现率

3.关于风险的度量，以下说法中正确的有（　　）。
A.利用概率分布的概念，可以对风险进行衡量
B.期望报酬率的概率分布越集中，则该投资的风险越小
C.期望报酬率的概率分布越集中，则该投资的风险越大

D. 标准差越小，概率分布越集中，相应的风险也就越小

E. 标准差越大，概率分布越集中，相应的风险也就越小

4. 关于投资组合的风险，以下说法中正确的有（　）。

A. 利用某些有风险的单项资产组成一个完全无风险的投资组合是可能的

B. 由两只完全正相关的股票组成的投资组合与单只股票具有相同的风险

C. 若投资组合由完全正相关的股票组成，则无法分散风险

D. 由两只完全正相关的股票组成的投资组合具有比单只股票更小的风险

E. 当股票报酬率完全负相关时，所有的风险都能被分散

5. 下列关于β系数的说法中，正确的有（　　）。

A. β系数度量了股票相对于平均风险股票的波动程度

B. 当β=2.0时，则说明股票的风险程度也将为投资组合的2倍

C. 当β=0.5时，则说明股票的波动性仅为市场波动水平的一半

D. 投资组合的β系数是单只股票β系数的加权平均，权数为各种股票在投资组合中所占的比重

E. β系数一般不需要投资者自行计算，而是由一些投资服务机构定期计算并公布

三、判断题

1. 货币的时间价值原理，正确地揭示了不同时点上资金之间的换算关系，是财务决策的基本依据。（　）

2. n期先付年金与n期后付年金的付款次数相同，但由于付款时间的不同，n期先付年金终值比n期后付年金终值多计算一期利息。因此，可先求出n期后付年金的终值，然后再乘以（1+i），便可求出n期先付年金的终值。（　）

3. 复利计息频数越高，复利次数越多，终值的增长速度越快，相同期间内的终值越大。（　）

4. 决策者对未来的情况不仅不能完全确定，而且对其可能出现的概率也不清楚，这种情况下的决策为风险性决策。（　）

5. 在其他条件不变时，证券的风险越大，投资者要求的必要报酬率越高。（　）

6. 平均风险股票的β系数为1.0，这意味着如果整个市场的风险报酬率上升10%，通常而言此类股票的风险报酬率也将上升10%，如果整个市场的风险报酬率下降10%，该股票的风险报酬率也将下降10%。（　）

7. 证券组合的风险报酬率是投资者因承担可分散风险而要求的，超过时间价值的那部分额外报酬率。（　）

8. 有效投资组合是指在任何既定的风险程度上，提供的期望报酬率最高的投资组合。（　）

9. 普通股股东与公司债权人相比，要承担更大的风险，其报酬率也有更大的不确定性。（　）

10. 当两个目标投资公司的期望报酬率相同时，标准差小的公司风险较低。（　）

四、计算题

1. 某公司需用一台设备，买价为9 000元，可用8年，如果租用，则每年年初需付租金1 500元。

要求：假设利率为8%，试决定该公司应租用还是购买该设备。

2.某企业全部用银行贷款投资兴建一个工程项目，总投资额为5 000万元，假设银行借款利率为16%，该工程当年建成投产。

要求：

（1）该工程建成投产后，分8年等额归还银行借款，计算每年年末应归还多少？

（2）该工程建成投产后，每年可获净利1 500万元，全部用来归还借款的本息，计算需要多少年才能还清？

3.银风汽车销售公司针对售价为25万元的A款汽车提供两种促销方案：a方案为延期付款业务，消费者需付现款10万元，余款2年后付清。b方案为商业折扣，银风汽车销售公司为全款付现的客户提供3%的商业折扣。

要求：假设利率为10%，消费者选择哪种方案购买更为合算？

4.李东今年30岁，距离退休还有30年。为使自己在退休后仍然享有现在的生活水平，李东认为退休当年年末其必须攒够至少70万元存款。

要求：假设利率为10%，为达成此目标，计算从现在起每年年末李东需要存入多少？

5.张平于1月1日从银行贷款10万元，合同约定分4年还清，每年年末等额付款。

要求：

（1）假设年利率为8%，计算每年年末的分期付款额。

（2）计算并填写还款明细表（见表3-9）。

表3-9　**还款明细表**　单位：元

年次	分期付款额	本年利息	应还贷款减少额	应还贷款余额
0	—	—	—	100 000
1		8 000		
2				
3				
4				0
合计				—

6.某项永久性债券每年年末均可获得利息收入20 000元，债券现值为250 000元。

要求：计算该债券的年利率为多少？

7.东方公司投资一个新项目，项目投产后每年年末获得的现金流入量见表3-10，折现率为10%。

表3-10　**新项目现金流入量**　单位：元

年次	现金流入量	年次	现金流入量
1	0	6	4 500
2	0	7	4 500
3	2 500	8	4 500
4	2 500	9	4 500
5	4 500	10	3 500

要求：计算这一系列现金流入量的现值。

8.中原公司和南方公司股票的报酬率及其概率分布见表3-11。

表3-11 中原公司和南方公司股票的报酬率及其概率分布

经济情况	发生概率	报酬率	
		中原公司	南方公司
繁荣	0.3	40%	60%
一般	0.5	20%	20%
衰退	0.2	0	-10%

要求：

(1) 分别计算中原公司和南方公司股票的期望报酬率、标准差及离散系数。

(2) 根据以上计算结果，试判断投资者应该投资于中原公司股票还是南方公司股票。

9.现有A、B、C、D四种证券，其相关资料见表3-12。无风险报酬率为8%，市场上所有证券的组合报酬率为14%。

表3-12 证券相关资料

证券	A	B	C	D
β系数	1.5	1.0	0.4	2.5

要求：计算上述四种证券各自的必要报酬率。

10.国库券的利息率为5%，市场证券组合的报酬率为13%。

要求：计算市场风险报酬率，同时请回答以下问题：

(1) 当β系数为1.5时，必要报酬率应为多少？

(2) 如果一项投资计划的β系数为0.8，期望报酬率为11%，是否应当进行投资？

(3) 如果某种股票的必要报酬率为12.2%，其β系数应为多少？

11.某债券面值为1 000元，票面年利率为12%，期限为5年。某公司要对该债券进行投资，要求获得15%的必要报酬率。

要求：计算该债券价格为多少时才能进行投资？

五、案例分析题

1.瑞士田纳西镇巨额账单案例。

如果你突然收到一张事先不知道的1 260亿美元的账单，你一定会大吃一惊，但这样的事情就发生在瑞士田纳西镇的居民身上。美国纽约布鲁克林法院判决瑞士田纳西镇应向美国投资者支付这笔钱。最初，田纳西镇的居民以为这是一件小事，但当收到账单时，他们被这张巨额账单惊呆了。他们的律师指出，若高级法院支持这一判决，为偿还债务，所有田纳西镇的居民在余生不得不靠吃廉价快餐度日。

田纳西镇的问题源于1966年的一笔存款。斯兰黑不动产公司在内部交换银行（田纳西镇的一个银行）存入一笔6亿美元的存款。存款协议要求，银行按每周1%的利率（复利）付息（难怪该银行第二年就破产了）。1994年，美国纽约布鲁克林法院做出判决：从存款日到田纳西镇对该银行进行清算的7年中，这笔存款应按每周1%的复利计息，而在银行清算后的21年中，每年按8.54%的复利计息。

要求：

（1）请用所学的知识说明1 260亿美元是如何计算出来的。

（2）如果利率为每周1%，按复利计算，6亿美元增加到12亿美元需要多长时间？增加到1 000亿美元需要多长时间？

（3）本案例对你有何启示？

2. 华特电子公司证券选择案例。

假设你是华特电子公司的财务分析员，目前正在进行一项针对四个备选方案的投资分析工作。各方案的投资期都是1年，对应于三种不同经济状况的估计报酬率见表3-13。

表3-13 不同经济状况下华特电子公司四个备选方案的估计报酬率

经济状况	概率	备选方案			
		A	B	C	D
衰退	0.2	10%	6%	22%	5%
一般	0.6	10%	11%	14%	15%
繁荣	0.2	10%	31%	-4%	25%

要求：

（1）计算各方案的期望报酬率、标准差、离散系数。

（2）公司的财务主管要求根据四个备选方案各自的标准差和期望报酬率来确定是否可以淘汰其中某一方案，你应如何回复？

（3）上述分析思路存在哪些问题？

第四章

长期筹资管理

学习目标

知识目标： 通过本章的学习，理解长期筹资的动机、原则、渠道和类型，掌握普通股的分类、股票上市决策、股票发行定价的方法，理解普通股筹资的优缺点，掌握长期借款的种类、银行借款的信用条件、企业对贷款银行的选择，理解长期借款筹资的优缺点，掌握债券的种类、债券发行定价的方法、债券的信用评级，理解债券筹资的优缺点，掌握租赁的种类、租赁租金的测算方法，理解租赁筹资的优缺点，掌握可转换债券的特性、转换期限、转换价格和转换比率，理解可转换债券筹资的优缺点。

技能目标： 通过本章的学习，掌握不同长期筹资方式的原理与测算方法，在此基础上，能够对企业的资金筹集进行简单的决策。

第一节 长期筹资概述

长期筹资是企业筹资的主要方面。本节主要讲述企业长期筹资的意义、长期筹资的动机、长期筹资的原则、长期筹资的渠道和长期筹资的类型，以便对企业长期筹资有一个总体的把握。

一、长期筹资的概念与意义

长期筹资对于任何企业都是必要的。下面主要讲述企业长期筹资的概念和意义。

（一）长期筹资的概念

任何企业在创立和发展过程中都需要筹资。企业筹资活动是指企业作为筹资主体，根据经营活动、投资活动和资本结构调整等需要，通过一定的金融市场和筹资渠道，采用一定的筹资方式，经济有效地筹措和集中资本的活动。企业筹资活动是企业的一项重要财务活动，其相关的业务是企业的基本经济业务。

企业的筹资可以分为短期筹资和长期筹资。长期筹资（long-term financing）是指企业作为筹资主体，根据其经营活动、投资活动和资本结构调整等长期需要，通过长期筹资渠道和资本市场，运用长期筹资方式，经济有效地筹措和集中长期资本的活动。长期筹资是企业筹资的主要内容，短期筹资则归为营运资本管理的内容。

资本是企业经营和投资活动的一种基本要素，是企业创建和生存发展的一个必要条件。一个企业从创建到生存发展的整个过程都需要筹集资本。企业的最初创建就需要筹资，以获得设立一个企业必需的初始资本，在取得会计师事务所验资证明，据以到市场监督管理部门办理注册登记后，才能开展正常的生产经营活动。

企业要长期生存与发展，需要经常持有一定规模的长期资本。企业需要长期资本的原因主要有：购建固定资产、取得无形资产、开展长期投资、垫支于长期性流动资产等。企业的长期资本一般是通过投入资本、发行股票、发行债券、长期借款和融资租赁等筹资方式取得或形成的。

（二）长期筹资的意义

（1）任何企业在生存发展过程中，都需要始终维持一定的资本规模，由于生产经营活动的发展变化，往往需要追加筹资。例如，有的企业为了增加经营收入，降低成本费用，提高利润水平，需要根据市场需求的变化，扩大生产经营规模，调整生产经营结构，研制开发新产品，所有这些经营策略的实施通常都要求有一定的资本。

（2）企业为了稳固一定的供求关系并获得一定的投资收益，对外开展投资活动，往往也需要筹集资本。例如，有的企业为了保证其产品生产所必需的原材料供应，向供应商投资并获得控制权。

（3）企业根据内外部环境的变化，适时采取调整企业资本结构的策略，也需要及时地筹集资本。例如，有的企业由于资本结构不合理，负债比率过高，偿债压力过大，财务风险过高，主动地通过筹资来调整资本结构。企业持续的生产经营活动，会不断产生对资本的需求，需要筹措和集中资本；同时，企业因开展对外投资活动和调整资本结构，也需要筹措和集中资本。

二、长期筹资的原则

长期筹资是企业的基本财务活动，是企业扩大生产经营规模和调整资本结构所必须采取的行为。为了经济有效地筹集长期资本，长期筹资必须遵循合法性、效益性、合理性和及时性等基本原则。

1. 合法性原则

企业的长期筹资活动影响社会资本及资源的流向和流量，涉及相关主体的经济权益，为此，必须遵守国家有关法律法规，依法履行约定的责任，维护有关各方的合法权益，避免非法筹资行为给企业本身及相关主体造成损失。

2. 效益性原则

企业的长期筹资与投资在效益上应当相互权衡。企业投资是决定企业是否需要长期筹资的重要因素。投资收益与资本成本相比较的结果，决定着是否需要追加筹资；而一旦采纳某个投资项目，其投资数量就决定了所需长期筹资的数量。因此，企业在长期筹资活动中，一方面，需要认真分析投资机会，追求投资效益，避免不顾投资效益的盲目筹资；另一方面，由于不同长期筹资方式的资本成本的高低不尽相同，也需要综合研究各种长期筹资方式，寻求最优的长期筹资组合，以便降低资本成本，经济有效地筹集长期资本。

3. 合理性原则

长期筹资必须合理确定所需筹资的数量。企业的长期筹资不论通过哪些筹资渠道，运用哪些筹资方式，都要预先确定筹资的数量。企业筹资固然应当广开财路，但也必须有合理的限度，使所需筹资的数量与投资所需的数量达到平衡，避免因筹资数量不足而影响投资活动，或因筹资数量过剩而影响投资效益。

企业的长期筹资还必须合理确定资本结构。合理确定企业的资本结构，主要有两方面的内容：一方面是合理确定股权资本与债务资本的结构，也就是合理确定企业的债务资本规模或比例，债务资本的规模应当与股权资本的规模和偿债能力的要求相适应。在这方面，既要避免债务资本过多，导致财务风险过高，偿债负担过重，又要有效地利用债务资本经营，提高企业资本的收益水平。另一方面是合理确定长期资本与短期资本的比例，也就是合理确定企业全部资本的期限结构，这要与企业资产所需持有的期限相匹配。

4. 及时性原则

企业的长期筹资必须根据企业资本的投放时间安排来予以筹划，及时地取得资本来源，使筹资与投资在时间上相协调。企业投资一般都有投放时间上的要求，尤其是证券投资，其投资的时间性要求非常重要，筹资必须与此相配合，避免筹资过早而造成投资前的资本闲置或筹资滞后而贻误投资的有利时机。

三、长期筹资的渠道

企业的长期筹资需要通过一定的长期筹资渠道和资本市场。不同的长期筹资渠道各有特点和适用性，需要加以分析研究。企业的筹资渠道是指企业筹集资本来源的方向与通道，体现资本的源泉和流量。筹资渠道主要由社会资本提供者的数量及分布所决定。目前，我国社会资本提供者的数量众多，分布广泛，为企业筹资提供了广泛的资本来源。认识企业筹资渠道的种类及其特点和适用性，有利于企业充分开拓和利用筹资渠道，实现各种筹资渠道的合理组合，有效地筹集长期资本。

企业的长期筹资渠道可以归纳为如下几种：

1. 政府财政资本

政府财政资本历来是国有企业筹资的主要来源，其政策性很强，通常只有国有独资或国有控股企业才能利用。政府财政资本具有广阔的源泉和稳固的基础，并在国有企业资本金预算中安排，今后仍然是国有独资或国有控股企业股权资本筹资的重要渠道。

2. 银行信贷资本

银行信贷资本是各类企业筹资的重要来源。银行一般分为商业银行和政策性银行。在我国，商业银行主要有中国工商银行、中国农业银行、中国建设银行、中国银行以及交通银行等；政策性银行有国家开发银行、中国农业发展银行和中国进出口银行等。商业银行可以为各类企业提供各种商业性贷款；政策性银行主要为特定企业提供一定的政策性贷款。银行信贷资本拥有居民储蓄、单位存款等经常性的资本来源，贷款方式灵活多样，可以适应各类企业长期债务资本筹集的需要。

3. 非银行金融机构资本

非银行金融机构资本也可以为一些企业提供一定的长期筹资来源。非银行金融机构是指除银行以外的各种金融机构及金融中介机构。在我国，非银行金融机构主要有租赁公司、保险公司、企业集团的财务公司以及信托投资公司、证券公司。它们有的集聚社会资本，融资融物；有的承销证券，提供信托服务，为一些企业直接筹集资本或为一些公司发行证券筹资提供承销信托服务。这种筹资渠道的财力虽然比银行小，但具有广阔的发展前景。

4. 其他法人资本

其他法人资本有时亦可为筹资企业提供一定的长期筹资来源。在我国，法人可分为企业法人、事业单位法人和团体法人等。其他法人资本在日常的资本运营中，有时也可能形成部分暂时闲置的资本，为了让其发挥一定的效益，也需要相互融通，这就为企业提供了一定的长期筹资来源。

5. 民间资本

民间资本可以为企业直接提供筹资来源。我国企业和事业单位的职工和广大城乡居民持有大量的货币资本，可以对一些企业直接进行投资，为企业筹资提供资本来源。

6. 企业内部资本

企业内部资本主要是指企业通过提取盈余公积和保留未分配利润而形成的资本，这是企业内部形成的筹资渠道，比较便捷，有盈利的企业都可以加以利用。

7. 国外和我国港澳台地区资本

在改革开放的市场条件下，国外以及我国香港、澳门和台湾地区的投资者持有的资本，亦可加以吸收，从而形成外商投资企业的筹资渠道。

对我国企业而言，在上述各种长期筹资渠道中，政府财政资本、其他法人资本、民间资本、企业内部资本、国外和我国港澳台地区资本，可以成为特定企业股权资本的筹资渠道；银行信贷资本、非银行金融机构资本、其他法人资本、民间资本、国外和我国港澳台地区资本，可以成为特定企业债务资本的长期筹资渠道。

四、长期筹资的类型

由于筹资范围、筹资机制和资本属性不同，企业的长期筹资区分为各种不同类型。

1. 内部筹资与外部筹资

按照资本来源范围的不同，企业的长期筹资可分为内部筹资和外部筹资，企业通常在充分利用内部筹资之后，再考虑外部筹资。

（1）内部筹资。内部筹资是指企业通过内部留用利润而形成的资本来源。内部筹资在企业内部自然形成，不需要筹资成本，筹资数量由企业可分配利润规模和利润分配政策决定。

（2）外部筹资。外部筹资是指企业在内部筹资无法满足企业资金需要时，在企业外部筹资所形成的资本来源。企业在初创期以及成长期，内部资金往往难以满足发展需要，因而要广泛开展外部筹资。

企业外部筹资的方式有很多，主要有投入资本筹资、发行股票筹资、发行债券筹资和融资租赁筹资等。

企业的外部筹资大多需要花费筹资费用。例如，发行股票、发行债券需支付发行费用；取得长期借款有时需支付一定的手续费。

2. 直接筹资与间接筹资

企业的筹资活动按其是否借助银行等金融机构，可分为直接筹资和间接筹资两种类型。这两种筹资活动的区别，主要取决于宏观筹资机制和政策。

（1）直接筹资。直接筹资是指企业不借助银行等金融机构，直接与资本所有者协商融通资本的一种筹资活动。在直接筹资活动过程中，筹资企业无须借助银行等金融机构，而是直接与资本所有者协商，采用一定的筹资方式取得资本。在我国，随着宏观金融体制改革的深入，直接筹资得以不断发展。具体而言，直接筹资主要有投入资本、发行股票、发行债券等方式。

（2）间接筹资。间接筹资是指企业借助银行等金融机构融通资本的筹资活动。这是一种传统的筹资类型。在间接筹资活动过程中，银行等金融机构发挥着中介作用，它们首先集聚资本，然后提供给筹资企业。间接筹资的基本方式是银行借款和融资租赁。

（3）直接筹资与间接筹资的区别。直接筹资与间接筹资相比，两者有明显的区别，主要表现为以下几个方面：

一是筹资机制不同。直接筹资依赖于资本市场机制，如证券交易所，以各种证券（如股票和债券）为媒介，而间接筹资则既可运用市场机制也可运用计划或行政手段。

二是筹资范围不同。直接筹资具有广阔的领域，可利用的筹资渠道和筹资方式比较多，而间接筹资的范围相对较窄，可利用的筹资渠道和筹资方式比较少。

三是筹资效率和筹资费用高低不同。直接筹资因程序较为繁杂，准备时间较长，故筹资效率较低，筹资费用较高，而间接筹资过程简单，手续简便，故筹资效率较高，筹资费用较低。

四是筹资效应不同。直接筹资可使企业最大限度地筹集社会资本，并有利于提高企业的知名度和资信度，改善企业的资本结构，而间接筹资有时主要是为了满足企业资本周转的需要。

3. 股权性筹资、债务性筹资与混合性筹资

按照资本属性的不同，企业的长期筹资可分为股权性筹资、债务性筹资和混合性筹资。

（1）股权性筹资。股权性筹资（equity financing）形成企业的股权资本，亦称权益资本，是企业依法取得并长期拥有，可自主调配运用的资本。根据我国有关法规制度的规定，企业的股权资本由实收资本（或股本）、资本公积、盈余公积和未分配利润等组成。按照国际惯例，股权资本通常包括实收资本（或股本）和留用利润（或保留盈余、留存收益）两大部分。

股权性筹资具有下列特征：

一是股权资本的所有权归属于企业的所有者。企业所有者依法凭其所有权参与企业的经营管理和利润分配，并对企业的债务承担有限或无限责任。

二是企业对股权资本依法享有经营权。在企业存续期间，企业有权调配使用股权资本，企业所有者除了依法转让其所有权外，不得以任何方式抽回其投入的资本，因而股权资本被视为企业的“永久性资本”。

我国企业的股权资本一般是通过政府财政资本、其他法人资本、民间资本、企业内部资本，以及国外和我国港澳台地区资本等筹资渠道，采用投入资本和发行股票等方式形

成的。

（2）债务性筹资。债务性筹资（debt financing）形成企业的债务资本，是企业依法取得并依约运用、按期偿还的资本。

债务性筹资具有下列特征：

第一，债务资本体现企业与债权人的债务与债权关系。它是企业的债务，是债权人的债权。

第二，企业的债权人有权按期索取债权本息，但无权参与企业的经营管理和利润分配，对企业的其他债务不承担责任。

第三，企业对持有的债务资本在约定的期限内享有经营权，并承担按期还本付息的义务。

我国企业的债务资本一般是通过银行信贷资本、非银行金融机构资本、其他法人资本、民间资本、国外和我国港澳台地区资本等筹资渠道，采用长期借款、发行债券和融资租赁等方式取得或形成的。

企业的股权资本与债务资本具有一定的比例关系，合理安排股权资本与债务资本的比例关系，即资本结构，是企业长期筹资的一个核心问题。

（3）混合性筹资。混合性筹资即上述两种筹资方式的组合。

五、企业资金需要量的预测

企业资金需要量的预测有很多方法，在此主要介绍销售百分比法。所谓销售百分比法，是指以未来销售收入变动的百分比为主要参数，考虑随销售变动的资产负债项目及其他因素对资金需求的影响，从而预测未来需要追加的资金量的一种定量计算方法。

该方法有两个基本假设：一是部分资产和负债随销售变化而成正比例变化，其他资产和负债固定不变；所有者权益中除留存收益变动外，其他项目不变。二是假设未来的销售额是已知的。

销售百分比法下企业需要追加资金量的基本计算公式为：

$$\Delta F = K(A - L) - R$$

式中：ΔF表示企业预测年度需要从企业外部追加筹措资金的数额。K表示预测年度销售收入对于基期年度增长的百分比。A表示随销售收入变动而成正比例变动的资产项目基期金额，如货币资金、应收账款、存货等流动资产项目，这些是公式中ΔF的计量对象。对于固定资产，若假定基期固定资产的利用已经饱和，那么增加销售必须追加固定资产投资，且一般可以认为与销售增长成正比，应将基期固定资产净额计入A之内。L表示随销售收入变动而成正比例变动的负债项目基期金额，如应付账款、应交税费等流动负债项目，这些也是公式中ΔF的计量对象。在公式中，L的前面取“负”号，因为它能给企业带来可用资金。R表示预测年度增加的可以使用的留存收益，在销售净利率、股利发放率等确定的情况下计算得到，其是企业内部形成的可用资金，可以作为向外界筹资的扣减数。

【例4-1】某公司2×21年实现销售额300万元，销售净利率10%，并按净利润的40%发放股利。假定该公司的固定资产利用能力已经饱和，2×22年底的资产负债表见表4-1。

表4-1　　**资产负债表（简表）**　　单位：万元

资　产		负债及所有者权益	
资产：		负债：	
①货币资金	100	①应付账款	250
②应收账款	200	②应交税费	50
③存货	300	③长期负债	100
④固定资产	550	所有者权益：	
⑤无形资产	50	①实收资本	600
		②留存收益	200
合　计	1 200	合　计	1 200

若该公司计划在2×22年将销售额提高到360万元，销售净利率、股利发放率仍保持2×21年的水平。

要求：利用销售百分比法预测该公司2×22年需要向外界融资的数额。

K=（360-300）÷300×100%=20%

A=100+200+300+550=1 150（万元）

L=250+50=300（万元）

R=360×10%×（1-40%）=21.6（万元）

ΔF=20%×（1 150-300）-21.6=148.4（万元）

上面的计算结果表明，该公司2×22年需要向外界融资148.4万元。

第二节　权益筹资

企业的全部资产由两部分构成：投资人提供的所有者权益和债权人提供的负债。所有者权益是指投资人对企业净资产的所有权，包括投资者投入企业的资本金及企业在持续经营过程中形成的积累，具体表现为实收资本（或股本）、资本公积、盈余公积和未分配利润等。所有者权益是企业资金的最主要来源，可通过吸收直接投资、发行股票、留存收益等方式筹集，由于权益资金不用还本，因此也被称为自有资金或主权资金。

一、吸收直接投资

吸收直接投资是指企业按照“共同投资、共同经营、共担风险、共享利润”的原则直接吸收国家、法人、个人、外商投入资金的一种筹资方式。吸收直接投资不以股票为媒介，无须公开发行证券。吸收直接投资中的出资者都是企业的所有者，他们对企业拥有经营管理权，并按出资比例分享利润、承担损失。

（一）吸收直接投资的渠道

吸收直接投资是企业筹集自有资金的重要方式，资金的筹集主要有以下四种渠道：

1. 吸收国家投资

国家投资是指有权代表国家投资的政府部门或者机构以国有资产投入企业，由此形成国家资本金。

2. 吸收法人投资

法人投资是指其他企业、事业单位以其可支配的资产投入企业，由此形成法人资本金。

3. 吸收个人投资

个人投资是指城乡居民或本企业内部职工以其个人合法财产投入企业，形成个人资本金。

4. 吸收外商投资

外商投资是指外国投资者或我国港澳台地区投资者的资金投入企业，形成外商资本金。

（二）吸收直接投资的出资方式

直接投资的出资方式可采用现金、实物、工业产权、土地使用权等形式。

1. 现金投资

现金投资是吸收直接投资中最重要的出资形式。企业有了现金，就可以获取所需物资、支付各种费用，以满足企业正常经营和日常周转需要。现金投资还具有最大的灵活性，因此，企业要争取投资者尽可能采用现金方式出资。

2. 实物投资

实物投资是指以房屋、建筑物、设备等固定资产和原材料、商品等流动资产进行的投资。实物投资应符合以下条件：①适合企业生产经营、科研开发等的需要；②技术性能良好；③作价公平合理；④实物不能涉及抵押、担保、诉讼冻结。实物投资的作价，除由出资各方协商确定外，也可聘请各方均同意的专业资产评估机构评估确定。

3. 工业产权投资

工业产权投资是指以商标权、专利权、专有技术等无形资产进行的投资。企业吸收工业产权投资一般要符合以下条件：①能够帮助研究和开发新的高科技产品；②能够帮助生产适销对路的高科技产品；③能够帮助改进产品质量，提高生产效率；④能够帮助企业大幅度降低各种消耗；⑤作价合理。此外，还应注意符合法定比例，即吸收工业产权的出资额一般不能超过注册资本的20%（不包括土地使用权），对于高新技术等特殊行业，经有关部门审批最高放宽至30%。

4. 土地使用权投资

土地使用权是指按有关规定和合同规定使用土地的权利，使用权人依法可利用土地使用权进行投资。吸收土地使用权投资应注意是否交通方便、地理位置适宜，企业是否需要以及作价的合理性。值得注意的是，企业获得土地使用权后，不能用于出售和抵押，因为在我国土地属于国家所有，可以进行投资的是土地使用权而不是其所有权。

（三）吸收直接投资的程序

企业吸收直接投资一般要遵循如下程序：

1. 确定吸收直接投资所需的资金数量

企业新建或扩大经营规模时，应先确定资金的总需要量及合理的资本结构，然后据以确定吸收直接投资所需的资金数量。

2. 寻求投资单位并商定投资数额和出资方式

吸收直接投资中的双方是双向选择的结果。受资单位要选择相宜的投资者，投资单位要选择收益理想或对自身发展有利的受资者。投资单位确定后，双方便可进行具体的协商，确定投资数额和出资方式，落实现金出资计划及实物、无形资产的评估作价。

3. 签署投资协议

企业与投资者商定投资意向和具体条件后，便可签署投资协议，明确双方的权利和责任。

4. 取得筹集资金

签署投资协议后，通常需要编制拨款计划，确定拨款期限、每期数额和划拨方式，按拨款计划取得现金。若以实物、工业产权、土地使用权出资的，应首先进行评估，然后办理产权转移手续取得资产，执行投资协议。

（四）吸收直接投资的优缺点

1. 吸收直接投资的优点

（1）筹资方式简便，筹资速度快。吸收直接投资的双方直接磋商，没有中间环节，只要双方协商一致，筹资即可启动。

（2）有利于增强企业信誉。吸收直接投资所筹集的资金属于自有资金，与借入资金比较，能提高企业的信誉和借款能力。

（3）有利于尽快形成生产能力。吸收直接投资可直接获得现金、先进设备和先进技术，与通过有价证券间接筹资比较，能快速形成生产能力，尽快开拓市场。

（4）有利于降低财务风险。吸收直接投资可以根据企业的经营状况向投资者支付报酬，没有固定的财务负担，比较灵活，所以财务风险较小。

2. 吸收直接投资的缺点

（1）资金成本较高。企业向投资者支付的报酬是根据企业实现的净利润和投资者的出资额计算的，不能减免企业所得税，当企业盈利丰厚时，企业向投资者支付的报酬较高。

（2）企业控制权分散。吸收直接投资的新投资者享有企业经营管理权，这会造成原有投资者控制权的分散与减弱。

二、发行股票

股票是股份公司为筹集主权资金而发行的有价证券，是持股人拥有公司股份的凭证。它代表了持股人在股份公司中所享有的权利和应承担的义务。

（一）股票的种类

1. 按股东权利和义务的不同分类

股票按股东权利和义务的不同，可分为普通股和优先股。

普通股是股份公司发行的享有管理权而股利不固定的股票。普通股是最基本的股票，具备股票的一般特征，利用普通股筹集的资金是股份公司资本的最基本部分。

优先股是股份公司依法发行的具有一定优先权的股票。企业对优先股不承担法定的还本义务，利用优先股筹集的资金是企业自有资金的一部分。优先股与普通股的融资方式不同，与公司债券较为相似，优先股一般会事先设定股利支付率。

2. 按股票票面是否记名分类

股票按票面是否记名，可分为记名股票和无记名股票。

记名股票是指在股票票面上记载股东姓名或名称的股票。对记名股票要发放股东名册，股东只有同时拥有股票和股东名册才能领取股利。记名股票的转让、继承要办理过户手续。

无记名股票是指在股票票面上不记载股东姓名或名称的股票，公司只记载股票的数量、编号和发行日期。无记名股票的转让、继承无须办理过户手续，买卖双方办理交割手续后就可完成股票的转移。

公司向发行人、国家授权投资的机构和法人发行的股票，应当为记名股票。公司向社会公众发行的股票，可以为无记名股票，也可以为记名股票。

3. 按股票票面有无金额分类

股票按票面有无金额，可分为面值股票和无面值股票。

面值股票是指在股票的面值上记载每股金额的股票。股票面值的主要功能是确定每股股票在公司所占的份额，也表明股东对每股股票所负有限责任的最高限额。

无面值股票是指不在股票的票面上标出金额，只载明其占公司股本总额的比例和股份数额的股票。无面值股票的价值随公司财产的增减而变动，股东对公司享有权利和承担义务的多少直接依据股票票面上标明的比例而定。

4. 按投资主体的不同分类

股票按投资主体的不同，可分为国家股、法人股、个人股。

国家股是指有权代表国家投资的部门或机构以国有资产向公司投资而形成的股份。

法人股是指企业法人依法以其可以支配的财产向公司投资而形成的股份，或具有法人资格的事业单位和社会团体以国家允许用于经营的资产向公司投资而形成的股份。

个人股是指个人或公司内部职工以个人合法财产投入公司而形成的股份。

5. 按发行对象和上市地区的不同分类

股票按发行对象和上市地区的不同，可分为A股、B股、H股、S股、N股。

A股是以人民币标明面值并以人民币认购和交易的股票，只供我国境内的机构、组织和个人买卖，不向外国和我国港澳台地区的投资者出售。

B股属于人民币特种股票，以人民币标明面值，以外币认购和交易，专供外国和我国港澳台地区的投资者买卖。我国境内的居民和单位从2001年2月9日起可以持外币购买B股，该种股票在上海证券交易所、深圳证券交易所上市。

H股是注册地在中国内地，上市地在中国香港的外资股。

S股和N股分别为在新加坡证券交易所和纽约证券交易所上市挂牌的企业股票。

（二）普通股筹资

普通股是股份制企业筹集权益资金的最主要方式，具备股票的一般特征。发行普通股筹资是一种风险型投资，普通股股票的持有人称为普通股股东。

1. 普通股股东的权利

按照《中华人民共和国公司法》（以下简称《公司法》）的规定，普通股股东主要享有以下权利：

（1）普通股股东对公司享有经营管理权。普通股股东享有对公司的经营管理权，有权投票董事会成员，并有权对公司重大事项投票表决，同时有权委托会计师事务所查账。

（2）普通股股东对公司享有盈利分享权。公司盈利时，扣除优先股股息后，剩余部分基本上属于普通股股东，并且盈利分配的方案由股东大会决定。

（3）普通股股东享有优先认股权。当公司增发普通股时，原有股东有权按持有公司股票的比例，优先认购新股票，其目的是保证原有股东的控制权。

（4）普通股股东享有剩余财产要求权。当公司解散、清算时，普通股股东对剩余财产享有要求权，但分配顺序排在优先股股东的后面。

（5）普通股股东享有股票转让权。普通股股东有权出售或转让股票，但必须符合《公司法》以及其他法规和公司章程规定的条件和程序。

2. 普通股融资的优缺点

普通股融资的优点主要包括：

（1）没有固定的利息负担。公司有盈余并认为适合分配股利时，就可以分配股利；公司盈余较少。或虽有盈余但资金短缺或有更有利的投资机会时，就可以少支付或不支付股利。

（2）没有固定到期日，不用偿还。利用普通股筹集的是永久性的资金，只有公司清算时才需偿还，它对保证公司最低的资金需求有重要意义。

（3）融资风险小。由于普通股没有固定到期日，不用支付固定的股利，此种融资实际上不存在不能偿付的风险，因此风险最小。

（4）增强公司的信誉。股权资本是公司偿还债务的基本保障，因而，普通股融资既可以提高公司的信用价值，同时也可以增强公司将来的举债能力。

（5）融资限制较少。利用优先股或债券融资，通常有许多限制，这些限制往往会影响公司经营的灵活性，而利用普通股融资则没有这种限制。

普通股融资的缺点主要包括：

（1）资本成本较高。一般来说，普通股融资的成本要大于债务融资成本，这是因为股东比债权人承担了更多的风险。按照风险与收益相对称的原则，股东要求的报酬率要高于债权人；债务资金的利息可以在税前扣除，可获得抵减所得税的好处，而普通股的股利是从净利润中支付的，不能抵减所得税。另外，普通股的发行费用也比较高。

（2）容易分散控制权。利用普通股融资，出售了新的股票，引进了新的股东，容易导致公司控制权的分散。

（三）优先股筹资

优先股是相对普通股而言的，优先股是指在某些方面享有比普通股优先的权利，同时也受到一定限制的股票。发行优先股股票是公司获得股权资本的方式之一，优先股股票是一种兼具普通股股票和债券特点的有价证券。

优先股的特点

1. 优先股的特征

优先股股票与普通股股票相比，一般具有以下特征：

（1）优先分配股利权。优先股股东通常优先于普通股股东分配股利，并且股利一般是固定的，因而受公司经营状况和盈利水平的影响较小。

（2）优先分配公司剩余财产权。当公司解散、破产等进行清算时，优先股股东对剩余财产有优先的请求权。

（3）优先股股东一般无表决权。一般而言，优先股股东在股东大会上没有投票权（特别规定的除外），也无权过问公司的经营管理，因此，优先股股东在正常情况下是不可能控制整个公司的。

（4）优先股可由公司赎回。发行优先股的公司，按照公司章程的有关规定，根据公司的发展需要，可以按一定的方式将所发行的优先股赎回，以调整公司的资本结构。

综上所述，优先股既可以看作权益资本，但在某种情况下，也可以看作债务资本，它是一种兼有普通股和债券特征的融资工具。

2. 优先股融资的优缺点

优先股融资的优点主要包括：

（1）可以避免固定的支付负担。虽然优先股股利是固定的，但如前所述，公司可将股利累积到以后年度支付，因此发行优先股融资不像负债那样必须定期地、如数地履行支付义务。同时，一家获利颇高的公司若急剧扩张，发行优先股融资还能够发挥财务杠杆作用，使原有的股东得到更高的报酬，但若采用发行普通股方式融资，那么原有股东必须与新增股东共同分享公司成长的利益。

（2）不分散股东的控制权。一般来说，优先股股东没有投票权，因而发行优先股，可以避免公司股权的稀释，原有股东不必担心他们对公司的管理权和控制权的分散。

（3）融资弹性大。优先股一般没有到期日，因此，优先股实质上是一种永久性借款。股利的支付和优先股的回收，对于公司来说有很大的机动性，从而使公司的财务安排更富有弹性。

（4）增强公司的举债能力。从债权人的角度来看，优先股股本是公司的股权资本，可以保护债权人的利益，因此，发行优先股可以增强公司未来的举债能力。

优先股融资的缺点主要包括：

（1）融资成本较高。优先股股利是以公司的税后净利润发放的，不能抵减所得税。与债务融资相比，优先股的资本成本较高。

（2）财务负担较重。由于优先股要求支付固定的股利，当公司经营不善时，可能会成为公司沉重的财务负担，当公司不能支付股利时，还会影响公司的信誉。

三、留存收益

留存收益也是权益资金的一种，是指企业的盈余公积、未分配利润等。与其他权益资金相比，留存收益的取得更为主动简便，它无须进行筹资活动，也没有筹资费用，因此，这种筹资方式既节约了成本，又增强了企业的信誉。留存收益的实质是投资者对企业的再投资，但这种筹资方式受制于企业盈利的多寡及企业的分配政策。

第三节 债务筹资

债务资本亦称借入资本，是指企业依法取得，并在约定的期限内定期支付利息或租金、到期偿还的资本。债务资本是企业一项重要的资金来源，几乎没有一家企业只靠自有资本而不举借债务就能满足资金需要的。债务融资可以解决企业长期资金的不足，如满足长期性固定资产投资的需要。在我国，企业筹措长期负债的形式主要有长期借款、发行长期债券、发行可转换债券和租赁等。

相对于股权融资，债务融资具有以下几个特点：

1. 期限性

债务融资筹集的资金具有使用上的时间性，需要到期偿还，因此，相对于股权融资，其具有期限性。

2. 可逆性

企业采用债务融资方式获取资金，负有到期还本付息的义务。

3. 负担性

企业采用债务融资方式获取资金，需要支付债务利息，从而形成企业的固定负担。

股权筹资所得资金属于资本金，不需要还本付息，股东的收益来自税后盈利的分配，也就是股利；债务筹资形成的是企业的负债，需要还本付息，其支付的利息计入财务费用，可以在税前扣除。

一、长期借款筹资

长期借款筹资是各类企业通常采用的一种债务筹资方式。

（一）长期借款的种类

长期借款（long-term loan），是指企业向银行等金融机构以及向其他单位借入的，期限在1年以上的各种借款。长期借款有如下不同的种类：

1. 按提供贷款的机构分类

长期借款按提供贷款的机构不同，可分为政策性银行贷款、商业银行贷款和其他金融机构贷款。

（1）政策性银行贷款，是执行国家政策性贷款业务的银行（通称政策性银行）提供的贷款，通常为长期贷款。

（2）商业银行贷款，包括短期贷款和长期贷款，其中长期贷款的一般特征为期限长于1年；企业与银行之间要签订借款合同，含有对借款企业的具体限制条件；有规定的借款利率，可以固定，亦可随基准利率的变动而变动；主要实行分期偿还方式，一般每期偿还金额相等，也可采用到期一次偿还方式。

（3）其他金融机构贷款，其他金融机构对企业的贷款一般较商业银行贷款的期限更长，要求的利率较高，对借款企业的信用要求和担保的选择也比较严格。

2. 按担保方式分类

长期借款按担保方式的不同，可分为保证贷款、抵押贷款和质押贷款。

（1）保证贷款，是指保证人和债权人约定，当债务人不履行债务时，保证人按照约定履行债务或者承担责任的贷款。具有代为清偿债务能力的法人、其他组织或者公民，可以作为保证人。学校等以公益为目的的事业单位、社会团体不得作为保证人；企业法人的分支机构、职能部门不得作为保证人。

（2）抵押贷款，是指债务人或者第三人不转移抵押财产的占有，将该财产作为债权担保的贷款。可以抵押的财产主要有机器、交通运输工具、房屋和其他地上附着物等。

（3）质押贷款，是指债务人或者第三人以其动产或权利作质押，将该动产或权利作为债权担保的贷款。质押的动产应移交债权人。可以质押的权利主要有汇票、支票、本票、债券、存款单、仓单、提单；依法可以转让的股份、股票；依法可以转让的商标专用权、专利权以及著作权中的财产权。

（二）长期借款的程序

1. 企业提出借款申请

企业要向银行借入资金，必须向银行提出申请，填写包括借款金额、借款用途、偿还能力、还款方式等内容的“借款申请书”，并提供有关资料。

2. 银行审查借款申请

对于企业的借款申请，银行要从企业的信用等级、基本财务情况、投资项目的经济效益、偿债能力等多方面做出必要的审查，以决定是否提供贷款。

3. 签订借款合同

借款合同是规定借款单位和银行双方的权利、义务和经济责任的法律文件。借款合同包括基本条款、保证条款、违约条款及其他附属条款等内容。

4. 企业取得借款

双方签订借款合同后，银行可在核定的贷款指标范围内，根据用款计划和实际需要，一次或分次将贷款转入企业的贷款结算户。

5. 企业归还借款本息

企业应按借款合同的规定按时足额归还借款本息。如因故不能按期归还，应在借款到期之前的3~5天内提出展期申请，由贷款银行审定是否给予展期。

（三）长期借款融资的优缺点

1. 长期借款融资的优点

长期借款融资的优点主要包括：

（1）融资速度快。长期借款的手续比发行股票和债券简单得多，得到借款所花费的时间较短。

（2）借款弹性较大。借款时企业与银行直接交涉，有关条件可谈判确定；用款期间发生变动，亦可与银行再协商。而债券融资所面对的是社会广大投资者，协商改善融资条件的可能性很小。

（3）借款成本较低。长期借款的利息可以计入企业的财务费用，而不像股利那样必须从税后净利中支出，因此，借款利息可起到抵减所得税的作用。此外，长期借款利率一般低于债券利率，且借款融资费用也较少。

（4）具有财务杠杆作用。企业利用长期借款融资，会提高企业负债资金的比例，改变企业原有的资本结构。在企业的投资报酬率大于借款利率时，能使企业获取超过借款利息的差额利润，提高企业的每股收益。

2. 长期借款融资的缺点

长期借款融资的缺点主要包括：

（1）财务风险增大。由于债务的增加改变了企业的资本结构，从而增加了企业的财务风险，这在一定程度上降低了企业的偿债能力。

（2）限制较多。由于长期借款合同中有许多限制性条款，企业必须严格遵循，从而使企业在财务管理和生产经营上受到某种程度的制约，以至于可能会对企业今后的融资和投资活动产生影响。

（3）融资数额受限。长期借款的数量往往也较为有限，它受到贷款机构本身贷款能力的制约，而不能像发行股票或债券那样筹集到数额巨大的资金。

二、发行普通债券筹资

企业债券是发行者为筹集资金，按法定程序发行的约定在一定时期内还本付息的有价证券。发行债券筹集资金是社会集资的一种方式，即把分散在居民手里的消费资金与企业的闲散资金集中起来，转化为可以增值的生产建设资金，直接投入生产流通领域，用于发展生产、扩大经营。

（一）债券的种类

企业债券按不同的标准有以下多种分类：

1. 按债券有无担保品分类

债券按有无担保品，可分为有担保债券和信用债券。

有担保债券，是指有指定的财产作担保品的债券。有担保债券又可分为不动产抵押债券、动产抵押债券和证券信托公司债券。信用债券，是指凭借债券发行公司的信用，而没有特定的抵押财产作担保品的企业债券。由于该种债券无特定财产作担保，所以，发行企业必须具备较高的财务信誉与未来的获利能力较强等条件。

2. 按债券偿还方式分类

债券按偿还方式的不同，可分为一次还本债券、分期还本债券和通知还本债券。

一次还本债券，是指到期时全部本金一次归还的企业债券。分期还本债券，是指定期分次归还本金的企业债券，该种债券可以减轻企业筹措现金还债的困难。通知还本债券，是指可以在债券到期前，提前通知债权人还本的企业债券。当市场利率低于债券利率时，企业若愿意提前收回债券，一般规定要溢价收回，补偿给投资者一定的好处。企业也可以在债券到期前公开以市价收回。

3. 按债券发行方式分类

债券按发行方式的不同，可分为记名债券和无记名债券。

记名债券，是指在债券上记有持券人姓名的债券。这种债券只偿付给券面上的记名人，要凭印鉴支息取本；转让时由债券持有人背书并向发行企业登记。无记名债券，是指在债券上不载明持有人的姓名，还本付息仅以债券为凭，一般实行剪票付息。

4. 按债券利率是否固定分类

债券按利率是否固定，可分为固定利率债券和浮动利率债券。

固定利率债券，是指利率在发行债券时已确定并载于票面的债券。浮动利率债券，是指利率水平在发行债券之初不固定，而是根据有关利率如基准利率等上下浮动加以确定的债券。在浮动利率债券中可能包括附加条款，如一些条款规定几年后可以转换成固定利率债券，另外一些条款规定利率浮动范围的最高点和最低点。

5. 按债券是否上市分类

债券按是否上市，可分为上市债券和非上市债券。

可在证券交易所挂牌交易的债券为上市债券；反之为非上市债券。上市债券信用程度好，变现速度快，故而吸引较多的投资者，但是上市条件严格，并要承担上市费用。

6. 按债券偿还期限分类

债券按偿还期限的不同，可分为短期债券和长期债券。

短期债券，是指偿还期限在1年以内的债券。长期债券，是指偿还期限超过1年的债券，在实务中往往又进一步根据期限长短区分为中期债券和长期债券。

7. 按债券能否转换为普通股股票分类

债券按能否转换为普通股股票，可分为可转换债券和不可转换债券。

可转换债券，是指可转换为普通股股票的债券。发行可转换债券的企业，有义务按规定向债券持有人核发股份，债券持有人有权选择是否将债券转换为股票。不可转换债券，是指不能转换为普通股股票的债券。

8. 按债券其他特征分类

债券按其他特征的不同，可分为收益债券、附认股权债券、零息债券和垃圾债券等。

（二）债券的发行

债券的发行方式有委托发行和自行发行两种。委托发行是指企业委托银行或其他金融机构承销全部债券，并按总面额的一定比例支付手续费的发行方式。自行发行是指债券发行企业不经过金融机构，而直接把债券配售给投资单位或个人的发行方式。

公司债券的发行价格是发行公司（或其承销代理机构，下同）发行债券时所使用的价格，亦即债券投资者向发行公司认购其所发行债券时实际支付的价格。公司在发行债券之前，必须依据有关因素，运用一定的方法，确定债券的发行价格。

1. 决定债券发行价格的因素

公司债券发行价格的高低，主要取决于以下四个因素：

（1）债券面额。债券的票面金额是决定债券发行价格的最基本因素，债券发行价格的高低，从根本上取决于债券面额的大小。一般而言，债券面额越大，发行价格越高。但是，如果不考虑利息因素，债券面额是债券的到期价值，即债券的未来价值，而不是债券的现在价值，即发行价格。

（2）票面利率。债券的票面利率是债券的名义利率，通常在发行债券之前即已确定并在债券票面上注明。一般而言，债券的票面利率越高，发行价格越高；反之，发行价格越低。

（3）市场利率。债券发行时的市场利率是衡量债券票面利率高低的参照系，两者往往不一致，因此共同影响债券的发行价格。一般而言，债券的市场利率越高，债券的发行价格越低；反之，发行价格越高。

（4）债券期限。同银行借款一样，债券的期限越长，债权人的风险越大，要求的利息报酬越高，债券的发行价格就可能越低；反之，发行价格可能越高。

债券的发行价格是上述四个因素综合作用的结果。

2. 确定债券发行价格的方法

理论上，公司债券的发行价格通常有三种情况，即平价、溢价和折价。

平价是指以债券的票面金额作为发行价格。多数公司的债券采用平价发行。溢价是指按高于债券面额的价格发行债券。折价是指按低于债券面额的价格发行债券。

结合上述四个因素，根据货币时间价值的原理，债券的发行价格由两部分构成：一部分是债券面额以市场利率作为折现率折算的现值；另一部分是各期利息（通常表现为年金形式）以市场利率作为折现率折算的现值。由此，债券的发行价格可按下列公式测算：

（1）按期支付利息、到期一次还本，且不考虑发行费用的债券发行价格的计算公式：

债券发行价格=票面金额×（P/F，i，n）+债券面值×票面利率×（P/A，i，n）

（2）不计复利、到期一次还本付息的债券发行价格的计算公式：

债券发行价格=票面金额×（1+票面利率×n）×（P/F，i，n）

式中：n表示债券期限；i表示市场利率。

【例4-2】某企业发行债券筹资，面值100 000元，期限5年，发行时市场利率为10%，每年年末付息，到期还本。

要求：分别按票面利率为8%、10%、12%计算债券的发行价格。

（1）若票面利率为8%：

发行价格=100 000×（P/F，10%，5）+100 000×8%×（P/A，10%，5）
=92 416（元）

（2）若票面利率为10%：

发行价格=100 000×（P/F，10%，5）+100 000×10%×（P/A，10%，5）
=100 000（元）

（3）若票面利率为12%：

发行价格=100 000×（P/F，10%，5）+100 000×12%×（P/A，10%，5）
=107 580（元）

（三）债券融资的优缺点

1. 债券融资的优点

债券融资的优点主要包括：

（1）资本成本低。债券融资与发行股票融资相比，债券利息固定，且可在税前列支，融资费用和占用费用较低。

（2）发挥财务杠杆作用。债券利息固定不变，不受企业盈余多少的影响，因而在企业资金利润率较高的情况下，可以充分利用财务杠杆作用增加股东的财富。

（3）不分散股东的控制权。债券持有人不参与企业的经营管理，因而有助于保持股东对企业的控制权。

2. 债券融资的缺点

债券融资的缺点主要包括：

（1）财务风险大。利用债券集资，同其他借入资金融资一样，要承担按期还本付息的义务，风险较大；在企业经营不善的情况下，固定的利息以及到期需偿还的债券本金会形成公司沉重的负担，甚至可能导致企业破产。

（2）融资数额有限。企业的负债能力是有限的，过高的负债比率对企业不利。而且，我国《公司法》规定，累计债券总额不应超过公司净资产额的40%。

（3）债券融资限制条件较多且更为严格。债券持有人为保障债权的安全，往往要在债券合同中签订保护条款，这对企业造成较多的约束，影响财务的灵活性。

三、发行可转换债券筹资

可转换债券的发行资格与条件

（一）可转换债券的特性

可转换债券有时简称为可转债，是指由公司发行并规定债券持有人在一定期限内按约定的条件可将其转换为发行公司普通股的债券。

从筹资公司的角度看，发行可转换债券具有债务与股权筹资的双重属性，属于一种混合性筹资。利用可转换债券筹资，发行公司赋予可转换债券的持有人可将其转换为该公司股票的权利。因而，对发行公司而言，在可转换债券转换之前需要定期向持有人支付利息。如果在规定的转换期限内，持有人未将可转换债券转换为股票，发行公司还需要到期偿付债券本金，在这种情形下，可转换债券筹资与普通债券筹资相似，具有债务筹资的属性。如果在规定的转换期限内，持有人将可转换债券转换为股票，则发行公司将债券负债转化为股东权益，从而具有股权筹资的属性。根据国家有关规定，上市公司和重点国有企业具有发行可转换债券的资格，经省级人民政府或者国务院有关企业主管部门推荐，报证监会审批。

（二）可转换债券的转换

可转换债券的转换涉及转换期限、转换价格和转换比率三个因素。

1. 可转换债券的转换期限

可转换债券的转换期限是指按发行公司的约定，持有人可将其转换为股票的期限。一般而言，可转换债券的转换期限的长短与可转换债券的期限相关。在我国，可转换债券的期限按规定最短为1年，最长为6年。分离交易的可转换公司债券的期限最短为1年。

按照我国的有关规定，上市公司发行可转换债券，在发行结束6个月后，持有人可以依据约定的条件随时将其转换为股票。重点国有企业发行的可转换债券，在该企业改制为股份有限公司且其股票上市后，持有人可以依据约定的条件随时将债券转换为股票。

可转换债券转换为股票后，发行公司股票上市的证券交易所应当安排股票上市流通。

2. 可转换债券的转换价格

可转换债券的转换价格是指将可转换债券转换为股票的每股价格。转换价格通常由发行公司在发行可转换债券时约定。

按照我国的有关规定，上市公司发行可转换债券的，以发行可转换债券前1个月股票的平均价格为基准，上浮一定幅度作为转换价格。重点国有企业发行可转换债券的，以拟发行股票的价格为基准，折扣一定比例作为转换价格。

【例4-3】某上市公司拟发行可转换债券，发行前1个月该公司股票的平均价格经测算为每股20元。预计该股票的未来价格有明显的上升趋势，因此确定上浮的幅度为25%。则该公司可转换债券的转换价格为：

20×（1+25%）=25（元）

可转换债券的转换价格并非固定不变的。公司发行可转换债券并约定转换价格后，由于又增发新股、配股及其他原因引起公司股份发生变动的，应当及时调整转换价格，并向社会公布。

3. 可转换债券的转换比率

可转换债券的转换比率是指每份可转换债券所能转换的股份数额，等于可转换债券的面值除以转换价格。

【例4-4】某上市公司发行的可转换债券每份面值为1 000元，转换价格为每股25元，则转换比率为：

1 000÷25=40（股）

即每份可转换债券可以转换为40股股票。

可转换债券持有人请求转换时，其所持债券面额有时发生不足以转换为1股股票的余额的情况，此时发行公司应当以现金偿付。例如，前例中每份可转换债券的面额为1 000元，转换价格在发行时为每股25元，发行后根据有关情况变化决定调整为每股27元。某持有人持有10份可转换债券，总面额为10 000元，决定转换为股票，则其转换股数为370股股票（即10 000÷27），同时可转换债券总面额尚有不足以转换为1股股票的余额10元，在这种情况下，发行公司应对该持有人交付股票370股，另付现金10元。

（三）可转换债券筹资的优缺点

1. 可转换债券筹资的优点

发行可转换债券是一种特殊的筹资方式。其优点主要有：

（1）有利于降低资本成本。可转换债券的利率通常低于普通债券，故在转换前，可转换债券的资本成本低于普通债券；转换为股票后，又可节省股票的发行成本，从而降低股票的资本成本。

（2）有利于筹集更多资本。可转换债券的转换价格通常高于发行时的股票价格。因此，可转换债券转换后，其筹资额大于当时发行股票的筹资额；另外也有利于稳定公司的股价。

（3）有利于调整资本结构。可转换债券是一种兼具债务筹资和股权筹资双重性质的筹资方式。可转换债券在转换前属于发行公司的一种债务，若发行公司希望可转换债券持有人转股，还可以借助诱导，促其转换，借以调整资本结构。

（4）有利于避免筹资损失。当公司的股票价格在一段时期内连续高于转换价格并超过某一幅度时，发行公司可按赎回条款中事先约定的价格赎回未转换的可转换债券，从而避免筹资损失。

2. 可转换债券筹资的缺点

可转换债券筹资也有不足之处，主要有：

（1）转股后，可转换债券筹资将失去利率较低的好处。

（2）若确需股票筹资，但股价并未上升，可转换债券持有人不愿转股时，发行公司将承受偿债压力。

（3）若可转换债券转股时股价高于转换价格，则发行公司会遭受筹资损失。

（4）回售条款的规定可能使发行公司遭受损失。当公司的股票价格在一段时期内连续低于转换价格并达到一定幅度时，可转换债券持有人可按事先约定的价格将所持债券回售给公司，从而使发行公司受损。

四、租赁筹资

租赁筹资是企业一种特殊的筹资方式，适用于各类企业。

（一）租赁的含义

租赁（leasing）是出租人以收取租金为条件，在契约或合同规定的期限内，将资产租借给承租人使用的一种经济行为。租赁行为在实质上具有借贷属性，但其直接涉及的是物而不是钱。在租赁业务中，出租人主要是各种专业租赁公司，承租人主要是其他各类企业，租赁物大多为设备等固定资产。

租赁活动由来已久。现代租赁已经成为企业筹集资产的一种方式，用于补充或部分替代其他筹资方式。在租赁业务发达的条件下，它为企业所普遍采用，是企业筹资的一种特殊方式。

（二）租赁的方式

租赁按其业务的不同特点，可细分为三种具体方式：

1. 直接租赁

直接租赁是指出租人（租赁企业或生产厂商）直接向承租人提供租赁资产的租赁形式。直接租赁只涉及出租人和承租人两方。

2. 售后租回

在这种形式下，企业按照协议先将其资产卖给租赁公司，再作为承租企业将所售资产租回使用，并按期向租赁公司支付租金。采用这种租赁形式，承租企业因出售资产而获得了一笔现金，同时因将其租回而保留了资产的使用权。这与抵押贷款有些相似。

3. 杠杆租赁

杠杆租赁是国际上比较流行的一种租赁形式。它一般涉及承租人、出租人和贷款人三方当事人。从承租人的角度来看，它与其他租赁形式并无区别，同样是按合同的规定，在租赁期内获得资产的使用权，按期支付租金。但对出租人而言，出租人只垫支购买资产所需现金的一部分（一般为20%～40%），其余部分（一般为60%～80%）则以该资产为担保向贷款人借款支付。因此，在这种情况下，租赁公司既是出租人又是借款人，既要收取租金又要偿还借款。这种租赁形式由于租赁收益一般大于借款成本支出，出租人可获得财务杠杆利益，故也被称为杠杆租赁。

（三）租赁的程序

1. 做出租赁决策

当企业需要长期使用某项设备而又没有购买该项设备所需资金时，一般有两种选择：一是筹措资金购买该项设备；二是租入该项设备。孰优孰劣可以通过现金流量的分析计算，做出正确的抉择。

2. 选择租赁公司

当企业决定采用租赁方式取得某项设备时，即应开始选择租赁公司，可从租赁公司的经营范围、业务能力、融资条件、租赁费率等方面进行比较，择优选定。

3. 办理租赁委托

当企业选定租赁公司后，便可向其提出申请，办理委托。这种委托包括填写“租赁申请书”及提供财务状况的文件资料。

4. 签订购货协议

租赁公司受理租赁委托后，即由租赁公司与承租企业的一方或双方选择设备的制造商或销售商，与其进行技术与商务谈判，签订购货协议。

5. 签订租赁合同

租赁合同由承租企业与租赁公司签订。租赁合同用以明确双方的权利与义务，是租赁业务中最重要的文件，具有法律效力。租赁合同的内容包括一般条款和特殊条款两部分。

6. 办理验货及投保

承租企业收到租赁设备，要进行验收。验收合格后，签发租赁设备收据及验收合格证并提交租赁公司，租赁公司据以向制造商或销售商付款。同时，承租企业应向保险公司办理投保事宜。

7. 交付租金

承租企业在租赁期内按合同规定的租金数额、交付日期和交付方式向租赁公司交付租金。

8. 租赁期满的设备处理

租赁合同期满时，承租企业可按合同的规定对租赁设备做出留购、续租或退还的决策。一般来说，租赁公司会把租赁设备在期满时以低价甚至无偿方式转给承租企业。

（四）租赁租金的计算

租赁租金是承租企业支付给租赁公司让渡租赁设备的使用权或价值的代价。租金的数额大小、支付方式对承租企业的财务状况有直接的影响，也是租赁决策的重要依据。

1. 租赁租金的构成

（1）租赁资产的价款，包括设备的买价、运杂费及途中保险费等。

（2）融资成本，租赁公司为承租企业购置设备融资而应计的利息。

（3）租赁手续费，包括租赁公司承办租赁业务的营业费用及应得的利润。租赁手续费的高低由租赁公司与承租企业协商确定，一般以租赁资产价款的一定百分比收取。

2. 租赁租金的支付方式

租赁租金通常采用分次支付的方式，具体有：

（1）按支付时期的长短分类，包括年付、半年付、季付、月付等。

（2）按每期支付租金的时间分类，包括先付租金、后付租金。先付租金是指在期初支付，后付租金是指在期末支付。

（3）按每期支付的金额分类，包括等额支付、不等额支付。

3. 租赁租金的计算方法

目前，国际上流行的租金计算方法主要有平均分摊法、等额年金法、附加率法、浮动利率法。在我国租赁实务中，大多采用平均分摊法和等额年金法。

（1）平均分摊法。

平均分摊法是指先以商定的利息率和手续费率计算出租赁期间的利息和手续费，然后连同租赁设备购置成本的应摊销总额按租金支付次数平均计算出每次应付租金数额的方法。该方法不考虑资金的时间价值。

在平均分摊法下，每次应付租金数额的计算公式为：

$$R = \frac{(C - S) + I + F}{N}$$

式中：R表示每次应付租金数额；C表示租赁设备的购置成本；S表示租赁设备预计净残值或期满时由租入方留购而支付给出租方的转让价；I表示租赁期间利息；F表示租赁期间手续费；N表示租赁期间租金支付次数。

【例4-5】某企业向租赁公司租入一套设备，设备原价100万元，租赁期5年，预计租赁期满租入企业支付的转让价为5万元。年利率为10%，手续费为设备原价的2%，租金于每年年末支付一次。

要求：计算该企业每年的应付租金数额。

$$R=\frac{(100-5)+[100\times(1+10\%)^5-100]+100\times 2\%}{5}$$

$$=31.61\text{（万元）}$$

（2）等额年金法。

等额年金法是指将租赁资产在未来各租赁期内的租金按一定的贴现率予以折现，使其正好等于租赁资产的成本，进而计算应付租金数额的方法。在这种方法下，要将利息率和手续费率综合在一起确定一个租费率，作为贴现率。这种方法与平均分摊法相比，计算变得复杂了，但因为考虑了资金的时间价值，结论更具客观性。

①先付租金的计算公式：

$$R=\frac{C-S\times(P/F,\ i,\ n)}{(P/A,\ i,\ n-1)+1}$$

式中：i表示贴现率，其他符号同前。

②后付租金的计算公式：

$$R=\frac{C-S\times(P/F,\ i,\ n)}{(P/A,\ i,\ n)}$$

【例4-6】仍用【例4-5】的资料，分别对以下三种情况用等额年金法计算该企业每年的应付租金数额：①租费率为12%，租金在每年年末支付。②租费率为12%，租金在每年年初支付。③租金在每年年末支付，但租赁手续费在租入设备时一次性付清。

设三种情况下每年的应付租金数额分别为R_1、R_2、R_3，则：

$$R_1=\frac{100-5\times(P/F,\ 12\%,\ 5)}{(P/A,\ 12\%,\ 5)}=\frac{100-5\times 0.5674}{3.6048}\approx 26.95\text{（万元）}$$

$$R_2=\frac{100-5\times(P/F,\ 12\%,\ 5)}{(P/A,\ 12\%,\ 4)+1}=\frac{100-5\times 0.5674}{3.0373+1}\approx 24.07\text{（万元）}$$

$$R_3=\frac{100-5\times(P/F,\ 10\%,\ 5)}{(P/A,\ 10\%,\ 5)}=\frac{100-5\times 0.6209}{3.7908}\approx 25.56\text{（万元）}$$

（五）租赁筹资的优缺点

1. 租赁筹资的优点

（1）筹资速度快。租赁集融资与融物于一体，减少了企业直接购买设备的中间环节和费用，一般比先筹集资金再购置设备的时间要短，有助于迅速形成生产力。

（2）限制条款少。企业运用股票、债券、长期借款等筹资方式会受到很多条件的限制，相比而言，租赁的限制要少得多。

（3）设备遭受淘汰的风险小。随着科学技术的进步，设备陈旧过时的风险很高，而在租赁的情况下，设备陈旧过时的风险一般由出租人承担，承租企业不需要承担这种风险。

（4）财务风险小。租赁的资金使用期限与设备寿命周期接近，比一般借款期限要长，承租企业的偿债压力较小，到期还本负担较轻；同时，全部租金在整个租赁期内分期支付，可适当降低不能支付的风险。

（5）税收负担轻。租赁的租金费用可在所得税税前扣除，承租企业可享受税收上的优惠。

2. 租赁筹资的缺点

（1）资本成本高。租赁的租金总额一般要高出设备价值的30%；租金比借款和发行债券的利息负担高得多。

（2）不能享有设备残值。

（3）固定的租金支付构成较重的财务负担。

【课程思政要点】

1. 合理确定筹资数量体现了哲学中“度”的把握。“度”在哲学中是质与量的对立统一，是事物保持其质的数量界限、幅度和范围。把握“度”就是要坚持“适度原则”，既不能过分也不能不足，防止“过犹不及”的现象出现。资金筹集是在对未来资金需求预测的基础上确定筹资金额，金额大小的关键在于把握“度”的问题：资金短缺会影响企业正常的经营发展；资金过度会造成资本的浪费。大学生毕业后无论从事财会相关岗位还是自主创业，都应提高专业知识水平，从而具备长期筹资管理的能力。

2. 筹资渠道和筹资方式的选择直接关系到企业所能筹措资金的数量、成本和风险，应降低资本成本、控制财务风险。对于大学生来说，作为未来的财务人员，要提高专业技能，钻研相关业务，具备知敬畏、守底线的职业品质，尽职尽责地做好财务工作，准确核定资金需求量，合法筹资，降低财务风险。

3. 企业筹资一定要诚信合规，数量适当，来源合理，筹措及时，方式经济。筹集债务资金要有足够的偿还能力，重合同、守信用，不得非法集资，不得为了达到融资目的弄虚作假。大学生一定要诚信守法，筹资时要对筹资方式慎重分析，比较资金成本的高低与风险的大小，不要涉及成本太高的筹资，远离非法网贷等违法行为。

4. 债务筹资体现了诚实守信的社会主义核心价值观。第一，企业负债筹资时需要遵照合同的约定按期还本付息；第二，发行债券要求企业信用等级在BBB级以上；第三，企业信用评级不同，债务利率就不同，存在信用成本的问题。

5. 债务并非“洪水猛兽”，企业应当具备适当举债的能力。但对大学生而言，在日常学习生活中，对于债务应树立风险防范意识，严防“高利贷”和“套路贷”，不要受到外部享乐主义和功利主义的影响，自觉抵制片面追求物质享受，抵制超前消费和过度消费，养成理性的消费观念，树立正确的价值观。同时，提高自我保护意识，保护好自己的个人身份信息，切勿将自己的个人身份信息借给他人用于借款或购物。

【复习思考】

1. 试说明投入资本筹资的主体、条件、要求以及优缺点。

2. 试分析股票包销和代销对发行公司的利弊。

3. 试分析股票上市对公司的利弊。

4. 试分析债券发行价格的决定因素。

5. 试说明发行债券筹资的优缺点。

6.企业应如何考虑对贷款银行的选择？

7.试说明长期借款筹资的优缺点。

8.试分析租赁租金的决定因素。

9.试说明租赁筹资的优缺点。

10.试说明优先股筹资的优缺点。

11.试说明可转换债券的属性以及转换期限、转换价格和转换比率。

【练习题】

一、单项选择题

1.下列各项中，属于短期资金筹集方式的是（ ）。

A.发行公司债券　　B.银行借款

C.内部积累　　D.利用商业信用

2.企业在选择筹资渠道时，需要首先考虑的因素是（ ）。

A.资本成本　　B.企业类型

C.融资期限　　D.偿还方式

3.某企业按年利率5.8%向银行借款1 000万元，银行要求保留15%的补偿性余额，则该借款的实际利率为（ ）。

A.5.8%　　B.6.4%

C.6.8%　　D.7.3%

4.根据我国的有关规定，股票不得（ ）。

A.平价发行　　B.溢价发行

C.折价发行　　D.市价发行

5.当股份公司由于破产进行清算时，优先股的索赔权应位于（ ）的持有者之前。

A.债券　　B.商业汇票

C.借据　　D.普通股

6.优先股和债券的相同点是（ ）。

A.没有到期日　　B.公司需要向投资者支付固定报酬

C.不需要偿还本金　　D.股利在税后支付

7.下列各项中，企业筹资限制条款少的是（ ）。

A.股票筹资　　B.租赁筹资

C.债券筹资　　D.长期借款

8.普通股每股净资产反映了普通股的（ ）。

A.票面价值　　B.市场价值

C.投资价值　　D.账面价值

9.采用销售百分比法预测企业资金需要量时，下列项目中被视为不随销售收入变动而变动的是（ ）。

A.现金　　B.应付账款

C.存货　　D.公司债券

10.能够引起企业自有资金增加的筹资方式是（ ）。

A.吸收直接投资　　B.发行公司债券

C.留存收益转增资本　　D.利用商业信用

二、多项选择题

1.下列各项中，会加重企业实际利息负担的有（　　）。

A.规定信贷额度　　B.支付承诺费

C.规定补偿性余额　　D.用贴现法支付利息

2.企业吸收居民个人资金，可以采用的方式有（　　）。

A.吸收直接投资　　B.发行股票

C.租赁　　D.发行公司证券

3.相对于权益资金的筹集方式，长期借款筹资的缺点包括（　　）。

A.财务风险大　　B.筹资成本高

C.筹资数额有限　　D.筹资速度慢

4.杠杆租赁方式涉及的当事人有（　　）。

A.承租人　　B.出租人

C.资金出借人　　D.中介人

5.信用借款是指（　　）的借款。

A.筹资成本低　　B.以借款人信誉为依据

C.无须财产抵押　　D.无限制条件

三、判断题

1.吸收直接投资中的出资者都是企业的所有者，但他们对企业并不一定享有经营管理权。（　　）

2.债券的面值是固定的，但价格却是经常变化的。（　　）

3.权益资本是企业的永久性资本，是一种高成本、低风险的资金来源。（　　）

4.根据资金筹集的及时性原则，企业应尽早地筹集生产所需的资金，以免影响生产经营的正常进行。（　　）

5.可转换债券的转换不增加公司的资本总量，不改变公司的资本结构。（　　）

6.尽管租赁筹资比借款购置设备更迅速、更灵活，但租金也比借款利息高很多。（　　）

7.企业负债占销售额的比重越大，外界资金的需要量就会越小。（　　）

8.发行普通股所筹集的资金在公司存续期间不需要偿还，所以也不需要成本。（　　）

9.发行优先股的上市公司如不能按规定支付优先股的股利，优先股股东就有权要求公司破产清算。（　　）

10.债券利息和优先股股利都作为财务费用在所得税税前支付。（　　）

四、计算题

1.某公司去年普通股每股税后利润为0.25元，该公司今年打算增发新股筹资。

要求：以市盈率为20倍计算确定该股票的发行价格。

2.某企业股本总额1 000万元，负债总额4 000万元，资产总额8 000万元。该企业发行的普通股每股面值为10元。

要求：以市盈率为15倍计算确定新股的发行价格。

3.某企业拟发行面值为100元的债券一批。该债券的期限为5年，单利计息，票面利率5%，到期一次还本付息。

要求：计算市场利率分别为4%、5%、6%时的发行价格。

4.某企业向租赁公司租赁一套设备，设备原价500万元，租赁期10年，期满时企业支付的转让价为10万元。借款年利率按8%计算，租赁手续费为设备原价的3%，租金于每年年末支付一次。

要求：按下列情况分别计算每年的应付租金数额（计算结果精确到0.01万元）：

（1）采用平均分摊法。

（2）采用等额年金法，手续费在租入时一次性付清。

（3）采用等额年金法，手续费摊入租金，租赁双方商定租费率为10%。

（4）采用等额年金法，条件同（2），但每年租金要求在年初支付。

5.某公司于1月1日发行面值为1 000元、期限为5年的可转换债券，转换价格为每股25元。某人持有该可转换债券20份。

要求：

（1）计算该可转换债券的转换比例。

（2）计算该债券持有人可转换为股票的股数。

第五章

短期筹资管理

学习目标

知识目标： 通过本章的学习，在了解短期筹资的概念、内容的基础上，了解短期筹资政策与短期资产持有政策的配合关系，掌握借款筹资的种类、程序、决策因素及其优缺点，了解短期融资券的概念、特点及其发展历程，熟悉短期融资券的种类、发行程序和优缺点。

技能目标： 通过本章的学习，掌握商业信用筹资的特征、分类与资本成本计算，掌握应付费用筹资的概念与筹资额计算，掌握短期借款筹资的资本成本计算。

第一节 短期筹资概述

一、短期筹资的特征与分类

（一）短期筹资的概念与特征

短期筹资是指筹集在一年内或者超过一年的一个营业周期内到期的资金，通常是指短期负债筹资。短期筹资通常具有如下特征：

1. 筹资速度快

由于资金占用期较短，债权人承担的风险相对较小，往往顾虑较少，不需要像长期筹资一样对筹资方进行全面、复杂的财务调查，因此，短期筹资可以使债务人在较短的时间内取得资金。

2. 筹资弹性好

在筹集长期资金时，资金提供者出于资金安全方面的考虑通常会向筹资方提出较多的限制性条款或相关约束条件；短期筹资的相关限制和约束相对较少，使得筹资方在资金的使用和配置上显得更加灵活、富有弹性。

3. 筹资成本低

当筹资期限较短时，债权人所承担的利率风险相对较小，因此向筹资方索取的资金使用成本也相对较低。

4. 筹资风险大

短期筹资通常需要在短期内偿还，因而要求筹资方在短期内拿出足够的资金偿还债务，这对筹资方的资金营运和配置提出了较高的要求。如果筹资企业在资金到期时不能及时归还款项，就有陷入财务危机的可能。此外，短期负债利率通常波动较大，无法在较长时期内将筹资成本锁定在某个较低水平，因此也有可能高于长期负债的利率水平。

（二）短期负债的分类

按照不同标准可将短期负债分为不同类型，其最常见的分类方式有以下几种：

1. 按应付金额是否确定分类

短期负债按应付金额是否确定，可以分为应付金额确定的短期负债和应付金额不确定的短期负债。

应付金额确定的短期负债是指根据合同或法律的规定，到期必须偿付，并有确定金额的短期负债，如短期借款、应付票据、应付账款等。

应付金额不确定的短期负债是指根据公司生产经营状况，要到一定时期才能确定的短期负债或应付金额需要估计的短期负债，如应交税费、应付股利等。

2. 按短期负债的形成情况分类

短期负债按短期负债的形成情况不同，可以分为自然性短期负债和临时性短期负债。

自然性短期负债是指产生于公司正常持续经营活动中，不需要正式安排，由于结算程序的原因自然形成的那部分短期负债。在公司生产经营过程中，由于法定结算程序的原因，使一部分应付款项的支付时间晚于形成时间，这部分已经形成但尚未支付的款项便成为公司的短期负债，如商业信用、应付职工薪酬、应交税费等。

临时性短期负债是指因为临时的资金需求而发生的负债，由财务人员根据公司对短期资金的需求情况，通过人为安排形成，如短期银行借款等。

二、短期筹资政策的类型

公司的短期筹资政策一般是针对不同类型的资产来说的。我们已经知道，按照资产周转时间的长短（即流动性）可以将公司的资产分为两大类：一类是短期资产；另一类是长期资产（在这里主要指固定资产）。按照短期资产的用途，又可以进一步将短期资产划分为临时性短期资产和永久性短期资产。

公司的短期筹资政策也就是对临时性短期资产、永久性短期资产和固定资产的来源进行管理。通常，有以下三种可供公司选择的筹资政策：

（一）配合型筹资政策

配合型筹资政策是指公司的负债结构与公司资产的寿命周期相对应，其特点是：临时性短期资产所需资金用临时性短期负债筹集，永久性短期资产和固定资产所需资金用自发性短期负债和长期负债、股权资本筹集（如图5-1所示）。配合型筹资政策的基本思想是：公司将资产和资金来源在期限和数额上相匹配，以降低公司不能偿还到期债务的风险，同时，采用较多的短期负债筹资也可以使资本成本保持在较低的水平上。

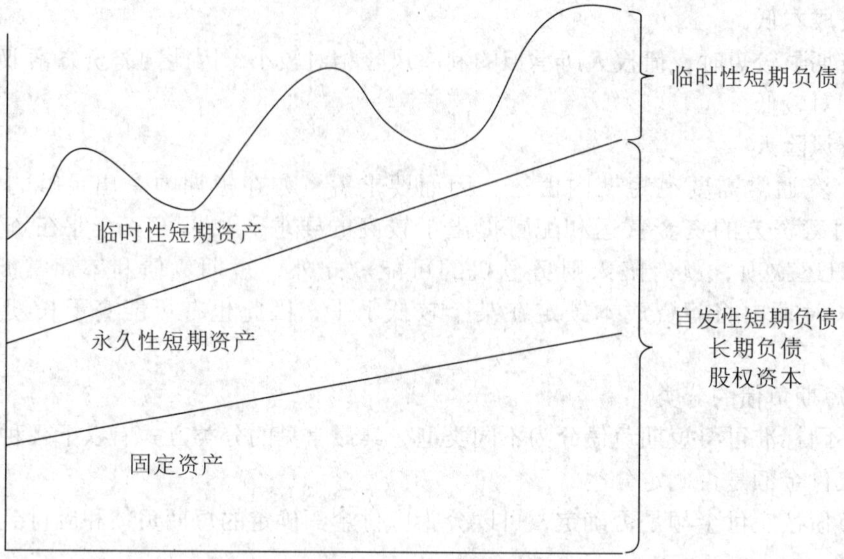

图5-1　配合型筹资政策

在这种政策下，只要公司短期筹资计划严密，实现现金流动与预期安排一致，则在经营低谷时，公司除自发性短期负债外没有其他短期负债，只有在经营高峰期，公司才举借临时性短期负债。

但是在公司的经济活动中，由于现金流动和各类资产使用寿命的不确定性，往往做不到资产与负债的完全配合。在公司的生产经营高峰期内，一旦公司的销售和经营不理想，未能取得预期的现金收入，便会发生难以偿还临时性负债的情况。因此，配合型筹资政策是一种理想的筹资模式，在实践中较难实现。

（二）激进型筹资政策

激进型筹资政策的特点是：临时性短期负债不但要满足临时性短期资产的需要，还要满足一部分永久性短期资产的需要，有时甚至全部短期资产都要由临时性短期负债支持（如图5-2所示）。

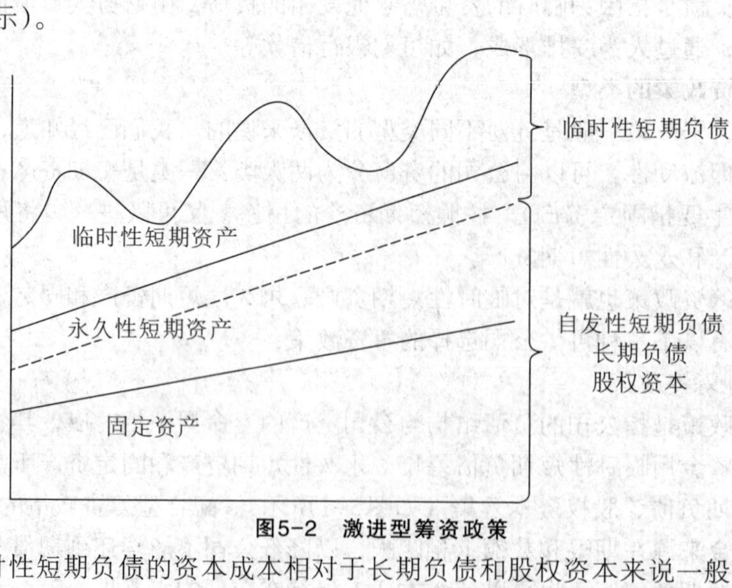

图5-2　激进型筹资政策

由于临时性短期负债的资本成本相对于长期负债和股权资本来说一般较低，而激进型筹资政策下临时性短期负债所占比例较大，因此在该政策下，公司的资本成本低于配合型筹资政策。但是另一方面，由于公司为了满足永久性短期资产的长期、稳定的资金需要，必然要在临时性短期负债到期后重新举债或申请债务展期，因此将不断地举债和还债，加大了筹资和还债的风险。因此，激进型筹资政策是一种报酬高、风险大的营运资本筹集政策。

（三）稳健型筹资政策

稳健型筹资政策的特点是：临时性短期负债只满足部分临时性短期资产的需要，其他短期资产和长期资产，用自发性短期负债、长期负债和股权资本筹集来满足（如图5-3所示）。

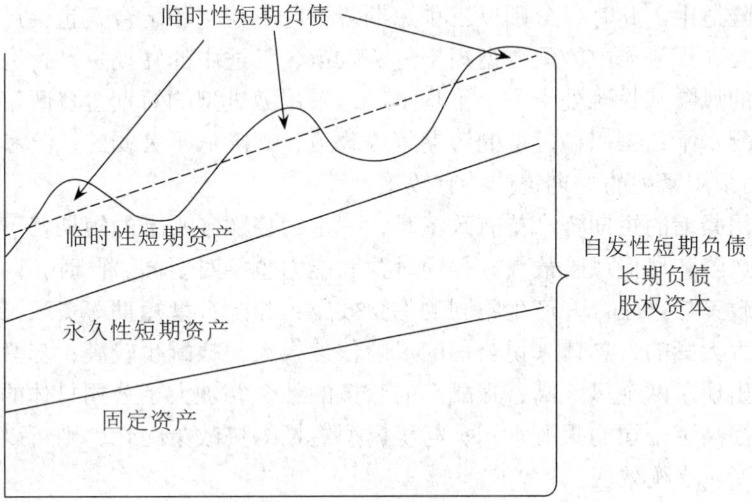

图5-3 稳健型筹资政策

在这种政策下，临时性短期负债在公司的全部资金来源中所占比例较小，公司保留较多的营运资本，可降低公司无法偿还到期债务的风险，同时，蒙受短期利率变动损失的风险也较小。但是，降低风险的同时也降低了公司的报酬，因为长期负债和股权资本在公司的资金来源中所占比例较大，并且两者的资本成本高于临时性短期负债的资本成本，而且在生产经营淡季，公司仍要负担长期债务的利息。即使将过剩的长期资金投资于短期有价证券，其投资收益一般也会低于长期负债的利息。所以，稳健型筹资政策是一种风险低、报酬也低的筹资模式。

一般来说，如果公司对营运资本的使用能够达到游刃有余的程度，则最有利的筹资政策就是报酬和风险相匹配的配合型筹资政策。

三、短期筹资政策与短期资产持有政策的配合

前面我们介绍了三种短期资产持有政策（宽松、适中与紧缩政策），这三种短期资产持有政策与本章所谈及的三种短期筹资政策之间存在紧密的内在联系。短期资产持有政策和短期筹资政策需要协调配合。当公司采用某种短期资产持有政策时，必然要求公司选择与之相适应的短期筹资政策，形成一个完整的资金运转体系。这种配合关系一般有以下几种情况：

（一）公司采用宽松的短期资产持有政策

当公司采用宽松的短期资产持有政策时，一定销售额水平上有较多的短期资产支持，使公司资金短缺风险和偿债风险最小。但由于短期资产投资比例大，使公司的盈利能力偏低。此时，使用不同的短期筹资政策与之对应会产生不同的效果：采用风险和报酬平衡的配合型短期筹资政策，对宽松的短期资产持有政策起不到中和作用，公司总体来说还是风险小、报酬低；采用风险大、报酬高的激进型短期筹资政策，用大量短期负债筹资，则可以在一定程度上平衡公司持有过多短期资产带来的低风险、低报酬，使公司总体的报酬和风险基本均衡；采用风险小、报酬低的稳健型短期筹资政策，与宽松的短期资产持有政策的作用叠加，使公司总体的风险更小、报酬更低。

（二）公司采用适中的短期资产持有政策

当公司采用适中的短期资产持有政策时，一定销售额水平上的短期资产数量适当，公司的报酬和风险适中。此时，分别以三种短期筹资政策与之相配合，也会产生不同的综合效果：采用风险和报酬居中的配合型短期筹资政策，与适中的短期资产持有政策匹配，则会使公司总体的风险和报酬处于一个平均水平；采用激进型的短期筹资政策，则提高了公司的风险和报酬水平；采用稳健型的短期筹资政策，则降低了公司的风险和报酬水平。

（三）公司采用紧缩的短期资产持有政策

当公司采用紧缩的短期资产持有政策时，一定销售额水平上的短期资产比例较小，使公司资金短缺风险和偿债风险最大，但同时盈利能力也相对要高。此时，同样可以分别用三种短期筹资政策与之配合，产生不同的综合效应：与配合型短期筹资政策匹配，则对风险和报酬没有太大影响，总体来说公司的风险依然很大，报酬也较高；与激进型短期筹资政策配合，则出现了两个风险高、报酬高的政策的结合，加大了公司总体的资金风险，也在一定程度上提高了公司的报酬水平；与稳健型短期筹资政策配合，则可以对紧缩的短期资产持有政策产生平衡效应。

以上三种短期资产持有政策分别与三种短期筹资政策配合的效应，如图5-4所示。

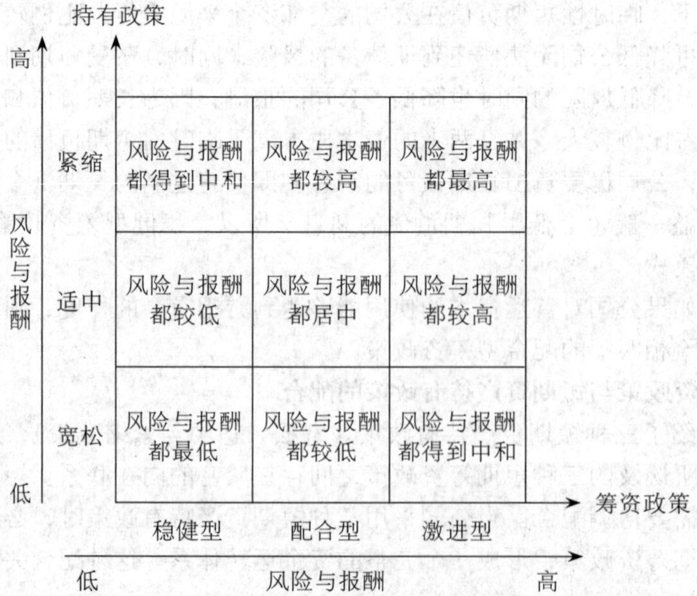

图5-4　短期资产持有政策与短期筹资政策配合效应

第二节　商业信用

商业信用是指商品交易中的延期付款或延期交货而形成的借贷关系，是企业之间的一种直接信用关系，也是商品运动与货币运动相脱离后形成的一种债权债务关系。早在简单的商品生产条件下，就已经出现了赊销赊购现象，到了商品经济发达的资本主义社会，商业信用得到广泛的发展。

商业信用属于自然筹资，也称为自发性融资，它产生于商品交换的过程中，只要对方允诺，企业无须抵押品就可以获得相应的短期资金来连续使用。这种自然筹资同时也是一种自偿性负债，其偿还无须依赖于企业的收益能力，只要保证生产经营正常进行和资产的流动性，就可以通过流动资产自身形态的变化实现其债务的清偿。

企业之间的商业信用形式有很多，主要有应付账款、应付票据、预收账款。

一、应付账款

应付账款是指企业赊购货物而形成的短期债务，即卖方允许买方在购买货物后一定时期内支付货款的一种形式，是一种典型的商业信用形式。卖方通过这种方式来推销商品，而买方通过延期付款，等同于向卖方借款购买商品，从而解决了暂时性的资金短缺困难。

（一）应付账款的成本

应付账款一般可享受现金折扣优惠，同时也附有信用条件。信用条件包括：买方在规定折扣期内付款而享受到的免费信用；买方放弃折扣而付出的有代价信用；买方超过规定的信用期推迟付款而强制获得的展期信用。因此，采用应付账款形式筹集到的短期借款并不都是免费的，有时要付出代价。

例如，某企业购入一批原材料，价款总额为100万元，付款约定的现金折扣条件为“2/10，n/30”。“2/10，n/30”就是一种信用条件，表示付款信用期为30天，若能提早在10天内付款，买方可以享受2%的现金折扣，若不准备享受2%的现金折扣，则应该在30天内付清货款。

如果该企业准备在10天内付款，则可以享受2%的现金折扣，折扣额为2万元（100×2%），免费信用额度为98万元（100−2）。

如果该企业准备放弃现金折扣，在10天后（不超过30天）付款，则该企业将取得有代价的信用额度100万元，这种代价就是企业放弃现金折扣的机会成本。其计算公式为：

$$放弃现金折扣成本=\frac{现金折扣率}{1-现金折扣率}\times\frac{360}{信用期-折扣期}$$

$$=\frac{2\%}{98\%}\times\frac{360}{20}=36.73\%$$

该企业放弃现金折扣的成本为36.73%。一般来说，企业向银行取得信用额度借款的年利率都会比放弃现金折扣的成本低，因而放弃现金折扣而进行商业信用筹资是一种代价较高的筹资方式。但是，如果企业在放弃现金折扣的同时，推迟付款的时间越长，其成本就越小。因为从放弃现金成本的计算公式中，我们发现放弃现金折扣的成本与折扣百分比的大小、折扣期的长短同方向变化，与信用期的长短反方向变化。如果上例中企业延期60天付款，则其成本为：

$$\frac{2\%}{1-2\%}\times\frac{360}{60-10}=14.69\%$$

（二）利用现金折扣的决策

在信用条件下，因为获得不同的信用要负担不同的代价，买方企业要在选择何种信用之间做出决策。一般情况下：

（1）如果短期借款利率低于放弃现金折扣的机会成本，买方企业应该借入资金，在折扣期内付款，享受现金折扣。比如，上例中同期银行短期借款利率为10%，企业应该利用更便宜的短期借款在折扣期内偿还应付账款；反之，企业应该放弃折扣。

（2）如果在折扣期内利用应付账款进行短期投资，短期投资收益率高于放弃现金折扣的成本，则应放弃折扣去追求更高的利益。同时，如果企业放弃折扣推迟付款，应将付款日选择在信用期的最后一天，以降低放弃折扣的成本。

（3）如果企业由于资金缺乏，准备在信用展期内付款，这时企业需要在降低的放弃折扣成本与展期付款带来的信誉恶化中做出选择。

（4）如果有两家以上的卖方提供不同的信用条件，买方不准备享受现金折扣时，应衡量放弃现金折扣成本的大小，选择信用成本较小的；买方准备享受现金折扣（即在折扣期内付款）时，此时放弃现金折扣的成本实际上是一种收益，应选择信用成本较大的。

【例5-1】某公司拟采购一批零件，价值100万元，供应商规定的付款条件为：10天之内付款，需付98万元；20天之内付款，需付99万元；30天之内付款，需付全额。

要求：

（1）假设银行短期贷款利率为15%，计算放弃现金折扣的成本，并确定对该公司最有利的付款日期和价格。

（2）假设目前有一项短期投资，其报酬率为40%，确定对该公司最有利的付款日期和价格。

（1）10天之内付款的现金折扣率=（100−98）÷100×100%=2%

20天之内付款的现金折扣率=（100−99）÷100×100%=1%

放弃（第10天）现金折扣成本=［2%÷（1−2%）］×［360÷（30−10）］=36.73%

放弃（第20天）现金折扣成本=［1%÷（1−1%）］×［360÷（30−20）］=36.36%

所以，应该在第10天付款，需付98万元。

（2）根据题意，应该在第30天付款，需付100万元。

二、应付票据

应付票据是在应付账款的基础上发展起来的，是指企业进行延期付款商品交易时开具的反映债权债务关系的票据。

商业汇票是一种期票，最长期限6个月。对于买方（即付款人）来说，它是一种短期融资方式。对于卖方（即收款人）来说，也可能产生一种融资行为，就是票据贴现。票据贴现是指持票人将未到期的商业票据转让给银行，贴付一定的利息以取得银行资金的一种借贷行为。它是一种以票据为担保的贷款，是一种银行信用。

三、预收账款

预收账款是指卖方按照购销合同或协议的规定，在发出商品之前向买方预收部分或全部货款的信用行为。它等同于卖方向买方先借出一笔款项，然后用商品偿还。这种情况下的商品往往是紧俏的，买方乐意预付货款而取得货物，卖方由此筹集到资金。预收账款一般用于生产周期长、资金需要量大的货物销售。

由以上阐述可知，商业信用筹资有如下几个特点：

（1）商业信用使用起来方便。因为商业信用与商品买卖同时进行，属于一种自然性融资，不用进行特殊的安排。

（2）商业信用的限制少。如果企业利用银行借款筹资，银行往往对贷款的使用规定一些限制条件，而商业信用则限制较少。

（3）商业信用的弹性好。由于商业信用在取得时间和偿还时间的确定上有一定的自主权，在时间上有较大的弹性；同时，商业信用能够随着购买和销售的变化而自动地扩张或缩小，在规模上有较大的弹性。

（4）商业信用的筹资成本低。如果没有现金折扣或企业不放弃现金折扣或使用不附息的应付票据，则利用商业信用的筹资成本是比较低的，有时筹资成本甚至是没有的。

（5）商业信用的时间短。如果企业取得现金折扣，则时间会更短。

（6）如果放弃现金折扣，则需付出较高的资本成本。

第三节　短期借款

一、短期借款筹资的种类

短期借款筹资通常是指银行短期借款，又称银行流动资金借款，是企业为满足短期资金需求而向银行申请借入的款项，是筹集短期资金的重要方式。企业短期借款通常包括信用借款、担保借款和票据贴现三类。

银行借款利息的支付方式

（一）信用借款

信用借款（debt of honour）又称无担保借款，是指不用保证人担保或没有财产作抵押，仅凭借款人的信用而取得的借款。信用借款一般都由贷款人给予借款人一定的信用额度或双方签订循环贷款协议。因此，这种借款又分为两类：

1. 信用额度借款

信用额度借款是一种商业银行与企业之间商定的在未来一段时间内银行能向企业提供无担保贷款的最高限额的借款。信用额度一般是在银行对企业信用状况进行详细调查后确定的。信用额度借款一般要做出如下规定：（1）信用额度的期限。一般一年建立一次，更短期的也有。（2）信用额度的数量。规定银行能贷款给企业的最高限额。如果信用额度的数量是1 200万元，企业从该银行借入的尚未归还的金额已达1 000万元，那么，企业最多还能借款200万元。（3）应支付的利率和其他一些条款。

2. 循环协议借款

循环协议借款是一种特殊的信用额度借款，在此借款协议下，企业和银行之间也要协商确定贷款的最高限额，在最高限额内，企业可以借款、还款，再借款、再还款，不停地周转使用。

信用额度借款与循环协议借款的区别主要在于：（1）持续时间不同。信用额度借款的有效期一般为一年，而循环协议借款可超过一年。在实际应用中，很多是无限期的，因为只要银行和企业之间遵照协议进行，贷款期限可一再延长。（2）法律约束力不同。信用额度借款一般不具有法律约束力，不构成银行必须给企业提供贷款的法律责任，而循环协议借款具有法律约束力，银行要承担限额内的贷款义务。（3）费用支付不同。企业采用循环协议借款，除支付利息外，还要支付协议费。协议费是对循环贷款限额中未使用的部分收取的费用，正是因为银行收取协议费，才构成其为企业提供资金的法定义务。在信用额度借款的情况下，一般无须支付协议费。

（二）担保借款

担保借款（guaranteed loan）是指有一定的保证人作担保或利用一定的财产作抵押或质押而取得的借款。担保借款又分为以下三类：

1. 保证借款

保证借款是指按照《中华人民共和国担保法》规定的保证方式以第三人承诺在借款人不能偿还借款时，按约定承担一般保证责任或连带责任而取得的借款。

2. 抵押借款

抵押借款是指按照《中华人民共和国担保法》规定的抵押方式以借款人或第三人的财产作为抵押物而取得的借款。

3. 质押借款

质押借款是指按照《中华人民共和国担保法》规定的质押方式以借款人或第三人的动产或权利作为质押物而取得的借款。

（三）票据贴现

票据贴现（discounted note）是指商业票据的持有人把未到期的商业票据转让给银行，贴付一定利息以取得银行资金的一种借贷行为。票据贴现是商业信用发展的产物，实为一种银行信用。银行在贴现商业票据时，所付金额要低于票面金额，其差额为贴现息。贴现息与票面面值的比率就是贴现率。银行通过贴现把款项贷给销货单位，到期向购货单位收款，所以要收取利息。

采用票据贴现形式，企业一方面给购买单位提供临时资金融通，另一方面在本身需要资金时又可及时得到资金，有利于企业把业务搞活，把资金用活。

【例5-2】假定某公司以贴现方式借入一年期贷款20 000元，名义利率为12%，年底一次性偿还。这时，该公司实际得到的资金是17 600元，利息是2 400元。该笔贷款的有效利率为多少？

贴现贷款的有效利率=利息÷（贷款面额-利息）×100%

=2 400÷（20 000-2 400）×100%

=13.64%

因此，有效利率比名义利率高出了1.64个百分点。

二、短期借款筹资的考虑因素

在进行短期借款决策时，主要考虑短期银行借款的成本和贷款银行的选择等两方面因素。

（一）短期银行借款的成本

银行借款成本用借款利率来表示。按照国际惯例，短期银行借款的利率会因借款公司的类型、借款金额及时间的不同而不同。例如，银行向信用好、贷款风险小的公司贷款只收取较低的利率；反之，则收取较高的利率。此外，银行贷款利率有单利、复利、贴现利率和附加利率等种类。因此，公司应根据不同情况，确定短期借款的成本，以便做出选择。

1. 单利

单利计息是将贷款金额乘以贷款期限与利率计算出利息的方法。多数银行通常按单利计算收取短期贷款利息，公司通常亦按单利比较不同银行的借款成本。在单利情况下，短期借款成本取决于设定利率和银行收取利息的方法。若利息在借款到期日随本金一并支付，则设定利率就是实际利率。

2. 复利

以复利计息，意味着存在对利息计息的情况。按照复利计算利息，借款人实际负担的利率——有效利率，要高于名义利率。在贷款到期以前定期付息的次数越多，有效利率高出名义利率的部分就越大。

3. 贴现利率

在贴现利率情况下，银行会在发放贷款的同时，先扣除贷款的贴现利息，而以贷款面值与贴现利息的差额贷给公司。因此，借款人拿到的金额低于贷款面值，当然，贷款到期时也免去利息。在以贴现利率的方式贷款时，借款人的借款实际利率也会高于名义利率，并且高出的程度远远大于复利贷款方式。

4. 附加利率

附加利率是指即使是分期偿还贷款，银行通常亦按贷款总额和名义利率来计算收取利息。在附加利率方式下，虽然借款公司可以利用的借款逐期减少，但利息并不减少，故实际负担的利息费用较高。

（二）贷款银行的选择

公司在短期银行借款筹资过程中，一项重要的工作就是选择银行。在金融市场越来越完善的情况下，选择合适的银行，对于公司生产经营业务长期稳定的发展，具有特别重要的意义。公司应该注意银行间存在的重大区别，这些区别主要表现在以下几个方面：

1. 银行对待风险的基本政策

不同的银行对待风险的政策是不同的，一些银行偏好比较保守的信贷政策，另一些银行则喜欢开展一些“创新性业务”。这些政策在一定程度上反映了银行管理者的个性和银行存款的特征。业务范围大、分支机构多的银行能够很好地分散风险，而一些专业化的小型银行能够接受的信用风险要小得多。

2. 银行所能提供的咨询服务

一些银行能够提供咨询服务，甚至有些银行设有专门机构向客户提供建议和咨询。

3. 银行对待客户的忠诚度

财务管理学上所指的银行忠诚度，是指在公司困难时期，银行支持借款人行为的程度。不同的银行，其对客户的忠诚度是不同的。一些银行要求公司无论遭受何种困难，都必须无条件地偿还其贷款。而另一些银行十分顾及“老交情”，即使自己遇到困难，也要千方百计地支持那些与自己有着多年业务关系的公司，帮助这些公司获得更有利的发展条件。

4. 银行贷款的专业化程度

银行在贷款专业化方面有着极大的差异。大型银行有专业的部门负责不同类型的针对行业特征的专业化贷款。小型银行则比较注重公司生产经营所处的经济环境。借款者可以从经营业务十分熟悉并且经验丰富的银行那里获得更主动的支持和更有创新性的合作。因此，理财者应该慎重选择银行。

5. 其他

银行的规模、对外汇的管理水平等，都是公司需要考虑的因素。

三、短期借款筹资的基本程序

银行短期借款的程序与银行长期借款的程序基本相同。现结合流动资金借款的特点说明如下：

（一）企业提出申请

向银行借入短期借款时，必须在批准的资金计划占用额范围内，按生产经营的需要，逐笔向银行提出申请。企业在借款申请书上应写明借款种类、借款数额、借款用途、借款原因、还款日期。另外，还要详细写明流动资金的占用额、借款限额、预计销售额、销售收入资金率等有关内容。

（二）银行对企业申请的审查

银行接到企业提出的借款申请书后，应对申请书进行认真的审查。审查内容主要包括：（1）审查借款的用途和原因，做出是否贷款的决策；（2）审查企业的产品销售和物资保证情况，决定贷款的数额；（3）审查企业的资金周转和物资耗用状况，确定贷款的期限。

（三）签订借款合同

为了维护借贷双方的合法权益，保证资金的合理使用，企业向银行借入流动资金时，双方应签订借款合同。借款合同主要包括如下四方面的内容：（1）基本条款。这是借款合同的基本内容，主要强调双方的权利和义务，具体包括借款数额、借款方式、款项发放的时间、还款期限、还款方式、利息支付方式、利息率等。（2）保证条款。这是保证款项能够顺利归还的一系列条款，包括借款按规定的用途使用、有关的物资保证、抵押财产、保证人及其责任等内容。（3）违约条款。这是双方若有违约现象时应如何处理的条款，主要载明对企业逾期不还或挪用贷款等的处理和对银行不按期发放贷款的处理等内容。（4）其他附属条款。这是与借贷双方有关的其他一系列条款，如双方经办人、合同生效日期等条款。

（四）企业取得借款

借款合同签订后，若无特殊原因，银行应按合同规定的时间向企业提供贷款，企业便可取得借款。

如果银行不按合同约定按期发放贷款，应偿付违约金。如果企业不按合同约定使用借款，也应偿付违约金。

（五）短期借款的归还

借款企业应按借款合同的规定按时、足额支付借款本息。贷款银行在短期贷款到期一星期之前，应当向借款企业发送还本付息通知单，借款企业应当及时筹备资金，按期还本付息。

不能按期归还借款的，借款人应当在借款到期日之前向贷款人申请贷款展期，但是否同意展期应由贷款人视情况而定。申请保证借款、抵押借款、质押借款展期的，还应当由保证人、抵押人、出质人出具同意的书面证明。

四、短期借款筹资的优缺点

（一）银行短期借款的优点

（1）银行资金充足、实力雄厚，能够随时为企业提供比较多的短期贷款。对于季节性和临时性的资金需求，采用银行短期借款尤为方便。而那些规模大、信誉好的大型企业，更可以比较低的利率借入资金。

（2）银行短期借款具有较好的弹性，可在资金需要增加时借款，在资金需要减少时还款。

（二）银行短期借款的缺点

1. 资本成本较高

采用短期借款筹资的成本比较高，不仅不能与商业信用相比，与短期融资券相比也高出许多，而抵押借款因需要支付管理和服务费用，成本更高。

2. 限制较多

企业向银行借款，银行要在对企业的经营和财务状况进行调查以后才能决定是否贷款，有些银行还要求对企业有一定的控制权，要求企业把流动比率、负债比率维持在一定的范围之内，这些都会构成对企业的限制。

第四节　短期融资券

短期融资券是由企业依法发行的无担保短期本票。在我国，短期融资券是指企业依照《银行间债券市场非金融企业债务融资工具管理办法》的条件和程序，在银行间债券市场发行和交易并约定在一定期限内还本付息的有价证券，是企业筹措短期（1年以内）资金的直接融资方式。

短期融资券的申报发行流程图

一、短期融资券的发展历程

（一）短期融资券在西方资本市场的发展历程

短期融资券起源于商业票据。商业票据是一种古老的商业信用工具，产生于18世纪。它最初是随商品和劳务交易而签发的一种债务凭证。例如，一笔交易不是采用现金交易，而是采用票据方式进行结算的，当货物运走后，买方按合同规定的时间、地点、金额，开出一张远期付款的票据给卖方，卖方持有票据，直至到期日再向买方收取现金。

这种商业票据是随商品、劳务交易而产生的商业信用。商业票据是一种双名票据，即票据上列明收款方和付款方的名称。持有商业票据的公司如在约定的付款期之前需要现金，可以向商业银行或贴现公司贴现。贴现是指持有商业票据的公司将票据出让给银行或贴现公司，后者按票面金额扣取从贴现日到票据到期日的利息后，将票面余额付给持票公司，待贴现的票据到期后，再持票向付款方索取票面款项。

这种方式使办理贴现的银行或贴现公司得到了利息，又收回了本金，是一种很好的短期投资方式。于是，有的投资人便比照这种贴现方式，从持票人手中买入商业票据，待票据到期后持票向付款方收回资金。有时，贴现票据的银行因为资金短缺，也将贴现的票据重新卖出，由新的购买人到期收取款项。

一些大型公司发现了商业票据的这一特点，便凭借自己的信誉，开始脱离商品交易过程来签发商业票据，以筹措短期资金。20世纪20年代，美国汽车制造业及其他高档耐用商品开始兴盛，为增加销售量，一般都采用赊销、分期付款等方式向外销售，这样就在应收账款上进行了大量投资，因而感到资金不足，在银行借款受到多种限制的情况下，开始大量发行商业票据筹集短期资金。这样，商业票据与商品、劳务交易相分离，演变成为一种在货币市场上融资的票据，发行人与投资者成为一种单纯的债务、债权关系，而不是商品买卖或劳务供应关系。商业票据上不必列明收款人，只需列明付款人，成为单名票据。为了与传统商业票据相区别，人们通常把这种专门用于融资的票据称为短期融资券或短期商业债券。

20世纪60年代以后，工商界普遍认为发行短期融资券向金融市场筹措资金比向银行借款更方便，利率更低，且不受银行信贷干预，因此，短期融资券数额急剧增加。以美国为例，1962年12月仅有60亿美元，1985年就增至3 000亿美元。20世纪70年代，位于英国伦敦的欧洲短期融资券市场也开始形成，短期融资券市场不断扩大。目前，短期融资券已经成为西方各类公司融通短期资金的重要方式。

（二）短期融资券在我国资本市场的发展历程

20世纪80年代中后期，我国有些企业为解决流动资金的不足，开始采用短期融资券筹集资金。1989年，中国人民银行下发了《关于发行短期融资券有关问题的通知》，以文件的形式肯定了各地发行融资券的做法。这一举措对于拓宽企业筹资渠道、优化企业短期资金来源、加快社会资金周转速度、优化资金投向具有重要意义。

为了规范短期融资券市场、提升社会资金配置效率，2005年5月，中国人民银行发布了《短期融资券管理办法》以及《短期融资券承销规程》和《短期融资券信息披露规程》两个配套文件，对短期融资券的发行、登记、托管、交易、结算、兑付、信息披露、监督管理等做出了明确规定，极大地促进了短期融资券的发行。据统计，截至2007年年末，已有316家企业累计发行短期融资券7 693亿元，余额为3 203亿元。

为了进一步完善银行间债券市场管理，促进非金融企业直接债务融资发展，2008年4月，中国人民银行颁布实施了《银行间债券市场非金融企业债务融资工具管理办法》，同时废止了2005年5月发布的《短期融资券管理办法》及相关规定。《银行间债券市场非金融企业债务融资工具管理办法》区分了金融企业和非金融企业，对非金融企业在银行间债券市场债务融资进行了规定。自2021年9月1日起实施的《证券公司短期融资券管理办法》规范了证券公司短期融资券的发行和交易。

二、短期融资券的种类

按不同的标准，短期融资券可分为不同的类型。

1.按发行方式的不同，短期融资券可分为经纪人代销的融资券和直接销售的融资券

（1）经纪人代销的融资券又称间接销售融资券，是指先由发行人卖给经纪人，然后由经纪人再卖给投资者的融资券。经纪人主要有银行、投资信托公司、证券公司等。企业委托经纪人发行融资券，要支付一定数额的手续费。

（2）直接销售的融资券是指发行人直接销售给最终投资者的融资券。直接发行融资券的公司通常是经营金融业务的公司或自己有附属金融机构的公司，它们有自己的分支网点，有专门的金融人才，因此，有能力自行组织推销工作，从而节省了间接发行时应付给证券公司的手续费。直接销售的融资券目前已经占据相当大的比重。

根据我国《银行间债券市场非金融企业债务融资工具管理办法》的相关规定，我国

非金融企业发行短期融资券必须由符合条件的金融机构承销，企业不得自行销售融资券。

2.按发行人的不同，短期融资券可分为金融企业的融资券和非金融企业的融资券

（1）金融企业的融资券主要是指由各大型公司所属的财务公司、各种投资信托公司、银行控股公司等发行的融资券。这类融资券一般都采用直接发行的方式。

（2）非金融企业的融资券是指那些没有设立财务公司的工商企业所发行的融资券。这类企业一般规模不大，多采用间接方式来发行融资券。

3.按发行和流通范围的不同，短期融资券可分为国内融资券和国际融资券

（1）国内融资券是指一国发行者在其国内金融市场上发行的融资券。发行这种融资券，一般只要遵循本国法规和金融市场惯例即可。

（2）国际融资券是指一国发行者在其本国以外的金融市场上发行的融资券。发行这种融资券，必须遵循有关国家的法律和国际金融市场上的惯例。在美国货币市场和欧洲货币市场上，这种国际短期融资券较多。

三、发行短期融资券的相关规定

企业发行短期融资券的相关规定如下：

（1）发行人为非金融企业，发行企业均应经过在中国境内工商注册且具备债券评级能力的评级机构的信用评级，并将评级结果向银行间债券市场公示。

（2）发行和交易的对象是银行间债券市场的机构投资者，不向社会公众发行和交易。

（3）融资券的发行由符合条件的金融机构承销，企业不得自行销售融资券，发行融资券募集的资金用于本企业的生产经营。

（4）融资券采用实名记账方式在中央国债登记结算有限责任公司（简称中央结算公司）登记托管，中央结算公司负责提供有关服务。

（5）债务融资工具发行利率、发行价格和所涉费率以市场化方式确定，任何商业机构不得以欺诈、操纵市场等行为获取不正当利益。

四、短期融资券的评级

按照资本市场当前的做法，短期融资券的信用质量一般由信用评级机构进行评价。

信用评级机构这种专门从事资信评级的中介机构是自1909年穆迪公司开创评级业务之后才发展起来的。美国主要的信用评级机构包括：穆迪公司（Moody's）、标准普尔公司（Standard & Poor's）、达夫菲尔普斯公司（Duff & Phelps）以及惠誉国际公司（Fitch）。这些机构提供商业公司的财务信息并对各类债券进行信用评级，在协助证券发行者顺利发行证券、帮助投资者科学选择证券以及规范金融市场等方面都起到了十分重要的作用。随着资本市场的发展，我国的信用评级业务也得到了一定的发展，先后成立了中诚信国际、联合资信、大公国际等专业评级机构，对国内资本市场的各类证券进行信用评级。

通常，评级机构在分析、评定并形成评级结论的过程中，主要会考虑以下因素：（1）企业外部因素，如宏观经济状况、产业发展趋势、政策及监管环境等；（2）企业自身因素，如经营状况、管理水平、财务状况等，尤其是企业自身的流动性水平，这是信用评级机构关注的重点；（3）短期融资券自身的相关条款与保障措施，如发行规模、筹资期限、债务保障措施等。在此基础上，评级机构以符号的形式将融资券归为几类。

一般而言，不同信用评级机构所确定的评级标准较为类似。例如，穆迪公司将短期融资券划分为两个基本的信用级别："优等"和"非优等"，其中的"优等"类别又被分成P-1（质量最好）、P-2、P-3三小类。标准普尔公司则将短期融资券划分为四个基本级别：A、B、C、D，其中的A类和穆迪公司的"优等"这一类别相对应，又可以分为A-1+（质量最好）、A-1、A-2、A-3等小类。

我国信用评级机构对短期融资券的评级也采用了类似的等级设定。以中诚信国际为例，短期融资券可以划分为A-1+、A-1、A-2、A-3、B、C、D七类，具体见表5-1。

表5-1　**中诚信国际短期融资券信用等级符号及其定义**

等级符号	定义
A-1+	受评对象短期还本付息能力最强，安全性最高
A-1	受评对象短期还本付息能力很强，安全性很高
A-2	受评对象短期还本付息能力较强，但安全性不如A-1级
A-3	受评对象短期还本付息能力一般，但与A-1级和A-2级相比，其安全性更易受不良环境的影响
B	受评对象短期还本付息能力较低，安全性非常易受不良环境的影响，有一定的违约风险
C	受评对象短期还本付息能力很低，违约风险较大
D	受评对象不能按期还本付息

资料来源：中诚信国际网站，www.ccxi.com.cn.

五、短期融资券筹资的优缺点

（一）短期融资券筹资的优点

1. 短期融资券筹资的成本低

在西方，短期融资券的利率加上发行成本率，通常要低于银行的同期贷款利率。这是因为，在采用短期融资券筹资时，筹资者与投资者直接往来，绕开了银行中介，节省了一笔原应付给银行的筹资费用。但目前，我国短期融资券的利率一般要比银行贷款利率高，这主要是因为我国短期融资券市场刚刚建立，投资者对短期融资券还缺乏了解。随着短期融资券市场的不断完善，短期融资券的利率会逐渐接近银行贷款利率，直至略低于银行贷款利率。

2. 短期融资券筹资的数额比较大

银行一般不会向企业发放巨额的流动资金借款，如在西方，商业银行贷给个别公司的最大金额不能超过该公司资本的10%。因而，对于需要巨额资金的企业，短期融资券这一方式尤为适用。

3. 短期融资券筹资能够提高企业的信誉

由于能够在货币市场上发行短期融资券的公司都是著名的大型公司，因而一家公司如果能够在货币市场上发行自己的短期融资券，则说明该公司的信誉良好。

（二）短期融资券筹资的缺点

1. 发行短期融资券的风险比较大

短期融资券到期必须归还，一般不会有延期的可能。若到期不归还，则会产生严重的后果。

2. 发行短期融资券的弹性比较小

只有当企业的资金需求达到一定数量时才能使用短期融资券，如果需求量较小，则不宜采用短期融资券方式。另外，短期融资券一般不能提前偿还，因此，即使公司资金比较宽裕，也要到期才能还款。

3. 发行短期融资券的条件比较严格

并不是任何公司都能发行短期融资券，必须是信誉好、实力强、效益高的企业才能发行，而一些小型企业或信誉不太好的企业，则不能利用短期融资券来筹集资金。

【课程思政要点】

1. 企业或个人在进行短期筹资时，应当合理评估短期偿债能力，如果出现应付账款到期无法偿付的情况，将会对企业或个人的社会评价产生重大影响，造成社会的不认可，影响到企业或个人的长远发展。

2. 量力而行，尽力而为。“量力而行”对应的原理是“规律的客观性和不可抗拒性”，对应的方法论是“想办法、做事情要尊重客观规律”；“尽力而为”对应的原理是“人具有主观能动性”，对应的方法论是“在尊重客观规律的基础上，充分发挥人的主观能动性”。总体来说，即“发现和掌握客观规律，根据规律发生的条件和形式，认识世界和改造世界，造福于社会”。这要求我们在进行短期融资时，要一切从实际出发，实事求是，不要盲目筹资。

【复习思考】

1. 短期筹资政策的主要类型包括哪些？短期筹资政策与短期资产持有政策之间应当保持怎样的配合关系？

2. 商业信用筹资和应付费用筹资应当考虑哪些成本？

3. 简述银行短期借款的种类。

4. 在选择贷款银行时，应该考虑的因素有哪些？

5. 短期融资券应该遵循怎样的发行程序？

6. 试对比分析银行短期借款、商业信用、短期融资券的特征和优缺点。

【练习题】

一、单项选择题

1. 当公司采用宽松的短期资产持有政策时，采用（　　）短期筹资政策，可以在一定程度上平衡公司持有过多短期资产带来的低风险、低报酬。

A. 配合型　　B. 激进型　　C. 稳健型　　D. 任意一种

2. 一般来说，如果公司对营运资本的使用能够达到游刃有余的程度，则最有利的短期筹资政策是（　　）。

A. 配合型　　B. 激进型　　C. 稳健型　　D. 自发型

3. 下列关于商业信用的说法中，错误的是（　　）。

A. 商业信用产生于银行信用之后

B.利用商业信用筹资，主要有赊购商品和预收货款两种形式

C.企业利用商业信用筹资的限制条件较少

D.商业信用属于一种自然性筹资，不用作非常正式的安排

4.如果某企业的信用条件是“2/10，n/30”，则放弃该现金折扣的资本成本为（　　）。

A.36%　　B.18%　　C.35.29%　　D.36.73%

5.下列关于应付费用的说法中，错误的是（　　）。

A.应付费用是指企业在生产经营过程中发生的应付而未付的费用

B.应付费用的筹资额通常取决于企业的经营规模、涉足行业等

C.应付费用的资本成本通常为零

D.应付费用可以被企业自由利用

6.下列关于信用借款的说法中，正确的是（　　）。

A.信用借款是指信用额度贷款协议

B.信用借款一般都是由贷款人给予借款人一定的信用额度或双方签订循环贷款协议

C.信用额度的期限，一般半年签订一次

D.信用额度具有法律约束力，构成法律责任

7.抵押借款中的抵押物一般是指借款人或第三人的（　　）。

A.动产　　B.不动产　　C.权利　　D.财产

8.下列关于票据贴现的说法中，错误的是（　　）。

A.票据贴现是商业信用发展的产物

B.银行在贴现商业票据时，所付金额与票面金额的差额是银行收取的手续费

C.采用票据贴现方式，企业既可以给购买单位提供临时资金融通，又可以在自身需要资金时及时得到资金

D.贴现息与票面金额之比，等于贴现率

9.下列关于银行短期借款的说法中，错误的是（　　）。

A.银行资金充足，实力雄厚，能够随时为企业提供比较多的短期贷款

B.银行短期借款的限制条件比较多，会构成对企业的限制

C.银行短期借款的弹性较差，借款期限较短

D.银行短期借款的资本成本比较高

10.下列关于短期融资券的说法中，错误的是（　　）。

A.短期融资券筹资的数额比较大，适合需要巨额资金的企业

B.短期融资券筹资的成本比较低

C.发行短期融资券的条件比较严格

D.短期融资券筹资的弹性比较大，但一般不能提前偿还

二、多项选择题

1.风险与报酬都得到中和的短期筹资政策与短期资产持有政策的配合方式有（　　）。

A.紧缩的短期资产持有政策与稳健型短期筹资政策

B.宽松的短期资产持有政策与稳健型短期筹资政策

C.宽松的短期资产持有政策与激进型短期筹资政策

D.紧缩的短期资产持有政策与激进型短期筹资政策

2.下列各项中，属于商业信用筹资形式的有（　　）。

A.分期收款售货　　B.赊购商品

C.委托代销商品　　D.预收货款

3.下列关于商业信用的表述中，正确的有（　　）。

A.商业信用有赊购商品和预收货款两种形式

B.商业信用与商品买卖同时进行，属于自然性筹资

C.无论企业是否放弃现金折扣，商业信用的资本成本都较低

D.商业信用是企业之间的一种间接信用关系

4.关于短期借款的优缺点，下列说法中正确的有（　　）。

A.银行短期借款具有较好的弹性，可以根据需要增加或减少借款

B.短期借款的资本成本较高

C.向银行借款的限制较少

D.与商业信用筹资相比，短期借款的资本成本较低

5.下列各项中，属于担保借款的有（　　）。

A.保证借款　　B.信用额度借款

C.抵押借款　　D.循环协议借款

三、判断题

1.信用额度是指商业银行和企业之间商定的在未来一段时间内银行必须向企业提供的无担保贷款。（　　）

2.循环协议借款是一种特殊的信用额度借款，企业和银行要协商确定贷款的最高限额，在最高限额内，企业可以借款、还款，再借款、再还款，不停地周转使用。（　　）

3.质押借款是指按照《中华人民共和国担保法》规定的质押方式，以借款人或第三人的不动产或权利作为质押物而取得的借款。（　　）

4.商业信用是指商品交易中的延期付款或延期交货所形成的借贷关系，是企业之间的一种直接信用关系。（　　）

5.赊购商品和预付货款是商业信用筹资的两种典型形式。（　　）

6.商业信用筹资的优点是使用方便、成本低、限制少，缺点是时间短。（　　）

7.应付费用所筹集的资金不用支付任何代价，是一项免费的短期资金来源，因此可以无限制地加以利用。（　　）

8.由于放弃现金折扣的机会成本很高，因此购买单位应该尽量争取获得此项折扣。（　　）

9.利用商业信用筹资的限制较多，而利用银行信用筹资的限制较少。（　　）

10.短期融资券筹资的数额比较大，而银行一般不会向企业发放巨额的流动资金借款，因此，对于需要巨额资金的企业来说，短期融资券更加适用。（　　）

四、计算题

1.万泉公司最近从宝达公司购进原材料一批，合同规定的信用条件是“2/10，n/40”。万泉公司由于流动资金紧张，不准备取得现金折扣，选择在第40天按时付款。

要求：计算万泉公司放弃现金折扣的资本成本。

2.某公司发生采购成本1 000 000元，年度应付账款平均余额为400 000元。

要求：计算该公司的应付账款周转率。

3.某公司以贴现方式借入1年期贷款10万元，名义利率为12%。

要求：

（1）计算该贴现贷款的有效利率。

（2）如果该公司以分期付款的方式借入这笔贷款，分12个月等额偿还，计算其有效利率。

第六章

资本成本和资本结构

学习目标

知识目标： 通过本章的学习，了解资本成本的作用，理解资本成本、杠杆效应及资本结构的概念，掌握个别资本成本、综合资本成本、边际资本成本的计算方法，掌握杠杆效应的计量方法，掌握资本结构优化的方法。

技能目标： 通过本章的学习，能够运用资本成本的计算方法来确定各类筹资方案的资本成本，能够运用杠杆系数确定杠杆效应，能够运用确定最佳资本结构的方法为筹资方案做出决策。

第一节 资本成本

公司要达到股东财富最大化的目标，必须使所有的投入成本最小化，其中包括资本成本的最小化，所以正确估计和合理降低资本成本是做出筹资决策的基础。同时，公司为了增加股东财富，只能投资于投资报酬率高于其资本成本的项目。正确估计项目的资本成本是做出投资决策的基础，资本成本无论是在财务管理理论中，还是在会计实务中，都是一个非常重要的概念。

一、资本成本概述

（一）资本成本的概念

资本成本是公司筹集和使用资本的代价。在市场经济条件下，公司不能无偿地使用资本，必须向资本提供者支付一定数量的费用作为补偿。资本成本包括两部分：一是筹资费用，即公司在筹集资本的过程中所支付的各种费用，包括向银行支付的借款手续费，发行股票和债券而支付的发行费用、律师费、评估费、担保费、广告费等；二是用资费用，即公司在使用资本的过程中支付的费用，包括支付给债权人的利息和向股东分配的股利等。资本成本可以用绝对数和相对数来表示，由于各公司的规模不同，资本结构不同，绝对数的表示方法往往不便于不同公司之间进行比较，为了提高可比性，资本成本通常用相对数来表示。

（二）影响资本成本的因素

证券市场的定义

在市场经济环境中，很多因素都会对资本成本产生影响，其中主要有：资本市场供求关系、证券市场条件、公司内部经营风险和资本结构等。资本市场供求关系的变化主要体现在无风险利率上。当货币需求增加，供给没有相应增加时，无风险利率就会相应上涨，从而导致资本成本上升；反之，则会使资本成本下降。

证券市场条件的变化主要体现在流动性风险补偿上。流动性风险补偿主要受证券转让的难易程度以及价格波动程度的影响。如果证券的流动性很好，证券投资者要求的报酬率就会较低，从而降低发行公司的资本成本。如果证券价格波动幅度很大，则该证券风险提高，证券投资者就会要求更高的报酬予以补偿，这样，发行公司就会付出较高的资本成本。

公司内部经营风险也会影响资本成本。经营风险对资本成本的影响主要是因经营状况或经营环境的变化，影响资产收益率的变化，产生较高的经营风险，因而，投资者会要求较高的收益率，导致资本成本升高。

公司的资本结构是影响公司资本成本的重要因素。公司的资产负债率越高，意味着公司的财务风险越大，即公司按期支付利息和偿还本金的风险上升，债权人和股东会要求较高的收益率给予补偿，从而使资本成本上升。

（三）资本成本的应用

1. 资本成本可用来评价投资决策

投资决策的注意事项

建立公司的目的之一就是要盈利，盈利是公司生存、发展的必要前提。从公司追求盈利这一点来看，扩大收益、降低成本是公司实现盈利的基础。公司在进行投资项目决策时，只有当资本成本低于公司的投资报酬率时，该投资项目才是可行的；如果资本成本高于公司的投资报酬率，那么公司将无法支付筹资费用和用资费用，则该投资项目是不可行的。因此，资本成本是公司用于评价投资项目可行性的主要经济标准。

2. 资本成本可用于选择筹资方式和拟订筹资方案

在资本市场上，公司可以通过多种方式来筹集资本，比如吸收直接投资、发行股票、使用留存收益、向银行借款、发行债券等。不同的筹资方式，其资本成本不同；不同的资本结构，其资本成本也不一样。由于趋利性，公司会选择最低的资本成本、最优的资本结构来降低财务风险，追求公司价值的最大化。因此，资本成本就是选择合理筹资方式的标准和拟订筹资方案的重要依据。

3. 资本成本可用于评价公司经营成果

一般而言，评价公司经营绩效的重要标准之一就是公司的资产报酬率。资产报酬率越高，说明公司经营业绩越好，声誉越高。对于投资者来说，公司的资产报酬率高于资本成本，才能表明公司盈利，业绩好、声誉高，才能满足投资者投资的需要，投资者才会继续将资本投入公司。另外，公司生存的基本条件是到期能够清偿债务，其资产报酬率高于资本成本，才能保证基本的偿债能力，公司的生产经营活动才能正常进行，否则，公司必须重新调整。因此，资本成本在一定程度上是衡量公司经营业绩的一个重要依据。

二、资本成本的分类

资本成本按用途不同，可以分为个别资本成本、加权平均资本成本和边际资本成本。

（一）个别资本成本

个别资本成本是指使用各种长期资本的成本，包括长期借款资本成本、长期债券资本成本、优先股资本成本、留存收益资本成本和普通股资本成本等。

1. 长期借款资本成本

长期借款资本成本包括借款利息和筹资费用。借款利息计入税前成本费用，可以起到抵税的作用。因此，分期付息、到期一次还本的长期借款资本成本的计算公式为：

$$K_L = \frac{I_t \cdot (1 - T)}{L \cdot (1 - F_L)}$$

式中：K_L表示长期借款资本成本；I_t表示长期借款年利息；T表示公司所得税税率；L表示长期借款筹资额（借款本金）；F_L表示长期借款筹资费用率。其中的$\frac{I_t}{L \cdot (1 - F_L)}$为长期借款的年利率，可用$R_L$来表示，当长期借款的筹资费用（主要是借款的手续费）很少时，可以忽略不计，则公式可以简化为：

$$K_L=R_L\cdot(1-T)$$

【例6-1】A公司从银行取得长期借款400万元，年利率为10%，期限为5年，每年付息一次，到期一次还本，筹资费用率为0.1%，公司所得税税率为25%。则该长期借款的资本成本为：

$$\frac{10\% \times (1 - 25\%)}{1 - 0.1\%} = 7.51\%$$

如果不考虑手续费，则这笔借款的资本成本为：

$$10\% \times (1-25\%) = 7.5\%$$

如果借款一年内结息次数超过一次，借款实际利率会高于名义利率，从而导致资本成本上升，这时资本成本公式变为：

$$K_L = [(1 + \frac{R_L}{M})^M - 1] \cdot (1 - T)$$

上式中的M为一年内的结息次数，如果这笔借款每季度结息一次，到期一次还本，这时A公司该笔借款的资本成本为：

$$\left[\left(1 + \frac{10\%}{4}\right)^4 - 1\right] \times (1 - 25\%) = 7.79\%$$

2. 长期债券资本成本

长期债券资本成本主要是指债券利息和筹资费用。债券利息的处理与长期借款利息的处理相同，应以税后的利息作为计算依据。长期债券的筹资费用包括债券申请手续费、注册费、印刷费、推销费等，其数额一般比较高，在计算资本成本时一般不可以省略。分期付息、到期一次还本的长期债券，其资本成本的计算公式为：

$$K_B = \frac{I_B \cdot (1 - T)}{B \cdot (1 - F_B)}$$

式中：K_B表示长期债券资本成本；I_B表示长期债券年利息；T表示公司所得税税率；B表示长期债券筹资额；F_B表示长期债券筹资费用率。

【例6-2】某公司拟发行期限为4年、面值总额为1 000万元、票面利率为12%的债券，其发行价格总额为1 200万元，发行费用率为4%，公司所得税税率为25%。则该长期债券的资本成本为：

$$\frac{1\,000 \times 12\% \times (1 - 25\%)}{1\,200 \times (1 - 4\%)} = 7.81\%$$

3. 优先股资本成本

优先股股息按面值和固定股息率确定，优先股筹资总额按发行价格确定。优先股股息是以所得税税后净利润支付的，故不会减少公司应交所得税。优先股资本成本的计算公式为：

$$K_P = \frac{D_P}{P_P \cdot (1 - F_P)}$$

式中：K_P表示优先股资本成本；D_P表示优先股年股息；P_P表示优先股筹资额（按发行价格确定）；F_P表示优先股筹资费用率。

【例6-3】某公司拟发行优先股，面值总额为100万元，固定股息率为10%，筹资费用率预计为2%。该股票溢价发行，其筹资总额为130万元。则该优先股的资本成本为：

$$\frac{100 \times 10\%}{130 \times (1 - 2\%)} = 7.85\%$$

4. 留存收益资本成本

留存收益的种类

留存收益是公司缴纳所得税后形成的，其所有权属于股东。股东将这部分未分派的税后利润留存于公司，实际上是对公司追加投资。如果公司将留存收益用于再投资所获得的收益率低于股东自己进行另一项风险相似的投资的收益率，公司就不应该保留这部分收益，而应将其分派给股东。从表面上看，公司使用这部分资本似乎不需花费成本，其实不然。股东将这一部分资本留存于公司进行再投资，是期望得到与普通股等价的报酬。因此，留存收益也有成本，只不过是一种机会成本。留存收益资本成本的估算难于债务资本成本，这是因为很难对公司未来的发展前景和股东对未来风险所要求的风险溢价做出准确的测定。

5. 普通股资本成本

由于资本成本实质上是投资的必要报酬率，因此，普通股的资本成本就是普通股投资的必要报酬率。其测算方法一般有三种：股利折现模型、资本资产定价模型和债券投资报酬率加股票投资风险报酬率。

（1）股利折现模型。股利折现模型的基本表达式是：

$$P_C = \sum_{t=1}^{\infty} \frac{D_t}{(1 + K_C)^t}$$

式中：P_C表示普通股筹资净额，即发行价格扣除发行费用；D_t表示第t年的股利；K_C表示普通股投资的必要报酬率，即普通股资本成本。在运用股利折现模型计算普通股资本成本时，其结果会因不同的股利政策而有所不同，主要分为以下几种情况：

第一，如果公司实行固定股利政策，即每年分派现金股利D元，则资本成本可按下式计算：

$$K_C = \frac{D}{P_C}$$

例如，A公司拟发行一批普通股，每股的发行价格10元，每股的发行费用0.5元，预定每年分派现金股利每股1元。则其资本成本为：

$$\frac{1}{10-0.5}=10.53\%$$

第二，如果公司实行固定增长股利政策，股利固定增长率为G，则资本成本需按下式测算：

$$K_C=\frac{D_1}{P_C}+G$$

例如，A公司准备增发普通股，每股的发行价格10元，每股的发行费用0.5元，预定第一年分派现金股利每股1元，以后每年股利增长2%。则其资本成本为：

$$\frac{1}{10-0.5}+2\%=12.53\%$$

（2）资本资产定价模型。资本资产定价模型是指普通股投资的必要报酬率等于无风险报酬率加上风险报酬率。用公式表示如下：

$$K_C=R_f+\beta_i(R_m-R_f)$$

式中：K_C表示普通股投资的必要报酬率；R_f表示无风险报酬率；R_m表示市场报酬率；β_i表示第i种股票的β系数。

假设A公司股票的β系数为2，市场报酬率为8%，无风险报酬率为5%。则A公司股票的资本成本为：

5%+2×（8%-5%）=11%

（3）债券投资报酬率加股票投资风险报酬率。一般而言，从投资者的角度，股票投资的风险高于债券，因此，股票投资的必要报酬率可以在债券利率的基础上加上股票投资高于债券投资的风险报酬率。

假如A公司已发行债券的投资报酬率为6%，现准备发行一批股票，该股票投资高于债券投资的风险报酬率为3%。则该股票的必要报酬率即资本成本为9%（6%+3%）。

（二）加权平均资本成本

在市场经济环境下，公司由于受多种因素的制约，不可能只使用某种单一的筹资方式，往往需要通过多种方式筹集所需资本。每种方式的资本成本有高有低，每种方式所筹集资本在公司全部资本中的份额有大有小，为进行筹资决策，就需要计算确定公司全部长期资本的加权平均资本成本。加权平均资本成本是以各项个别资本在公司长期资本中所占比重为权数，对个别资本成本进行加权平均来确定的。加权平均资本成本的计算公式如下：

$$K_W=\sum_{i=1}^{n}W_iK_i$$

式中：K_W表示加权平均资本成本；W_i表示第i种资本在长期资本中所占的权重；K_i表示第i种资本的税后资本成本；n表示公司筹集长期资本的种类。

从上述公式可以看出，公司的加权平均资本成本受两个因素的影响：个别资本占长期资本的比重以及个别资本成本。而在实际计算中，个别资本占长期资本的比重起着决定性的作用。各种长期资本比重是指一个企业各种长期资本分别占企业总长期资本的比重，即狭义的资本结构。例如，A公司的全部长期资本总额为2 000万元，其中，长期借款400万元，占20%；长期债券600万元，占30%；股东权益1 000万元，占50%。当各种长期资本分别占企业总长期资本的比重不变时，个别资本成本越高，则加权平均资本成本越高；反之，个别资本成本越低，则加权平均资本成本越低。同样地，当个别资本成本不变时，资本成本较高的资本比重上升，则加权平均资本成本提高；反之，资本成本较低的资本比重上升，则加权平均资本成本降低。

在计算时，有三种可供选择的权重：账面价值、市场价值和目标资本结构。以账面价值为基础确定权重就是根据各类长期资本的会计账面金额来确定各类长期资本占长期资本总额的比重。这种方法的优点是相关数据可以直接从会计账面上得到；缺点是资本的账面价值可能并不符合资本的市场价值，从而使计算的结果与现实脱节。以市场价值作为权重是指以各类长期资本当前市场价值占全部长期资本市场价值的比重来计算各类资本的权重。这种权重的确定方式是一种较为合适的方法，但是也存在一些缺陷，如市场价值经常会发生波动，这时可以采用一定时期资本的平均价格来解决。目标资本结构是指公司根据自身特点和发展预期，确定适合公司一定时期内努力保持的资本结构。以目标资本结构为权重，反映了公司未来的筹资要求，但是由于目标资本结构较难确定，使得该方法本身使用起来有一定的困难。

【例6-4】某公司共有长期资本1 000万元，其中长期债券200万元、优先股100万元、普通股600万元、留存收益100万元，对应的资本成本分别为8%、11%、14%、12%。则该公司加权平均资本成本为：

$$20\%\times8\%+10\%\times11\%+60\%\times14\%+10\%\times12\%=12.3\%$$

（三）边际资本成本

任何一个公司都不可能以一个既定的资本成本筹集到无限多的资本。随着公司规模的扩大、筹资条件的变化等，公司会筹集新的资本。边际资本成本是指企业追加筹资的资本成本，即企业新增1元资本所需负担的成本。在现实中，可能会出现这样一种情况：当企业以某种筹资方式筹资超过一定限度时，边际资本成本会提高。此时，即使企业保持原有的资本结构，仍有可能导致加权平均资本成本上升。因此，边际资本成本亦称随筹资额增加而提高的加权平均资本成本。

边际资本成本的计算类似于加权平均资本成本，具体步骤如下：

（1）计算确定目标资本结构。

（2）计算确定各个不同筹资范围的个别资本成本。

（3）计算确定筹资总额分界点。筹资总额分界点是指在保持目标资本结构的条件下，各种筹资方案资本成本变化的分界点。其计算公式为：

$$筹资总额分界点=\frac{某种资本的成本率发生变化的筹资额分界点}{目标资本结构中该种资本的比例}$$

（4）计算各个筹资区间的边际资本成本。

【例6-5】A公司目标资本结构为债权资本占40%，股权资本占60%。在不同的筹资规模条件下，其他资料见表6-1。

表6-1 两种筹资方式下的资本成本

筹资方式	目标资本结构	筹资金额	资本成本
债权筹资	40%	小于等于1万元 1万元~2万元（含） 2万元~3万元（含） 大于3万元	5% 6% 7% 8%
股权筹资	60%	小于等于1.5万元 1.5万元~6万元（含） 6万元~9万元（含） 大于9万元	9% 10% 11% 12%

根据公式计算筹资总额分界点，计算结果见表6-2。

表6-2　**筹资总额分界点**

筹资方式	目标资本结构	筹资总额分界点
债权筹资	40%	1÷0.4=2.5（万元） 2÷0.4=5（万元） 3÷0.4=7.5（万元）
股权筹资	60%	1.5÷0.6=2.5（万元） 6÷0.6=10（万元） 9÷0.6=15（万元）

根据计算结果，筹资总额分界点分别为2.5万元、5万元、7.5万元、10万元、15万元。对不同筹资方式在不同筹资总额范围内的资本成本分别计算加权平均资本成本，就可以得出各种筹资方式的边际资本成本，具体见表6-3。

表6-3　**边际资本成本**

筹资总额范围	筹资方式	资本成本	边际资本成本
小于等于2.5万元	债权筹资 股权筹资	5% 9%	0.4×0.05+0.6×0.09=0.074
2.5万元～5万元（含）	债权筹资 股权筹资	6% 10%	0.4×0.06+0.6×0.1=0.084
5万元～7.5万元（含）	债权筹资 股权筹资	7% 10%	0.4×0.07+0.6×0.1=0.088
7.5万元～10万元（含）	债权筹资 股权筹资	8% 10%	0.4×0.08+0.6×0.1=0.092
10万元～15万元（含）	债权筹资 股权筹资	8% 11%	0.4×0.08+0.6×0.11=0.098
大于15万元	债权筹资 股权筹资	8% 12%	0.4×0.08+0.6×0.12=0.104

边际资本成本反映了在不同资本来源和资本结构下，综合资本成本的动态变化，其是进行筹资决策的重要参数。因此，公司在追加筹资的决策中，必须先计算资本成本随追加筹资总额及资本结构的变化情况。在追加投资之前，可以利用边际资本成本分界点之前的充裕量，尽量将边际资本成本降至最低点。

第二节　杠杆原理

财务管理中的杠杆效应，主要表现为：由于特定费用（如固定成本或固定财务费用）的存在而导致的，当某一财务变量以较小幅度变动时，另一相关财务变量会以较大幅度变动。合理运用杠杆原理，有助于企业合理规避风险，提高资金营运效率。财务管理中的杠杆效应有三种形式，即经营杠杆、财务杠杆、复合杠杆。

一、经营杠杆

经营杠杆亦称营业杠杆或营运杠杆，是指由于企业经营成本中固定成本的存在而导致息税前利润变动率大于营业收入变动率的现象（这里的经营成本包括营业成本、税金及附加、销售费用、管理费用等）。企业经营成本按其与营业收入总额的依存关系，可分为变动成本和固定成本两部分。其中，变动成本是指随着营业收入总额的变动而变动的成本；固定成本是指在一定的营业收入规模内，不随营业收入总额的变动而变动，保持相对固定不变的成本。企业可以通过扩大营业收入总额而降低单位营业收入的固定成本，从而增加企业的营业利润，如此形成企业的经营杠杆。企业利用经营杠杆，有时可以获得一定的经营杠杆利益，有时也承受着相应的经营风险（即遭受损失）。公司只要存在固定成本，就存在经营杠杆作用，可以放大公司的息税前利润，也可以放大公司的亏损，可见，经营杠杆是一把“双刃剑”。

经营杠杆的大小用经营杠杆系数（DOL）来衡量。经营杠杆系数是指息税前利润变动率相对于销售量变动率的倍数。经营杠杆系数用公式表示为：

$$DOL = \frac{\Delta EBIT/EBIT}{\Delta Q/Q}$$

式中：EBIT表示基期息税前利润；ΔEBIT表示息税前利润变动额；Q表示基期销售量；ΔQ表示销售量的变动。如果假定公司的成本、业务量和利润保持线性关系，变动成本在销售收入中所占的比例不变，固定成本也保持稳定，则息税前利润EBIT可以用Q·（P−Vc）−FC来表示。P表示销售单价，Vc表示单位变动成本，VC表示变动成本总额，FC表示固定成本总额，则息税前利润变动额ΔEBIT=ΔQ·（P−Vc），假设产量等于销量，那么：

$$DOL = \frac{Q \cdot (P - Vc)}{Q \cdot (P - Vc) - FC} = \frac{TS - VC}{TS - VC - FC} = 1 + \frac{FC}{EBIT}$$

式中：TS表示销售额。

【例6-6】A公司连续两年的财务数据见表6-4。

表6-4　　**A公司连续两年财务数据**　　金额单位：万元

项目	2×21年	2×22年
单价	20	20
单位变动成本	15	15
销售量（件）	1 000	1 200
固定成本	3 000	3 000
息税前利润	2 000	3 000

A公司2×22年经营杠杆系数为：

$$\frac{(3\,000 - 2\,000)/2\,000}{(1\,200 - 1\,000)/1\,000} = 2.5$$

二、财务杠杆

财务杠杆是指由于企业债务资本中固定费用的存在而导致普通股每股收益变动率大于息税前利润变动率的现象。企业的全部长期资本是由股权资本和债务资本构成的。股权资本成本是变动的，在企业所得税税后利润中支付；而债务资本成本通常是固定的，并在企业所得税税前扣除。不管企业的息税前利润是多少，首先都要扣除利息等债务资本成本，然后才归属于股权资本。因此，企业利用财务杠杆会对股权资本的收益产生一定的影响，有时可能给股权资本的所有者带来额外的收益，有时也可能造成一定的损失。

财务杠杆利益是指企业利用债务筹资这个财务杠杆而给股权资本带来的额外收益。在企业资本规模和资本结构一定的条件下，企业从息税前利润中支付的债务利息是相对固定的，当息税前利润增多时，每1元息税前利润所负担的债务利息会相应地降低，扣除企业所得税后可分配给企业股权资本所有者的利润就会增加，从而给企业所有者带来额外的收益。财务杠杆风险是指企业经营活动中与筹资有关的风险，尤其是指在筹资活动中利用财务杠杆可能导致企业股权资本所有者收益下降的风险，甚至可能导致企业破产的风险。由于财务杠杆的作用，当息税前利润下降时，税后利润下降得更快，从而给企业股权资本所有者带来财务风险。

财务杠杆系数能够反映财务杠杆的作用程度，指企业税后利润的变动率相当于息税前利润变动率的倍数。对股份有限公司而言，财务杠杆系数则可表述为普通股每股收益变动率相当于息税前利润变动率的倍数。其计算公式为：

$$DFL = \frac{\Delta EPS/EPS}{\Delta EBIT/EBIT}$$

式中：DFL表示财务杠杆系数；EPS表示普通股每股收益；其他符号同前。假设公司没有优先股，则有下列推算过程：

$$EPS = \frac{(EBIT - I) \cdot (1 - T)}{N}$$

那么：$\Delta EPS = \dfrac{\Delta EBIT \cdot (1 - T)}{N}$

所以：$DFL = \dfrac{EBIT}{EBIT - I}$

式中：I表示债务利息；T表示企业所得税税率；N表示发行在外的普通股股数。

【例6-7】假设A公司发行在外的普通股为10 000股，债务利息为500万元，连续两年的财务数据见表6 5。

表6-5　**A公司相关财务数据**　单位：万元

项目	2×21年	2×22年
息税前利润	2 000	3 000
债务利息	500	500
税前利润	1 500	2 500
所得税	375	625
净利润	1 125	1 875
每股收益	0.1125	0.1875

A公司财务杠杆系数为：

$$\frac{(0.1875 - 0.1125)/0.1125}{(3\,000 - 2\,000)/2\,000} = 1.3333$$

三、复合杠杆

由于存在固定的生产经营成本，会产生经营杠杆效应，使得销售量的变动引起息税前利润以更大幅度变动。由于存在固定的财务成本，即债务利息和优先股股利，会产生财务杠杆效应，使得息税前利润的变动引起普通股每股收益以更大幅度变动。如果两种杠杆共同起作用，那么销售量的变动会使普通股每股收益以更大幅度变动。复合杠杆效应就是指由于固定的生产经营成本和固定的财务成本的共同存在而导致的普通股每股收益变动率大于销售量变动率的杠杆效应。复合杠杆效应就是经营杠杆和财务杠杆的综合效应。

只要企业同时存在固定的生产经营成本和固定的财务成本，就会存在复合杠杆效应。对复合杠杆效应计量的主要指标是复合杠杆系数，也称综合杠杆系数，是指普通股每股收益变动率相对于销售量变动率的倍数。其定义公式为：

$$
\begin{aligned}
DCL &= \frac{\Delta EPS/EPS}{\Delta Q/Q} \\
&= \frac{\Delta EBIT/EBIT}{\Delta Q/Q} \cdot \frac{\Delta EPS/EPS}{\Delta EBIT/EBIT} \\
&= DOL \cdot DFL
\end{aligned}
$$

可见，复合杠杆系数可以由经营杠杆系数与财务杠杆系数相乘得到，也可以由基期数据直接计算得到。

【例6-8】根据A公司经营杠杆系数及财务杠杆系数，计算该公司的复合杠杆系数。

A公司经营杠杆系数为2.5，财务杠杆系数为1.3333，所以：

复合杠杆系数=2.5×1.3333=3.3333

第三节 资本结构

资本结构是指公司各种资本的构成及其比例关系。在财务管理实践中，资本结构有广义和狭义之分。广义的资本结构是指公司全部资本的构成及其比例关系，其中包括长期资本和短期资本。而狭义的资本结构是指各种长期资本的构成及其比例关系，包括长期负债与股东权益。一般情况下，公司财务管理中的资本结构多指狭义的资本结构，即研究长期负债与股东权益之间的比例关系。资本结构决策是企业财务决策的核心内容之一。企业资本结构决策就是结合企业有关情况，分析有关因素的影响，运用一定方法确定最佳资本结构。从理论上讲，最佳资本结构是指企业在适度财务风险的条件下，使其预期的综合资本成本最低的资本结构。

一、资本结构基本理论

西方财务界对资本结构理论的研究始于20世纪50年代初期，从莫迪利安尼和米勒1958年提出的著名的MM理论开始，在接下来半个多世纪的时间里，对企业资本结构的研究已经逐渐成为财务管理理论界的重要研究领域之一。经过了长时间的争论和演变，资本结构理论得到了不断的丰富和发展，形成了众多的理论派系，并在西方各国的企业融资行为中起到了理论指导作用。随着我国改革开放的进一步深化以及现代企业制度的建立，西方资本结构理论无疑对我们的研究具有重要的借鉴作用，因此，对企业资本结构相关理论与实证的研究对我国企业界同样有着非常重要的现实意义。

资本结构理论的演进历程，大致上可以划分为三个阶段：早期资本结构理论阶段、现代资本结构理论阶段和新资本结构理论阶段。本章将对上述三个理论体系中的代表理论进行介绍和述评。

（一）早期资本结构理论阶段

西方资本结构的研究起始于20世纪50年代。1952年，大卫·杜兰特（D.Durand）在《公司债务和权益成本计量方案的发展和问题》一文中系统总结了关于公司资本结构的三种理论：一是净收益理论；二是净经营收益理论；三是传统理论。

1. 净收益理论

净收益理论（Net Income Theory）认为，由于债务融资成本低于股权成本，为降低企业加权平均资本成本，企业可以通过更多地举债来融资，负债程度越高，企业价值就越大。另外，净收益理论还认为，无论负债水平多高，企业的权益资本成本和债务资本成本都不会因此而变化，即权益资本成本和债务资本成本均不受企业负债水平的影响。因此，净收益理论认为，当企业的资金全部通过负债来获得时，即资产负债率等于1时，企业的加权平均资本成本最低，为负债资本成本，企业的净收益也最多，从而企业价值也最大。显然，这一理论忽略了财务风险的变化对资本结构产生的影响。通常，随着资产负债率的上升，融资风险和资本成本也将增加，企业面临财务困境的可能性增加，企业破产成本或财务困境成本将随之增加。

2. 净经营收益理论

净经营收益理论（Net Operating Income Theory）认为，不论企业财务杠杆如何变化，企业加权平均资本成本都是固定不变的，公司价值也不会因财务杠杆的变化而变化。该理论认为，当企业利用负债融资时，虽然债务资本成本不会因此而发生变化，但是随着财务杠杆作用的扩大，企业权益资本的风险将会增加，从而使得权益资本成本上升，因此企业加权平均资本成本不会因为提高负债融资比率而降低，而是保持不变。由此推论，资本结构与公司价值无关，不存在最佳资本结构，企业进行资本结构决策的行为都是无效的。

3. 传统理论

传统理论（Traditional Theory），也称传统折中理论。该理论认为，企业在资产负债率比较低的时候，权益成本和负债风险都不会随着负债的增加而显著增加，或者利用较低的债务成本率所获得的好处在一定程度内会完全抵销权益成本的上升，从而降低企业的加权平均资本成本，使得企业总价值提高。但是，当资产负债率达到某一点时，权益成本迅速上升，而权益成本的快速上升不能被相应债务的低成本所抵销，致使企业加权平均资本成本不降反升，企业总价值相应下降。之后，债务成本会随之上升，与权益资本成本共同拉动总资本成本上升。因此，该理论认为，每个企业均有最佳融资结构，当资产负债率介于0到1的某一点时，企业可以获得价值的最大化。传统理论是介于净经营收益理论和净收益理论的一种较为中立的观点，较为详尽地阐述了资本成本与财务杠杆以及资本成本与企业价值之间的关系，具有一定的实用价值。

（二）现代资本结构理论阶段

现代资本结构理论的基石——MM理论，是由诺贝尔经济学奖获得者、美国经济学家莫迪利安尼和米勒于20世纪中期经过严格的数学推导和大量的实证研究提出的。MM理论认为，在资本市场充分运行、无税收、无交易成本等假设条件下，资本结构不影响公司价值。由于MM理论的假设条件过于严格，其对现实的指导意义不大，其后的学者们以MM理论为起点，通过逐步放松MM理论的各项假设，发展出了现代资本结构理论。

1. MM理论

莫迪利安尼和米勒于1958年在《资本成本、公司财务与投资理论》一文中提出了MM理论，在1961年又对MM理论进行了修正，发表了《股利政策、增长及股票股价》一文。随后在1963年，他们在充分考虑所得税对于资本成本影响的前提下，对MM理论进行了进一步修正，提出了修正的MM理论，发表了《企业所得税和资本成本：一个修正》一文。至此，MM理论得到了完善和发展，在实际应用中起到了很大的理论指导作用。

MM理论的提出是建立在一系列严格的假设条件下的。完全市场条件是莫迪利安尼和米勒首次提出MM理论时的一个最基本假设。MM理论假定，个人和企业在金融市场中可以无交易成本，并可在无差异的信息条件下进行自由交易以及企业无破产费用；另外，还假定负债利率为无风险利率，即公司和个人无论举债多少都没有负债风险。在一系列关于完全资本市场的严格限制条件下，莫迪利安尼和米勒才提出了无税收的MM模型和有税收的MM模型。

无税收的MM理论认为，企业的总价值在假设不考虑税收以及一系列严格假设的情况下，不受资本结构的影响。在一定的资本结构中，由于负债带来的利益将被权益资本成本的增加所抵销，增加企业的负债并不会增加企业的价值，因此资本结构的变化不能导致企业的资本成本和价值的变化，即认为存在负债和不存在负债，公司的总价值相同，公司价值与其资本结构无关。该模型有两个基本命题：

命题一：不管企业有无负债，企业的价值在数值上等于预期息税前利润（EBIT）除以适用于其风险等级的报酬率，即不管企业资产负债率如何，在风险等级相同的条件下，相同息税前利润的企业有同样的市场价值。用公式表示如下：

$$V_l = V_u = \frac{EBIT}{K_a} = \frac{EBIT}{K_{eu}}$$

式中：V_l表示有负债企业的价值；V_u表示无负债企业的价值；K_a表示有负债情况下的加权平均资本成本；K_{eu}表示无负债情况下的权益资本成本；EBIT表示企业预期息税前收益。

这一命题表明：第一，对于具有不同风险等级的企业来说，其K_a和K_{eu}的数值不同；第二，对于具有相同风险等级的有负债企业来说，其加权平均资本成本K_a等于无负债企业的权益资本成本K_{eu}；第三，企业的价值与资本结构无关，即有杠杆企业和无杠杆企业的市场价值是一样的。

命题二：负债经营企业的权益资本成本是由无负债企业的权益资本成本与该企业的风险报酬率的和决定的，不同负债比率的企业的风险报酬率是不同的，其具体数值是由负债经营企业的财务杠杆乘以无负债企业的权益资本成本减去债务资本成本后的数值决定的。其具体公式可以表示为：

$$K_{el} = K_{eu} + \frac{(K_{eu} - K_d) \cdot D}{V}$$

式中：K_{el}表示企业有负债情况下的股本成本；K_{eu}表示企业无负债情况下的股本成本；K_d表示相关债务资本成本；D/V表示企业负债情况下的财务杠杆。

这一命题意味着，股东的风险水平与财务杠杆成正比，即企业在有负债情况下的权益资本成本会随着资产负债率的增加而上升。

后来的许多学者发现，MM理论存在许多与现实背离的地方。现实经济运行过程以及相关实证研究结论都证明了各个行业都分别使用着大体一致的资本结构，如马什（Marsh，1982）认为，处于同一行业的企业有着相似的资本结构，不同行业的企业，其资本结构存在显著差异。由于处于同一行业的企业的资本结构具有相对一致性，公司管理者往往会选择与所处行业相适应的资本结构。为了完善MM理论，莫迪利安尼和米勒将税收纳入考虑范围，于1963年发表了《企业所得税和资本成本：一个修正》一文对无税收的MM理论进行了修正，建立了有税收的MM模型，也得出了两个命题：

命题一：负债企业的价值等于相同风险等级的无负债企业的价值与负债的税盾效应价值的和。负债的税盾效应价值等于企业所得税税率乘以负债总额。用公式表示为：

$$V_l = V_u + T \cdot D$$

式中：V_l表示有负债企业的价值；V_u表示无负债企业的价值；T表示企业所得税税率；D表示负债总额。

这一命题意味着，在加入了企业所得税后，由于存在负债的税盾效应（税法规定，作为费用的利息支出可以税前支付，相反地，股息必须在税后支付），负债越多，企业价值越大。当企业资产负债率为1时，即当企业的资本完全由负债提供时，企业的价值最大。

命题二：负债企业的股本成本等于相同风险等级的无负债企业的股本成本与相应的风险报酬的和，但此时的风险报酬要加入企业所得税的影响。用公式表示为：

$$K_{el} = K_{eu} + \frac{(K_{eu} - K_d) \cdot (1 - T) \cdot D}{V}$$

由于负债的税盾效应的存在，产生了与命题一相似的结果。与不考虑税收的MM理论相比，在考虑企业所得税后，由于（1-T）总是大于0且小于1，尽管股东的风险仍然与财务杠杆成正比，即有负债企业的权益资本成本会随着资产负债率的增加而上升，但其上升幅度小于不考虑企业所得税时的上升幅度。

MM理论是以一系列严格的假设条件为前提得出的结论。MM理论认为，无税条件下企业资本结构不影响企业价值和资本成本；有税条件下负债的税盾效应会增加企业价值，企业价值与负债呈正比例关系。照此推论，当企业资金全部来源于负债时，企业的价值将达到最大，然而在现实中企业不可能达到过度负债。于是，此后的部分学者以MM理论为起点，又陆续提出了许多重要的相关理论。

2. 米勒模型

米勒于1977年又发表了《债务与税收》一文，在文中他建立了一个既包括公司所得税又包括个人所得税的模型，与MM理论不同的是，他进一步将个人所得税引入模型。除了引入个人所得税的因素外，米勒模型中的其他假设条件与MM模型基本相同。米勒认为，如果其他条件相同且债券收益的个人所得税税率高于普通股收益的个人所得税税率，那么除非债务融资的税前收益足以补偿普通股收益所得税和债券收益所得税之间的差额，否则企业无法通过债券融资。因此，如果一个公司通过负债融资，虽然公司可以因为利息支出的增加而减少公司所得税的支出，但债券收益人的个人所得税增加的部分抵销了负债融资所带来的税收减免效应。

米勒经过一系列理论上的推导，得出了如下结论：由于个人所得税的存在，会在一定程度上减少债务利息的税盾效应，但是在现实经济运行过程中，负债的税盾效应不会因个人所得税的增加而完全消失。因此，米勒仍然坚持认为企业负债越高，其市场价值越大，当资产负债率达到1时，企业的市场价值达到最大。由于在现实中没有企业能够百分之百地负债经营，所以，米勒模型在实际应用中的价值仍然有限。

3. 平衡理论

20世纪70年代，Robichek和Myers提出了著名的平衡理论。平衡理论指的就是在考虑负债的减税利益的同时加入了负债可能给企业带来的预期成本和损失，并适当权衡利益与成本来确定最佳资本结构。而MM理论及米勒模型只是单方面地考虑了负债的税盾效应，而忽视了由此带来的成本。这些成本可以分为代理成本和破产成本。代理成本包括股权代理成本和债权代理成本。股权代理成本是指由于企业的所有权与经营权相分离，管理者不拥有企业的所有权，他可能会花费大价钱购买高档轿车或装修豪华办公室，而不会专注于企业的经营管理，此时导致的企业价值差异即为股权代理成本；债权代理成本是指债权人为减少其收回本息的风险、保护自身的利益，在贷款时通过加入一系列保护性条款来保护自己，由此导致的债务成本的上升所产生的成本。企业代理总成本由债权代理成本和股权代理成本的和决定，由于企业的资金由所有者权益和负债两部分组成，当边际股权代理成本与边际债权代理成本相等时，代理总成本达到最小。破产成本是指如果企业不能按时支付债务的本金和利息，就会发生财务危机，资不抵债，最终导致破产而发生的各种费用和成本。起初企业会因债务危机导致品牌形象受损等一系列相关损失，当破产发生时，破产成本可以分为直接成本和间接成本。直接成本包括资产评估、清理费用和诉讼费用等法律程序费用和管理费用；间接成本包括为偿债低价出售资产以及与客户和供应商的经营行为的中断导致的损失。

平衡理论认为，负债是一把“双刃剑”，当负债处于较低水平时，随着负债水平的上升，企业价值因存在税盾效应而增加；当负债上升到一定程度时，破产成本和代理成本的上升完全抵销了负债的税盾效应所带来的收益，此时便达到了最佳资本结构，企业的价值最大；若继续增加负债，破产成本和代理成本的上升超过了负债的税盾效应所带来的收益，就会导致企业价值下降。

（三）新资本结构理论阶段

随着资本结构理论的进一步发展，学者们通过与其他相关学科结合，从多个视角展开了对资本结构的研究，极大地丰富了资本结构理论。新资本结构理论包括：优序融资理论、代理理论、信号理论、控制权理论等。

1. 优序融资理论

优序融资理论（Pecking Order Theory）也称啄食顺序理论，是由Myers和Majluf在1984年合作发表的《企业知道投资者所不知道信息时的融资和投资决策》一文中提出的。所有权与控制权的分离导致了信息不对称现象的发生，作为内部人的经理人员比作为外部人的市场或投资者更了解企业真实的经营和收益情况。外部人只能根据企业资本结构、融资决策或股利政策等企业管理层的一些决策来决定自己的投资方向。优序融资理论认为使企业价值最大化的融资途径为：首先利用企业内部资金融资，其次是债券融资，最后是股权融资。

由于信息不对称，当企业管理层认为某个项目有利可图而做出投资决策时，此时投资者对这个项目缺乏足够的了解。如果企业通过股票市场筹集资金，投资者往往会以为该公司资金周转出现问题，该公司股票价格将会下跌。另外，管理层只有在股票价格被市场高估时才愿意发行股票，原因是当该公司的股票被市场低估的时候，过低的购买价格会使通过购买新股成为公司股东的新投资者获取的收益大于原股东的收益，从而使原股东的收益相对下降，该项目自然会被原股东否决。在股价被高估时，投资者也不会愿意购买新股，因此企业除非在不得已的情况下不会首先选择股权融资。而企业利用未分配利润等进行内部融资，不仅可以避免外部融资所造成的企业价值下跌，还可以顾全原股东的利益，因此内部融资是企业最佳的选择。当需要的资金超出内部融资的范围时，企业才需要利用外部资金进行融资。

当利用外部融资时，公司首先选择的是债务融资而不是股权融资。如果该项目最终实现盈利，债权人只能得到事先约定的固定利息，原股东则有可能得到更多的收益。如果能够及时还款，作为抵押的企业资产也不会受到影响。因此，优序融资理论认为，资本结构是由公司为新项目融资时所选择的融资顺序决定的，公司的融资顺序为首先使用内部资金，内部资金不足时，首先是债务融资或可转换债券融资，最后才是股权融资。

2. 代理理论

Jensen和Meckling于1976年提出了关于资本结构的代理成本模型。代理理论认为，在现代企业管理中，由于所有权和经营权的分离，导致了代理成本的产生，从而产生了经理和股东之间，以及债权人和股东之间的利益冲突。代理理论有助于解决信息不对称产生的代理问题，通过选择最优的资本结构来约束和激励企业的经营者，使经营者、股东及债权人的利益紧密地联系在一起。

股东和经理之间的冲突是由于企业经营者不拥有公司的股权或者只持有一小部分股权，当经营者努力工作时，他付出了全部成本，但却只能获得固定的收益或者其中的一小部分收益，即成本收益不对等，而股东却能凭借其手中的股权获得大部分的收益。而当经营者选择在职消费时，他能获得在职消费所带来的全部好处，但只承担企业业绩下滑带来的部分成本。此时，企业经营者则更可能会选择偷懒和在职消费而不是努力工作。企业经营者的选择最终会体现在企业价值的变化上，企业经营者的行为造成的企业价值的差额称为“代理成本”。如果企业经营者的绝对投资额不变，企业增加负债融资将提高企业经营者的持股比例，从而减少股权的代理成本。同时，由于偿债压力将会减少企业的可支配现金流，从而降低企业经营者利用职权进行在职消费的可能，有助于进一步降低股权的代理成本。

债权人和股东之间的冲突是由于债务筹资比例的上升，股东将倾向于选择风险更大的项目，而项目风险的增加将会加大债权人回收资金的难度。在高风险项目采用负债融资的情况下，如果该项目产生较高的收益，债权人只能获得固定的收益，而股东会获得剩余的大部分收益。一旦投资项目失败，大部分后果将由债权人承担。显然，股东的这一行为是不利于债权人的。假设债权人是理性的，他将正确预期到股东的这一行为，当股东利用负债进行融资时，债权人将采取一系列保护措施，如提高贷款门槛、约定投资领域等，这将间接导致股东借款成本的上升，这种成本将由股东来承担。借款成本的上升就是所谓的债务筹资的代理成本。

股权代理成本和债务代理成本是此消彼长的关系，且企业的总代理成本是由企业股权的代理成本和债权的代理成本之和决定的。最优的资本结构点即是最小总代理成本点，在最优点上，边际股权代理成本等于边际债权代理成本。

Grossman 和 Hart 于 1986 年提出了债务融资担保模型。该模型认为，债务实际上是一种担保机制，因为负债会增加企业破产的可能性，从而使企业经营者丧失所有任职好处，这种机制能够促使经理努力工作，谨慎决策，减少在职消费，从而降低代理成本。因此，站在经理人的角度，最佳资本结构的实现是权衡取得较高的私人收益同破产导致失去所有任职好处的风险两者之间的结果。

3. 信号理论

美国经济学家迈克尔·斯宾塞（Michael Spence）最早提出了信号理论（Signaling Theory），他对信号传递模型的研究起源于其在哈佛大学攻读博士学位的期间，研究结论集中体现在其博士论文《劳动市场信号》（"Job Market Signaling"）中。该理论源自对买卖双方信息不对称情境下市场互动的研究，是信息经济学的重要组成部分，如今也广泛应用于管理学领域。Spence（1973）关于劳动力市场的开创性研究发现，一个求职者为了表现自己以降低信息不对称时会影响有潜力雇主的选择能力的发挥。在这一信号理论构念中，他使用劳动力市场去模仿教育中的信号功能，即雇主在招聘员工时，潜在的雇主缺乏关于劳动力质量的信息，因此，求职者通过受教育程度去传达他们的质量以降低信息不对称。这一理论经由 Wilson（1977）、Mailath（1993）、Young（1993）、Noldeke and Samuelson（1997）、Feldman（2004）等学者的不断开拓和发展，正日益受到更多关注。Stiglitiz（2000）对信息不对称给出了两种广义的类型：信息的质量和信息的目的。信息的质量是指一方是否能够完全明白另一方的特性；信息的目的是指一方关心另一方行为的目标。信息影响着个人在各个方面的决策过程，个人做决策一般是基于可自由获取的公共信息和对部分公众可用的私人信息。Stiglitiz（2002）解释信息不对称发生于"不同的人了解不同的事"时，因为一些信息是私人的，所以，信息不对称发生在持有这些信息的人和如果持有这些信息会做出更好决策的这些人之间。

该理论认为，由于公司内外部人中存在信息不对称现象，外部投资者认为企业资本结构是传递企业价值的真实信号，而企业管理者也将通过选择最优的资本结构，向外部投资者传递有关企业经营情况的信号。

例如，一些学者通过研究发现，在其他条件相同的情况下，企业融资决策可以作为传递企业经营情况的一种信号。由于企业内部人和外部人之间在企业经营状况及未来收益方面存在信息不对称，企业经营者的收益与市场对企业股票价值的评价正相关，即如果企业的股票被高估，经营者可从中获益；企业经营者的收益与企业破产成本负相关，即如果企业破产，经营者不但得不到任何报酬，反而会受到惩罚。该理论认为，经营情况较好的企业的破产概率较低，企业的边际破产成本较低，企业的经营者将会选择通过负债进行融资；相反，对于经营情况较差的企业来说，企业的边际破产成本较高，企业的经营者则会选择股权来缓解当前的危机。因此，外部投资者将企业资本结构决策作为传递企业价值的真实信号。另外，通过内部人持股比例也可以传递出企业运行情况的信号。假设经营者是风险厌恶者，当企业增加负债融资时，资产负债率的提高将引起经营者持股比例的相对上升，由于经营者倾向于回避风险，持股比例的提高将违背经营者的意愿。但是，对于经营情况较好的企业的经营者来说，持股比例的上升带来的成本要小于经营情况不好的企业。因此，提高资产负债率将被认为是向市场传递该企业经营状况良好的信号。

4. 控制权理论

20世纪80年代后期，Harris和Raviv（1988），Stuls（1988），Israel（1991）以及Aghion和Bolton（1992）将公司控制权引入到资本结构的研究中，这些研究成果组成了控制权理论体系。该理论认为，企业在正常的经营条件下，股东对企业拥有决策权；当企业面临破产时，债权人对企业拥有决策权。股权和债权组成了公司控制权的基础，两者的结构就决定了控制权的结构，控制权理论的研究重点也集中在企业控制权分配上。

Harris和Raviv（1988）认为，在任企业管理者通过改变他的持股比例来操纵接管成功的概率，从而间接决定资本结构。由于管理者的经营能力不同，企业价值将取决于现任管理者与其竞争对手竞争的结果。现任企业管理者持股比例的多少决定了以下三种可能结果发生概率的大小：第一，竞争对手成功接管的概率；第二，现任企业管理者继续保持对企业的控制权；第三，控制权由其他投资者投票决定。在任企业管理者提高其持股比例，则其继续保持企业控制权的概率增大，其收益也随之增大；但是，如果在任经理人员持股比例过大，更有能力的竞争者接管成功的概率变小，企业价值不升反降，最终导致其所持股份贬值。因此，现任企业管理者可以通过改变企业的资产负债率来调整其持股比例，最优持股比例是由其现有的持股比例所带来的收益与继续增持所带来的损失相权衡的结果。于是，现任企业管理者的持股比例间接决定了企业的资本结构。

Aghion和Bolton于1992年建立了一个多期的博弈模型。该理论认为，由于债权人只关心货币收益，而企业管理者要兼顾货币收益与非货币收益，因此利益目标的不同导致了企业管理者与债权人之间的冲突，最优资本结构应能够保证社会总收益最大化。资本结构的选择最终演变成了控制权在股东与债权人之间的分配问题，他们证明：最优资本结构是当企业破产时其控制权能够顺利从股东转移给债权人的资产负债比率。

5. 产品市场理论

20世纪80年代，Brander和Lewis（1986）发表的《寡占竞争和财务结构：有限责任效应》一文，使得资本结构的研究与产品市场竞争的研究结合起来，开创了资本结构研究的新领域。该理论认为，企业的资本结构决策是由产品市场竞争环境、公司战略以及资本市场环境等公司的内外部环境共同决定的。

Brander和Lewis认为，负债是对将来要采取的产品市场竞争策略的一种事先安排，而不仅仅是作为显示公司内在价值的信号。他们建立了一个在双寡头垄断市场上进行产量竞争的两期模型，结论证明：对双寡头而言，公司在产品市场上的竞争能力与该公司的资产负债率成正比。在第二期产品竞争市场上，竞争能力强的公司将更有动力在竞争中采取激进的产量决策，即公司通过增加债务使其在产品市场上相对于竞争对手来说更具有进攻性，这种进攻性将迫使竞争对手减少产量，从而使其在产品市场竞争中处于劣势。他们的模型证明了企业的资本结构能够影响产品市场的均衡，公司的竞争力与该公司的资产负债率正相关。

Bolton（1990）以Brander和Lewis的分析为基础，加入考虑了公司不同的融资政策对内部代理问题的影响，即公司的资本结构对产品市场竞争的代理成本效应。尽管公司能够通过举债来降低公司的代理成本，但这种行为也增加了其竞争对手采取掠夺性定价策略的可能性，因而公司的最优资本结构应该是降低对手采取掠夺性定价的可能性以及减少公司内部的代理成本之间权衡的结果。

同样地，所处行业的生命周期也会对公司的资本结构产生显著影响。Wokukwu将产品生命周期理论和公司的资本结构理论结合起来，得出的结论表明：产品的生命周期在公司的资本结构决策过程中起到了非常重要的作用，产品所处生命周期的阶段会对最优股权收益率与资本结构之间的关系产生显著影响。

6. 市场时机理论

Stein于1996年提出的市场时机理论（Market Timing Theory）认为，公司的融资政策会受到投资者的非理性行为的影响。在股票市场中存在所谓的"羊群效应"，即在非完全有效市场中，单个投资者往往根据其他同类投资者的行动而行动，在他人卖出时卖出，在他人买入时买入，于是股票价格大多数时间会偏离其真实的内在价值。公司利用股票市场融资时总是会利用投资者的这种心理，一般在股票市场处于上涨阶段时发行股票，而在股票市场处于下跌阶段时推迟发行新股，因此，公司的融资行为存在着最佳的市场时机。

根据市场时机理论，在其他条件完全相同的情况下，公司的资本结构中股权资本相对较多的企业必定已经利用股票市场可能被高估的时机发行了新股。反之，债权资本相对较多的企业由于种种原因没有利用合适的市场时机发行新股。Baker和Wurgler（2002）得到了类似的结论，他们认为，市场价值的波动对资本结构具有较大的影响，资产负债率较低的企业是当市盈率相对较高时筹集资金的企业，而资产负债率较高的企业是当市盈率较低时筹集资金的企业。

（四）资本结构理论小结

自从莫迪利安尼和米勒于1958年提出著名的MM理论开始，西方的学者们对于企业资本结构的组成与改变能否影响企业价值这个问题一直以来都存在着很多争论。激烈的学术讨论及多视角的研究使得资本结构理论得到了迅速的发展，这些理论在西方各国的企业融资行为中起到了重要的理论指导作用。西方资本结构理论同样对我们的研究具有重要的借鉴作用，因此，加强对企业资本结构理论与实证的研究无疑对我国企业界有着非常重要的现实意义。

二、资本结构决策的影响因素

企业资本结构决策的影响因素有很多，主要包括企业的财务目标、企业的生命周期、企业的财务状况、企业的资本来源、公司的治理结构、国家的税收政策、行业的差别、投资者动机、债权人态度、经营者行为等。

（一）企业的财务目标

在以利润最大化为企业财务目标的情况下，企业的资本结构决策也应围绕利润最大化目标。这就要求企业应当在资本结构决策中，在财务风险适当的情况下合理地安排债务资本比例，尽可能地降低资本成本，以提高企业的净利润水平。一般而言，对于非股份制企业，由于其股权资本不具有市场价值，在资本结构决策中采用利润最大化目标是一种现实的选择。此外，利润最大化目标对公司资本结构决策也具有一定的意义。资本结构决策的资本成本比较法，实际上是以利润最大化为目标的。在公司资本结构决策中以股票价值最大化为目标，需要在财务风险适当的情况下合理地安排公司债务资本比例，尽可能地降低综合资本成本，通过增加公司的净利润而使股票的市场价值上升。资本结构决策的每股收益分析法，在一定程度上体现了股票价值最大化的目标。公司在资本结构决策中以公司价值最大化为目标，就应当在适度财务风险的条件下合理地确定债务资本比例，尽可能地提高公司的总价值。资本结构决策中的公司价值比较法，就是直接以公司价值最大化为目标的。

（二）企业的生命周期

企业生命周期理论认为，企业的发展往往经历不同的阶段，如初创期、成长期、成熟期和衰退期等。企业在不同的阶段，会表现出不同的资本结构状况。企业的资本结构，在初创期，通常表现为债务资本比例较低；在成长期，债务资本比例开始上升；在成熟期，资本结构保持相对稳定；在衰退期，债务资本比例会有所下降。

（三）企业的财务状况

企业当前面临的财务状况包括负债状况、资产状况和现金流量状况等，这些财务状况对其资本结构的决策都有一定的影响。企业需要分析现有财务状况以及未来发展能力，合理安排资本结构。如果企业的财务状况较差，可能主要通过留用利润来补充资本；而如果企业的财务状况良好，则可能更多地进行外部筹资，倾向于使用更多的债务资本。

（四）企业的资本来源

企业的资本来源包括股权投资者和债权投资者，两者对企业投资的动机各有不同。债权投资者对企业投资的动机主要是在按期收回投资本金的条件下获取一定的利息收益。股权投资者的基本动机是在保证投资本金的基础上，获得一定的股利收益并使投资价值不断增值。企业在决定资本结构时，必须考虑资本投入者的动机，安排好股权资本和债务资本的比例关系。

（五）公司的治理结构

如果企业的经营者不愿让企业的控制权旁落他人，则其将尽可能采用债务筹资的方式来增加资本，而宁可不发行新股增资。与此相反，如果经营者不愿承担财务风险，就可能较少地利用财务杠杆，尽量降低债务资本的比例。

公司治理结构的定义

（六）国家的税收政策

按照我国税法的规定，企业债务的利息可以抵税，而股票的股利不能抵税。一般而言，企业所得税税率越高，举债的好处就越多。由此可见，税收政策实际上会对企业债务资本的安排产生一定的刺激作用。

国家税务机构改革

（七）行业的差别

在资本结构决策中，应掌握本企业所处行业的特点以及该行业资本结构的一般水准，作为确定本企业资本结构的参照系，分析本企业与同行业其他企业相比的特点和差别，以便更加有效地决定本企业的资本结构。

三、资本结构的决策方法

公司利用债务资本具有双重作用。适当地利用负债，可以降低公司的资本成本；但当公司负债比率过高时，会给公司带来较高的财务风险。为此，公司必须权衡财务风险和资本成本的关系，从而确定最优资本结构。所谓最优资本结构，是指在一定条件下使公司加权平均资本成本最低、公司价值最高的资本结构。在确定最优资本结构时，可以有三种不同的方法：第一种方法是以加权平均资本成本最低作为资本结构决策的依据，这就是比较资本成本法；第二种方法是以公司价值最大作为资本结构决策的依据，这就是每股收益分析法；第三种方法是以资本成本最低和公司价值最大作为资本结构决策的依据，这就是公司价值分析法。

（一）比较资本成本法

公司在做出筹资决策之前，只考虑资本成本，先拟订若干个备选方案，分别计算各方案的加权平均资本成本，并根据计算出的加权平均资本成本来确定最优资本结构的方法，称为比较资本成本法。该方法侧重于从资本投入的角度对资本结构进行优选分析。

【例6-9】假设A公司成立初期需筹集资金500万元，现有两种方案，具体数据见表6-6。

表6-6 **两种方案详细数据** 金额单位：万元

筹资方式	方案1			方案2		
	筹资额	比例	资本成本	筹资额	比例	资本成本
普通股	250	0.5	0.15	300	0.6	0.15
优先股	50	0.1	0.12	60	0.12	0.12
借款	80	0.16	0.07	40	0.08	0.06
债券	120	0.24	0.075	100	0.2	0.07
合计	500	1		500	1	

方案1的加权平均资本成本为：

$$0.5\times0.15+0.1\times0.12+0.16\times0.07+0.24\times0.075=0.1162$$

方案2的加权平均资本成本为：

$$0.6\times0.15+0.12\times0.12+0.08\times0.06+0.2\times0.07=0.1232$$

比较两个筹资方案的加权平均资本成本，方案1的较低。在其他有关因素大体相同的条件下，方案1是最优的筹资方案，其形成的资本结构即为最优资本结构。这种分析方法通俗易懂，计算过程十分简单，是确定资本结构的一种常用方法。但因拟订筹资方案的数量有限，故存在把最有利方案遗漏的可能性。

（二）每股收益分析法

资本结构是否合理，可以通过每股收益的变化来进行分析。当公司面临采用债务筹资还是权益筹资的选择时，可以先计算两种方式下的每股收益，然后选择每股收益最大的筹资方案。因此，我们可以根据两种不同筹资方案的有关资料，计算两种资本结构下每股收益相等时的销售水平或息税前利润，即每股收益无差别点。利用每股收益无差别点即可判断在什么情况下可以采用债务筹资，在什么情况下只能采用权益筹资。普通股每股收益的计算公式如下：

$$EPS=\frac{(EBIT-I)\cdot(1-T)-D}{N}$$

在每股收益无差别点上，$EPS_1=EPS_2$，则有：

$$\frac{(EBIT-I_1)\cdot(1-T)-D_1}{N_1}=\frac{(EBIT-I_2)\cdot(1-T)-D_2}{N_2}$$

每股收益分析法也可用图解来表示，如图6-1所示。

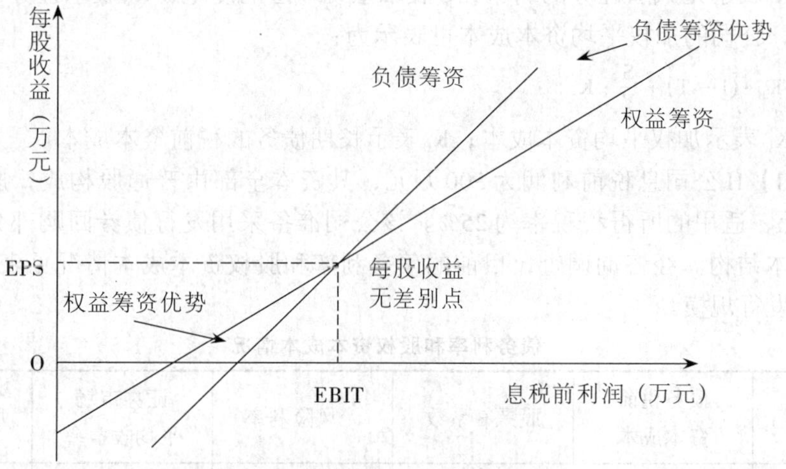

图6-1　每股收益分析法的图解法

【例6-10】A公司2×21年12月31日的长期负债及所有者权益总额为18 000万元，其中，发行在外的普通股8 000万股，每股面值1元，公司债券2 000万元，年利率8%，资本公积4 000万元，无优先股，其余均为留存收益。2×22年1月1日，该公司拟投资一个新的建设项目，需追加筹资2 000万元，现有两个方案。甲方案：发行普通股，预计每股发行价格为5元；乙方案：发行年利率为8%的公司债券。假定该建设项目投产后，A公司2×22年可实现息税前利润4 000万元，适用的所得税税率为25%。

要求：计算甲、乙两个方案的每股收益无差别点，并以此为该公司做出筹资决策。

$$\frac{(EBIT-2\,000\times0.08)\times(1-0.25)}{8\,000+2\,000\div5}=\frac{(EBIT-2\,000\times0.08-2\,000\times0.08)\times(1-0.25)}{8\,000}$$

解上述公式可得：

EBIT=3 520（万元）

根据题意，该建设项目2×22年的息税前利润为4 000万元，大于每股收益无差别点3 520万元，所以应该选择负债筹资，即乙方案。

（三）公司价值分析法

每股收益分析法以每股收益的高低作为衡量标准对筹资方案进行选择，但是这种方法没有考虑风险因素。如果每股收益的增长不足以补偿风险增加所需的报酬，那么尽管每股收益增加，股价仍然会下降。所以，公司的最佳资本结构应当是可使公司的总价值最高，而不一定是每股收益最大的资本结构。同时，在公司总价值最大的资本结构下，公司的加权平均资本成本也是最低的。公司的市场总价值V应该等于其股票的市场价值S加上长期债务的价值B，即V=B+S。

为简化起见，假设长期债务的价值等于其面值，股票的价值等于公司未来净收益按股东要求的收益率进行折现的现值，则S可用以下公式计算：

$$S = \frac{(EBIT - I) \cdot (1 - T) - D}{K_S}$$

式中：Ks表示股东要求的收益率，即股权资本成本。股权资本成本可采用资本资产定价模型来计算：

$$K_S = R_F + \beta \cdot (R_M - R_F)$$

式中：R_F表示无风险证券的利率；β表示系统风险的度量；R_M表示证券市场的平均收益率。那么，公司的加权平均资本成本可表示为：

$$K_W = \frac{B}{V} \cdot K_B \cdot (1 - T) + \frac{S}{V} \cdot K_S$$

式中：K_W表示加权平均资本成本；K_B表示长期债务的税前资本成本。

【例6-11】H公司息税前利润为500万元，其资本全部由普通股构成，股票账面价值为2 000万元，适用的所得税税率为25%。该公司准备采用发行债券回购部分股票的办法予以调整资本结构。经咨询调查，目前的债务利率和股权资本成本情况见表6-7，试选择适合的债券发行规模。

表6-7　　　　**债务利率和股权资本成本情况**　　　　金额单位：万元

发债规模	债务税前资本成本	股票β系数	无风险利率	证券市场平均收益率	股权资本成本
0	0	1.2	0.1	0.14	0.148
100	0.1	1.25	0.1	0.14	0.15
300	0.1	1.3	0.1	0.14	0.152
500	0.12	1.4	0.1	0.14	0.156
700	0.14	1.55	0.1	0.14	0.162
900	0.16	2.1	0.1	0.14	0.184

表6-7中股权资本成本按资本资产定价模型来计算，例如：

发债规模为0时，股权资本成本为：

0.1+1.2×（0.14-0.1）=0.148

不同发债规模的公司总价值的计算结果见表6-8。

表6-8　　　　**不同发债规模的公司总价值**　　　　金额单位：万元

发债规模	债务税前资本成本	股票折现价值	股权资本成本	加权平均资本成本	公司总价值
0	0	2 533.78	0.148	0.148	2 533.78
100	0.1	2 450	0.15	0.1471	2 550
300	0.1	2 319.08	0.152	0.1432	2 619.08
500	0.12	2 115.38	0.156	0.1434	2 615.38
700	0.14	1 861.11	0.162	0.1464	2 561.11
900	0.16	1 451.09	0.184	0.1595	2 351.09

表6-8中以发行100万元债券为例，加权平均资本成本的计算方法为：

公司总价值=100+2 450=2 550（万元）

则加权平均资本成本为：

$$0.1 \times 0.75 \times \frac{100}{2\,550} + 0.15 \times \frac{2\,450}{2\,550} = 0.1471$$

通过计算可知，如果不发行债券替代股票，公司总价值为原股票市场价值；当公司用部分债务资本替代股权资本时，公司总价值逐渐上升，而加权平均资本成本逐渐下降；当债务达到300万元时，公司总价值最高，加权平均资本成本最低；当债务超过300万元后，公司总价值下降，加权平均资本成本上升。因此，发行300万元债券回购股票的资本结构是最优资本结构。

【课程思政要点】

事物的发展变化是由于矛盾运动造成的。矛盾是指事物自身所包含的既相互排斥又相互依存，既对立又统一的关系。马克思主义认为，任何事物都是作为矛盾统一体而存在的，矛盾是事物发展的源泉和动力。简言之，矛盾就是对立统一。所谓对立，是指矛盾双方相互排斥、互相斗争。凡事具有两面性，即好的一面和坏的一面。如果有人遇到每一件事时，都仔细想想这件事的背后，就会发现世界上没有绝对的坏事，当然也没有绝对的好事。以本章的财务杠杆来看，虽然筹资活动加重了企业的财务负担，但同时给企业带来了更多的税前抵扣项（财务费用），减轻了企业的税收负担。因此，合理利用财务杠杆的两面性，能够促进企业高质量发展。

【复习思考】

1.试分析资本成本中用资费用和筹资费用的不同特性。

2.试分析资本成本对企业财务管理的作用。

3.试说明测算综合资本成本中三种权数的影响。

4.试说明经营杠杆的基本原理和经营杠杆系数的测算方法。

5.试说明财务杠杆的基本原理和财务杠杆系数的测算方法

6.试说明复合杠杆的基本原理和复合杠杆系数的测算方法。

7.试说明比较资本成本法的基本原理和决策标准。

8.试说明每股收益分析法的基本原理和决策标准。

9.试说明公司价值分析法的基本原理和决策标准。

【练习题】

一、单项选择题

1.某公司财务杠杆系数等于1，这表明该公司当期（　　）。

A.利息与优先股股利为零　　B.利息为零，有无优先股股利不好确定

C.利息与息税前利润为零　　D.利息与固定成本为零

2.只要企业存在固定成本，则经营杠杆系数必（　　）。

A.与销售量成正比　　B.与固定成本成反比

C.恒大于1　　D.与风险成反比

3.某公司全部资本为150万元，负债比率为40%，负债利率为10%，当销售额为130万元时，息税前利润为25万元，则该公司的财务杠杆系数为（　　）。

A.1.32　　B.1.26　　C.1.5　　D.1.56

4.下列不存在财务杠杆作用的筹资方式是（　　）。

A.发行普通股　　B.发行优先股

C.发行债券　　D.举借银行借款

5.每股收益变动率相对于息税前利润变动率的倍数，即为（　　）。

A.经营杠杆系数　　B.财务杠杆系数

C.复合杠杆系数　　D.边际资本成本

6.某公司的经营杠杆系数为2，预计息税前利润将增长10%，在其他条件不变的情况下，销售量将增长（　　）。

A.20%　　B.10%　　C.15%　　D.5%

7.在计算资本成本时，下列与所得税有关的资金来源是（　　）。

A.普通股　　B.优先股　　C.银行借款　　D.留存收益

8.经营杠杆效应产生的原因是（　　）。

A.不变的债务利息　　B.不变的销售量

C.不变的固定成本　　D.不变的销售单价

9.债券的资本成本一般低于股票的资本成本，其主要原因是（　　）。

A.债券的筹资费用较少　　B.债券的发行量较少

C.债券的利息率固定　　D.债券利息在税前支付

10.每股收益变动率相对于销售额变动率的倍数，即为（　　）。

A.经营杠杆系数　　B.财务杠杆系数

C.复合杠杆系数　　D.边际资本成本

二、多项选择题

1.下列项目中，属于资本成本中筹资费用内容的有（　　）。

A.借款手续费　　B.债券发行费

C.债券利息　　D.股利

2.财务杠杆效应产生的原因有（　　）。

A.不变的债务利息　　B.不变的固定成本

C.不变的优先股股利　　D.不变的销售单价

3.计算综合资本成本时的权数，可选择（　　）。

A.账面价值　　B.票面价值　　C.市场价值　　D.目标价值

4.负债在资本结构中产生的影响有（　　）。

A.降低企业资本成本　　B.加大企业财务风险

C.具有财务杠杆作用　　D.分散股东控制权

5.下列各项中，影响复合杠杆系数变动的因素有（　　）。

A.固定成本　　B.单位边际贡献

C.产销量　　D.固定利息

三、判断题

1.资本成本与资金时间价值既有联系，又有区别。（　）

2.在其他因素不变的情况下，固定成本越大，经营杠杆系数越大，经营风险也就越大。（　）

3.留存收益是企业经营中的内部积累，这种资金不是向外界筹措的，因而其不存在资本成本。（　）

4.当预计的息税前利润大于每股收益无差别点的息税前利润时，负债筹资的普通股每股收益最大。（　）

5.最佳资本结构是使企业筹资能力最强、财务风险最小的资本结构。（　）

6.如果企业的债务资金为零，则财务杠杆系数必等于1。（　）

7.在优化资本结构的过程中，综合资本成本最小的方案一定是普通股每股收益最大的方案。（　）

8.企业负债比例越高，财务风险越大，因此负债对企业总是不利的。（　）

9.在个别资本成本一定的情况下，企业综合资本成本的高低取决于资金总额。（　）

10.资本成本计算的正确与否，只影响筹资方案的选择。（　）

四、计算题

1.某公司2×21年年末总股本为300万股，该年利息费用为500万元，假定该部分利息费用在2×22年保持不变，预计2×22年销售收入为15 000万元，预计息税前利润与销售收入的比率为12%。该公司决定于2×22年年初从外部筹集资金850万元，具体的筹资方案有两个：

方案1：发行普通股股票100万股，发行价每股8.5元。2×21年每股股利为0.5元，预计股利增长率为5%。

方案2：发行债券850万元，债券利率10%。

该公司适用的企业所得税税率为25%。假定上述两个方案的筹资费用均忽略不计。

要求：

（1）计算2×22年预计息税前利润。

（2）计算每股收益无差别点。

（3）根据每股收益无差别点做出最优筹资方案的决策，并说明理由。

（4）计算方案1增发新股的资本成本。

2.某公司2×21年年末长期债券（年利率8%）1 000万元，普通股（4 500万股）4 500万元，留存收益2 000万元，合计7 500万元。因生产发展需要，该公司准备于2×22年年初增加资金2 500万元，现有两个筹资方案可供选择：

甲方案：增加发行1 000万股普通股，每股市价2.5元。

乙方案：按面值发行每年年末付息、票面利率为10%的公司债券2 500万元。

假定股票与债券的发行费用均可忽略不计，适用的企业所得税税率为25%。

该公司管理层要求财务部门计算如下数据，以供决策之用：

（1）计算两个筹资方案下每股收益无差别点的息税前利润。

（2）计算处于每股收益无差别点时乙方案的财务杠杆系数。

（3）如果公司预计息税前利润为1 200万元，指出公司应采用的筹资方案。

（4）如果公司预计息税前利润为1 600万元，指出公司应采用的筹资方案。

（5）若公司预计息税前利润在每股收益无差别点上增长10%，计算采用乙方案时公司每股收益的增长幅度。

第七章

投资决策原理

学习目标

知识目标： 通过本章的学习，了解项目投资的概念、类型及项目投资决策的程序，理解现金流量的概念及构成内容，掌握现金流量的含义及计算方法，掌握各种项目评价指标的含义、特点及计算方法。

技能目标： 通过本章的学习，能够运用现金净流量的计算方法确定各个项目投资方案的现金净流量，能够运用非贴现指标为项目投资方案做出决策，能够运用贴现指标为项目投资方案做出决策。

第一节 项目投资决策的相关概念

投资是指为了在未来获取不确定的收入而发生的确定支出的经济行为。近年来，越来越多的大学生投身创新创业实践。为提升大学生创新创业质量，实现大学生成功创业，客观、科学地判断创业项目是否可以投资至关重要。

一、项目投资的含义

项目投资是一种以特定项目为对象，直接与新建项目或更新改造项目有关的长期投资行为。与其他投资形式相比，项目投资具有耗资总额较大、影响时间较长、不经常发生、变现能力差、收益高等特点。在市场经济条件下，公司能否将资金投放到报酬高、风险低的项目上，对企业的生存和发展是十分重要的。正确的项目投资决策才能完成企业资金的增值，扩大资本积累规模，提高其收益能力，增强抵御风险的能力，实现财务管理目标，即企业价值最大化，为股东创造财富。

二、项目投资的类型

根据不同的划分标准，项目投资可作如下分类：

1. 新建项目和更新改造项目

新建项目是指以新建生产能力为目的的外延式扩大再生产，是由无到有的过程。新建项目按其涉及内容又可细分为单纯固定资产投资项目和完整工业投资项目。更新改造项目是指以恢复或改善生产能力为目的的内涵式扩大再生产，是由有到优的过程。

2. 独立项目、相关项目和互斥项目

独立项目是指项目选择时互不影响、互不干涉的项目。相关项目是指某一项目的实施影响到另外一个项目的投资选择，项目之间具有一定的关联性。互斥项目是指接受一个项目就不能投资另外一个项目，项目之间具有排他性。

三、项目计算期

项目计算期通常是指投资项目从投资建设开始到最终清理结束的全部时间，用n表示。

运营期的注意事项

项目计算期包括建设期和运营期，两者以投产日为分界点。建设期是从资金正式投入开始到项目建成即投产日所需要的时间，主要包括土建施工、设备采购与安装、生产准备、设备调试等阶段；运营期是从设备投产日到项目终结点的时间间隔，包括试产期和达产期两个阶段。

项目计算期以年为计量单位，第0年称为建设起点，若建设期不足半年，可假定建设期为零；项目计算期最后一年——第n年称为终结点，可假定项目最终报废或清理均发生在终结点，但更新改造除外。其计算表达式为：

项目计算期（n）=建设期+运营期

四、现金流量的假设

由于投资项目决策是一项非常复杂的工作，为了便于理解，本章简化了现金流量的计算过程，特作以下假设：

1. 全投资假设

全投资假设即假设在确定项目的现金流量时，只考虑全部投资的运用情况，无论是自有资金还是借入资金等具体形式的现金流量，都将其视为自有资金。

2. 建设期投入全部资金假设

建设期投入全部资金假设即项目的原始总投资不论是一次性投入还是分批次投入，均假设是在建设期内投入的，运营期内不再发生。

3. 项目投资的运营期与折旧年限一致假设

项目投资的运营期与折旧年限一致假设即假设项目主要固定资产的折旧年限或使用年限与其运营期相同。

4. 时点指标假设

时点指标假设即现金流量的具体内容所涉及的价值指标，不论是时点指标还是时期指标，均假设按照年初或年末的时点处理。其中，建设投资在建设期内有关年度的年初发生；垫支的流动资金在建设期的最后一年年末（即运营期的第一年年初）发生；运营期内各年的营业收入、付现成本、折旧（摊销等）、利润、所得税等项目的确认均在年末发生；项目最终报废或清理、回收流动资金均发生在运营期的最后一年年末。

5. 确定性假设

确定性假设即假设与项目现金流量估算有关的价格、产销量、成本水平、所得税税率等因素均为已知常数。

五、现金流量的核算

在进行项目投资决策时，首要环节就是估计投资项目的预计现金流量。它是评价投资方案是否可行的基础性数据。

（一）现金流量的构成

所谓现金流量，是指投资项目在其计算期内因资金循环而引起的现金流入和现金流出增加的数量。这里的“现金”概念是广义的，包括各种货币资金及与投资项目有关的非货币性资产的变现价值。现金流量包括现金流入量、现金流出量和现金净流量三个具体概念。

1.现金流出量

现金流出量是指投资项目所引起的企业现金流出的增加额，简称现金流出。其具体包括：

现金流量的注意事项

（1）建设投资（或更新改造投资）。

建设投资现金流出量包括固定资产投资和无形资产投资，应按项目规模和投资计划所确定的各项建筑工程费用、设备购置费用、安装工程费用和其他费用来估算。

（2）垫付营运资金。

垫付营运资金现金流出量是项目建成后，垫付一定的营运资金以保障设备的正常营运。为了简化计算，这部分垫付的营运资金一般认为在项目终结点收回。

建设投资和垫付营运资金合称为项目的原始总投资。

（3）经营成本（或付现成本）。

经营成本现金流出量应按在运营期内与投资项目有关的以现金支付的各种成本费用来估算，它是运营期内最主要的现金流出量。其计算公式如下：

经营成本=总成本-折旧额（及摊销额）

或　经营成本=外购原材料费+燃料、动力费+工资及福利费+修理费+其他付现费用

（4）税金及附加。

税金及附加现金流出量应按在运营期内应缴纳的消费税、土地增值税、资源税、城市维护建设税和教育费附加等来估算。

（5）所得税。

所得税现金流出量是项目投产后，因应纳税所得额增加而增加的所得税费用。对于小型企业、微型企业向银行等金融机构申请贷款涉及的借款合同，免征印花税。国家十分关注小微企业的发展，因为小微企业在促进国民经济增长以及拓宽就业渠道方面具有战略性的地位，另外，小微企业的发展在促进国家的科技创新和社会的和谐稳定方面也具有积极的作用。

（6）其他现金流出量。

其他现金流出量是指不包括在以上内容中的现金流出估算。

2.现金流入量

现金流入量是指投资项目所引起的企业现金流入的增加额，简称现金流入。其具体包括：

（1）营业收入。

营业收入现金流入量是项目投产后每年实现的全部现销收入。为了简化核算，假定正

常经营年度内，每期发生的赊销额与回收的应收账款相等，即营业收入现金流入量用销售收入代替现销收入。营业收入是运营期内主要的现金流入量。

（2）固定资产余值。

固定资产余值现金流入量是投资项目的固定资产在终结报废清理时的残值收入或中途转让时的变价收入。需要注意的是，如果固定资产报废时残值收入大于税法规定的数额，就应上缴所得税，形成现金流出量；反之，则可抵减所得税，形成现金流入量。

（3）回收流动资金。

回收流动资金现金流入量是投资项目在项目计算期结束时，收回原来投放在各种流动资产上的营运资金。

（4）其他现金流入量。

其他现金流入量是指不包括在以上内容中的现金流入估算。

3. 现金净流量（NCF）

现金净流量是指在项目计算期内现金流入量和现金流出量的净额。由于资金在不同时间具有不同的价值，故本章所述的现金净流量是以“年”作为单位的。

现金净流量的计算公式如下：

现金净流量（NCF）=年现金流入量-年现金流出量

现金流入为“+”，现金流出为“-”，当现金流入量大于现金流出量时，现金净流量为正值；反之，现金净流量为负值。

（二）现金流量估算的影响因素

为了正确计算项目投资的现金流量，必须正确判断哪些资金流量属于现金流量的范畴，哪些不属于现金流量，在判定时应该遵循的基本原则是：只有增量现金流量才是与投资项目相关的现金流量。所谓增量现金流量，是指由于接受或放弃某个投资项目所引起的现金变动部分。由于采纳某个投资方案引起的现金流入增加额，才是该方案的现金流入；同理，采用某个投资方案引起的现金流出增加额，则是该方案的现金流出。为了正确计算投资项目的增量现金流量，需要注意以下几个概念：

1. 沉没成本

沉没成本是过去发生的支出，而不是新增成本。这一成本是由于过去的决策所引起的，对企业当前的投资决策不产生任何影响。例如，某企业在两年前考虑投资A项目并进行市场调研，调研费用8万元，调研结果显示市场不够成熟，不适合投资A项目，随后选择放弃投资，两年后，该企业又考虑A项目是否适合投资，在此情况下，两年前的调研费用8万元与两年后是否投资A项目是无关的，即无论两年后是否投资A项目，其调研费用已经发生，无法改变，不是增量现金流量，属于沉没成本。企业在进行投资决策时需要考虑的是当前引起的增量现金流量，而不是过去已经花费了多少费用。

2. 机会成本

在投资决策中，如果选择某一投资项目，就会放弃其他投资项目，其他投资机会可能取得的最大收益就是实施本项目的机会成本。例如，一笔现金用来购买股票就不能存入银行，那么存入银行的利息收入就是股票投资所放弃的潜在收益，即机会成本。如果某企业有一闲置仓库，准备用来改建成职工活动中心，但将仓库出租每年可得租金收入2万元，那么租金收入就是改建成职工活动中心的机会成本。机会成本不是我们通常意义上的成本，它不是实际发生的支出或费用，而是一种潜在的放弃的收益。机会成本作为丧失的收益，离开被放弃的投资机会就无从计量，在投资决策过程中考虑机会成本，有利于全面分析评价所面临的各种投资机会，以便选择经济上最为有利的投资项目。

3. 对其他项目的影响

一个项目建成后，该项目会对公司的其他项目和产品产生影响。例如，某饮料公司推出新口味饮料有可能会减少原有口味饮料的销售收入，这些影响属于增量现金流量，所引起的增量变化应计入项目现金流量。当然，也可能发生相反的情况，新产品的上市会造成其他项目产品销售收入的增加，同理也应计入项目现金流量。

4. 对净营运资金的影响

一个新项目投产后，会影响企业对资金的需求情况，即存货和应收账款等流动资产的需求随之增加，同时应付账款等流动负债也会增加。这些与项目相关的新增流动资产与流动负债的差额，即净营运资金，应计入项目现金流量。

（三）项目投资现金流量估算举例

项目运营期内营业利润的计算比较特殊，所得税的大小取决于利润的大小和所得税税率的高低，而利润的大小受到多种方法的影响。因此，讨论所得税问题必然涉及折旧问题，以下将两个问题一起讨论。

1. 税后收入和税后成本

企业经营所得需要上缴所得税，使营业收入金额的一部分流出企业，这样企业实际的现金流入是纳税以后的收入。税后收入的计算公式为：

税后收入=营业收入×（1–所得税税率）

这里所说的营业收入是指根据税法需要纳税的收入，不包括项目结束时收回垫支流动资金等现金流入。

与税后收入相对应的概念是税后成本。所得税对成本支出也有影响，因为企业支出会导致收入降低，从而使应纳所得税减少，因此实际支付额并不是真实的成本，真实的成本应该是扣除所得税影响以后的费用净额，即税后成本。税后成本的计算公式为：

税后成本=实际支出金额×（1–所得税税率）

【例7–1】某公司目前的损益情况见表7–1。该公司正在考虑一项广告计划，每月支出额为2 000元。假设所得税税率为25%。

表7–1 **公司损益数据表** 单位：元

项目	无广告支出	含广告支出
销售收入	15 000	15 000
成本与费用	50 000	50 000
广告费		2 000
税前利润	10 000	8 000
所得税费用（25%）	2 500	2 000
税后利润	7 500	6 000

要求：计算该项广告计划的税后成本。

从表7-1可以看出，该项广告计划的税后利润差额是每月1 500元。两个方案（不做广告与做广告）的唯一差别是广告费2 000元，因为广告支出为2 000元，导致税前利润下降2 000元，引起少缴500元所得税费用，最终对净利润的影响为1 500元。

据此公式计算，可得：

广告费税后成本=2 000×（1-25%）=1 500（元）

2. 折旧抵税

固定资产在使用过程中逐渐损耗而转移到商品或费用中的那部分价值是固定资产折旧，也是企业在生产经营过程中由于使用固定资产而在其使用年限内分摊的固定资产耗费。

企业计提折旧会引起成本增加，税前利润减少，从而使应纳所得税减少。折旧是企业的成本，但不是付现成本，如果不计提折旧，企业应纳所得税将会增加，所以折旧可以起到减少税负的作用，这种作用叫作“折旧抵税”。折旧抵税作用直接影响投资项目现金流量的大小。

折旧是一项避税因素，折旧抵税额的计算公式为：

折旧抵税额=折旧额×所得税税率

例如，某企业计提折旧8 000元，所得税税率为25%。由于该企业计提折旧额增加8 000元，导致税前利润减少8 000元，使应纳所得税减少2 000元（8 000×25%），现金流量增加2 000元。

3. 税后现金净流量

（1）建设期现金净流量。

在考虑所得税的情况下，建设期现金净流量的计算要根据投资项目的类型来核算，包括新建项目和更新改造项目。

①如果是新建项目，那么所得税对现金净流量（购买设备等）没有影响。

建设期现金净流量=-该年投资额

②如果是更新改造项目，固定资产清理损益就应该考虑所得税问题。假设某企业要进行固定资产更新与否的决策，若更换旧设备，则可获得旧设备的出售收入8万元，而此时旧设备的账面净值为6万元，则企业出售旧设备的净所得为2万元，需要为此增加现金流出量，即支付所得税0.5万元（所得税税率为25%），因此，出售旧设备所产生的现金净流量为7.5万元（8-0.5）。但是，若假设旧设备出售时的账面净值为10万元，则该企业会产生亏损2万元，这2万元会冲减企业营业收入，作为一项费用支出在税前利润中扣除，因而会产生税收抵免0.5万元，此时出售旧设备所产生的现金净流量为8.5万元（8+0.5）。

（2）运营期现金净流量。

在考虑所得税的情况下，运营期现金净流量的计算可根据现金净流量的定义来核算，具体方法为：

营业现金净流量=营业收入-经营成本-税金及附加-所得税费用

根据前面讲述的税后收入、税后成本和折旧抵税可知，由于所得税的影响，现金流量并不等于项目的实际收支金额。

营业现金净流量=税后收入-税后成本+折旧抵税

$$=\text{营业收入}\times(1-\text{所得税税率})-\text{经营成本}\times(1-\text{所得税税率})-\text{税金及附加}\times(1-\text{所得税税率})+\text{折旧额}\times\text{所得税税率}$$

=（营业收入-经营成本-税金及附加）×（1-所得税税率）+折旧额×所得税税率

=（营业收入-总成本-税金及附加）×（1-所得税税率）+折旧额

=税后利润+折旧额

（3）终结点现金净流量。

运营期的终结点现金净流量用运营期现金净流量加上回收额（固定资产余值和回收流动资金）即可。需要注意的是，如果固定资产报废时残值收入大于或小于税法规定的数额，应考虑所得税问题，其原理同更新改造项目相同，此处不再赘述。

六、项目投资现金流量计算案例

【例7-2】某公司准备投资一个项目，其中，固定资产投资210万元，建设期为2年，于建设起点分2年平均投入；无形资产投资40万元，于建设起点投入；垫付流动资金20万元，于投产开始垫付。该项目运营期为10年，固定资产按直线法计提折旧，期满有10万元净残值；无形资产于投产开始分5年平均摊销；流动资金在项目终结时可一次性全部收回。另外，预计项目投产后，前5年每年可获得50万元的营业收入，并发生34万元的总成本和6万元的税金及附加；后5年每年可获得80万元的营业收入，并发生35万元的经营成本和5万元的税金及附加。假设所得税税率为25%。

项目结束时有残值产生的情况

要求：计算该项目投资在项目计算期内各年的现金净流量。

$$\text{固定资产年折旧额}=\frac{210-10}{10}=20\text{（万元）}$$

$$\text{无形资产年摊销额}=\frac{40}{5}=8\text{（万元）}$$

建设期现金净流量：

NCF_0=-105-40=-145（万元）

NCF_1=-105万元

NCF_2=-20万元

运营期现金净流量：

$NCF_{3\sim7}$=（50-34-6）×（1-25%）+20+8=35.5（万元）

或 =［50-（34-20-8）-6］×（1-25%）+（20+8）×25%=35.5（万元）

$NCF_{8\sim11}$=（80-35-5）×（1-25%）+20×25%=35（万元）

或 =［80-（35+20）-5］×（1-25%）+20=35（万元）

运营期终结点现金净流量：

NCF_{12}=35+10+20=65（万元）

【例7-3】某企业拟更新一套尚可使用5年的旧设备。旧设备原价17万元，账面净值11万元，期满残值1万元，目前旧设备变价净收入7万元。旧设备每年营业收入20万元，经营成本和税金及附加16.4万元。新设备投资总额32万元，可使用5年。使用新设备后每年可增加营业收入6万元，并降低经营成本2.8万元，增加税金及附加0.4万元，期满残值2万元。假定所得税税率为25%。

要求：计算继续使用旧设备和购买新设备两个方案的各年现金净流量。

$$旧设备年折旧额 = \frac{11 - 1}{5} = 2（万元）$$

$$新设备年折旧额 = \frac{32 - 2}{5} = 6（万元）$$

（1）新设备的各年现金净流量：

NCF_0=−32万元

$NCF_{1\sim4}$=［（20+6）−（16.4−2.8+0.4）］×（1−25%）+6×25%=10.5（万元）

NCF_5=10.5+2=12.5（万元）

（2）旧设备的各年现金净流量：

因为设备账面净值11万元，变现价值净收入7万元，所以：

旧设备出售净损失=11−7=4（万元）（计入营业外支出）

营业外支出冲减收入使得所得税减少=4×25%=1（万元）

因出售旧设备导致现金净流量=7+1=8（万元）

使用旧设备就会放弃出售旧设备，考虑机会成本因素，因此：

NCF_0=−8万元

$NCF_{1\sim4}$=（20−16.4）×（1−25%）+2×25%=3.2（万元）

NCF_5=3.2+1=4.2（万元）

第二节　项目投资决策评价指标

为了客观、科学地评价投资项目是否可行，一般使用不同的评价指标，从不同角度评价该投资项目的内涵，反映项目投资效益。项目投资评价决策指标按照是否考虑资金时间价值，可以分为非贴现指标和贴现指标。

一、非贴现指标

非贴现指标又称静态指标，不考虑资金时间价值，是判断投资项目是否可行的辅助指标，主要包括会计报酬率和投资回收期。

（一）会计报酬率

会计报酬率又称投资收益率，是指投资项目年平均净收益总额与项目投资总额的比率。会计报酬率法的决策标准是：投资项目的会计报酬率越高越好，低于无风险报酬率的方案为不可行方案。其计算公式如下：

$$会计报酬率 = \frac{年平均净收益}{原始投资总额} \times 100\%$$

【例7-4】某企业有A、B两个投资项目可供选择，投资总额均为100万元，用于购买新设备，折旧采用直线法，设备均可使用5年，无残值，其他资料见表7-2。

表7-2　　投资项目相关资料　　单位：万元

项目计算期	项目A		项目B	
	净收益	现金净流量	净收益	现金净流量
0		（100）		（100）
1	20	40	14	34

续表

项目计算期	项目A		项目B	
	净收益	现金净流量	净收益	现金净流量
2	20	40	18	38
3	20	40	22	42
4	20	40	26	46
5	20	40	30	50
	100	100	110	110

要求：计算项目A、B的会计报酬率。

$$项目A的会计报酬率 = \frac{20}{100} \times 100\% = 20\%$$

$$项目B的会计报酬率 = \frac{\frac{110}{5}}{100} \times 100\% = 22\%$$

根据以上计算，项目B的会计报酬率比项目A的会计报酬率高2%，应该选择项目B，收益更高。

会计报酬率法的优点是：指标的经济意义明确、直观，计算简便，数据容易获取，考虑了投资项目计算期的全部利润，在一定程度上反映了投资效果的优劣，可适用于各种投资规模。

会计报酬率法的缺点是：使用账面收益而非现金流量，没有考虑资金时间价值因素，忽视了资金具有时间价值的重要性。

（二）投资回收期

投资回收期是指收回投资总额所需要的年限。投资回收期是一个反指标，回收期越短，方案就越有利。它的计算可分为两种情况：

1. 运营期内年现金净流量相等

如果投资项目投产后M年内每年现金净流量相等，且满足以下关系：

M×投产后M年内每年相等的现金净流量≥投资总额

则按照以下公式计算：

$$投资回收期 = \frac{投资总额}{年现金净流量}$$

【例7-5】根据【例7-4】的资料，计算项目A的投资回收期。

因为：

5×40=200（万元）>投资总额100万元

则：

$$项目A的投资回收期 = \frac{100}{40} = 2.5（年）$$

【例7-6】某投资项目投资金额为80万元，建设期2年，运营期10年，投产以后前6年每年现金净流量均为25万元，之后4年每年现金净流量均为20万元。

要求：计算该投资项目的投资回收期。

因为：

6×25=150（万元）>投资总额80万元

则：

$$投资回收期 = 2 + \frac{80}{25} = 5.2（年）$$

需要注意的是，投资回收期包括建设期年限。

2. 运营期内年现金净流量不相等

如果运营期内年现金净流量不相等，则需要逐步累计现金净流量，然后用插值法计算投资回收期。

【例7-7】根据【例7-4】的资料，计算项目B的投资回收期。

为了更直观地计算项目B的累计现金净流量，整理数据见表7-3。

表7-3　　**项目B累计现金净流量计算表**　　单位：万元

项目计算期	项目B	
	现金净流量	累计现金净流量
1	34	34
2	38	72
3	42	114
4	46	160
5	50	210

从表7-3可以看出，项目B的投资总额在第2年和第3年之间收回，用插值法计算：

$$项目B的投资回收期 = 2 + \frac{100 - 72}{42} = 2.67（年）$$

投资回收期法的优点是：计算简单，容易理解；可以大体了解项目的流动性和风险。其缺点是：指标属于静态指标，忽略了资金时间价值；没有考虑到回收期后的现金流量，即没有考虑全部的盈利状况；项目决策结论往往带有短期性。

二、贴现指标

贴现指标也称动态指标，是考虑资金时间价值因素的指标，是判断投资项目是否可行的主要指标，主要包括净现值、净现值率、现值指数、内含报酬率等指标。

（一）净现值

净现值是指项目各年的现金净流量按一定贴现率计算的现值代数和。它是评价项目是否可行的最主要指标，其中，贴现率可以是企业的资本成本，也可以是企业所要求的最低报酬率水平。净现值的计算公式为：

$$NPV = \sum_{t=0}^{n} NCF_t \times (P/F，i，t)$$

式中：n表示项目计算期（包括建设期与经营期）；NCF_t表示第t年的现金净流量；（P/F，i，t）表示第t年、贴现率为i的复利现值系数。

净现值指标的决策标准是：在只有一个备选方案决策时，如果净现值大于（或等于）

零，表明在既定贴现率下现金流入大于（或等于）现金流出，该项目应予采纳；如果净现值小于零，表明在既定贴现率下现金流入小于现金流出，该项目应予放弃。在有多个备选方案决策时，净现值大于零的项目中指标最大的方案为最优方案（理论上应保证投资额相同、项目计算期相等的前提条件）。

【例7-8】根据【例7-4】的资料，贴现率为10%。

要求：计算项目A和项目B的净现值。

项目A的净现值：

NCF_0=-100万元

$NCF_{1\sim5}$=40万元

NPV_A=40×（P/A，10%，5）-100=40×3.7908-100=51.632（万元）

项目B的净现值：

NCF_0=-100万元

NCF_1=34万元

NCF_2=38万元

NCF_3=42万元

NCF_4=46万元

NCF_5=50万元

NPV_B=34×（P/F，10%，1）+38×（P/F，10%，2）+42×（P/F，10%，3）+46×（P/F，10%，4）+50×（P/F，10%，5）-100

=34×0.9091+38×0.8264+42×0.7513+46×0.6830+50×0.6209-100

=56.3302（万元）

【例7-9】某企业拟建造一条生产线，购买设备需要投资65万元，可使用10年，采用直线法计提折旧，残值为5万元。该生产线建设期为1年，分别于年初投入45万元和年末投入20万元，预计项目投产后每年可增加营业收入18万元，发生总成本9万元、税金及附加1万元。假定企业期望报酬率为10%，所得税税率为25%。

要求：计算该项目的净现值，并判断其是否可行。

$$设备年折旧额=\frac{65-5}{10}=6（万元）$$

建设期现金净流量：

NCF_0=-45万元

NCF_1=-20万元

运营期现金净流量：

$NCF_{2\sim10}$=（18-9-1）×（1-25%）+6=12（万元）

终结点现金净流量：

NCF_{11}=12+5=17（万元）

该项目的净现值：

NPV=12×［（P/A，10%，10）-（P/A，10%，1）］+17×（P/F，10%，11）-45-20×（P/F，10%，1）

=12×（6.1446-0.9091）+17×0.3505-45-20×0.9091

=5.6025（万元）

因为NPV>0，所以该项目可行。

净现值是一个贴现的绝对值正指标，其优点在于：一是综合考虑了资金时间价值，能较合理地反映投资项目的经济效益；二是考虑了风险因素，因为贴现率大小与风险大小有关，风险越大，贴现率就越高。但是，采用该指标进行决策的缺点也是很明显的，当各项目投资额不同或者计算期不同时，对结果的判定有一定的局限性。

（二）净现值率（NPVR）与现值指数（PI）

净现值是绝对数指标，与其对应的相对数指标是净现值率和现值指数。净现值率是指投资项目的净现值与投资额现值的比值。现值指数也称获利指数，是指投资项目的运营期现金流入量现值与建设期现金流出量现值的比值。其计算公式如下：

$$净现值率 = \frac{净现值}{投资额现值}$$

$$现值指数 = \frac{\sum 运营期现金流入量现值}{建设期现金流出量现值(投资额现值)}$$

净现值率和现值指数的关系如下：

现值指数=净现值率+1

净现值率与现值指数指标的决策标准是：在只有一个备选方案决策时，如果净现值率大于（或等于）0，现值指数大于（或等于）1，表明项目的投资报酬率高于贴现率，该项目应予采纳；反之，该项目应予放弃。在有多个备选方案决策时，净现值率大于0且现值指数大于1的项目中指标最大者为最优方案。

【例7-10】根据【例7-4】的资料，贴现率为10%。

要求：计算项目A的净现值率和现值指数。

$$项目A的净现值率 = \frac{51.632}{100} = 0.5163$$

$$项目A的现值指数 = \frac{40 \times (P/A，10\%，5)}{100} = 1.5163$$

现值指数=净现值率+1=0.5163+1=1.5163

【例7-11】根据【例7-9】的资料，计算该项目的净现值率和现值指数，并判断其是否可行。

$$净现值率 = \frac{5.6025}{45 + 20 \times (P/F，10\%，1)} = 0.0887$$

$$现值指数 = \frac{12 \times [(P/A，10\%，10) - (P/A，10\%，1)] + 17 \times (P/F，10\%，11)}{45 + 20 \times (P/F，10\%，1)} = 1.0887$$

现值指数=净现值率+1=0.0887+1=1.0887

该项目的净现值率大于0，现值指数大于1，因此，该项目可行。

净现值率和现值指数是贴现的相对数正指标，其优点在于：一是相对数指标，便于在投资额度不同的投资项目之间进行比较；二是考虑了资金时间价值，能较为真实地反映投资项目的盈利能力；三是考虑了风险因素，因为贴现率大小与风险大小有关，风险越大，贴现率就越高。但是，该指标的缺点是相对数不代表企业实际获得的财富。

（三）内含报酬率（IRR）

内含报酬率也称内部收益率，是指投资项目在计算期内现金流入量和现金流出量相等时的贴现率，或是投资项目净现值等于零时的贴现率。内含报酬率的决策标准是：在只有一个备选方案决策时，如果内含报酬率大于（或等于）公司资本成本或者期望报酬率，该项目应予采纳；反之，该项目应予放弃。在有多个备选方案决策时，内含报酬率超过公司资本成本或者期望报酬率最多的为最优方案。内含报酬率的计算公式如下：

$$\sum_{t=0}^{n} NCF_t \times (P/F, IRR, t) = 0$$

净现值法、净现值率法和现值指数法都考虑了资金时间价值，可以说明投资项目的报酬率是高于或者低于贴现率的，但是没有揭示投资项目的实际报酬率。内含报酬率法是通过现金流量计算的，反映投资项目的真实报酬率。

如果运营期内现金净流量（$NCF_{1\sim n}$）相等，且建设期为零，全部投资（NCF_0）在建设起点一次性投入，内含报酬率的公式就变成：$NCF_{1\sim n}\times$（P/A，IRR，n）$-NCF_0=0$，可得：年金现值系数（P/A，IRR，n）$=\dfrac{NCF_0}{NCF_{1\sim n}}$，计算出年金现值系数后，通过查阅年金现值系数表确定内含报酬率IRR。如果年金现值系数表中可以找到计算出的年金现值系数，其对应的贴现率就是该项目的实际报酬率；如果年金现值系数表中找不到计算出的年金现值系数，找到最邻近的两个系数，用插值法计算内含报酬率。

【例7-12】根据【例7-4】的资料，计算项目A的内含报酬率。

$40\times$（P/A，IRR，5）$-100=0$

$$(P/A, IRR, 5) = \frac{100}{40} = 2.5$$

查阅年金现值系数表，最邻近的数值是28%和32%，用插值法求解内含报酬率，方法如下：

28%	IRR	32%
2.5320	2.5	2.3452

$$IRR = 28\% + \frac{2.5320 - 2.5}{2.5320 - 2.3452} \times (32\% - 28\%) = 28.69\%$$

如果运营期内现金净流量不相等，或建设期不为零，内含报酬率在多个系数下，就无法采用上述简便方法计算，必须采取“逐步测试”的方法，计算使净现值等于零的贴现率。首先估计一个折现率，用其来计算项目的净现值。如果净现值为正数，说明项目实际报酬率超过折现率，应提高折现率后进一步测试；如果净现值为负数，说明项目实际报酬率低于折现率，应降低折现率后进一步测试。经过多次测试，寻找出使净现值等于零的折现率，即为该项目本身的内含报酬率，或者找到最邻近零的两个正、负贴现率，用插值法求出该项目的内含报酬率。

【例7-13】根据【例7-4】的资料，计算项目B的内含报酬率。

$34\times$（P/F，IRR，1）$+38\times$（P/F，IRR，2）$+42\times$（P/F，IRR，3）$+46\times$（P/F，IRR，4）$+50\times$（P/F，IRR，5）$-100=0$

根据【例7-8】的资料，已知项目B的净现值为正值，说明其投资报酬率大于10%，应提高折现率进一步测试。假设以28%为折现率进行测试，其净现值为1.47万元，下一步仍需要提高折现率继续测算，以32%为折现率进行测试，其净现值为-6.54万元，测算过程参见表7-4。由此可见，内含报酬率是介于28%和32%的数值，可以使用插值法进行计算。

$$IRR = 28\% + \frac{1.47}{6.54 + 1.47} \times (32\% - 28\%) = 28.73\%$$

由上述计算可以得出，项目B的内含报酬率为28.73%，要根据企业要求的最低报酬率或者企业资本成本来判定是否投资项目B。

表7-4　　**项目B内含报酬率测算表**　　金额单位：万元

年份	现金净流量	28%		32%	
		折现系数	现值	折现系数	现值
0	−100	1	−100	1	−100
1	34	0.7813	26.56	0.7576	25.76
2	38	0.6104	23.20	0.5739	21.81
3	42	0.4768	20.02	0.4348	18.26
4	46	0.3725	17.14	0.3294	15.15
5	50	0.2910	14.55	0.2495	12.48
			1.47		−6.54

内含报酬率考虑了资金时间价值，反映了投资项目的真实报酬率，概念易于理解。但是，这种方法计算较为复杂，尤其是对于每年现金净流量不相等的投资项目，一般需要多次测算才能得出。

（四）贴现指标之间的关系

贴现指标的注意事项

净现值、净现值率、现值指数和内含报酬率指标之间存在以下数量关系：当NPV>0时，NPVR>0，PI>0，IRR>i；当NPV=0时，NPVR=0，PI=0，IRR=i；当NPV<0时，NPVR<0，PI<0，IRR<i。这些指标的计算结果都受到建设期和运营期的长短、投资金额及方式，以及各年现金净流量的影响。而不同的是，净现值是绝对数指标，其余均为相对数指标；计算净现值、净现值率、现值指数都是基于已知贴现率核算出来的，贴现率不同，结果会有所变化，而内含报酬率的计算本身与贴现率是无关的，只是采用这一指标的决策标准将所测算的内含报酬率与其贴现率进行对比，判断方案是否可行。

【课程思政要点】

进行项目投资决策，不能仅看某一评价指标，而是应该通过多个指标综合分析评价。马克思主义基本原理指出，要运用科学、辩证的观点和思想方法全面观察事物、分析问题，具体主要包含以下几个要点：第一，要用发展的眼光分析问题。现实生活和客观事物纷繁复杂，不断变化发展。如果用静止、孤立、绝对化的观点看问题，往往会滞后与偏激。第二，要注意事物之间的相互关系，善于把事物的表现对象放在与有关事物的联系比较中进行考察。任何事物都不是孤立地存在的，分析问题时，要看到事物内部各种构成因素之间的关系，以免偏颇。第三，要看到问题的各个方面，考虑多种可能的因素，抓住最主要的矛盾和最关键的原因，剔除次要的枝节或表象。因此，进行项目投资决策评价时，应用发展、联系、全面的多指标评价体系进行分析。

【复习思考】

1. 投资活动的现金流量是如何构成的？

2. 为什么说在进行投资决策时使用折现现金流量指标更为合理？

3.折现现金流量指标主要有哪几个？运用这些指标进行投资决策时的规则是什么？指出各种决策方法的优缺点。

4.既然净现值决策规则优于其他规则，那么是不是可以说，对于所有的投资项目只使用净现值指标进行分析就可以了？为什么还要使用获利指数和内含报酬率指标？

【练习题】

一、单项选择题

1.下列属于非贴现指标的是（　　）。

A.内含报酬率　　B.净现值　　C.现值指数　　D.投资回收期

2.当建设期不为零且运营期各年现金净流量相等时，运营期各年现金净流量的现值之和的计算可以采用的方法是（　　）。

A.先付年金现值　　B.永续年金现值

C.后付年金现值　　D.递延年金现值

3.某企业拥有一块土地，其原始成本为250万元，账面价值为180万元，现准备在这块土地上建造工厂厂房。但如果现将这块土地出售，可获得收入220万元。则建造厂房的机会成本是（　　）万元。

A.250　　B.210　　C.180　　D.220

4.在用动态指标对投资项目进行评价时，如果其他因素不变，只有贴现率提高，则下列指标计算结果不会改变的是（　　）。

A.净现值　　B.投资回收期　　C.内含报酬率　　D.现值指数

5.在项目投资决策中，完整的项目计算期是指（　　）。

A.建设期　　B.运营期

C.建设期和达产期　　D.建设期和运营期

6.某项目建设期为1年，建设投资200万元全部于建设期期初投入，运营期为10年，每年现金净流量为50万元。若贴现率为12%，则该项目的现值指数为（　　）。

A.1.4841　　B.1.4126　　C.1.2613　　D.1.4246

7.某项目无建设期，资金于建设起点一次性投入，项目建成后可用8年，每年的现金净流量相等。如果该项目的静态投资回收期为6年，则按内含报酬率确定的年金现值系数是（　　）。

A.14　　B.8　　C.6　　D.2

8.当贴现率为10%时，某项目的净现值为500元，则说明该项目的内含报酬率（　　）。

A.高于10%　　B.低于10%　　C.等于10%　　D.无法界定

9.某一投资方案的年营业收入140万元，年经营成本70万元，年折旧额30万元，所得税税率25%，则该投资方案的年营业现金净流量为（　　）万元。

A.54　　B.58　　C.72　　D.60

10.年回收额法是指通过比较所有投资方案的年等额净现值指标的大小来选择最优方案的决策方法。在此方法下，年等额净现值（　　）的方案为优。

A.最小　　B.最大　　C.大于零　　D.等于零

二、多项选择题

1.现金流出是指由投资项目所引起的企业现金支出的增加额，包括（　　）。

A.建设投资　　B.付现成本　　C.年折旧额　　D.所得税费用

2.下列各项指标中，（　　）指标属于正指标。

A.净现值　　B.现值指数　　C.内含报酬率　　D.静态回收期

3.在考虑了所得税因素之后，运营期的现金净流量可按（　　）公式计算。

A.年现金净流量=营业收入−付现成本−所得税费用

B.年现金净流量=税后利润−折旧额

C.年现金净流量=税后收入−税后付现成本+折旧额×所得税税率

D.年现金净流量=营业收入×（1−所得税税率）−付现成本×（1−所得税税率）+折旧额

4.当项目的投资额和计算期都不相同时，进行项目分析评价宜采用的方法有（　　）。

A.净现值法　　B.年回收额法

C.差额净现值法　　D.年成本比较法

5.下列表述中，正确的说法有（　　）。

A.当净现值等于零时，项目的贴现率等于内含报酬率

B.当净现值大于零时，现值指数大于零

C.当净现值大于零时，说明投资方案可行

D.当净现值大于零时，项目的贴现率大于投资项目本身的报酬率

三、判断题

1.投资项目评价所运用的内含报酬率指标的计算结果与项目预定的贴现率高低有直接关系。（　　）

2.现金净流量是指一定期间现金流入量和现金流出量的差额。（　　）

3.投资利润率和投资回收期这两个静态指标的优点是计算简单，容易掌握，且均考虑了货币时间价值。（　　）

4.某一投资方案按10%的贴现率计算的净现值大于零，那么，该投资方案的内含报酬率大于10%。（　　）

5.如果两个投资方案的使用年限不同，比较净现值总额或总成本现值没有意义。（　　）

四、计算题

1.某企业购买机器设备价款20万元，可为企业每年增加净利润2万元，该设备可使用5年，无残值，采用直线法计提折旧。该企业的贴现率为10%。

要求：

（1）用静态法计算该投资方案的投资收益率、投资回收期，并对此投资方案做出评价。

（2）用动态法计算该投资方案的净现值、净现值率、现值指数、内含报酬率，并对此投资方案做出评价。

2.某企业投资15 500元购入一台设备，当年投入使用。该设备预计残值500元，可使用3年，按直线法计提折旧。该设备投产后，每年增加现金净流量分别为6 000元、8 000元、10 000元，企业要求的最低投资报酬率为18%。

要求：计算该投资方案的净现值、内含报酬率，并对其做出评价。

3.某一投资项目在期初一次性投入全部的投资额，当年完工并投产，投产后每年的利润相等，按直线法计提折旧，无残值，项目有效期为10年，已知项目静态投资回收期为4年。

要求：计算该投资项目的内含报酬率。

4.某企业引进一条生产流水线，投资100万元，使用期限5年，期满残值5万元，每年可使企业增加营业收入80万元，同时也增加付现经营成本30万元、税金及附加5万元，采用直线法计提折旧。假定企业要求的最低报酬率为10%，所得税税率为25%。

要求：计算该项投资的净现值，并判断其可行性。

第八章

投资决策实务

学习目标

知识目标： 通过本章的学习，要求学生理解独立方案和互斥方案的决策差异，掌握项目投资指标的运算方法，掌握固定资产更新决策方法。

技能目标： 通过本章的学习，能够运用现金净流量的计算方法确定各个项目投资方案的现金净流量，选择适当的财务指标，并据此做出合理的投资决策。

第一节 独立方案项目投资决策

独立方案是指可以同时并存而不互相排斥的方案。方案之间互不影响、互不干涉，即选择一个方案并不影响其他方案的选择。在独立方案进行投资决策时，只需要评价其财务是否可行即可。

常见的基本评价指标是动态指标，包括净现值、净现值率、现值指数和内含报酬率。如果评价指标同时满足以下条件：NPV≥0，NPVR≥0，PI≥1，IRR≥i，则项目具有财务可行性；反之，则不具备财务可行性。静态指标即投资回收期与投资利润率可作为辅助指标评价投资项目。但需要注意的是，当辅助评价指标与基本评价指标的结论发生矛盾时，应当以基本评价指标的评价结论为准。

【例8-1】某企业购入一台设备，投资总额为100 000元，采用直线法计提折旧，使用年限为5年，期末无残值，预计投产后每年可获得净利润12 000万元，假定期望报酬率为12%。

要求：判定该项目是否具备财务可行性。

设备计提折旧额$=\frac{100\ 000}{5}=20\ 000$（元）

$NCF_0=-100\ 000$元

$NCF_{1\sim5}=12\ 000+20\ 000=32\ 000$（元）

净现值的计算：

NPV=32 000×（P/A，12%，5）-100 000=32 000×3.6048-100 000=15 353.6（元）>0

净现值率的计算：

$$NPVR = \frac{15\ 353.6}{100\ 000} = 0.1535 > 0$$

现值指数的计算：

$$PI = \frac{32\ 000 \times (P/A，12\%，5)}{100\ 000} = 1.1535 > 1$$

或 $PI = NPVR + 1 = 1.1535$

内含报酬率的计算：

32 000×（P/A，IRR，5）-100 000=0

$$(P/A，IRR，5) = \frac{100\ 000}{32\ 000} = 3.125$$

IRR=18.03%

计算结果表明，该方案各项主要指标均达到或超过相应标准，所以具有财务可行性，该投资项目可行。

【例8-2】某企业拟引进一条流水线，投资额110万元，分2年投入。第1年年初投入70万元，第2年年初投入40万元，建设期为2年，净残值10万元，折旧采用直线法。在项目投产初期垫付流动资金20万元，项目使用期满仍可全部收回。该项目可使用10年，每年销售收入60万元，总成本30万元，税金及附加5万元。假定企业期望的投资报酬率为10%，所得税税率为25%。

要求：计算该项目的净现值、内含报酬率，并判断该项目是否可行。

NCF_0=-70万元

NCF_1=-40万元

NCF_2=-20万元

年折旧额=$\frac{110-10}{10}$=10（万元）

NCF_{3-11}=（60-30-5）×（1-25%）+10=28.75（万元）

NCF_{12}=28.75+（10+20）=58.75（万元）

NPV=28.75×［（P/A，10%，11）-（P/A，10%，2）］+58.75×（P/F，10%，12）-［70+40×（P/F，10%，1）+20×（P/F，10%，2）］

=28.75×（6.4951-1.7355）+58.75×0.3186-（70+40×0.9091+20×0.8264）

=32.6643（万元）

令净现值NPV=0，求解贴现率。

假设i=14%，测算NPV：

NPV=28.75×（5.4527-1.6467）+58.75×0.2076-（70+40×0.8772+20×0.7695）

=1.141（万元）

假设i=15%，测算NPV：

NPV=28.75×（5.2337-1.6257）+58.75×0.1869-（70+40×0.8690+20×0.7561）

=-5.1716（万元）

采用插入法计算IRR：

$$IRR = 14\% + \frac{1.141-0}{1.141-(-5.1716)} \times (15\%-14\%) = 14.18\% > 贴现率10\%$$

计算结果表明，净现值为32.6643万元，大于零，内含报酬率为14.18%，大于贴现率10%，所以该项目在财务上是可行的。一般来说，用净现值和内含报酬率对独立方案进行评价，不会出现相互矛盾的结论。

第二节　互斥方案项目投资决策

互斥方案是指涉及多个相互排斥，不能同时实施的投资方案。面对互斥方案时，只评价备选方案是否可行是不够的，我们需要在可行方案中选择最优方案，即互斥方案的决策过程就是在备选方案已具备项目可行性的前提下，比较方案的优劣，利用评价指标从备选方案中选择一个最优方案的过程。

由于投资项目的投资金额和项目计算期可能不一致，前提口径不一致，因而要根据各个方案的投资额和项目计算期是否相同，采用不同的方法进行评定和选择。

一、互斥方案的投资额和项目计算期相同

若互斥方案的投资额和项目计算期均相同，方案对比的前提口径是一致的，可以采用净现值法或内含报酬率法等进行项目评价和选择。净现值法是指通过比较互斥方案的净现值指标的大小来选择最优方案的方法。内含报酬率法是指通过比较互斥方案的内含报酬率指标的大小来选择最优方案的方法。净现值或内含报酬率最大的方案为优。

【例8-3】某企业现有资金100万元可用于固定资产项目投资，有A、B、C、D四个互相排斥的备选方案可供选择，这四个方案投资总额均为100万元，项目计算期为6年，贴现率为10%，现经计算可得：

NPV_A=8.1253万元　　IRR_A=13.3%

NPV_B=12.25万元　　IRR_B=16.87%

NPV_C=-2.12万元　　IRR_C=8.96%

NPV_D=10.36万元　　IRR_D=15.02%

要求：决策哪一个投资方案为最优。

因为C方案净现值为-2.12万元，小于零，内含报酬率为8.96%，小于贴现率，不符合财务可行的必要条件，所以应该舍去。

又因为A、B、D三个备选方案的净现值均大于零，且内含报酬率均大于贴现率，所以A、B、D三个方案均符合财务可行的必要条件。

并且，

$NPV_B > NPV_D > NPV_A$（12.25万元 > 10.36万元 > 8.1253万元）

$IRR_B > IRR_D > IRR_A$（16.87% > 15.02% > 13.3%）

所以，B方案最优，D方案次之，最差为A方案，故应采用B方案。

二、互斥方案的投资额不同但项目计算期相同

若互斥方案的投资额不同但项目计算期相同，可以采用差额法进行项目评价和选择。所谓差额法，是指在两个投资总额不同方案的差量现金净流量（记作△NCF）的基础上计算出差额净现值（记作△NPV）或差额内含报酬率（记作△IRR），并据以判断方案孰优孰劣的方法。

在此方法下，一般以投资额大的方案减去投资额小的方案，当△NPV≥0或△IRR≥i

时，投资额大的方案较优；反之，则投资额小的方案为优。差额净现值△NPV或差额内含报酬率△IRR的计算过程和计算技巧同净现值或内含报酬率完全一样，而不同的是其所依据的是差量现金净流量△NCF。

【例8-4】某企业有甲、乙两个投资方案可供选择，甲方案的投资额为100 000元，每年现金净流量均为30 000元，可使用5年；乙方案的投资额为70 000元，每年现金净流量分别为10 000元、15 000元、20 000元、25 000元、30 000元，使用年限为5年。甲、乙两个方案建设期均为0，假设贴现率为10%。

要求：对甲、乙方案做出选择。

因为两个方案的项目计算期相同，但投资额不相等，所以可采用差额法来评判方案是否可行。

$\triangle NCF_0$=-100 000-（-70 000）=-30 000（元）

$\triangle NCF_1$=30 000-10 000=20 000（元）

$\triangle NCF_2$=30 000-15 000=15 000（元）

$\triangle NCF_3$=30 000-20 000=10 000（元）

$\triangle NCF_4$=30 000-25 000=5 000（元）

$\triangle NCF_5$=30 000-30 000=0

$\triangle NPV_{甲-乙}$=20 000×（P/F，10%，1）+15 000×（P/F，10%，2）+10 000×（P/F，10%，3）+5 000×（P/F，10%，4）-30 000

=20 000×0.9091+15 000×0.8264+10 000×0.7513+5 000×0.6830-30 000

=11 506（元）＞0

令差额净现值△NPV=0，求解差额内含报酬率。

假设i=28%，测算△NPV：

△NPV=20 000×（P/F，28%，1）+15 000×（P/F，28%，2）+10 000×（P/F，28%，3）+5 000×（P/F，28%，4）-30 000

=20 000×0.7813+15 000×0.6104+10 000×0.4768+5 000×0.3725-30 000

=1 412.5（元）＞0

假设i=32%，测算△NPV：

△NPV=20 000×（P/F，32%，1）+15 000×（P/F，32%，2）+10 000×（P/F，32%，3）+5 000×（P/F，32%，4）-30 000

=20 000×0.7576+15 000×0.5739+10 000×0.4348+5 000×0.3294-30 000

=-244.5（元）＜0

运用插入法计算△IRR：

$$\triangle IRR=28\%+\frac{1\,412.5-0}{1\,412.5-(-244.5)}\times(32\%-28\%)$$

=31.41%>贴现率10%

计算结果表明，差额净现值为11 506元，大于零，差额内含报酬率为31.41%，大于贴现率10%，所以应选择甲方案。

三、互斥方案的投资额和项目计算期均不同

若互斥方案的投资额和项目计算期均不相同，可以采用年回收额法进行项目评价和选择。所谓年回收额法，是指通过比较所有投资方案的年等额净现值指标的大小来选择最优方案的决策方法。在此方法下，年等额净现值最大的方案为优。

年回收额法的计算步骤如下：

（1）计算各方案的净现值NPV。

（2）计算各方案的年等额净现值。若贴现率为i，项目计算期为n，则：

$$年等额净现值 = \frac{净现值}{年金现值系数} = \frac{NPV}{(P/A，i，n)}$$

（3）比较年等额净现值大小，选择最优方案。

【例8-5】某企业拟投资新建一条生产线，现有两个方案可供选择：

A方案的投资额为120万元，建设期为2年，经营期为8年，最终残值为20万元，每年可获得销售收入40万元，发生总成本和税金及附加15万元。

B方案的投资额为110万元，无建设期，经营期为8年，最终残值为10万元，每年税后利润为8.8万元。

采用直线法计提折旧，假设企业期望的最低报酬率为10%，所得税税率为25%。

要求：该企业应选择哪个方案？

因为A、B方案的项目计算期不同：

A方案项目计算期=2+8=10（年）

B方案项目计算期=0+8=8（年）

所以，评价A、B最优方案时，应采用年回收额法。

A方案的计算如下：

$$年折旧额 = \frac{120 - 20}{8} = 12.5（万元）$$

NCF_0=-120万元

$NCF_{1\sim2}$=0

$NCF_{3\sim9}$=（40-15）×（1-25%）+12.5=31.25（万元）

NCF_{10}=31.25+20=51.25（万元）

NPV=31.25×［（P/A，10%，9）-（P/A，10%，2）］+51.25×（P/F，10%，10）-120

=31.25×（5.7590-1.7355）+51.25×0.3855-120

=25.4913（万元）

$$年等额净现值A = \frac{NPV}{(P/A，i，n)} = \frac{25.4913}{(P/A，10\%，10)} = 4.1486（万元）$$

B方案的计算如下：

$$年折旧额 = \frac{110 - 10}{8} = 12.5（万元）$$

NCF_0=-110万元

$NCF_{1\sim7}$=8.8+12.5=21.3（万元）

NCF_8=21.3+10=31.3（万元）

NPV=21.3×（P/A，10%，7）+31.3×（P/F，10%，8）-110

=21.3×4.8684+31.3×0.4665-110

=8.29837（万元）

$$年等额净现值B = \frac{NPV}{(P/A，i，n)} = \frac{8.29837}{(P/A，10\%，8)} = 1.5555（万元）$$

计算结果表明，A方案的净现值大于B方案，A方案的年回收额也大于B方案，所以应采用A方案。

指标的注意事项

第三节 风险投资决策

长期投资决策涉及的时间较长，因而对未来收益和成本都很难进行准确预测，或者说，存在不同程度的不确定性或风险性。为了分层次地研究问题，在前面几节的讨论中，我们避开了风险问题，讨论了一些确定性投资决策问题。然而，风险是客观存在的，因此，本节将专门讨论风险投资决策问题。

进行风险投资分析有两类基本方法：第一类方法称为风险调整法，即对项目的风险因素进行调整，主要包括调整折现率和调整未来现金流量两方面内容；第二类方法是对项目的基础状态的不确定性进行分析，主要包括决策树法、敏感性分析、盈亏平衡分析等，这类方法通过研究投资基础状态变动对投资分析结果的影响，来测试该投资分析的适用性，进而做出最终决策。作为复杂情况下的投资分析应用，本节还将研究存在真实选择权和通货膨胀时的投资分析方法。

一、按风险调整折现率法

将与特定投资项目有关的风险报酬加入资本成本率或公司要求达到的报酬率，构成按风险调整的折现率，并据以进行投资决策分析的方法，称为按风险调整折现率法。按风险调整折现率有如下几种方法：

1. 用资本资产定价模型来调整折现率

在前面的章节中，我们讨论资本资产定价模型时曾指出，证券的风险可分为两部分：可分散风险和不可分散风险。不可分散风险是由β值来测量的；可分散风险属于公司特别风险，可通过合理的证券投资组合来消除。在进行项目投资的资本预算时，可以引入与证券总风险模型大致相同的模型——企业总资产风险模型，用公式表示为：

总资产风险=不可分散风险+可分散风险

可分散风险可通过企业的多元化经营来消除，那么在进行投资时，值得注意的风险只有不可分散风险。这时，特定投资项目按风险调整的折现率可按下列公式计算：

$$K_j=R_F+\beta_j\times(R_m-R_F)$$

式中：K_j表示项目j按风险调整的折现率或项目的必要报酬率；R_F表示无风险折现率；β_j表示项目j不可分散风险的β系数；R_m表示所有项目平均的折现率或必要报酬率。

2. 按投资项目的风险等级来调整折现率

这种方法是对影响投资项目风险的各因素进行评分，根据评分来确定风险等级，再根据风险等级来调整折现率的一种方法。按风险等级调整的折现率见表8-1。

表8-1中的分数、风险等级、折现率都是由企业管理人员根据以往的经验来设定的，具体的评分工作则应由销售、生产、技术、财务等部门组成专家小组来进行。相关的影响风险的因素可能会更多，风险状况也可能会有更多的情况。

二、按风险调整现金流量法

由于风险的存在，各年的现金流量变得不确定，为此需要按风险情况对各年的现金流量进行调整。这种先按风险调整现金流量，然后进行长期投资决策的评价方法，称为按风险调整现金流量法。其具体调整办法有很多，这里介绍最常用的肯定当量法和概率法。

表8-1　　　　按风险等级调整的折现率表

相关因素	投资项目的风险状况及得分									
	A		B		C		D		E	
	状况	得分	状况	得分	状况	得分	状况	得分	状况	得分
市场竞争	无	1	较弱	3	一般	5	较强	8	很强	12
战略上的协调	很好	1	较好	3	一般	5	较差	8	很差	12
投资回收期	1.5年	4	1年	1	2.5年	7	3年	10	4年	15
资源供应	一般	8	很好	1	较好	5	很差	15	较差	10
总分	—	14	—	8	—	22	—	41	—	49

总分	风险等级	调整后的折现率
0~8分	很低	7%
8~16分	较低	9%
16~24分	一般	12%
24~32分	较高	15%
32~40分	很高	17%
40分以上	最高	25%以上

K_A=9%	K_B=7%	K_C=12%	K_D=25%	K_E≥25%

1. 肯定当量法

在风险投资决策中，由于各年的现金流量具有不确定性，因此必须进行调整。肯定当量法就是把不确定的各年现金流量，按照一定的系数（通常称为约当系数）折算为大约相当于确定的现金流量的数量，然后利用无风险折现率来评价风险投资项目的决策分析方法。

约当系数是肯定的现金流量对与之相当的、不肯定的期望现金流量的比值，通常用d来表示，公式为：

肯定的现金流量=期望现金流量×约当系数

在进行评价时，可根据各年现金流量风险的大小，选取不同的约当系数。当现金流量确定时，可取d=1.00；当现金流量的风险很小时，可取1.00>d≥0.80；当现金流量的风险一般时，可取0.80>d≥0.40；当现金流量的风险很大时，可取0.40>d>0。

约当系数的选取可能会因人而异，敢于冒险的分析者会选用较高的约当系数，而不愿冒险的投资者可能会选用较低的约当系数。为了防止因决策者的偏好不同而造成决策的失误，有些企业根据标准离差率来确定约当系数，因为标准离差率是衡量风险大小的一个很好的指标，用其来确定约当系数是合理的。标准离差率与约当系数的经验对照关系见表8-2。

表8-2 **标准离差率与约当系数的经验对照关系表**

标准离差率	约当系数
0.01~0.07	1
0.08~0.15	0.9
0.16~0.23	0.8
0.24~0.32	0.7
0.33~0.42	0.6
0.43~0.54	0.5
0.55~0.70	0.4
⋮	⋮

有时，也可以对不同的分析人员各自给出的约当系数进行加权平均，用这个加权平均约当系数对未来不确定的现金流量进行折算。在约当系数确定后，决策分析就比较容易了。

【例8-6】假设某公司准备进行一项投资，其各年的预计现金流量和分析人员确定的约当系数见表8-3，无风险折现率为12%。

表8-3 **项目的现金流量和约当系数**

时间（t）	0	1	2	3	4
NCF_t（元）	-20 000	10 000	8 000	6 000	5 000
d_t	1.0	0.95	0.9	0.8	0.7

要求：试判断此项目是否可行。

根据以上资料，利用净现值法进行评价：

NPV=0.95×10 000×（P/F，12%，1）+0.9×8 000×（P/F，12%，2）+0.8×6 000×（P/F，12%，3）+0.7×5 000×（P/F，12%，4）+1.0×（-20 000）

=0.95×10 000×0.893+0.9×8 000×0.797+0.8×6 000×0.712+0.7×5 000×0.636-20 000

=-134.5（元）

从上述分析可以看出，按风险程度对现金流量进行调整后，计算出的净现值为负数，所以不能进行投资。

采用肯定当量法来调整现金流量，进而做出投资决策，克服了调整折现率法夸大远期风险的缺点，但如何准确、合理地确定约当系数是一个难度很大的问题。

2. 概率法

概率法是指通过发生的概率来调整各期的现金流量，并计算投资项目的年期望现金流量和期望净现值，进而对风险投资做出评价的一种方法。概率法适用于各期现金流量相互独立的投资项目，各期的现金流量相互独立即指前后各期的现金流量互不相关。运用概率法时，各年的期望现金流量计算公式为：

$$NCF_t = \sum_{t=0}^{n} NCF_{ti} \times P_{ti}$$

式中：NCF_t表示第t年的期望净现金流量；NCF_{ti}表示第t年的第i种结果的净现金流量；P_{ti}表示第t年的第i种结果发生的概率；n表示第t年可能结果的数量。

投资项目的期望净现值可按下列公式计算：

$$NPV = \sum_{t=0}^{m} NCF_t \times (P/F, k, t)$$

式中：NPV表示投资项目的期望净现值；(P/F，k，t)表示折现率为k，第t年的复利现值系数；m表示未来现金流量的期数。

【例8-7】某公司的一个投资项目各年的现金流量及其概率情况见表8-4，公司的资本成本率为16%。

表8-4　**项目的现金流量及其概率情况**　金额单位：元

第0年		第1年		第2年		第3年		第4年	
概率	NCF_0	概率	NCF_1	概率	NCF_2	概率	NCF_3	概率	NCF_4
1.00	−50 000	0.3	15 000	0.2	20 000	0.4	15 000	0.2	25 000
		0.4	20 000	0.5	30 000	0.4	25 000	0.6	20 000
		0.3	25 000	0.3	10 000	0.2	35 000	0.2	20 000

要求：试判断此项目是否可行。

各年的期望净现金流量计算过程如下：

$NCF_0 = -50\,000 \times 1.00 = -50\,000$（元）

$NCF_1 = 15\,000 \times 0.3 + 20\,000 \times 0.4 + 25\,000 \times 0.3 = 20\,000$（元）

$NCF_2 = 20\,000 \times 0.2 + 30\,000 \times 0.5 + 10\,000 \times 0.3 = 22\,000$（元）

$NCF_3 = 15\,000 \times 0.4 + 25\,000 \times 0.4 + 35\,000 \times 0.2 = 23\,000$（元）

$NCF_4 = 25\,000 \times 0.2 + 20\,000 \times 0.6 + 20\,000 \times 0.2 = 21\,000$（元）

计算投资项目的期望净现值：

$$\begin{aligned} NPV &= NCF_0 + NCF_1 \times (P/F, 16\%, 1) + NCF_2 \times (P/F, 16\%, 2) + NCF_3 \times (P/F, 16\%, 3) + NCF_4 \times (P/F, 16\%, 4) \\ &= -50\,000 + 20\,000 \times 0.862 + 22\,000 \times 0.743 + 23\,000 \times 0.641 + 21\,000 \times 0.552 \\ &= 9\,921 \text{（元）} \end{aligned}$$

因为计算出的期望净现值大于零，所以，该项目可以进行投资。

第四节　投资项目的敏感分析

敏感分析是投资项目评价中常用的一种研究不确定性的方法。它在确定性分析的基础上，进一步分析不确定性因素对投资项目的最终经济效果指标的影响及其影响程度。

敏感因素一般可选择主要参数（如销售收入、经营成本、生产能力、初始投资、寿命期、建设期、投产期等）进行分析。若某参数的小幅度变化能够导致经济效果指标的较大变化，则称此参数为敏感因素；反之，则称其为非敏感因素。

一、敏感分析的作用

敏感分析的主要作用如下：

（1）确定影响项目经济效益的敏感因素，寻找影响最大、最敏感的主要变量因素并进一步分析、预测或估算其影响程度，找出产生不确定性的根源，采取相应的有效措施。

（2）计算主要变量因素的变化引起项目经济效益评价指标变动的范围，使决策者全面了解建设项目投资方案可能出现的经济效益变动情况，以减少和避免不利因素的影响，改善和提高项目的投资效果。

（3）通过各种方案敏感度大小的对比，区别敏感度大或敏感度小的方案，选择敏感度小的即风险小的项目作为投资方案。

（4）通过对可能出现的最有利与最不利的经济效果变动范围的分析，为决策者预测可能出现的风险程度，并对原方案采取某些控制措施或寻找可替代方案，为最终确定可行的投资方案提供可靠的决策依据。

二、敏感分析的方法

敏感分析是一项有广泛用途的分析技术。投资项目的敏感分析，通常是在假定其他变量不变的情况下，测定某一个变量发生特定变化时对净现值（或内含报酬率）的影响。敏感分析主要包括最大最小法和敏感程度法两种分析方法。

1. 最大最小法

最大最小法的主要步骤如下：

（1）给定计算净现值的每个变量的预期值。计算净现值时需要使用预期的原始投资、营业现金流入、营业现金流出等变量，这些变量都是最可能发生的数值，称为预期值。

（2）根据变量的预期值计算净现值，由此得出的净现值称为基准净现值。

（3）选择一个变量并假设其他变量不变，令净现值等于零，计算选定变量的临界值。如此往复，测试每个变量的临界值。

通过上述步骤，可以得出使基准净现值由正值变为负值（或相反）的各变量最大（或最小）值，可以帮助决策者认识项目的特有风险。

【例8-8】A公司拟投产一个新产品，预期每年增加税后营业现金流入100万元，增加税后营业现金流出69万元；预计需要初始投资90万元，项目寿命为4年；假定所得税税率为20%。该公司有关数据见表8-5中的“预期值”栏，根据各项预期值计算的净现值为22.53万元。

表8-5　**最大最小法**　金额单位：万元

项目	预期值	税后营业流入最小值	税后营业流出最大值
每年税后营业现金流入	100	*92.89*	100
每年税后营业现金流出	69	69	*76.11*
折旧抵税（20%）	4.5	4.5	4.5
每年税后营业现金净流量	35.5	28.39	28.39
年金现值系数（10%，4年）	3.1699	3.1699	3.1699
营业现金净流入总现值	112.53	90	90
初始投资	90	90	90
净现值	22.53	0	0

由于各变量具有不确定性，据此计算的净现值也具有不确定性。假设主要的不确定性来自营业现金流，因此，只需分析营业流入和营业流出变动对净现值的影响。首先，分析

营业流入变动的影响：令净现值等于零，其他因素不变，求解此时的税后营业现金流入，其结果为92.89万元。该数据表示，如果每年税后营业现金流入下降到92.89万元，则净现值变为零，该项目不再具有投资价值。其次，分析营业流出变动的影响：令净现值等于零，因素保持基准状态，求解此时的税后营业现金流出，其结果为76.11万元。该数据表示，如果每年税后营业现金流出上升至76.11万元，该项目不再具有投资价值。如果决策者对于上述最小营业流入和最大营业流出有信心，则项目是可行的；如果相反，决策者认为现金流入很可能低于上述最小值，或者现金流出很可能超过上述最大值，则项目风险很大，应慎重考虑是否承担该风险。

还可以分析初始投资额、项目的寿命等临界值，或者进一步分析营业现金流量的驱动因素，如销售最小值、单价最小值、单位变动成本最大值等，进而更全面地认识项目风险。

2. 敏感程度法

敏感程度法的主要步骤如下：

（1）计算项目的基准净现值（方法与最大最小法相同）。

（2）选定一个变量，如每年税后营业现金流入，假设其发生一定幅度的变化，而其他因素不变，重新计算净现值。

（3）计算选定变量的敏感系数，公式为：

敏感系数=目标值变动百分比÷选定变量变动百分比

它表示选定变量变化1%时导致目标值变动的百分数，可以反映目标值对于选定变量变化的敏感程度。

（4）根据上述分析结果，对项目的敏感性做出判断。

依照表8-5中的相关数据，首先计算税后营业现金流入增减5%和增减10%（其他因素不变）的净现值，以及税后营业现金流入变动对净现值的敏感程度（具体计算过程见表8-6）。然后按照同样的方法，分别计算税后营业现金流出和初始投资变动对净现值的影响（具体计算过程见表8-7和表8-8）。

表8-6 **敏感程度法——每年税后营业现金流入变化** 金额单位：万元

项目	-10%	-5%	基准情况	+5%	+10%
每年税后营业现金流入	90	95	100	105	110
每年税后营业现金流出	69	69	69	69	69
折旧抵税（20%）	4.5	4.5	4.5	4.5	4.5
每年税后营业现金净流量	25.5	30.5	35.5	40.5	45.5
年金现值系数（10%，4年）	3.1699	3.1699	3.1699	3.1699	3.1699
营业现金净流入总现值	80.83	96.68	112.53	128.38	144.23
初始投资	90	90	90	90	90
净现值	-9.17	6.68	22.53	38.38	54.23
税后营业现金流入的敏感程度	［（54.23-22.53）÷22.53］÷10%=140.7%÷10%=14.07				

表8-7　**敏感程度法——每年税后营业现金流出变化**　金额单位：万元

项目	-10%	-5%	基准情况	+5%	+10%
每年税后营业现金流入	100	100	100	100	100
每年税后营业现金流出	62.1	65.55	69	72.45	75.9
折旧抵税（20%）	4.5	4.5	4.5	4.5	4.5
每年税后营业现金净流量	42.4	38.95	35.5	32.05	28.6
年金现值系数（10%，4年）	3.1699	3.1699	3.1699	3.1699	3.1699
营业现金净流入总现值	134.4	123.47	112.53	101.6	90.66
初始投资	90	90	90	90	90
净现值	44.4	33.47	22.53	11.6	0.66
税后营业现金流出的敏感程度	［（0.66-22.53）÷22.53］÷10%=-97.07%÷10%=-9.71				

表8-8　**敏感程度法——初始投资变化**　金额单位：万元

项目	-10%	-5%	基准情况	+5%	+10%
每年税后营业现金流入	100	100	100	100	100
每年税后营业现金流出	69	69	69	69	69
折旧抵税（20%）	4.05	4.275	4.5	4.725	4.95
每年税后营业现金净流量	35.05	35.275	35.5	35.725	35.95
年金现值系数（10%，4年）	3.1699	3.1699	3.1699	3.1699	3.1699
营业现金净流入总现值	111.1	111.82	112.53	113.24	113.96
初始投资	81	85.5	90	94.5	99
净现值	30.1	26.32	22.53	18.74	14.96
初始投资的敏感程度	［（14.96-22.53）÷22.53］÷10%=-33.6%÷10%=-3.36				

上列表中分别计算了三个变量变化一定百分比对净现值的影响，向决策人展示了不同前景出现时的后果。这些信息可以帮助决策人认识项目的特有风险和应关注的重点。例如，税后营业现金流入降低10%就会使该项目失去投资价值，若这种可能性较大，就应考虑放弃项目，或者重新设计项目加以避免，至少要有应对的预案。该变量是引发净现值变化的主要敏感因素，营业收入每减少1%，项目净现值就损失14.07%，或者说营业收入每增加1%，项目净现值就提高14.07%。若实施该项目，应予以重点关注。次要敏感因素是税后营业现金流出，相对不敏感的因素是初始投资，但都具有一定的影响。因此，从总体上看该项目风险较大。

敏感分析是一种最常用的风险分析方法，计算过程简单，易于理解，但也存在其局限性，主要有：（1）在进行敏感分析时，只允许一个变量发生变动，而假设其他变量保持不变，但在现实世界中这些变量通常是相互关联的，会一起发生变动，只是变动的幅度不同；（2）每次测算一个变量变化对净现值的影响，可以提供一系列分析结果，但是没有给出每一个数值发生的可能性。

【课程思政要点】

通过对投资决策实务的学习，可以得到两点启发：其一，在认识世界时，由于规律隐藏在事物的内部，我们只有发挥主观能动性，才能透过现象认识、把握事物的规律。例如，通过独立方案或互斥方案的选择，找到企业的最优投资决策。其二，在改造世界时，我们应该发挥主观能动性，根据实践目的的需要改变规律赖以发挥作用的条件，从而限制和防止规律的有害作用，利用其有利作用。例如，在项目投资决策时，应结合企业战略发展目标做出决策，而非通过简单的财务指标直观地判断项目的好坏。

【复习思考】

1.在进行投资项目的现金流量估计时，需要考虑哪些因素？

2.税负与折旧对投资有什么影响？

3.应使用什么方法进行固定资产更新决策？

4.在使用风险性投资分析方法时，应如何看待其有效性和局限性？

【练习题】

一、单项选择题

1.在进行投资项目评价时，投资者要求的风险报酬取决于该项目的（　　）。

A.经营风险　　B.财务风险　　C.系统风险　　D.特有风险

2.某项目β系数为1.5，无风险报酬率为10%，所有项目平均必要报酬率为14%，则该项目按风险调整的折现率为（　　）。

A.14%　　B.15%　　C.16%　　D.18%

3.下列各项中，属于辅助指标的是（　　）。

A.净现值　　B.回收期　　C.现值指数　　D.内含报酬率

4.当折现率和内含报酬率相等时，（　　）。

A.净现值小于零　　B.净现值等于零

C.净现值大于零　　D.不确定

5.在投资决策中，对于互斥方案来说，最佳的评价方法是（　　）。

A.净现值　　B.平均报酬率　　C.现值指数　　D.内含报酬率

二、多项选择题

1.独立方案选择时，可以采用的方法有（　　）。

A.净现值　　B.净现值率　　C.现值指数　　D.内含报酬率

2.互斥方案投资额不同而项目计算期相同时，可以采用的方法有（　　）。

A.差额净现值　　B.投资回收期　　C.会计收益率　　D.差额内含报酬率

3.下列分析方法中，属于风险决策分析方法的有（　　）。

A.最小公倍寿命法　　B.敏感性分析法

C.肯定当量法　　D.盈亏平衡分析法

4.敏感分析主要包括的分析方法有（　　）。

A.最大最小法　　B.敏感程度法

C.本量利分析法　　　　D.约当产量法

5.敏感因素一般可选择的主要参数有（　　）。

A.销售收入　　B.经营成本　　C.初始投资　　D.建设期

三、判断题

1.项目投资决策只需要考虑动态指标，不需要考虑静态指标。（　　）

2.在互斥方案选择中，动态指标净现值和内含报酬率可能会出现相反结论。（　　）

3.静态指标投资回收期与投资利润率可作为辅助指标评价投资项目。（　　）

4.互斥方案选择时，只需要比较方案的优劣，从中选择一个最好的即可。（　　）

5.互斥方案的投资额和项目计算期均不相同，可比较方案净现值大小来判定最优方案。（　　）

6.差额法下，一般选择以投资额大的方案减去投资额小的方案获取差额现金净流量。（　　）

7.敏感分析是投资项目评价中常用的一种研究确定性的方法。（　　）

8.敏感分析主要包括最大最小法和敏感程度法两种分析方法。（　　）

9.敏感分析是一种最常用的风险分析方法，允许多个变量发生变动。（　　）

10.采用按风险调整现金流量法计算净现值时，使用的折现率是按风险进行调整后的折现率。（　　）

四、计算题

1.某企业拟在计划年度更新某设备。原有设备账面净值为6 000元，尚可使用5年，5年后的残值为1 000元，每年付现成本为15 000元。拟购置的新设备价款35 000元，预计使用年限为5年，5年后的残值为原价的5%，每年付现成本为1 500元。假如年初更新设备即可投入使用，原有设备即可变现，变现价值为800元。新、旧设备均采用直线法计提折旧，假定所得税税率为25%，贴现率为12%。

要求：以净现值指标为决策依据，判断该企业是否应采用售旧购新的方案。

2.某公司拟生产一种新产品，需购置一套专用设备，预计价款900 000元，需追加流动资金145 822元。该设备计提折旧5年，采用直线法计提，净残值率为零。该新产品预计销售单价为20元/件，单位变动成本为12元/件，固定成本为500 000元（不包括折旧）。假定该公司的所得税税率为25%，投资的最低报酬率为10%。

要求：计算净现值为零时的销售量水平（计算结果保留整数）。

第九章

短期资产管理

学习目标

知识目标： 通过本章的学习，了解营运资金的含义、特点及管理原则，熟悉现金管理、短期金融资产管理、应收账款管理和存货管理的有关概念及基本原理。

技能目标： 通过本章的学习，掌握营运资金管理的各种相关管理模型的计算方法，能够按照存货控制的经济批量模型确定存货的经济订货批量，能够按照信用条件优化的定量分析方法制定较优的信用政策，提高营运资金的管理能力。

第一节 短期资产概述

一、短期资产的特征与分类

1. 短期资产的特征

短期资产又称流动资产，是指可以在1年以内或超过1年的一个营业周期内变现或耗用的资产。短期资产具有占用时间短、周转快、易变现等特点，企业拥有较多的短期资产，可以在一定程度上降低财务风险。

与长期投资、固定资产、无形资产、递延资产等各种长期资产相比，短期资产具有以下几个突出的特点：

（1）周转速度快。企业投资于短期资产上的资金周转一次所需要的时间较短，通常会在1年或一个营业周期内收回；固定资产等长期资产的价值则需要经过多次转移才能逐步收回或得以补偿。

（2）变现能力强。短期资产中的库存现金、银行存款项目本身就可以随时用于支付、偿债等经济业务，其他的短期金融资产、存货、应收账款等也能在较短的时间内变现。

（3）财务风险小。公司拥有较多的短期资产，由于周转快、易变现，可以在一定程度上降低财务风险。

短期资产过多，会增加企业的财务负担，影响企业的利润；相反，短期资产不足，则表明企业资金周转不灵，会影响企业的经营。因此，合理配置短期资产需要量在财务管理中具有重要地位。企业在一定生产周期内所需的比较合理的短期资产占用量，应是既能保证生产经营的正常需要，又无积压和浪费的占用量。

2. 短期资产的分类

按照不同的标准，可以将短期资产划分为不同的类别。

1）按照实物形态，可以将短期资产分为现金、短期金融资产、应收及预付款项和存货

（1）现金，是指可以立即用来购买物品、支付各项费用或用来偿还债务的交换媒介或支付手段。其主要包括库存现金和银行活期存款，有时也将即期或到期的票据看作现金。现金是短期资产中流动性最强的资产，可以直接支用，也可以立即投入流通。拥有大量现金的企业具有较强的偿债能力和承担风险的能力。但因为现金不会带来收益或只有极低的收益，所以，财务管理比较健全的企业并不会持有过多的现金。

（2）短期金融资产，是指各种准备随时变现的有价证券以及不超过1年的其他投资，其中主要是指有价证券投资。企业通过持有适量的短期金融资产，一方面能获得较好的收益；另一方面能增强企业整体资产的流动性，降低企业的财务风险。因此，适当持有短期金融资产是一种较好的财务策略。

（3）应收及预付款项，是指企业在生产经营过程中所形成的应收而未收的或预先支付的款项，包括应收账款、应收票据、其他应收款和预付账款。在市场经济条件下，为了加强市场竞争能力，企业拥有一定数量的应收及预付款项是不可避免的。企业应力求加快账款的回收，以减少坏账损失。

（4）存货，是指企业在生产经营过程中为销售或者耗用而储存的各种资产，包括库存商品、产成品、半成品、在产品、原材料、辅助材料、低值易耗品、包装物等。由于存货在短期资产中所占的比重较大，因此，加强存货的管理与控制，使存货保持在最优水平上，便成为财务管理的一项重要内容。

2）按照在生产经营循环中所处的流程，可以将短期资产分为生产领域中的短期资产、流通领域中的短期资产以及生息领域中的短期资产。

（1）生产领域中的短期资产，是指在产品生产过程中发挥作用的短期资产，如原材料、辅助材料、低值易耗品等。

（2）流通领域中的短期资产，是指在商品流通过程中发挥作用的短期资产。商品流通企业的短期资产均为流通领域中的短期资产，工业企业短期资产中的产成品、现金、外购商品等也属于流通领域中的短期资产。

（3）生息领域中的短期资产，是指为获取利息收入而持有的短期资产，包括定期存款、短期有价证券等短期金融资产。企业通过将短期闲置的现金资产存入银行或者购买短期金融资产，可以在保持资产流动性的同时获得一定的利息收入。

二、短期资产的持有政策

由于不同类型的短期资产在流动性、盈利性与风险性上存在差异，因此，企业不仅要

确定短期资产在总资产中所占的比重，还要合理确定不同类型短期资产的持有水平。

1. 影响短期资产政策的因素

企业在权衡确定短期资产的最优持有水平时，应当综合考虑如下因素：

（1）风险与报酬。一般而言，持有大量的短期资产可以降低企业的风险，因为当企业不能及时清偿债务时，短期资产可以迅速转化为现金，而长期资产的变现能力通常较差。但是，如果短期资产过多，将大部分资金都投放在短期资产上，则会降低企业的投资报酬率。因此，这要求财务人员对风险和报酬进行认真权衡，选择最佳的短期资产持有水平。

（2）企业所处的行业。不同行业的经营范围不同，资产组合也有较大的差异。

（3）企业规模。企业规模对资产组合也有重要影响，随着企业规模的扩大，短期资产的比重有所下降，这是因为：①与小型企业相比，大型企业有较强的筹资能力，当企业出现不能偿付的风险时，可以迅速筹集资金，因而其能够承担较大的风险，所以可以只使用较少的短期资产而使用更多的固定资产。②大型企业因其实力雄厚，机械设备的自动化水平较高，故应在固定资产上进行较多的投资。

（4）外部筹资环境。一般而言，在外部市场较为发达、筹资渠道较为畅通的环境下，企业为了增强整体的盈利能力，通常会减少对盈利能力不强的短期资产的投资，这将直接导致短期资产在总资产中比重的降低。

2. 短期资产政策的类型

根据短期资产和销售额之间的数量关系，可以将企业的短期资产持有政策分为以下三种类型（如图9-1所示）。

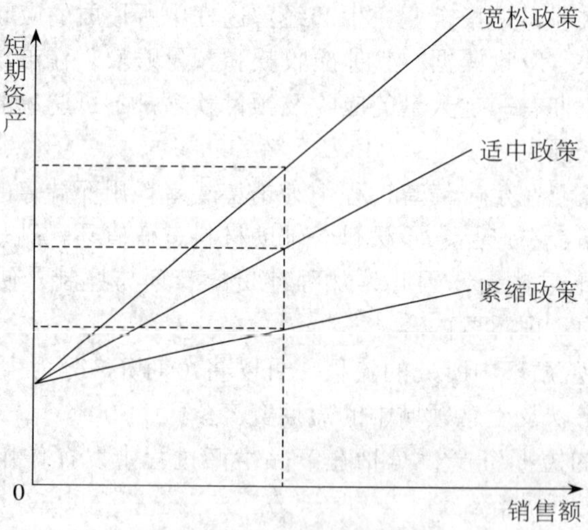

图9-1　短期资产持有政策类型

（1）宽松的持有政策。

宽松的持有政策要求企业在一定的销售水平上保持较多的短期资产，这种政策的特点是报酬低、风险小。该政策下，企业拥有较多的现金、短期有价证券和存货，能够按期支付到期债务，并且为应付不确定情况保留了大量资金，使风险大大降低；但由于现金、短期有价证券投资报酬率较低，存货占用使资金营运效率偏低，从而降低了企业的盈利水平。

（2）适中的持有政策。

适中的持有政策要求企业在一定的销售水平上保持适中的短期资产，既不过高也不过低，流入的现金恰好满足支付的需要，存货也恰好满足生产和销售所用。这种政策的特点是报酬和风险的平衡。在企业能够比较准确地预测未来经济状况时，可以采用该政策。

（3）紧缩的持有政策。

紧缩的持有政策要求企业在一定的销售水平上保持较低的短期资产，这种政策的特点是报酬高、风险大。此时，企业的现金、短期有价证券、存货和应收账款等短期资产降到最低限度，可降低资金占用成本，增加企业收益；但同时也可能由于资金不足造成拖欠货款或不能偿还到期债务等不良情况，加剧企业风险。在外部环境相对稳定，企业能够非常准确地预测未来的情况下，可以采用该政策。

理论上说，如果企业面对的所有内外情况都是一定的，如销售额、订货时间、付款时间等，那么企业只需持有能够满足需要的最低数量的短期资产。超过这个最低数量的短期资产不仅不会增加企业利润，而且会使企业发生额外的管理费用；低于这个最低数量的短期资产会使企业出现存货短缺、支付困难等情况，或者必须制定严格的应收账款管理政策。

但是，在实际经济生活中往往存在许多难以预计的不确定性。短期资产的占用水平是由企业的内外条件等多种因素共同作用形成的结果，这些因素都是不断变化的，因此很难恰当地对适中政策的短期资产持有量加以量化。在财务管理实践中，企业应当根据自身的具体情况和环境条件，对未来进行合理预测，使短期资产与短期负债尽量匹配，确定一个对企业较为适当的短期资产持有量。

三、短期资产政策对风险和报酬的影响

企业所持有的不同资产，对企业风险和报酬产生的影响也是不同的。

如前所述，较多地投资于短期资产可以降低企业的财务风险。这是因为，当企业不能及时偿付债务时，短期资产可以迅速地转化为现金以偿还债务。

但是，如果短期资产投资过多，造成流动资产的相对闲置，而长期资产却又相对不足，这会使企业生产能力降低，从而减少企业盈利。

总之，在资产总额和筹资组合都保持不变的情况下，如果长期资产减少而短期资产增加，就会降低企业的风险，但也会减少企业的盈利；反之，如果长期资产增加而短期资产减少，则会增加企业的风险和盈利。所以，在确定资产组合时，将面临风险和报酬的权衡问题。

第二节　营运资金管理

一、营运资金的概念

营运资金是指在企业生产经营活动中占用在短期资产上的资金。营运资金有广义和狭义之分。广义的营运资金，是指总营运资金，简单来说就是在生产经营活动中的短期资产；狭义的营运资金，是指净营运资金，是短期资产减去短期负债的差额，是企业在生产经营中可用流动资产的净额。通常所说的营运资金多指狭义的营运资金。

营运资金管理主要解决两个问题：一是如何确定短期资产的最佳持有量；二是如何筹措短期资金。具体而言，这两个问题分别涉及每一种短期资产以及每一种短期负债的管理

方式与管理策略的制定。因此，从本质上看，营运资金管理包含了短期资产和短期负债的各个项目，体现了对公司短期性财务活动的概括。通过对营运资金的分析，我们可以了解短期资产流动性、短期资产变现能力和短期偿债能力。

二、营运资金管理的基本要求

对营运资金进行管理，就是对企业短期资产和短期负债的管理，既要保证有足够的资金满足企业生产经营需要，又要保证企业能够按时、足额地偿还各种到期债务。企业营运资金管理的基本要求是：

（1）合理确定营运资金的需要量。

企业营运资金的需要量取决于生产经营规模和营运资本的周转速度，同时也受到市场及产、供、销情况的影响。企业应综合考虑各种因素，合理确定营运资本的需要量，既要保证企业经营需要，又不能因安排过量而浪费。

（2）在保证生产经营需要的前提下，节约使用资金。

营运资金具有流动性强的特点，但是流动性越强的资产，其收益性就越差。例如，如果企业的资产全部都是现金，则不能带来任何投资收益（将现金存入银行而获得的利息收入对企业而言算不上真正的投资收益）。如果企业持有的营运资金过多，会降低企业的收益。因此，企业在保证生产经营需要的前提下，要控制流动资金的占用，使其纳入计划预算的良性范围。

（3）加速营运资本的周转，提高资金的利用效率。

当企业的生产经营规模一定时，短期资产的周转速度与流动资金的需要量呈反向变化。适度加快存货的周转，缩短应收账款的收款期，延长应付账款的付款期，可以减少营运资本的需要量，从而提高资金的利用效率。

（4）合理安排短期资产与短期负债的比例关系，保障企业有足够的短期偿债能力。

企业的短期负债主要是用短期资产来偿付的。当企业的短期资产相对短期负债过少时，一旦短期负债到期，而企业又无法通过其他途径筹措到短期资金，就容易出现到期无法偿债的情况。因此，企业要安排好二者的比例关系，从而保证有足够的资金偿还短期负债。

第三节 现金管理

现金是比较特殊的资产，一方面，其流动性最强，代表着企业直接的支付能力和应变能力；另一方面，其收益性最弱。现金管理的过程就是管理人员在现金的流动性与收益性之间进行权衡选择的过程，既要维护适度的流动性，又要尽可能提高其收益性。

一、现金管理的动机与成本

1. 现金的概念

现金是指企业以各种货币形态占用的资产，包括库存现金、银行存款以及其他货币资金。现金管理的目标是在现金的流动性和收益性之间进行合理选择，即在保证正常业务经营需要的同时，尽可能降低现金的占用量，并从暂时闲置的现金中获得最大的投资收益。

2. 持有现金的动机

企业持有现金往往出于以下动机：

（1）交易动机。

在企业的日常经营中，为了生产销售的正常运行必须保持一定的现金余额。销售产品得到的收入往往不能马上收到现金，而采购原材料、支付工资等则需要现金支持，为了进一步的生产交易，需要一定的现金余额。所以，基于这种企业购、产、销行为需要的现金，就是交易动机要求的现金持有。

（2）补偿动机。

银行为企业提供服务时，往往需要企业在银行中保留存款余额来补偿服务费用。同时，银行贷给企业款项也需要企业在银行中有存款以保证银行的资金安全。这种出于银行要求而保留在企业银行账户中的存款，就是补偿动机要求的现金持有。

（3）预防动机。

现金的流入和流出经常是不确定的，这种不确定性取决于企业所处的外部环境和自身经营条件的好坏。为了应对一些突发事件和偶然情况，企业必须持有一定的现金余额来保证生产经营的安全顺利进行，这就是预防动机要求的现金持有。

（4）投资动机。

企业在保证生产经营正常进行的基础上，还希望有一些回报率较高的投资机会，此时也需要企业持有现金，这就是投资动机对现金的需求。

大多数企业持有的现金余额都是出于以上四个方面的考虑。但是，由于各种条件的变化，每一种动机需要的现金数量是很难确定的，而且往往一笔现金余额可以服务于多个动机，如出于预防或投资动机持有的现金就可以在需要时用于企业采购。所以，企业必须综合考虑多方面因素，合理分析企业的现金状况。

3. 持有现金的成本

企业持有现金会带来以下四种成本：

（1）机会成本。

现金作为企业的一项资金占用，是有代价的，这种代价就是它的机会成本。现金资产的流动性极佳，但盈利性极差。持有现金则不能将其投入生产经营活动，失去因此而获得的收益。企业为了经营业务，有必要持有一定的现金，以应付意外的现金需要。但现金拥有量过多，机会成本代价大幅度上升，就不合算了。

（2）管理成本。

管理成本是指企业因持有一定数量的现金而发生的管理费用，如管理人员工资及必要的安全措施费。这部分费用在一定范围内与现金持有量的多少关系不大，一般属于固定成本。

（3）短缺成本。

短缺成本是指因缺乏必要的现金，不能应付业务开支的需要，而使企业蒙受损失或为此付出的代价。现金的短缺成本随现金持有量的增加而下降，随现金持有量的减少而上升。

（4）转换成本。

转换成本是指企业用现金购入有价证券以及转让有价证券换取现金时付出的交易费用，如委托买卖佣金、委托手续费、证券过户费、交割手续费等。证券转换成本与现金持有量的关系是：在现金需要量既定的前提下，现金持有量越少，证券变现的次数就越多，相应的转换成本就越大；反之，现金持有量越多，证券变现的次数就越少，需要的转换成本也就越小。因此，现金持有量的不同必然会通过证券变现次数的多少而对转换成本产生影响。

4. 现金管理的内容

现金管理的主要内容包括：编制现金收支计划，以便合理估计未来的现金需求；对日常的现金收支进行控制，力求加速收款、延缓付款；用特定的方法确定最佳现金余额，当企业实际的现金余额与最佳的现金余额不一致时，采用短期筹资策略，或采用归还借款和投资于有价证券等策略来达到理想状况。

二、最佳现金持有量的确定

如上所述，企业在生产经营过程中为了满足交易、预防、投机等需要，必须置存一定数量的现金，但现金持有太多或太少都对企业不利。最佳现金持有量，就是使有关成本之和最小的现金持有数额。

当前应用较为广泛的现金持有量决策方法主要包括：成本分析模型、存货分析模型以及随机模型。

1. 成本分析模型

成本分析模型是根据现金有关成本，分析预测其总成本最低时现金持有量的一种方法。企业持有现金资产需要负担一定的成本，其中与现金持有量关系最为密切的是机会成本和短缺成本。其用公式表示为：

机会成本=现金持有量×有价证券利率

持有现金总成本=机会成本+短缺成本

图9-2对这两种现金持有成本与现金持有量的关系进行了描述。当两种成本之和，即总成本达到最小值时，企业所持有的现金水平为最佳持有量。

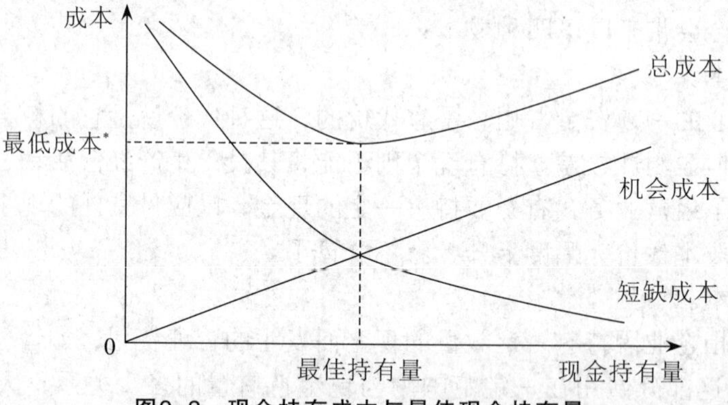

图9-2 现金持有成本与最佳现金持有量

最佳现金持有量的成本分析模式，可以先计算出各种方案的机会成本和短缺成本之和，再从中选出总成本之和最低的现金持有量，即为最佳现金持有量。在实际工作中，运用成本分析模型确定最佳现金持有量的具体步骤为：

（1）根据不同现金持有量测算各备选方案的有关成本数值；

（2）按照不同现金持有量及其有关部门成本资料，计算各备选方案的机会成本和短缺成本之和，即总成本，并编制最佳现金持有量测算表；

（3）从测算表中找出相关总成本最低时的现金持有量，即最佳现金持有量。

【例9-1】天一公司现有四种现金持有方案，其各自的机会成本、短缺成本见表9-1。

表9-1　**现金持有方案**　金额单位：元

项目	方案一	方案二	方案三	方案四
现金持有量	80 000	100 000	120 000	150 000
管理成本	6 000	6 000	6 000	6 000
机会成本率	8%	8%	8%	8%
短缺成本	12 000	6 800	4 500	3 000

要求：通过对四种方案的测算，确定该公司的最佳现金持有量。

根据表9-1中的现金持有方案进行最佳现金持有量的测算，具体见表9-2。

表9-2　**现金持有总成本**　单位：元

项目	方案一	方案二	方案三	方案四
现金持有量	80 000	100 000	120 000	150 000
机会成本	6 400	8 000	9 600	12 000
短缺成本	12 000	6 800	4 500	3 000
总成本	18 400	14 800	14 100	15 000

对以上四种方案的总成本加以比较可知，方案三的总成本最低，也就是说，当企业持有120 000元现金时，各方面的总代价最低，对企业最合算，故120 000元是企业的最佳现金持有量。

2. 存货分析模型

根据上面的分析我们已经知道，企业平时持有较多的现金，会降低现金的短缺成本，但也会增加现金占用的机会成本；而平时持有较少的现金，则会增加现金的短缺成本，却能减少现金占用的机会成本。如果企业平时只持有较少的现金，在有现金的需要时（如手头的现金用尽），通过出售有价证券换回现金（或从银行借入现金），便既能满足现金的需要，避免短缺成本，又能减少机会成本。但是，如果每次任意地进行有价证券与现金的转换，还是会加大企业的成本。因此，如何确定有价证券与现金的每次转换量，是一个需要研究的问题。这可以应用现金持有量的存货模式加以解决。

现金持有量的存货分析模型，又称鲍曼模型，是威廉·鲍曼（William Baumol）提出的用以确定目标现金持有量的模型。存货分析模式是借用存货管理经济批量公式来确定最佳货币资金持有量的一种方法。这一模型的使用有如下假设条件：

（1）企业在某一段时期内需用的货币资金已事先筹措得到，并以短期有价证券的形式存放在证券公司。

（2）企业对货币资金的需求是均匀、稳定、可知的，可通过分批抛售有价证券取得。

（3）短期有价证券的利率稳定、可知。

（4）每次将有价证券变现的交易成本可知。

假设企业0时点持有现金N元，由于现金流入的速度小于现金流出的速度，在t_1时点企业的现金余额下降为零，此时，企业通过出售价值N元的有价证券补充现金。随后，当现金余额在t_2时点再次下降为零时，企业再次出售价值N元的有价证券。这一过程不断重复，图9-3形象地描述了存货分析模型的运动过程。

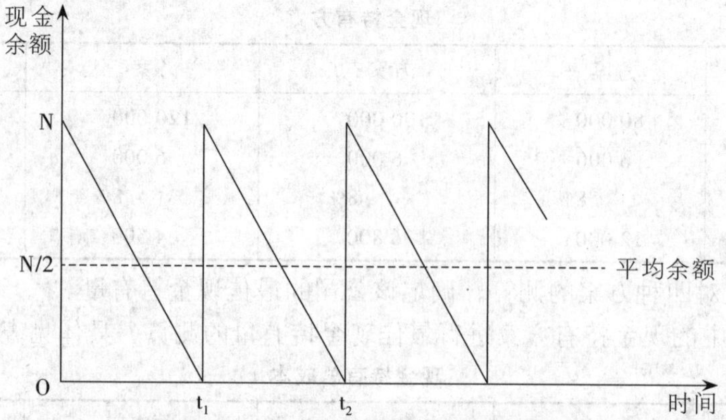

图9-3 确定现金余额的存货分析模型

存货分析模型下有两项相关成本：持有成本和转换成本。持有成本（机会成本），是指企业持有现金而丧失的将这些现金投资于证券可得到的投资收益。此项成本与有价证券收益率有关，也与持有现金的平均余额有关。转换成本（交易成本），是指现金与有价证券转换的固定成本，包括经纪人费用、税费及其他管理成本。这种成本只与交易的次数有关，而与现金的持有量无关。持有成本和转换成本的变化方向是相反的：若每次抛售的有价证券金额较大，会使现金平均余额增大而增加持有成本，但会使交易次数减少而降低转换成本；反之，若每次抛售的有价证券金额较小，会减少持有成本和增加转换成本。两种成本合计最小的条件下的现金余额，即为最佳现金余额。运用存货分析模型的目的就是求出这一最佳现金余额。

存货分析模型可用公式表示为：

$$TC = \frac{N}{2} \times i + \frac{T}{N} \times b$$

$$TC' = \frac{i}{2} - \frac{Tb}{N^2}$$

令TC′=0，可得：

$$N = \sqrt{\frac{2bT}{i}}$$

这时：

$$TC = \sqrt{\frac{2bT}{i}} \times \frac{i}{2} + Tb \times \sqrt{\frac{i}{2bT}} = \sqrt{2bTi}$$

因为$TC'' = \frac{2bT}{N^3} > 0$，所以，$\sqrt{2bTi}$是TC的最小值。

可以得到以下结论：

最佳货币资金持有量$N = \sqrt{\frac{2bT}{i}}$时，相关总成本达到最小值$TC = \sqrt{2bTi}$。

式中：TC表示存货分析模型下的相关总成本；N表示一次交易量，即理想的现金转换数量（最佳现金余额）；i表示有价证券收益率；T表示一个周期内现金总需求量；b表示有价证券一次交易固定成本。

【例9-2】天一公司预计1个月内经营所需现金约为400万元，准备用短期有价证券变现取得，证券每次交易的固定成本为100元，证券市场年利率为12%。

要求：计算最佳现金持有量及最小相关总成本。

最佳现金持有量为：

$$N = \sqrt{\frac{2 \times 100 \times 4\,000\,000}{12\% \div 12}} = 282\,843\text{（元）}$$

最小相关总成本为：

$$TC = \sqrt{2 \times 100 \times 4\,000\,000 \times 12\% \div 12} = 2\,828\text{（元）}$$

3. 随机模型

随机模型也称米勒-欧尔模型，由默顿·米勒（Merton Miller）和丹尼尔·欧尔（Daniel Orr）创建，是一种基于不确定性的现金管理模型。该模型假定企业无法确切地预知每日的现金实际收支状况，现金流量服从正态分布，而且现金与有价证券之间能够自由兑换。图9-4对现金余额的随机波动情况进行了描述。

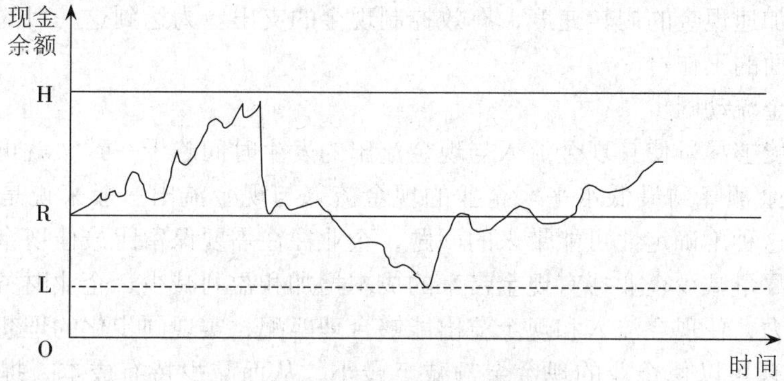

图9-4　确定现金余额的随机模型

当现金余额达到该区域控制上限H时，用现金购入短期有价证券，使现金余额下降至现金返回线（最佳持有量R）的水平；当现金余额降至该区域控制下限L时，则售出短期有价证券，使现金余额回升至现金返回线的水平；当现金余额处于上下限之间时，则无须买卖证券。这样可以使现金余额始终保持在控制区域内，并集中在最佳余额R附近波动。

制定该控制区域的关键在于确定R值。由于现金流量是随机的，故R值不仅受现金投资机会成本和证券交易成本的影响，而且与现金余额可能波动的幅度有关。根据历史数据（必要时应加以修订），R值可按下列公式计算：

$$R = \sqrt[3]{\frac{3F\sigma^2}{4i}} + L$$

式中：R表示最佳现金余额；F表示有价证券每次固定交易费用；σ表示每日现金余额的标准差；i表示有价证券日利率；L表示控制下限。

控制上限H的计算公式为：

H=3R-2L

控制下限L主要取决于每日现金需要量、有价证券变现所需的时间和管理人员的风险倾向，可根据经验数据确定。

【例9-3】天一公司每日现金余额的标准差为1 000元，有价证券每次固定交易费用为100.8元，有价证券年利率为12.6%，控制下限为1 000元，则：

i=12.6%÷360=0.035%

$$R = \sqrt[3]{\frac{3 \times 100.8 \times 1\,000^2}{4 \times 0.035\%}} + 1\,000 = 7\,000\text{（元）}$$

$$H=3\times7\,000-2\times1\,000=19\,000\text{（元）}$$

当企业的现金余额达到19 000元时，购入12 000元的有价证券，使现金余额回落到7 000元；当现金余额降至1 000元时，则将6 000元的有价证券转换为现金，使现金余额回升至7 000元；而只要现金余额在1 000元至19 000元之间，则无须进行证券买卖。

由于随机模型是在现金需求量难以预知的情况下所采用的现金持有量控制方法，故计算出来的现金持有量往往大于运用存货分析模型计算出来的结果。

三、现金的日常管理

企业在确定了最佳现金持有量后，还应采取各种措施，加强现金的日常管理，以保证现金的安全、完整，最大程度地发挥现金的效用。加强企业现金的日常管理可以提高现金的使用效率，加速现金的周转速度，有效控制现金的支出。为达到这一目的，应当注意做好以下几个方面的工作：

1. 力争现金流动同步

如果企业能够尽量使其现金流入与现金流出的发生时间趋于一致，就可以使其所持有的交易性现金余额降到最低水平。企业的现金流入与现金流出一般来说是很难准确预测的，为了应对这种不确定性可能带来的问题，企业往往需要保留比最佳现金持有量多的现金余额。为了尽量减少企业持有现金带来的成本增加和盈利减少，企业财务人员需要提高预测和管理能力，使现金流入和现金流出能够合理匹配，实现同步化的理想效果。现金流动同步化的实现可以使企业的现金余额减至最小，从而减少持有成本，提高企业的盈利水平。

2. 合理估计“浮存”

“浮存”是指企业账簿中的现金余额与银行记录中的现金余额的差额。由于企业支付、收款与银行转账业务之间存在时滞，这会使本应显示同一余额的企业账簿和银行记录之间出现差异。为了保证企业的安全运转，财务人员必须对这个差异有清楚的了解，以正确判断企业的现金持有情况，避免出现高估或低估企业现金余额的错误。

3. 加快应收账款收现速度

当企业的销售实现时，并不意味着已经得到了可以自由支配的现金收入，因为经济生活中很多交易都是通过支票、汇票或其他银行转账方式实现的。这些现象的存在，使企业无法立即动用销售收入，可能会造成企业现金短缺的被动局面。应收账款收现延迟的部分原因是企业无法控制的，比如银行的操作、邮局的效率等，但有些原因是企业应该关注和尽量处理的，比如开户银行的选择、应收账款的信用政策等。企业应该从各个方面努力加快应收账款的收现速度，并适当采用一些加速收款技术，比如集中银行、锁箱系统、在线支付或自动转账系统等。

4. 推迟应付账款支付

推迟应付账款的支付，是指企业在不影响自身信誉的前提下，尽可能地推迟应付账款的支付期，充分运用供货方所提供的信用优惠。如遇企业急需现金，甚至可以放弃供货方的折扣优惠，在信用期的最后一天支付款项。当然，这需要权衡折扣优惠与急需现金之间的利弊得失而定。

第四节　短期金融资产管理

一、短期金融资产管理的动机与内容

1. 短期金融资产的概念

短期金融资产是指能够随时变现并且持有时间不准备超过1年（含1年）的金融资产，包括股票、债券、基金等。短期金融资产由于易变现的特征而成为现金的替代品，因此，短期金融资产管理通常与现金管理密不可分。

2. 持有短期金融资产的动机

企业持有短期金融资产主要基于两个目的：

（1）以短期金融资产作为现金的替代品。短期金融资产虽然不能直接用作支付手段，但与其他短期资产相比，短期金融资产具有较高的流动性和较强的变现能力。通过持有不同的短期金融资产组合，可以丰富企业货币资金的持有形式。

（2）以短期金融资产取得一定的收益。单纯的现金（库存现金和银行存款）项目没有收益或者收益很低，将一部分现金投资于短期金融资产，可以在保持较高流动性的同时获取高于现金资产的收益。所以，将持有的部分现金投资于短期金融资产是多数企业的做法。

3. 短期金融资产管理的原则与内容

短期金融资产管理是短期资产管理的一个重要方面。短期金融资产管理应当遵循的原则包括以下方面：

（1）安全性、流动性与盈利性相均衡原则。持有短期金融资产的目的主要是使企业的现金持有形式多样化，要在确保安全、流动的基础上争取相对多的盈利。因此，应当综合考虑这三个方面，平衡处理，争取达到一个最佳平衡点。

（2）分散投资原则。短期金融资产虽然持有的期限短，而且比较容易变现，但为了充分降低风险，还是应该遵循多样化的分散投资原则，把风险控制在可接受的范围内。

（3）理智投资原则。持有短期金融资产的目标应该是安全与收益的最佳结合，所以投资时需要理智把握，不能过分追求盈利而忽视了最基本的安全。

由于短期金融资产的内涵非常宽泛，既包含由银行发行的证券，又包含由企业或者政府发行的证券，既包含债权性质的证券，又包含股权性质的证券，因此，公司不仅要确定短期金融资产在全部短期资产以及总资产中所占的比例，还要合理确定短期金融资产的内部结构，即选择合适的短期金融工具，构造恰当的投资组合。

二、短期金融资产的种类

最常见、最便捷的短期金融工具就是定期银行存款。但由于银行存款利率相对较低而证券市场日益发达，这类金融资产在企业投资清单中所占的比例越来越小，多数企业更倾向于投资一些收益率更高的金融工具。

1. 短期国库券

短期国库券（treasury bills，T-bills）是指政府发行的、期限在1年以下的债券。短期国库券在西方被称为财政部账单，一般期限在1年以下，多为3个月或6个月，也有1年期

的。由于有国家或其他级别政府部门的权威和信誉作担保，短期国库券一般具有风险小、收益不高的特点。

发行短期国债是世界各国政府筹资的普遍趋势，也为其企业提供了较多的短期投资选择。西方发达国家短期国债比例占40%～50%。1994年，我国财政部首次发行了半年期和1年期的短期国库券，但长期以来都是中期国债所占比重较高，短期国债和长期国债不足，而且我国国债市场绝大部分交易是在金融机构之间完成的，并没有成为企业投资工具的重要选择。

2. 大额可转让定期存单

大额可转让定期存单（negotiable certificate of deposit，NCD）曾经是企业最偏好的一种短期金融资产。1961年，为了使存单更具流动性并使之对投资者更具吸引力，美国花旗银行发行了第一张可在二级市场上转卖的可转让大额（10万美元以上）存单。1980年以后，我国主要的国有商业银行吸收和仿效外国的经验，开始发行大额可转让定期存单以扩大存款业务。一般这种存单都对提前支取规定了收费措施，通常是收取3个月的利息作为企业提前支取资金的代价。

我国对城乡居民个人发行的大额可转让定期存单，面额有1万元、2万元、5万元；对企业、事业单位发行的大额可转让定期存单，面额有50万元、100万元、500万元。大额可转让定期存单的期限为3个月、6个月、12个月。

3. 货币市场基金

货币市场基金（money market fund，MMF）是指投资于货币市场上短期有价证券的一种基金。该基金资产主要投资于短期货币工具，如国库券、商业票据、银行定期存单、政府短期债券、企业债券等短期有价证券。

货币市场基金最早创立于1972年的美国。到1986年，美国共有400多个货币市场基金，总资产超过2 900亿美元。在美国，货币市场基金按风险大小可划分为两类：（1）国库券货币市场基金，主要投资于国库券、由政府担保的有价证券等。这些证券到期时间一般不到1年，平均到期期限为120天。（2）多样化货币市场基金，就是通常所说的货币市场基金，通常投资于商业票据、国库券、美国政府代理机构发行的证券、可转让存单、银行承兑票据等各种有价证券，其到期时间同前述基金类似。

我国于2004年8月颁布了第一个《货币市场基金管理暂行规定》，从而使我国的货币市场出现了这种新的基金形式。2015年12月，中国证监会、中国人民银行发布了《货币市场基金监督管理办法》。根据这一管理规定，货币市场基金可以投资于以下金融工具：（1）现金；（2）期限在1年以内（含1年）的银行存款、债券回购、中央银行票据、同业存单；（3）剩余期限在397天以内（含397天）的债券、非金融企业债务融资工具、资产支持证券等。同时，规定货币市场基金不能用于下述金融工具的投资：（1）股票；（2）可转换债券、可交换债券；（3）信用等级在AA+以下的债券与非金融企业债务融资工具等。

4. 商业票据

商业票据（commercial paper，CP）是一种较为常见的企业短期筹资形式，是大型工商企业或金融企业为筹措短期资金而发行的无担保短期本票。这种筹资从另一个角度来看就是其他企业的投资。也就是说，商业票据既是一种筹资工具，也是一种投资工具。

5. 证券化资产

证券化资产是指实施了资产证券化（asset securitization）的资产。资产证券化是一种对（金融）资产所有权和收益权进行分离的金融创新，其基本流程是：发起人将证券化资产出售给一家特设信托机构（special purpose vehicle，SPV），或者由SPV主动购买可以证券化的资产，然后将这些资产汇集成资产池（asset pool），并以该资产池所产生的现金流量为支撑在金融市场上发行有价证券。为了提高资产支持证券（asset - backed securitization）的等级，SPV常常会在发行之前聘请证券评级机构对资产支持证券进行信用评级，最后再由证券承销商将有资产支持的证券销售给投资者。

证券化资产在20世纪末取得了快速发展。由于证券化资产特殊的形成机制，发行人可以通过将众多风险较高的资产打包，并以此作为抵押发行证券化资产，有效处置多笔不良资产。

我国于2005年12月1日开始实施的《金融机构信贷资产证券化试点监督管理办法》为我国资产证券化提供了法律依据。根据相关规定，我国资产证券化的发起人一般为银行或资产管理公司（如信达、长城、华融与东方等资产管理公司）。

虽然证券化资产通常由信誉较好的投资银行或资产公司作为中介，通常具有较高的安全性，但是2007年全面爆发的美国次贷危机表明，在金融创新空前繁荣的现代市场，这种创新金融工具所隐藏的风险也是不容忽视的。

除了上述介绍的各类短期金融资产以外，企业还可以利用暂时闲置的资金到证券市场上购买股票和债券，并在需要资金的时候再将这些短期金融资产出售变现。

三、短期金融资产的投资组合决策

为了更好地实现持有短期金融资产的两个目的，企业在投资短期金融资产时必须充分考虑短期金融资产的到期日、现金流及风险水平，在不同到期日、不同风险水平的短期金融资产之间构造均衡的投资组合，从而既保证流动性的需要，又能够谋取更多的收益。经过长期的投资实践，总结出许多投资组合方法，常用的方法主要有以下几种：

1. 三分组合模式

在西方一些发达国家，比较流行的投资组合三分法是：1/3的资金存入银行以备不时之需；1/3的资金投资于债券、股票等有价证券；1/3的资金投资于房地产等不动产。同样，投资于有价证券的资金也要进行三分，即1/3投资于风险较大的有发展前景的成长性股票；1/3投资于安全性较高的债券或优先股等有价证券；1/3投资于中等风险的有价证券。

2. 风险与报酬组合模式

证券的风险大小可以分为不同的等级，报酬也有高低之分。投资者可以测定出自己期望的投资报酬率和所能承受的风险程度，然后在市场上选择相应风险和报酬的证券作为投资组合。一般来说，在选择证券进行投资组合时，同等风险的证券，应尽可能选择报酬高的；同等报酬的证券，应尽可能选择风险小的，并且要尽可能选择一些风险呈负相关的证券进行投资组合，以便分散证券投资的非系统性风险。

3. 期限搭配组合模式

期限搭配组合模式就是根据企业不同时期的现金流量模式和规律，对短期金融资产的期限进行搭配，进行长、中、短期相结合的投资组合。投资者对现金的需求总是有先有后的，长期不用的资金可以进行长期投资，以获得较大的投资收益，近期就可能使用的资金，最好投资于风险较小、易于变现的有价证券。同时，通过期限搭配，还可以使现金流入与流出的时间尽可能接近，从而降低由于到期日不同而造成的机会成本。

第五节　应收账款管理

应收账款是指因对外销售产品、材料或供应劳务及其他原因，应向购货单位或接受劳务的单位及其他单位收取的款项，包括应收销售款、其他应收款、应收票据等。在激烈的市场竞争中，企业除了依靠提高商品质量、降低价格、做好售后服务等措施外，提供信用也成为必要的手段。

一、应收账款管理产生的原因、成本及目标

1. 应收账款产生的原因

企业应收账款管理的目标，与企业应收账款产生的原因有着密切的关系。企业产生应收账款的原因主要有以下两种：

（1）商业竞争。

在市场经济条件下，存在激烈的商业竞争，迫使企业千方百计地扩大销售。除了依靠产品质量、价格、售后服务、广告等外，赊销也是扩大销售的手段之一。企业采取赊销方式，是提高市场竞争能力并促进销售的一种重要策略。通过赊销，企业在销售商品的同时，向购买方提供了可以在一定期限内无偿使用的资金，即商业信用资金，这对于购买方来说具有极大的吸引力。因此，赊销不仅可以巩固老客户，而且还能开拓、招揽新客户，从而提高企业的竞争能力，最终达到扩大销售的目的。

（2）销售和收款的时间差距。

商品成交的时间和货款收到的时间常常不一致，这也会导致应收账款。对于一般批发和大量生产企业来说，由于货款结算需要时间，发货的时间和收到货款的时间往往不同。结算手段越是落后，结算所需时间就越长，销售企业只能接受这种现实并承担由此引起的资金垫支。由于销售和收款的时间差而造成的应收账款，不属于商业信用，不是应收账款管理的主要内容，不再对其进行深入讨论，而只论述属于商业信用的应收账款管理。

2. 应收账款管理的相关成本

应收账款既然是为了扩大销售和盈利而进行的投资，因此，企业也要为此付出一定的代价。应收账款管理的相关成本主要有以下几种：

（1）机会成本。

应收账款的机会成本，是指企业的资金被应收账款占用所丧失的潜在收益，也就是应收账款的应计利息，它一般与企业应收账款占用的资金数量、占用的时间以及参照利率有关。参照利率可用两种方法确定，假定资金没有被应收账款占用，即应收账款款项已经收讫，那么：①这些资金可用于投资，取得投资收益，参照利率就是投资收益率；②这些资金可扣减筹资数额，供企业经营中使用而减少筹资用资的资金成本，参照利率就是企业的平均资金成本率。其计算公式为：

应收账款机会成本=应收账款占用资金×参照利率

其中，应收账款占用资金也就是企业维持赊销业务所需要的资金；参照利率可按有价证券利息率计算。应收账款所占用的资金数量，可按下列公式计算：

①应收账款占用资金的计算：

应收账款占用资金=应收账款平均余额×变动成本率

②应收账款平均余额的计算：

应收账款平均余额=年赊销额÷360×平均收账天数

【例9-4】假设某企业预测的年度赊销额为3 000 000元，应收账款平均收账天数为60天，变动成本率为60%，资金成本率为10%，则应收账款机会成本的计算如下：

应收账款平均余额=3 000 000÷360×60=500 000（元）

应收账款占用资金=500 000×60%=300 000（元）

应收账款机会成本=300 000×10%=30 000（元）

上述计算表明，企业投放300 000元的资金可维持3 000 000元的赊销业务，相当于垫支资金的10倍。这一较高的倍数在很大程度上取决于应收账款的收账速度。在正常情况下，应收账款收账天数越少，一定数量资金所维持的赊销额就越大；应收账款收账天数越多，维持相同赊销额所需要的资金数量就越大。而应收账款机会成本在很大程度上取决于企业维持赊销业务所需要资金的多少。假设企业的成本水平保持不变（在相关范围内，单位变动成本和固定成本总额不变），随着赊销业务的扩大，机会成本随之上升。

（2）管理成本。

应收账款的管理成本，是指企业对应收账款进行管理而耗费的各项支出。企业为了防止坏账的出现，保证应收账款的安全，还必须花费一定的管理成本，主要包括对客户的资信调查费用，应收账款账簿的记录费用，收账过程开支的差旅费、通信费、人工工资、诉讼费以及其他费用。在应收账款一定数额范围内，管理成本一般为固定成本。

（3）坏账成本。

应收账款的坏账成本，是指企业的应收账款因种种原因不能收回而产生的坏账损失。形成坏账的常见原因有客户破产、解散、财务状况恶化或拖欠时间较长等。这部分成本与企业应收账款的占用数量和采用的信用政策密切相关，一般来说，应收账款金额越大，拖欠时间越长，形成坏账的可能性就越大。

3. 应收账款管理的目标

应收账款是企业迫于竞争压力，为了吸引客户所采取的一种非常重要的手段。通过这种促销手段，企业可以扩大销售。同时，企业也会因此付出代价，如前述的应收账款的机会成本、管理成本和坏账成本。因此，应收账款管理就成为企业财务管理的一项重要内容。企业对应收账款进行管理的目标，就是要对其进行收益和成本的权衡，以选择最佳的信用政策，用较小的成本、较低的风险获取更大的收益。

二、信用政策的确定

制定合理的信用政策是加强应收账款管理、提高应收账款投资效益的重要前提。信用政策即应收账款的管理政策，是指企业对应收账款投资进行规划与控制而确立的基本原则与行为规范，包括信用标准、信用条件和收账政策三部分内容。

1. 信用标准

信用标准是指顾客获得企业的交易信用所应具备的条件。如果顾客达不到信用标准，

分析客户信用状况的定量分析法

便不能享受企业的信用或只能享受较低的信用优惠。信用标准定得过高，会使销售减少并影响企业的市场竞争力；信用标准定得过低，则会增加坏账风险和收账费用。

企业在设定某一顾客的信用标准时，往往先要评估其赖账的可能性。这可以通过“5C”系统来进行。所谓“5C”系统，是指评估顾客信用品质的五个方面，即品质（character）、能力（capacity）、资本（capital）、抵押（collateral）和条件（conditions）。

（1）品质，指顾客的信誉，即履行偿债义务的可能性。企业必须设法了解顾客过去的付款记录，看其是否有按期如数付款的一贯做法，以及与其他供货企业的关系是否良好。这一点经常被视为评价顾客信用的首要因素。

（2）能力，指顾客的偿债能力，即其流动资产的数量和质量以及与流动负债的比例。顾客的流动资产越多，其转换为现金支付款项的能力越强。同时，还应注意顾客流动资产的质量，看是否有存货过多、过时或质量下降，影响其变现能力和支付能力的情况。

（3）资本，指顾客的财务实力和财务状况，表明顾客可能偿还债务的背景。

（4）抵押，指顾客拒付款项或无力支付款项时能被用作抵押的资产。这对于不知底细或信用状况有争议的顾客尤为重要，一旦收不到这些顾客的款项便以抵押品抵补。如果这些顾客能够提供足够的抵押，就可以考虑向他们提供相应的信用。

（5）条件，指可能影响顾客付款能力的经济环境。比如，如果出现经济不景气，会对顾客的付款产生什么影响，顾客会如何做等。这需要了解顾客在过去困难时期的付款历史。

2. 信用条件

信用标准是企业评价客户等级，决定给予或拒绝客户信用的依据。一旦企业决定给予客户信用优惠时，就需要考虑具体的信用条件。所谓信用条件，就是指企业接受客户信用时所提出的付款要求，主要包括信用期限、折扣期限及现金折扣等。信用期限是企业为顾客规定的最长付款时间；折扣期限是为顾客规定的可享受现金折扣的付款时间；现金折扣是在顾客提前付款时给予的优惠。信用条件的基本表现方式，如“2/10，n/45”的含义是：若客户能够在发票开出后的10日内付款，可以享受2%的现金折扣；如果放弃折扣优惠，则全部款项必须在45日内付清。在此，45日为信用期限，10日为折扣期限，2%为现金折扣率。

（1）信用期限。

信用期限是指企业为客户规定的最长付款时间。产品销售量与信用期限之间存在着一定的依存关系。通常，延长信用期限可以在一定程度上扩大销售，从而增加毛利。但不适当地延长信用期限会给企业带来不良后果：一是使平均收账期延长，占用在应收账款上的资金相应增加，导致机会成本增加；二是导致管理成本及坏账成本增加。因此，企业是否给客户延长信用期限，应视延长信用期限增加的销售利润是否大于增加的成本费用而定。

【例9-5】某公司目前采用30天按发票金额付款的信用政策，拟将信用期限放宽至60天，仍按发票金额付款即不给予折扣。假设风险投资的最低报酬率为15%，其余条件见表9-3。

表9-3　**信用期限有关资料**　金额单位：万元

信用期限	30天	60天
销售量（件）	100 000	120 000
销售额	500 000	600 000
销售成本		
变动成本（每件4元）	400 000	480 000
固定成本	50 000	50 000
毛利	50 000	70 000
可能发生的收账费用	3 000	4 000
可能发生的坏账损失	5 000	9 000

在分析信用期限时，首先计算放宽信用期限得到的收益，然后计算增加的成本，最后根据二者比较的结果做出判断。

①收益的增加。

收益增加=销售量增加×单位边际贡献

=（120 000−100 000）×（5−4）=20 000（元）

②应收账款占用资金的机会成本的增加。

应收账款机会成本=应收账款占用资金×资本成本

应收账款占用资金=应收账款平均余额×变动成本率

应收账款平均余额=日销售额×平均收账天数

30天信用期机会成本=500 000÷360×30×400 000÷500 000×15%=5 000（元）

60天信用期机会成本=600 000÷360×60×480 000÷600 000×15%=12 000（元）

机会成本增加=12 000−5 000=7 000（元）

③收账费用和坏账损失的增加。

收账费用增加=4 000−3 000=1 000（元）

坏账损失增加=9 000−5 000=4 000（元）

④改变信用期限的税前损益。

收益增加−成本费用增加=20 000−（7 000+1 000+4 000）=8 000（元）

由于收益的增加大于成本费用的增加，故应采用60天的信用期限。

（2）现金折扣和折扣期限。

现金折扣是企业对顾客在商品价格上所作的扣减。向顾客提供这种价格上的优惠，其主要目的是吸引顾客为享受优惠而提前付款，缩短企业的平均收款期。另外，现金折扣也能够招揽一些视折扣为减价出售的顾客前来购货，借此扩大销售量。现金折扣常采用如“5/10，3/20，n/30”这样的一些符号形式来表示。这些符号的含义为：5/10表示若在10天内付款，可享受5%的价格优惠，即只需支付原价的95%，如原价为10 000元，只需支付9 500元；3/20表示若在20天内付款，可享受3%的价格优惠，即只需支付原价的97%，若原价为10 000元，只需支付9 700元；n/30表示付款的最后期限为30天，此时付款无优惠。

企业采用何种程度的现金折扣，要与信用期限结合起来考虑。比如，要求顾客最迟不超过30天付款，若希望顾客在20天、10天内付款，能给予多大的折扣？或者给予5%、3%的折扣，能够吸引顾客在多少天内付款？不论是信用期限还是现金折扣，都可能给企业带来收益，但也会增加成本。现金折扣带给企业的好处前面已经讲述，而使企业增加的成本指的是价格折扣损失。当企业给予顾客某种现金折扣时，应当考虑折扣所能带来的收益与成本孰高孰低，权衡利弊，抉择决断。

因为现金折扣是与信用期限结合使用的，所以确定折扣程度的方法与程序实际上与前述确定信用期限的方法与程序一致，只不过要把所提供的延期付款时间和折扣综合起来，先看各方案的延期与折扣能够取得多大的收益增量，再计算各方案带来的成本变化，最终确定最佳方案。

【例9-6】沿用【例9-5】的资料，假定该公司在放宽信用期限的同时，为了吸引顾客尽早付款，提出“0.8/30，n/60”的现金折扣条件，估计会有一半的顾客（按60天的信用期限所能实现的销售量计）将享受现金折扣优惠。

要求：请问该公司是否应该采取新的应收账款收款政策？

（1）收益的增加。

收益增加=销售量增加×单位边际贡献

=（120 000-100 000）×（5-4）=20 000（元）

（2）应收账款占用资金的机会成本的增加。

30天信用期机会成本=500 000÷360×30×400 000÷500 000×15%=5 000（元）

60天信用期并提供现金折扣机会成本=600 000×50%÷360×60×480 000÷600 000×15%+600 000×50%÷360×30×480 000÷600 000×15%

=6 000+3 000=9 000（元）

机会成本增加=9 000-5 000=4 000（元）

（3）收账费用和坏账损失的增加。

收账费用增加=4 000-3 000=1 000（元）

坏账损失增加=9 000-5 000=4 000（元）

（4）估计现金折扣成本的变化。

现金折扣成本增加=新的销售水平×新的现金折扣率×享受现金折扣的顾客比例-旧的销售水平×旧的现金折扣率×享受现金折扣的顾客比例

=600 000×0.8%×50%-500 000×0×0=2 400（元）

（5）提供现金折扣后的税前损益。

收益增加-成本费用增加=20 000-（4 000+1 000+4 000+2 400）=8 600（元）

由于可获得税前收益，因此，应当放宽信用期限，并提供现金折扣。

3. 收账政策

收账政策也称收账方针，是指当客户违反信用条件，拖欠甚至拒付账款时企业所采取的收账策略与措施。

企业在决定是否向客户提供商业信用时，必须考虑三个问题：其一，客户是否会拖欠或拒付账款，程度如何；其二，怎样最大限度地防止客户拖欠账款；其三，一旦账款遭到拖欠甚至拒付，企业应采取怎样的对策。前两个问题主要依靠信用调查和严格的信用审批制度，而第三个问题则必须通过制定合理的收账方针和有效的收账措施予以解决。

从理论上讲，债权企业有权通过法律途径要求客户履约付款。但企业并非对所有客户拖欠或拒付账款的行为付诸法律，因为企业解决与客户账款纠纷的目的不是争论谁是谁非，而在于怎样最有成效地将账款收回。实际上，每个客户拖欠或拒付账款的原因是不尽相同的，许多信用品质良好的客户也可能因为某些原因而无法如期付款。此时，如果企业通过向法院起诉，不仅需要花费相当数额的诉讼费，而且除非法院裁决客户破产，否则效果往往是不理想的。所以，通过法院强行收回账款一般是企业不得已而为之的最后办法。

通常，当账款被客户拖欠或拒付时，企业应当首先分析现有的信用标准及信用审批制度是否存在纰漏，然后重新对违约客户的资信等级进行调查、评价，将信用品质恶劣的客户从信用名单中删除，对其所拖欠的款项可先通过信函、电信或者派人前往等方式进行催收，态度可以越来越强硬，并提出警告。当这些措施无效时，可以考虑通过法院裁决。

企业对拖欠的应收账款，无论采用何种方式催收，都需要发生一定的收账费用，如邮电通信费、差旅费和法律诉讼费等。通常，企业为了扩大销售，增强竞争能力，往往对客户的逾期未付款项规定一个允许的拖欠期限，超过规定的期限，企业就应采取各种形式催收。如果企业收账政策过宽，会增加信用成本，对企业不利；收账政策过严，催收过急，又可能伤害无意拖欠的客户，影响企业未来的销售和利润。因此，企业在制定收账政策时，要权衡利弊，掌握好宽严界限。

三、应收账款的日常管理

1. 应收账款追踪分析

为了达到足额收回客户欠款这一目的，企业往往在收账之前，对该项应收账款的运行过程进行追踪分析、把握。分析的重点放在客户的信用品质、现金持有量及现金的可调剂程度等基本内容上，尤其要对那些赊欠金额较大或信用品质较差的客户进行分析。如果发现客户信誉不佳或现金匮乏等，应立即采取相应的措施，促使应收账款的收回。

通过对应收账款进行追踪分析，企业可以准确预期应收账款发生呆坏账风险的可能性，研究和制定合理的收账政策，从而提高收账效率，减少坏账损失。

2. 应收账款账龄分析

企业已发生的应收账款的时间长短不一，有的尚未超过信用期，有的则已逾期拖欠。通常，客户拖欠货款的时间越长，收回账款的难度就越大。因此，企业必须进行经常性的账龄动态分析，随时掌握账款情况，实施严密的监督。通过账龄分析，可以查明客户的拖欠情况，并制定不同的收账政策。企业往往通过编制账龄分析表来进行分析（见表9-4）。

表9-4　**账龄分析表**

2×22年12月31日

应收账款账龄	客户数量（个）	金额（万元）	比重（%）
信用期内	200	80	40
超过信用期1个月内	100	40	20
超过信用期2个月内	50	20	10
超过信用期3个月内	30	20	10
超过信用期4个月内	20	20	10
超过信用期5个月内	15	10	5
超过信用期5个月以上	5	10	5
合计	420	200	100

企业利用账龄分析表，可以了解到以下情况：

（1）有多少欠账尚在信用期内。表9-4显示，有80万元的应收账款处在信用期内，占全部应收账款的40%。这些款项没有超过信用期，属于正常欠款；但到最后能否收回，还要到时再定，故及时的反馈和监督仍是必要的。

（2）有多少欠账已经超过信用期，超过信用期某一期间的款项各占多少，有多少欠账会因时间太久而可能成为坏账。表9-4显示，有120万元的应收账款已经超过信用期，占全部应收账款的60%。其中，拖欠时间较短的（1个月内）有40万元，占全部应收账款的20%，这部分欠款回收的可能性很大；拖欠时间较长的（1个月至5个月）有70万元，占全部应收账款的35%，这部分欠款的回收有一定难度；拖欠时间很长的（5个月以上）有10万元，占全部应收账款的5%，这部分欠款最容易成为坏账。对于不同拖欠时间的欠款，企业应采取不同的收账方法，制定经济、可行的收账政策；对于可能发生的坏账损失，企业则应提前做出准备，充分估计这一因素对企业的影响。

3. 催收拖欠款项

企业对不同过期账款的收款方式，包括准备为此付出的代价，构成其收账政策，这是信用管理中一个重要的方面。其一般的方式是：对过期较短的客户，不宜过多打扰，以免以后失去市场；对过期稍长的客户，可以写信催款；对过期很长的顾客，则频繁催款且措辞严厉。

由于收取账款的各个步骤都要发生费用，因而收账政策还要在收账费用和所减少的坏账损失之间权衡，这一点在很大程度上要依靠企业管理人员的经验，也可根据应收账款总成本最小化的原理，通过对各个收账方案成本大小的比较，确定收账方式。

企业在收款过程中所遵循的一系列特定步骤，取决于账款过期多久、负债大小和其他因素。典型的收款过程包括以下步骤：

（1）信件。当账款过期几天时，可以向对方发送“温馨提示”。如果仍然没有收到付款，可以发出1～2封甚至更多的邮件，措辞可以更为严厉和迫切。

（2）电话。在送出最初的几封信件后，给顾客打电话。如果顾客有财务上的困难，可以找出折中的办法。收回一部分货款要比完全收不回来好些。

（3）个人拜访。促成这笔销售的销售人员可以拜访顾客，请求付款。除销售人员外，还可以派出其他的特别收款员。

（4）收款机构。可以把应收账款交由专门催收过期账款的收款机构负责。收款机构一般要收费，比如收取所收回账款的一半，并且所收回的仅是其所追讨账款的一部分。因此，企业的应收账款可能遭受较大比例的损失。

（5）诉讼程序。如果账款数额相当大，可以通过法律途径来解决。

对应收账款的催收要遵循几个原则：收款努力的顺序应该是从成本最低的手段开始，只有在前面的方法失败后才继续采用成本较高的方法；早期的收款接触要友好，语气也弱一些，后来的联系则可以逐渐严厉；收款决策遵循成本收益原则，一旦继续收款的努力所产生的现金流量小于继续收款所追加的成本，那么停止向顾客追讨是正确的决策。

第六节　存货管理

存货是指企业在生产经营过程中为销售或者耗用而储备的物资，包括材料、燃料、低值易耗品、在产品、半成品、产成品、库存商品等。存货在流动资产中所占的比重较大，其管理水平的高低将对企业的生产经营产生直接影响，并且最终会影响到企业的收益。因此，存货管理在整个流动资产管理中具有重要地位。

一、持有存货的动机

如果工业企业能够在生产投料时随时购入所需的原材料，或者商业企业能够在销售时随时购入该项商品，就不需要存货。但实际上，绝大多数的企业总有储存存货的需要，并因此占用或多或少的资金。先分析需要存货的原因，再分析存货管理的目标。这种存货的需要出于以下动机：

1. 保证生产或销售的经营需要

实际上，企业很少能够做到随时购入生产或销售所需的各种物资，即使市场供应量充足的物资也是如此。这不仅因为不时会出现某种材料的市场断档，还因为企业距离供货点较远而需要必要的途中运输及可能出现的运输故障。一旦生产或销售所需物资短缺，生产经营将被迫停顿，造成损失。为了避免或减少出现停工待料、停业待货等事故，企业需要储存存货。

2. 便于组织均衡生产，降低生产成本

零购物资的价格往往较高，而整批购买在价格上常常有优惠。许多企业为了鼓励客户购买其产品，往往给购货方提供较为优惠的商业折扣。因此，企业采取大批量的集中进货时，就可以降低单位物资的买价。另外，有些企业的生产活动具有比较明显的季节性，有些企业的产品需求很不稳定。如果企业根据市场需求状况时高时低进行生产，就会出现低峰时生产能力不能充分利用，而高峰时超负荷生产的情况，这些情况都会使生产成本上升。为了降低生产成本，实现均衡生产，就要储备一定的产成品存货和相应的原材料存货。

3. 防止意外事件发生造成的损失

采购、运输、生产和销售过程中，都可能发生意外事故，因而企业还需要保留一定数量的各种存货的保险储备，以减少或避免意外事故带来的损失。

二、存货的成本

与储备存货有关的成本，包括以下三种：

1. 取得成本

取得成本是指为取得某种存货而支出的成本，其又分为订货成本和购置成本。

（1）订货成本。

订货成本是指取得订单的成本，如办公费、差旅费、邮资、电话费等支出。订货成本中有一部分与订货次数无关，如常设采购机构的基本开支等，称为订货的固定成本，用F_1表示；另一部分与订货次数有关，如差旅费、邮资等，称为订货的变动成本，每次订货的变动成本用K表示，这类变动性的订货成本是决策中的相关成本；订货次数等于存货年需要量D与每次进货量Q之商。订货成本的计算公式为：

$$订货成本 = F_1 + \frac{D}{Q}K$$

（2）购置成本。

购置成本是指存货本身的价值，即买价，经常用数量与单价的乘积来确定。在无商业折扣的情况下，购置成本是不随采购次数等变动而变动的，是存货决策的一项无关成本。

年需要量用D表示，单价用U表示，于是购置成本为DU。

订货成本加上购置成本，就等于存货的取得成本。取得成本用公式表示为：

取得成本=订货成本+购置成本

=订货固定成本+订货变动成本+购置成本

$$TC_a = F_1 + \frac{D}{Q}K + DU$$

2. 储存成本

储存成本是指为保持存货而发生的成本，包括存货占用资金所应计的利息（若企业用现有现金购买存货，便失去了现金存放银行或投资于证券本应取得的利息，视为“放弃利息”，若企业借款购买存货，便需要支付利息费用，视为“付出利息”），以及仓库费用、保险费用、存货破损和变质损失等，通常用TC_c来表示。

储存成本也分为固定成本和变动成本。固定成本与存货数量的多少无关，如仓库折旧、仓库职工的固定月工资等，通常用F_2来表示。变动成本与存货的数量有关，如存货资金的应计利息、存货破损和变质损失、存货的保险费用等，这类变动性的储存成本是决策中的相关成本，单位成本用K_c来表示。储存成本用公式表示为：

储存成本=储存固定成本+储存变动成本

$$TC_c = F_2 + K_c\frac{Q}{2}$$

3. 缺货成本

缺货成本是指由于存货供应中断而造成的损失，包括材料供应中断造成的停工损失、产成品库存缺货造成的拖欠发货损失和丧失销售机会的损失（还应包括需要主观估计的商誉损失）。如果生产企业以紧急采购代用材料解决库存材料中断之急，那么缺货成本表现为紧急额外购入成本（紧急额外购入的开支会大于正常采购的开支）。缺货成本中有些是机会成本，只能进行大致的估算。当企业允许缺货时，缺货成本随平均存货的减少而增加，它是存货决策中的相关成本。缺货成本通常用TC_s来表示。

如果以TC来表示储备存货的总成本，其计算公式表述为：

$$TC = TC_a + TC_c + TC_s = F_1 + \frac{D}{Q}K + DU + F_2 + K_c\frac{Q}{2} + TC_s$$

企业存货的最优化，即使上式的TC值最小。

三、存货规划

存货的决策涉及四项内容：决定进货项目、选择供应单位、决定进货时间和决定进货批量。决定进货项目和选择供应单位是销售部门、采购部门和生产部门的职责。财务部门要做的是决定进货时间和决定进货批量（分别用T和Q来表示）。按照存货管理的目的，需要通过合理的进货批量和进货时间，使存货的总成本最低，这个批量称为经济订货量或经济批量。有了经济订货量，可以很容易地找出最适宜的进货时间。

与存货总成本有关的变量（即影响总成本的因素）很多，为了解决比较复杂的问题，有必要简化或舍弃一些变量，首先研究解决简单的问题，然后再扩展到复杂的问题。这需要设立一些假设，在此基础上建立经济订货量的基本模型。

1. 经济订货量基本模型

经济订货量基本模型需要设立的假设条件有：

（1）企业能够及时补充存货，即需要订货时便可立即取得存货。

（2）能够集中到货，而不是陆续入库。

（3）不允许缺货，即无缺货成本，TC_s为零。这是因为良好的存货管理本来就不应该出现缺货成本。

（4）需求量稳定，并且能够预测，即D为已知常量。

（5）存货单价不变，即U为已知常量。

（6）企业现金充足，不会因现金短缺而影响进货。

（7）所需存货市场供应充足，不会因买不到需要的存货而影响其他方面。

基于上述的假设，存货总成本的计算公式为：

$$TC = TC_a + TC_c = F_1 + \frac{D}{Q}K + DU + F_2 + K_c\frac{Q}{2}$$

当F_1、K、D、U、F_2、K_c（注：F_1、F_2在经济订货量决策时属于决策无关成本）为常量时，TC的大小取决于Q。为了求出TC的极小值，对其进行求导演算，可得出下列公式：

$$Q^* = \sqrt{\frac{2KD}{K_c}}$$

这一公式称为经济订货量基本模型，求出的每次订货批量，可使TC达到最小值。此时，订货变动成本等于贮存变动成本。

这一基本模型还可以演变为如下其他形式：

①每年最佳订货次数公式：

$$N^* = \frac{D}{Q^*} = \frac{D}{\sqrt{\frac{2KD}{K_c}}} = \sqrt{\frac{DK_c}{2K}}$$

②与批量有关的存货总成本公式：

$$TC(Q^*) = \frac{KD}{\sqrt{\frac{2KD}{K_c}}} + \frac{\sqrt{\frac{2KD}{K_c}}}{2} \times K_c = \sqrt{2KDK_c}$$

③最佳订货周期公式：

$$t^* = \frac{1}{N^*} = \frac{1}{\sqrt{\frac{DK_c}{2K}}}$$

④经济订货量占用资金公式：

$$I^* = \frac{Q^*}{2} \cdot U = \frac{\sqrt{\frac{2KD}{K_c}}}{2} \cdot U = \sqrt{\frac{KD}{2K_c}} \cdot U$$

【例9-7】某企业每年耗用某种材料3 600千克，该种材料单位成本为10元，单位储存成本为2元，一次订货成本为25元，则：

经济订货量为：

$$Q^* = \sqrt{\frac{2KD}{K_c}} = \sqrt{\frac{2 \times 3\,600 \times 25}{2}} = 300\text{（千克）}$$

每年经济订货次数为：

$$N^* = \frac{D}{Q^*} = \frac{3\,600}{300} = 12\text{（次）}$$

经济订货批量的存货总成本为：

$$TC(Q^*) = \sqrt{2KDK_c} = \sqrt{2 \times 25 \times 3\,600 \times 2} = 600\text{（元）}$$

经济订货批量的平均占用资金为：

$$I^* = \frac{Q^*}{2} \cdot U = 10 \times \frac{300}{2} = 1\,500\text{（元）}$$

年经济订货周期为：

$$t^* = \frac{1}{N^*} = \frac{1}{12} = 0.083\text{（年）或1（月）}$$

2. 经济批量基本模型的扩展

经济订货量基本模型是在前述各假设条件下建立的，但现实生活中能够满足这些假设条件的情况罕见。为使模型更接近于实际情况，具有较高的实用性，需逐一放宽假设，同时改进模型。

（1）订货提前期。

一般情况下，企业的存货不能做到随用随时补充，因此不能等到存货全部用完再去订货，而需要在存货没有用完之前提前订货。在提前订货的情况下，企业再次发出订货单时尚有存货的库存量，就称为再订货点，用R来表示，其数量等于交货时间（L）和日平均需用量（d）的乘积，公式表示为：

$$R=L\times d$$

【例9-8】沿用【例9-7】的资料，该企业订货日至到货日的时间为10天，每日存货需要量为10千克，则该企业存货的再订货点为：

$$R=L\times d=10\times 10=100\text{（千克）}$$

这意味着，企业还有100千克存货时，就应当再次订货，待下批订货到达时（发出再次订货单10天后），原有库存刚好用完。此时，有关存货的每次订货量、订货次数、订货间隔时间等并没有发生变化，与前述瞬时补充的相同。

（2）存货陆续供应和使用条件下的经济订货量。

在存货的采购过程中，经常会出现在一次订货之后存货并不是全部进货，这样就形成了一边进货一边耗用的情形。这与基本模型中假定的存货能够集中到货有所不同，尤其是产品的转移和成品的入库更是如此。陆续供货时存货数量的变动情况，如图9-5所示。

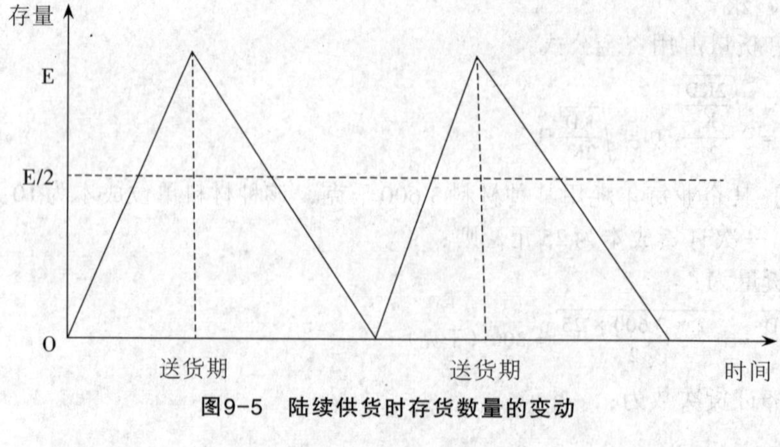

图9-5　陆续供货时存货数量的变动

设每批订货批量为Q，由于每日送货量为P，故该批订货全部送达所需日数为Q/P，称之为送货期。

因零件每日耗用量为d，故送货期内的全部耗用量为$\frac{Q}{P}\cdot d$。

由于零件边送边用，所以每批送完时，最高库存量为$Q-\frac{Q}{P}\cdot d$。

则平均库存量为$\frac{1}{2}（Q-\frac{Q}{P}\cdot d）$。

图9-5中的E表示最高库存量，E/2表示平均库存量。

这样，与批量有关的总成本为：

$$TC（Q）=\frac{D}{Q}\cdot K+\frac{1}{2}(Q-\frac{Q}{P}\cdot d)\cdot K_c$$

$$=\frac{D}{Q}\cdot K+\frac{Q}{2}(1-\frac{d}{P})\cdot K_c$$

在订货变动成本与储存变动成本相等时，TC（Q）有最小值，故存货陆续供应和使用的经济订货量公式为：

$$\frac{D}{Q}\cdot K=\frac{Q}{2}(1-\frac{d}{P})\cdot K_c$$

$$Q^*=\sqrt{\frac{2KD}{K_c}\cdot\frac{P}{P-d}}$$

将这一公式代入上述TC（Q）公式，可得出存货陆续供应和使用的经济订货量总成本公式为：

$$TC（Q^*）=\sqrt{2KDK_c\cdot(1-\frac{d}{P})}$$

【例9-9】某企业全年需用丙材料3 600吨，每日进货量为15吨，每日消耗量为10吨，每吨的年储存成本为15元，每批订货成本为62.5元，则该企业的经济订货量和最低年总成本计算如下：

企业的经济订货量为：

$$Q^*=\sqrt{\frac{2KD}{K_c}\cdot\frac{P}{P-d}}=\sqrt{\frac{2\times 3\,600\times 62.5}{15}\times\frac{15}{15-10}}=300（吨）$$

这时达到的最低存货相关总成本为：

$$TC（Q^*）=\sqrt{2KDK_c\cdot(1-\frac{d}{P})}$$

$$=\sqrt{2\times 3\,600\times 62.5\times 15\times(1-\frac{10}{15})}$$

$$=1\,500（元）$$

（3）保险储备。

上面的讨论均假定存货的供需稳定且确知，也就是说，每日需求量不变，交货时间也固定不变。实际上，每日需求量可能变化，交货时间也可能变化。按照经济订货量和再订货点发出订单之后，如果需求发生增加或者送货延迟，就会发生缺货或者供应中断的情况。为了防止出现这种情况，就需要多储备一些存货。这种为了防止意外而储备的存货，就是通常所说的保险储备。保险储备在通常情况下是不使用的，只有当存货使用过量或者送货延迟才动用。建立保险储备量（B）之后，再订货点相应提高，即R=L×d+B。

建立保险储备固然可以避免缺货的现象，但是，它却由此增加了存货的储备量和相应的存货成本。研究保险储备的目的是找出合理的保险储备量，使缺货损失和储备成本之和最小。从方法上而言，可以先计算出各种不同保险储备量情况下的总成本，然后对之进行比较，选择其中最低的方案。

若假设与此有关的总成本为TC（S、B），缺货成本为C_s，保险储备成本为C_B，则：

$$TC（S、B）=C_s+C_B$$

进一步假设单位缺货成本为K_U，一次订货缺货量为S，年订货次数为N，保险储备量为B，单位储备成本为K_C，则：

$$TC（S、B）=C_s+C_B=K_U×S×N+B×K_c$$

在企业的实践中，缺货量S具有概率性，其概率可以根据历史经验估计得出；而保险储备量B可以选择而定。

【例9-10】某企业某种零件的年需要量为3 600件，单位储备变动成本为2元，单位缺货成本为4元，交货时间为10天，已经计算出经济进货批量为300件，每年订货次数为12次。交货期内的存货需要量及其概率分布见表9-5。

表9-5　　　　　　　　　**交货期内的需要量及其概率分布表**

需要量（10×d）	70件	80件	90件	100件	110件	120件	130件
概率（P）	0.01	0.04	0.20	0.50	0.20	0.04	0.01

首先，计算不同保险储备量的总成本：

①不设置保险储备量。

即令B=0，且以100件为再订货点。此时，当需求量为100件或其以下时，不会发生缺货，其概率为0.75（0.01+0.04+0.20+0.50）；当需求量为110件时，缺货10件，其概率为0.20；当需求量为120件时，缺货20件，其概率为0.04；当需求量为130件时，缺货30件，其概率为0.01。因此，当B=0时，缺货的期望值S_0和总成本TC（S、B）可计算如下：

$$S_0=10×0.20+20×0.04+30×0.01=3.1（件）$$

$$TC（S、B）=K_U×S_0×N+B×K_c$$
$$=4×3.1×12+0×2-148.8（元）$$

②设置保险储备量10件。

即令B=10，且以110件为再订货点。此时，当需求量为110件或其以下时，不会发生缺货，其概率为0.95（0.01+0.04+0.20+0.50+0.20）；当需求量为120件时，缺货10件，其概率为0.04；当需求量为130件时，缺货20件，其概率为0.01。因此，当B=10时，缺货的期望值S_{10}和总成本TC（S、B）可计算如下：

$$S_{10}=10×0.04+20×0.01=0.6（件）$$

$$TC（S、B）=K_U×S_{10}×N+B×K_c$$
$$=4×0.6×12+10×2=48.8（元）$$

③设置保险储备量20件。

即令B=20，且以120件为再订货点。此时，当需求量为120件或其以下时，不会发生缺货，其概率为0.99（0.01+0.04+0.20+0.50+0.20+0.04）；当需求量为130件时，缺货10件，其概率为0.01。因此，当B=20时，缺货的期望值S_{20}和总成本TC（S、B）可计算如下：

$S_{20}=10\times0.01=0.1$（件）

$TC（S、B）=K_U\times S_{20}\times N+B\times K_c$

$=4\times0.1\times12+20\times2=44.8$（元）

④设置保险储备量30件。

即令B=30，且以130件为再订货点。此时，可以满足最大需求，不会发生缺货。因此，当B=30时，缺货的期望值S_{30}和总成本TC（S、B）可计算如下：

$S_{30}=0$

$TC（S、B）=30\times2=60$（元）

然后，比较上述不同保险储备量的总成本，以其低者为佳。根据上述计算，保险储备量为20件时，总成本最低。因此，保险储备量应为20件（或再订货点为120件）。

四、存货控制

1. ABC分类法

库存管理要遵循“经济性原则”，管理成本不能超过由此带来的库存成本节约。库存管理者需要在库存成本和客户服务水平之间寻找平衡点，100%的客户服务水平往往不是最佳选择，企业总是寻找维持系统完整运行所需的最小库存或达到“满意”的客户服务水平基础上的最低库存。

ABC分类法，又称重点管理法或ABC分析法。它是一种从名目众多、错综复杂的客观事物或经济现象中，通过分析、找出主次、分类排队，并根据其不同情况分别加以管理的方法。该方法是根据巴雷特曲线所揭示的“关键的少数和次要的多数”的规律在管理中加以应用的。通常将手头的库存按年度货币占用量分为三类：

A类是年度货币量最高的库存，这些品种可能只占库存总数的15%，但用于它们的库存成本却占总数的70%～80%；

B类是年度货币量中等的库存，这些品种占全部库存的30%，占总价值的15%～25%；

C类是年度货币量较低的库存，这些品种只占全部年度货币量的5%，但却占库存总数的55%。

ABC分类法所需要的年度货币占用量，可以用每个品种的年度库存需求量乘以其库存成本。除货币量指标外，企业还可以按照销售量、销售额、订货提前期、缺货成本等指标将库存进行分类。通过分类，管理者能够为每一类的库存品种制定不同的管理策略，实施不同的控制。

利用ABC分类法可以使企业更好地进行预测和现场控制，以及减少安全库存和库存投资。ABC分类法并不局限于仅分成三类，可以增加。但经验表明，其最多不要超过五类，过多的种类反而会增加控制成本。

2. 归口分级控制

存货的归口分级控制，是加强存货日常管理的一种重要方法。该管理方法包括如下三项内容：

（1）在企业管理层领导下，财务部门对存货资金实行统一管理。企业必须加强对存货资金的集中、统一管理，促进供、产、销的相互协调，实现资金使用的综合平衡，加快资金周转的速度。财务部门的统一管理主要包括如下几方面工作：①根据国家财务制度和企业具体情况，制定企业资金管理的各种制度；②认真测算各种资金占用数额，汇总编制存货资金计划；③将有关计划指标进行分解，落实到有关单位和个人；④对各单位的资金使用情况进行检查和分析，统一考核资金的使用情况。

（2）实行资金的归口管理。根据使用资金和管理资金相结合、物资管理和资金管理相结合的原则，每项资金由哪个部门使用，就归哪个部门管理。各项资金归口管理的分工为：①原材料、燃料、包装物等资金归供应部门管理；②在产品和自制半成品占用的资金归生产部门管理；③产成品资金归销售部门管理；④工具用具占用的资金归工具部门管理；⑤修理用备件占用的资金归设备动力部门管理。

（3）实行资金的分级管理。各归口的管理部门要根据具体情况将资金计划指标进行分解，分配给所属单位或个人，层层落实，实行分级管理。资金分级管理的具体分解过程为：①原材料资金计划指标可分配给供应计划、材料采购、仓库保管、整理准备各业务组管理；②在产品资金计划指标可分配给各车间、半成品库管理；③成品资金计划指标可分配给销售、仓库保管、成品发运各业务组管理。

3. 适时制管理

适时制

适时制（JIT）起源于20世纪20年代美国底特律福特汽车公司所推行的集成化生产装配线，后来适时制在日本制造业得到有效的使用，随后又重新在美国推广开来。

适时制的基本原理强调：只有在使用之前才要求供应商送货，从而将存货数量减至最少；公司的物资供应、生产和销售应形成连续的同步运转过程；消除企业内部存在的所有浪费；不间断地提高产品质量和生产效率等。

适时制原本是为了提高生产质量而逐步形成的，其要旨是将原材料的库存量减少到一个生产班次恰好需要的数量。在适时制下，库存是没有替代品的，其所生产的每一个零部件都必须是合格品。适时制在按订单生产的制造业中使用得最为广泛。不过，它在零售业中也开始显示其优越性，对零售业者预测消费需求和提高营运效益有一定的作用。

适时制的成功取决于以下几个因素：

（1）计划要求。JIT要求具备一份对整个企业而言协调、完整的计划。通过仔细计划与规划，实施JIT可以使企业不必持有保险储备存货，从而节约成本。同时，JIT完备的运行环境也可以在其他方面产生极大的节约，比如缩短存货在途时间、降低仓储成本等。当然，高度的协调和计划对于某些企业是很难实现的，那时JIT也就无法发挥作用。

（2）与供应商的关系。为了使JIT有效运行，企业应与其供应商紧密合作。送货计划、数量、质量和及时联系都是制度的组成部分。该制度要求按所需的数额和订单的要求频繁送货，而且要求仔细标记每项货物（通常采用条形码的形式）。因此，JIT的实行要求企业必须和供应商保持良好的关系。

（3）准备成本。通过降低生产周期的长度，重新设计的生产过程更加灵活。在生产中，每一批产品生产前总存在固定的准备成本，生产的最优批量受准备成本的影响（就像存货的订货成本受固定订货成本的影响一样）。通过降低准备成本，企业可以采用更短的生产周期，因而获得更大的灵活性。

（4）其他的成本因素。因为JIT要求严格的管理和控制，所以采用JIT的企业常常为了降低成本而限制供应商的数目。为了达到JIT的要求，供应商必须提高质量、经常送货、花费更多成本，所以很多企业在采用JIT降低其存货储存成本的同时，必须承担更高的采购价格。不过，对于很多采用JIT的企业来说，获得的利益远远大于采购价格提高带来的消极影响。

（5）电子数据互换。没有电子数据互换（electronic data interchange，EDI），JIT就不能实施。因为在从采购到生产再到销售的过程中，许多环节都是用电子系统处理的，商业信用也自动化了。当采用了电子信用条件（举例来说，就是货款不是在发票日的30天后支付的，而是在交货和使用材料之后很短的时间内支付的），就基本上消除了企业的应付账款，而这是其短期筹资额的主要来源。同时，电子收款也消除了供应商的应收账款。

【课程思政要点】

通过对营运资金管理的学习，可以发现企业是否合理安排、使用营运资金，将直接影响到企业的资金使用效率，而营运资金管理人的责任意识、质量意识、时间意识更会直接影响到企业的生产运营。作为理性经济人，我们既要懂得用钱生钱的道理，又要有节约意识，养成储蓄习惯，推迟消费，科学理财，充分提高资金使用效果，充分实现营运资金时间价值，使资金在有限的时间和空间范围内获取最大的价值。同时，关注营运资金管理的渠道与方式，评估各种风险，并拒绝高风险，谨防上当受骗。

【复习思考】

1.什么是营运资本？它与现金周转之间的关系是怎样的？

2.企业为什么要持有现金？现金管理的内容包括哪些？

3.现金预算的编制方法有哪些？

4.持有短期金融资产的目的是什么？举例说出几种常见的短期金融资产。

5.应收账款的管理目标有哪些？应收账款政策包括哪些主要内容？

6.说明存货规划需要考虑的主要问题。

【练习题】

一、单项选择题

1.下列各项中，属于短期资产的特点的是（　　）。

A.占用时间长、周转快、易变现　　B.占用时间短、周转慢、易变现

C.占用时间短、周转快、易变现　　D.占用时间长、周转快、不易变现

2.在资产总额和筹资组合都保持不变的情况下，如果固定资产增加，则短期资产减少，而企业的风险和盈利（　　）。

A.不变　　B.增加

C.一个增加，另一个减少　　D.不确定

3.下列关于现金的说法中，不正确的是（　　）。

A.现金是指可以立即用来购买物品、支付各项费用或用来偿还债务的交换媒介或支付手段

B.现金主要包括库存现金和银行活期及定期存款

C.现金是流动资产中流动性最强的资产，可直接支用，也可立即投入流通

D. 拥有现金较多的企业具有较强的偿债能力和承担风险的能力

4. 紧缩的短期资产持有政策要求企业在一定的销售水平上保持（　　）的短期资产，这种政策的特点是（　　）。

A. 较多；报酬高，风险大　　B. 较少；报酬高，风险大

C. 较多；报酬低，风险小　　D. 较少；报酬低，风险小

5. 下列关于信用期限的说法中，正确的是（　　）。

A. 缩短信用期限，有利于销售收入的扩大

B. 信用期限越短，企业坏账风险越大

C. 信用期限越长，表明客户享受的信用条件越优越

D. 信用期限越短，应收账款的机会成本越高

6. 下列各项中，属于应收账款机会成本的是（　　）。

A. 坏账损失　　B. 收账费用

C. 对客户信用进行调查的费用　　D. 应收账款占用资金的应计利息

7. 信用条件“2/10，n/30”，表示（　　）。

A. 信用期限为10天，折扣期限为30天

B. 如果在开票后10~30天内付款，可享受2%的折扣

C. 信用期限为30天，现金折扣为20%

D. 如果在10天内付款，可享受2%的现金折扣与最佳现金余额相比之后的差额

8. 经济批量是指（　　）。

A. 采购成本最低的采购批量　　B. 订货成本最低的采购批量

C. 储存成本最低的采购批量　　D. 存货总成本最低的采购批量

9. 对存货采用ABC分类法进行控制时，应当重点控制的是（　　）。

A. 数量较大的存货　　B. 占用资金较多的存货

C. 品种较多的存货　　D. 价格昂贵的存货

10. 下列关于适时制的说法中，不正确的是（　　）。

A. 适时制起源于日本

B. 在适时制下，只有在使用之前才要求供应商送货，从而将存货数量减至最少

C. 在适时制下，库存没有替代品，其所生产的每一个零部件都必须是合格品

D. 适时制在按订单生产的制造业中使用得最为广泛

二、多项选择题

1. 下列关于营运资本的说法中，正确的有（　　）。

A. 通常所说的营运资本多指广义的营运资本

B. 广义的营运资本是指生产经营活动中的短期资产

C. 狭义的营运资本是指短期资产减去短期负债后的余额

D. 营运资本的管理既包括短期资产的管理，又包括短期负债的管理

2. 为了提高现金的使用效率，企业应尽量加速收款，为此必须满足的要求有（　　）。

A. 尽量使顾客提前付款

B. 尽量使用预收账款等方法

C. 减少顾客付款的邮寄时间

D.减少企业收到顾客开来支票与支票兑现之间的时间

3.有效的现金管理方法主要有（ ）。

A.现金流动同步化　　B.合理估计“浮存”

C.加快应收账款收现速度　　D.提高转账效率

4.短期金融资产的种类有（ ）。

A.短期国库券　　B.大额可转让定期存单

C.货币市场基金　　D.商业票据

5.信用条件是指企业要求顾客支付赊销款项的条件，包括（ ）。

A.信用期限　　B.现金折扣

C.折扣期限　　D.机会成本

三、判断题

1.营运资本具有流动性强的特点，但是流动性越强的资产其收益性就越差。（ ）

2.拥有大量现金的企业具有较强的偿债能力和承担风险的能力，因此，企业、事业单位应该尽可能多地拥有现金。（ ）

3.如果一个企业的短期资产比较多，短期负债比较少，则说明其短期偿债能力较弱。（ ）

4.企业持有现金的动机包括交易动机、补偿动机、预防动机、投资动机。一笔现金余额只能服务于一个动机。（ ）

5.在资产总额和筹资组合都保持不变的情况下，如果长期资产减少而短期资产增加，就会减少企业的风险，但也会减少企业的盈利。（ ）

6.在存货分析模型中，使现金持有成本和现金转换成本之和最小的现金余额即为最佳现金余额。（ ）

7.企业控制应收账款的最好方法是拒绝向具有潜在风险的客户赊销商品，或将赊销的商品作为附属担保品进行有担保销售。（ ）

8.赊销是扩大销售的有力手段之一，企业应尽可能放宽信用条件，增加赊销量。（ ）

9.应收账款管理的基本目标，就是尽量减少应收账款的数量，降低应收账款投资的成本。（ ）

10.订货成本的高低取决于订货的数量。（ ）

四、计算题

1.某公司有A、B两种备选的现金持有方案。A方案现金持有量为2 000元，机会成本率为12%，短缺成本为300元；B方案现金持有量为3 000元，机会成本率为12%，短缺成本为100元。

要求：确定该公司应采用哪种方案。

2.某公司预计全年需要现金8 000元，现金与有价证券的转换成本为每次400元，有价证券的利息率为25%。

要求：计算该公司的最佳现金余额。

3.某公司有价证券的年利率为10.8%，每次证券交易的成本为5 000元。该公司认为任何时候的银行活期存款及现金余额不能低于2 000元，又根据以往经验测算出现金余额波动的标准差为100元。

要求：计算该公司的最佳现金持有量和现金持有量的最高上限。

4.某公司2×21年销售收入12 000元，销售利润2 000元，边际贡献率25%，固定成本1 000元。假定该公司预测2×22年边际贡献率和固定成本均无变化。该公司准备在2×22年延长信用期并提供现金折扣，相关资料见表9-6。该公司估计取得现金折扣的销售额占总销售额的百分比为40%。

表9-6 某公司2×21年和2×22年相关资料

项目	2×21年	2×22年
信用期限	20天	30天
现金折扣	"n/20"	"3/15，n/30"
销售收入	12 000元	17 000元
平均收账期	20天	15天
市场利息率	10%	10%
坏账损失率	4%	1%

要求：通过计算判断2×22年是否应该变更信用条件。

5.某公司每年需要某种原材料600吨，每次订货的固定成本为8 000元，每吨原材料的年储存保管费用为6 000元。每吨原材料的价格为800元，但如果一次订购量超过50吨，可得到2%的批量折扣。

要求：计算该公司应以多大批量订货。

6.某企业全年需用A材料36 000吨，每次订货成本为400元，每吨材料年储存成本为20元。

要求：计算该企业的每年最佳订货次数。

第十章

股利理论与政策

学习目标

知识目标： 通过本章的学习，掌握公司利润分配程序，理解股利理论的主要内容，理解股利政策的内容、评价指标。

技能目标： 通过本章的学习，掌握股利种类及股利的发放程序，掌握股利政策的影响因素及股利政策的类型，熟悉股票回购的动机与方式。

第一节 利润分配程序

一、利润分配的含义

利润分配就是对企业所实现的经营成果进行分割与派发的活动。企业利润分配的基础是净利润，即企业缴纳所得税后的利润。利润分配既是对股东投资回报的一种形式，也是企业内部筹资的一种方式，对企业的财务状况会产生重要影响。

二、利润分配的程序

利润分配必须依据法定程序进行，按照《公司法》等有关法律法规的规定，股份有限公司实现的税前利润，应首先依法缴纳企业所得税，然后，税后利润应当按照下列基本程序进行分配：

利润分配顺序

1. 弥补以前年度亏损

根据现行法律法规的规定，公司发生年度亏损，可以用下一年度的税前利润弥补，下一年度税前利润不足弥补时，可以在5年内延续弥补，5年内仍然未弥补完的亏损，可以用税后利润弥补。

2. 提取法定公积金

公司在分配当年税后利润时，应当按税后利润的10%提取法定公积金，但当法定公积金累计额达到公司注册资本的50%时，可以不再提取。

3. 提取任意公积金

公司从税后利润中提取法定公积金后，经股东大会决议，还可以从税后利润中提取任意公积金。

法定公积金和任意公积金都是公司从税后利润中提取的积累资本，是公司用于防范和抵御风险、提高经营能力的重要资本来源。盈余公积金和未分配利润都属于公司的留用利润，从性质上看属于股东权益。公积金可以用于弥补亏损、扩大生产经营或者转增公司股本，但转增股本后，所留存的法定公积金不得低于转增前公司注册资本的25%。

4. 向股东分配股利

公司在按照上述程序弥补亏损、提取公积金之后，所余当年利润与以前年度的未分配利润构成可供分配的利润，公司可根据股利政策向股东分配股利。

按照现行制度的规定，股份有限公司依法回购后暂未转让或者注销的股份，不得参与利润分配；公司弥补以前年度亏损和提取公积金后，当年没有可供分配的利润时，一般不得向股东分配股利。

三、股利的种类

股份有限公司分派股利的形式一般有现金股利、股票股利、财产股利和负债股利等。后两种形式应用较少，我国有关法律规定，股份有限公司只能采用现金股利和股票股利两种形式。

1. 现金股利

现金股利是股份有限公司以现金的形式从公司净利润中分配给股东的投资报酬，也称“红利”或“股息”。现金股利是股份有限公司最常用的股利分配形式。优先股通常有固定的股息率，在公司经营正常并有足够利润的情况下，优先股的年股利额是固定的。例如，某公司发行的优先股面值为1元，固定股息率为8%，那么在正常情况下，每股优先股可分得0.8元的现金股利。普通股没有固定的股息率，发放现金股利的次数和金额主要取决于公司的股利政策和经营业绩等因素。西方国家的许多公司按季度发放现金股利，一年发放四次。我国公司一般半年或一年发放一次现金股利。由于现金股利是从公司实现的净利润中支付给股东的，支付现金股利会减少公司的留用利润，因此发放现金股利并不会增加股东的财富总额。但是，不同的股东对现金股利的偏好是不同的，有的股东希望公司发放较多的现金股利，有的股东则不愿意公司发放过多的现金股利。现金股利的发放会对股票价格产生直接的影响，在除息日之后，一般来说，股票价格会下跌。

2. 股票股利

股票股利是股份有限公司以股票的形式从公司净利润中分配给股东的股利。股份有限公司发放股票股利，须经股东大会表决通过，根据股权登记日的股东持股比例将可供分配利润转为股本，并按持股比例无偿地向各个股东分派股票，增加股东的持股数量。发放股票股利不会改变公司的股东权益总额，也不会影响股东的持股比例，只是公司的股东权益结构发生了变化，未分配利润转为股本，因此会增加公司的股本总额。例如，光华科技（002741）发放股票股利之前的股份总数为12 000万股，公司按每10股转增20股的比例发放股票股利，则发放股票股利后公司的股份总数增加到36 000万股。在公司发放股票股利时，除权后股票价格会相应下降。一般来说，如果不考虑股票市价的波动，发放股票股利后的股票价格，应当按发放股票股利的比例而成比例下降。例如，光华科技发放股票股利前的股价为每股53.54元，公司按照每10股转增20股的比例发放股票股利，在除权日之后，光华科技的股票价格应降至每股17.85元（53.54÷3）。可见，分配股票股利，一方面扩张了股本，另一方面起到了股票分割的作用。处于高速成长阶段的公司可以利用分配股票股利的方式进行股本扩张，以使股价保持在一个合理的水平，避免因股价过高而影响股票的流动性。

对于股份有限公司来说，分配股票股利不会增加其现金流出量，如果公司现金紧张或者需要大量的资本进行投资，可以考虑采用股票股利的形式。但应当注意的是，一直实行稳定的股利政策的公司，因发放股票股利而扩张了股本，如果以后继续维持原有的现金股利水平，势必会增加未来年度的现金股利支付。公司净利润的增长速度低于股本扩张速度时，公司的每股利润会下降，就可能导致股价下跌。对于股东来说，虽然分得股票股利而没有得到现金，但是，如果发放股票股利之后，公司依然维持原有的现金股利水平，则股东在以后可以得到更多的股利收入，或者股票数量增加之后，股价走出了填权行情，股东的财富也会随之增长。

四、股利发放的程序

股份有限公司分配股利必须遵循法定的程序，一般先由董事会提出股利分配预案，然后提交股东大会决议通过才能进行分配。股东大会决议通过股利分配预案之后，要向股东宣布发放股利的方案，并确定股权登记日、除息日和股利发放日，这几个日期对分配股利是非常重要的。

1. 宣告日

宣告日就是股东大会决议通过并由董事会宣告发放股利的日期。公司董事会应先提出利润分配预案，并提交股东大会表决，利润分配方案经股东大会表决通过之后，董事会才能对外公布。在宣布股利分配方案时，应明确股利分配的年度、分配的范围、分配的形式、分配的现金股利金额或股票股利的数量，并公布股权登记日、除息日和股利发放日。

2. 股权登记日

股权登记日是有权领取本期股利的股东资格登记截止日期。公司规定股权登记日是为了确定股东能否领取本期股利。因为股票是经常流动的，所以确定这个日期很有必要。只有在股权登记日这一天登记在册的股东才有资格领取本期股利，而在这一天没有登记在册的，即使是在股利发放日之前买入股票的股东，也无权领取本次分配的股利。在信息技术环境下，股权登记极其方便、快捷，一般在股权登记日交易结束的当天即可打印股东名册。

3. 除息日

除息日也称除权日，是指从股价中除去股利的日期，即领取股利的权利与股票分开的日期。在除息日之前的股票价格中包含了本次股利，在除息日之后的股票价格中不再包含本次股利，因此，投资者只有在除息日之前购买股票，才能领取本次股利，在除息日当天或以后购买股票，则不能领取本次股利。除息日对股票价格有重要的影响，除息日股票价格因除权而相应下降，除息日股票的开盘参考价为前一交易日的收盘价减去每股股利。在西方国家，按照证券业的传统惯例，一般除息日确定在股权登记日的前两个工作日，之所以如此规定，是因为股票交易之后，办理股票过户登记手续需要几天的时间，为了保证在股权登记日办理完过户登记手续，投资者必须在除息日之前买入股票。而在除息日之后，股权登记日之前购买的股票，公司不能保证及时地得到股票所有权已经转让的通知，可能无法在股权登记日办理过户登记。但是，目前先进的计算机登记结算系统为股票的交割过户提供了快捷的手段，股票买卖交易的当天即可办理完交割过户手续，在这种交易结算条件下，除息日可确定为股权登记日的下一个工作日。

4. 股利发放日

股利发放日也称股利支付日，是指公司将股利正式支付给股东的日期。在这一天，公司应通过邮寄等方式将股利支付给股东。目前，公司可以通过证券登记结算系统将股利直接划入股东在证券公司开立的资金账户。

第二节 股利理论

在股份有限公司的利润分配实践中，常常会面临如下几个重要问题：（1）公司应当支付多少股利，即如何确定现金股利与留用利润之间的比例？（2）公司发放股利是否会影响公司价值，股东态度是怎样的？长期以来，学者们对这些问题进行了大量的研究，从不同的角度提出了许多观点，从而形成了不同的股利理论。公司的财务管理目标是实现公司价值最大化，股利分配也应当服从这一目标，如何分配股利、股利分配的数量和形式都应当以实现公司价值最大化为基本目标。股利理论就是研究股利分配与公司价值、股票价格之间的关系，探讨公司应当如何制定股利政策的基本理论。根据对股利分配与公司价值、股票价格之间关系认识的不同，股利理论可分为两大派别：股利无关理论和股利相关理论。

一、股利无关理论

股利无关理论认为，公司的股利政策不会对公司价值产生任何影响。该理论是由美国经济学家米勒和莫迪利安尼于1961年首先提出的，故也被称为MM股利无关理论。

股利无关理论

1. 基本内容

米勒和莫迪利安尼采用数学推导的方法证明，在完美的资本市场条件下，如果公司的投资决策和资本结构保持不变，那么公司价值取决于公司投资项目的盈利能力和风险水平，而与股利政策不相关。因此，公司未来是否分配股利和如何分配股利都不会影响公司目前的价值，也不会影响股东财富总额。根据股利无关理论，投资者不会关心公司股利的分配情况，在公司有良好投资机会的情况下，如果股利分配较少，留用利润较多，投资者可以通过出售股票换取现金来自制股利；如果股利分配较多，留用利润较少，投资者获得现金股利后可寻求新的投资机会，而公司可以通过发行新股筹集所需资本。

假设下面两种情况都是在完美资本市场环境中进行的公平市场交易，我们来探讨为什么公司的股利分配不会影响公司价值和股东财富。

第一种情况是公司的投资决策和资本结构确定之后，需要向股东支付现金股利，但是，为了保证投资所需资本和维持现有资本结构不变，公司需要发行新股筹集资本。公司在支付现金股利之后，原股东获得了现金，但减少了与现金股利等值的股东权益，股东的财富从对公司拥有的股东权益形式转化为手中持有的现金形式，二者价值相等，因而原股东的财富总额没有发生变化。同时，为了保持现有资本结构不变，公司必须发行新股筹集与现金股利等值的资本，以弥补因发放现金股利而减少的股权资本，新股东投入了现金，获得了与其出资额等值的股东权益。这样，公司支付股利而减少的资本刚好被发行新股筹集的资本所抵补，公司价值不会发生变化。

第二种情况是公司的投资决策和资本结构确定之后，公司决定将利润全部作为留用利润用于投资项目，不向股东分配现金股利。如果股东希望获得现金，可以将部分股票出售给新的投资者来换取现金，这种交易被称为自制股利。自制股利交易的结果相当于第一种情况下发放股利和发行新股两次交易的结果，原有股东将部分股权转让给新的投资者获取了现金，其股东财富不变，公司价值也不会发生变化。

2. 假设条件

MM股利无关理论建立在下列严格的假设基础之上：

1）假设存在完全资本市场

完全资本市场假设是股利无关理论的基本前提，只有在这样的市场环境下，公司的股利分配政策才不会影响公司价值。那么，什么样的资本市场才称得上是完全资本市场呢？MM股利无关理论认为，完全资本市场须符合以下七个条件：

（1）没有妨碍潜在的资本供应者和使用者进入市场的障碍；

（2）有完全的竞争，市场有足够多的参与者，并且每个参与者都没有能力影响证券价格；

（3）金融资产无限可分；

（4）没有交易成本和破产成本，证券发行与交易都不存在交易成本，公司也无财务危机成本和破产成本；

（5）没有信息成本，信息是对称的，并且每个市场参与者都可以自由、充分、免费地获取所有的信息；

（6）没有不对称税负，股票的现金股利和资本利得没有所得税上的差异；

（7）交易中没有政府或其他限制，证券可以自由地交易。

完全资本市场假设是理解股利无关理论的出发点。完全资本市场可以理解为一个“无摩擦”的市场，就像一个不存在摩擦力的机器一样，能量可以百分之百地转换，不会发生任何损耗。在完全资本市场上，资产在交易过程中不存在套利机会，也不会发生价值的损耗。但是，在现实世界中，不存在这样完全的市场。导致资本市场不完全的因素主要有三个：不对称税率、不对称信息和交易成本。

2）假设公司的投资决策不受股利政策影响

根据这一假设，在公司既定的投资决策下，对于新投资项目所需资金，无论采取内部筹资还是外部筹资，都不会改变公司的经营风险。由于理性投资者对公司的风险和报酬都有合理的预期，在公司经营风险不变的情况下，投资者的必要投资报酬率（即股权资本的资本成本率）也不会改变，因此，公司的风险水平以及风险水平所决定的投资者的必要投资报酬率均不会受股利政策变化的影响，公司价值是以投资者的必要投资报酬率为折现率对公司未来收益的折现值。根据这一假设，在计算公司价值时所用的折现率即投资者的必要投资报酬率，不受公司股利分配的影响。

在以上严格的假设条件下，通过数学推导可以得出公司价值V_0为：

$$V_0 = \sum_{t=1}^{n} \frac{1}{(1+r)^t}(X_t - I_t) + \frac{V_{n+1}}{(1+r)^{n+1}} \quad ①$$

当n趋于无穷大时，公司价值V_0为：

$$V_0 = \sum_{t=1}^{\infty} \frac{1}{(1+r)^t}(X_t - I_t) \quad ②$$

式中：V_0表示目前的公司价值；r表示折现率，即投资者的必要投资报酬率；X_t表示公司第t期实现的净收益总额；I_t表示公司第t期期末需要的投资总额；V_{n+1}表示第n+1期期末的公司价值。

由公式②可知，公式中没有出现股利因素，公司价值取决于公司未来的盈利能力和投资决策，与股利分配无关。公司支付现金股利而增加的价值刚好完全被发行新股筹资而减少的价值所抵销，因此，公司是否支付股利、支付多少股利都不会影响公司价值。

由上述内容可知，股利无关理论是以严格的假设条件为前提的，在现实生活中，这些假设并不存在。影响资本市场完美的因素主要有三个：

（1）不对称税率。在资本市场中，税率的差异是常见的，许多国家对现金股利和资本利得所征收的所得税税率是不同的。这种不对称税率不仅使投资者在股利与资本利得之间产生不同的偏好，也确实对股东财富产生不同的影响。

（2）不对称信息。尽管资本市场中的信息传递是公开和迅速的，但信息的获得并不是完全免费的，而且对于不同的市场参与者来说，信息仍然是不对称的，如公司的董事和经理相对于普通的投资者来说就拥有信息优势。信息的不对称会降低市场效率，也会影响到投资者对风险和报酬的判断。

（3）交易成本。现实中的资本市场都存在交易成本，如发行股票或债券要支付发行费用，证券交易要支付佣金和印花税等。不同类型的交易会产生不同的交易成本，这样就会影响人们的交易行为，也限制了市场的套利活动。

二、股利相关理论

在现实生活中，完全资本市场的条件通常无法满足，如果我们逐步放宽这些假设条件，就会发现股利政策变得十分重要，公司价值和股票价格都会受到股利政策的影响，这就形成了各种股利相关理论。股利相关理论认为，在现实的市场环境下，公司的利润分配会影响公司价值和股票价格，因此，公司价值与股利政策是相关的。其代表性观点主要有：“一鸟在手”理论、税收差别理论、信号传递理论、代理理论等。

1.“一鸟在手”理论

“一鸟在手”理论

“一鸟在手”理论是股利相关理论之一，该理论的主要代表人物是迈伦·戈登（Myron Gordon）和约翰·林特（John Linter）。“一鸟在手”理论认为，由于公司未来的经营活动存在诸多不确定性因素，投资者会认为现在获得股利的风险低于将来获得资本利得的风险，相对资本利得而言，投资者更加偏好现金股利，因此，出于对风险的回避，股东更喜欢确定的现金股利。这样，公司如何分配股利就会影响股票价格和公司价值，即公司价值与股利政策是相关的。当公司支付较少的现金股利而留用利润较多时，就会增加投资的风险，股东要求的必要投资报酬率就会提高，从而导致公司价值和股票价格下降；当公司支付较多的现金股利而留用利润较少时，就会降低投资风险，股东要求的必要投资报酬率就会降低，从而促使公司价值和股票价格上升。

“一鸟在手”理论是在传统股利理论的基础上发展而来的。传统的股利理论主张公司应支付较高的现金股利，认为在合理范围内投资者更愿意获得大额的现金股利。1962年，戈登在传统理论的基础上提出了著名的“戈登模型”，即前面学过的股利贴现模型，其公式为：

$$V_0 = \sum_{t=1}^{n} \frac{D_t}{(1+k)^t} + \frac{V_n}{(1+k)^n}$$

当n趋于无穷大时，公司价值V_0为：

$$V_0 = \sum_{t=1}^{n} \frac{D_t}{(1+k)^t}$$

式中：V_0表示现在的公司价值；V_n表示第n年年末的公司价值；D_t表示公司第t年支付的现金股利总额；k表示折现率，即投资者要求的必要投资报酬率。

由“戈登模型”可知，公司价值等于以投资者要求的必要投资报酬率k为折现率对未来股利的折现值。该模型建立在投资者都是厌恶风险的假设基础之上，假设投资者会认为当前的现金股利才是有把握的报酬，风险较小，好比在手之鸟；而未来的股利和出售股票的资本利得是不确定的报酬，风险较大，好比林中之鸟。“双鸟在林不如一鸟在手”，较高的股利交付率可以消除投资者心中对公司未来盈利风险的担忧，投资者所要求的必要投资报酬率也会降低，因而公司价值和股票价格都会上升；反之，较低的股利支付率则会使公司价值和股票价格下降。

由于戈登等学者的理论贡献，使“一鸟在手”理论广为流行。但是，有些学者对这种理论提出了批评，他们指出：“一鸟在手”理论混淆了投资决策和股利政策对公司风险的不同影响，认为资本利得的风险高于股利的风险是不符合实际情况的，并将这一理论称为“一鸟在手谬论”。这些批评者认为，用留用利润再投资形成的资本利得风险取决于公司的投资决策，与股利支付率高低无关，在投资决策一定的情况下，公司如何分配利润并不会改变公司的投资风险。股东在收到现金股利之后，仍然可以根据自己的风险报酬偏好进行再投资，如他们可以用现金股利重新购买公司发行的新股来进行再投资。因此，投资者所承担的风险最终是由公司的投资决策决定的，而不会受股利政策的影响。

2. 税收差别理论

股利无关理论的一个重要假设是现金股利和资本利得没有所得税的差异。实际上，二者的所得税税率经常是不同的。一般来说，股利收入的所得税税率要高于资本利得的所得税税率。例如，在美国，这两种税率的差异就非常明显，大多数年份股利的所得税税率都比资本利得的所得税税率要高，有的年份二者差异非常大。

税收差别理论

由于不对称税率的存在，股利政策会影响公司价值和股票价格。研究税率差异对公司价值及股利政策影响的股利理论，被称为税收差别理论，其代表人物主要有利森伯格尔（Lizenberger）和拉马斯瓦米（Ramaswamy）。税收差别理论认为，由于股利收入的所得税税率通常都高于资本利得的所得税税率，这种差异会对股东财富产生不同影响。出于避税的考虑，投资者更偏好低股利支付率政策，公司实行较低的股利支付率政策可以为股东带来税收利益，有利于增加股东财富，促进股票价格上涨，而高股利支付率政策将导致股票价格下跌。除了税率上的差异，股利收入和资本利得的纳税时间也不同。股利收入在收到股利时纳税，而资本利得只有在出售股票获取收益时才纳税，这样，资本利得的所得税是延迟到将来才缴纳的，股东可以获得货币时间价值的好处。但是，股东出售股票自制股利时会发生交易成本，这样会抵销其税收利益。所以，对那些希望定期获取现金股利和享受较低税率的投资者而言，高现金股利仍然是较好的选择。

由于税收差异的存在，股利政策可以产生顾客效应。税收差别理论认为，投资者可以根据偏好不同被分为不同的类型，每种类型的投资者都偏好某种特定的股利政策，并喜欢购买采用符合其偏好股利政策的公司股票，这就是顾客效应。顾客效应在许多方面都有所表现，例如，其表现在资本结构政策上，有的投资者偏爱高杠杆政策，有的投资者则偏爱低杠杆政策。顾客效应表现在股利政策上，就是有些投资者喜欢高股利支付率政策，有些投资者则喜欢低股利支付率政策。米勒和莫迪利安尼在研究税收差异对股利政策的影响时就已经注意到顾客效应的存在，他们发现低税率等级的投资者往往持有高股利公司的股票。因此，MM理论认为公司有动机采取适当的股利政策，以最大限度地减少股东的税收。

产生顾客效应的一个重要原因是不同的投资者具有不同的边际税率。在美国，不同收入的投资者的个人所得税税率会有很大的差异，个人所得税的边际税率从15%到39.6%不等，年收入越高的投资者适用的所得税税率越高，而低收入的投资者适用的所得税税率较低，甚至不必缴纳所得税。正是因为投资者的边际税率等级不同，导致他们对股利政策表现出不同的偏好。大量经验数据证明，投资者根据各自不同的税率等级自然分成偏好高股利政策的顾客和偏好低股利政策的顾客。高收入的投资者希望公司少支付现金股利或不支付现金股利，而将利润作为留用利润进行再投资，以提高股票的价格，即使将来需要现金，出售股票获得的资本利得收益也比现在收到股利收入所缴纳的个人所得税要少；低收入的投资者以及享受免税优惠的养老金等机构投资者则喜欢公司支付较高的现金股利，一方面是因为他们可以免缴所得税或所得税税率较低，另一方面是这些投资者更希望保持较高的资本流动性，如一些退休的投资者就希望公司支付较高而稳定的现金股利，以便他们安排日常的生活支出。

由于顾客效应的存在，任何股利政策都不可能满足所有投资者的要求，特定的股利政策只能吸引特定类型的投资者。采用高股利支付率政策，可以吸引低边际税率等级的投资者；采用低股利支付率政策，可以吸引高边际税率等级的投资者。当公司改变股利政策时，就会吸引喜欢这一股利政策的投资者购买其股票，而另一类不喜欢这一股利政策的投资者就会出售其股票。当购买数量大于出售数量时，公司股价就会上涨，反之就会下跌，直至市场达到均衡状态。

3. 信号传递理论

信号传递理论

MM股利无关理论假设投资者可以自由、免费地获取各种信息，并且投资者和公司管理层之间是信息对称的。但在现实生活中，投资者与公司管理层之间存在信息不对称，公司管理层拥有更多的关于公司发展前景方面的内部信息，相对而言，投资者处于信息劣势，他们对公司未来发展前景、经营状况和风险情况等方面的信息知道得较少。信号传递理论认为，在投资者与管理层信息不对称的情况下，股利政策包含了公司经营状况和未来发展前景的信息，投资者通过对这些信息的分析来判断公司未来盈利能力的变化趋势，以决定是否购买其股票，从而引起股票价格的变化。因此，股利政策的改变会影响股票价格的变化，二者存在相关性，实证研究的结果也证实了这一结论。如果公司提高股利支付水平，等于向市场传递了利好信息，投资者会认为公司的未来盈利水平将提高，管理层对公司的未来发展前景有信心，从而购买股票，引起股票价格上涨；如果公司以往的股利支付水平一直比较稳定，现在突然降低股利支付水平，就等于向市场传递了利空信息，投资者会对公司做出悲观的判断，从而出售股票，导致股票价格下跌。根据信号传递理论，稳定的股利政策向外界传递了公司经营状况稳定的信息，有利于公司股票价格的稳定。因此，公司在制定股利政策时，应当考虑市场的反应，避免传递易被投资者误解的信息。

4. 代理理论

现代企业理论认为，企业是一组契约关系的联结。契约关系的各方成为企业的利益相关者，各利益相关者之间的利益和目标并不完全一致，在信息不对称的情况下，企业各利益相关者之间形成诸多委托-代理关系。在经济学上，“委托-代理关系的定义为一种契约关系，在这种契约关系下，一人或多人（即委托人）聘用另一人（即代理人）代表他们来履行某种服务，包括把若干决策权托付给代理人”[①]。在委托-代理关系中，委托人与代理人之间存在信息的不对称，代理人拥有内部信息，处于信息优势地位，委托人处于信息劣势地位，在双方利益不一致的情况下，代理人可能会利用其信息优势损害委托人利益，这就产生了代理问题。代理问题会降低企业的效率，增加企业的成本，这种成本在经济学上称为代理成本。经济学领域将研究委托-代理关系下代理问题及代理成本的理论，称为委托-代理理论或代理理论。

代理理论

股利分配作为公司一种重要的财务活动，也会受到各种委托-代理关系的影响。与股利政策有关的代理问题主要有以下三类：（1）股东与经理之间的代理问题；（2）股东与债权人之间的代理问题；（3）控股股东与中小股东之间的代理问题。这三类代理问题都会产生代理成本。代理成本理论认为，公司分派现金股利可以有效地降低代理成本，提高公司价值，因此，在股利政策的选择上，主要应考虑股利政策如何降低代理成本。下面分别探讨这三类代理问题对公司股利政策的影响。

1）股东与经理之间的代理问题

在股份有限公司中，股东作为公司投资者并不直接参与公司的经营管理活动，而是聘用经理从事经营管理活动，这样，股东和经理之间便形成了委托-代理关系。经理作为代理人比股东更了解公司的经营状况和发展前景，并且掌握公司的经营决策权，经理在进行经营决策时并非总是以股东利益最大化为目标，他们可能会出于自身的利益做出有违股东利益的行为，例如，将大量的现金用于追求个人奢侈的在职消费、盲目地扩张企业规模、进行缺乏效率的并购等，这就增加了公司的代理成本。詹森在研究股东与经理之间的代理问题时，提出了自由现金流量假说。他将自由现金流量定义为公司所持有的超过投资所有净现值为正的项目所需资本的剩余现金，自由现金流量留在公司内部并不能为公司创造价值，也不能给股东带来收益，理所当然要以现金股利的形式支付给股东。而代理理论认

---

① JENSEN M C，MECKLING W H. Theory of the firm： managerial behavior，agency costs and ownership structure［J］. Journal of Financial Economics，1976（3）：305-360. 中文译本参见：陈郁. 所有权、控制权与激励——代理经济学文选［M］. 上海：上海人民出版社，上海三联书店，1998.

为，公司经理一般不愿意将自由现金流量以股利的形式分配给股东，而是倾向于将其留在公司内部，或者用于投资一些效率低下的项目以从中获得个人利益，因此，发放现金股利有利于降低这种代理成本。通过提高现金股利，可以带来三方面的好处：（1）减少了公司的自由现金流量，股东获得这些股利收入后可以寻找新的投资机会，有利于增加股东的财富；（2）减少了经理利用公司资源牟取个人私利的机会；（3）由于留用利润减少，当公司未来有好的投资机会而需要资本时，必须从外部资本市场筹集资本，这样就加强了资本市场对经理的监督约束。

2）股东与债权人之间的代理问题

由于股东拥有公司控制权，而债权人一般不能干涉公司的经营活动，这样，股东会利用其控制权的优势影响债权人的利益，以使自身利益最大化。例如，股东可能会要求公司支付高额现金股利，从而减少了公司的现金持有量，增加了债权人的风险。这种代理问题也会产生代理成本，通常债权人可能会要求在借款合同中规定限制性条款或者要求公司对债务提供担保，从而增加了公司的成本费用。这种代理问题也会影响到公司的股利政策，股东和债权人之间会在债务合同中达成一个双方都能接受的股利支付水平。

3）控股股东与中小股东之间的代理问题

在公司股权比较集中的情况下，就存在控股股东，控股股东利用其持股比例的优势控制公司的董事会和管理层，而中小股东在公司中的权益常常被忽视。控股股东的存在会带来两方面的影响：一方面，控股股东有强烈的动机对管理层进行监督，并对公司的经营决策施加影响，这样有利于减少经理的利益侵占；另一方面，产生了控股股东与中小股东之间的代理问题，控股股东可能利用其在公司中的控制权侵占公司的利益，如大股东占用公司资产以牟取私利，这样就损害了中小股东的利益。针对这一问题，施莱费尔（Shleifer）等学者提出了“掏空假说”，将“掏空”定义为公司控股股东为了自己的利益将公司的资产或者利润转移出去的行为。代理理论认为，通过提高现金股利可以减少控股股东可支配的资本，降低掏空对公司利益的损害，从而保护中小股东的利益。

由此可见，代理理论主张高股利支付率政策，认为提高股利支付水平可以降低代理成本，有利于提高公司价值。但是，这种高股利支付率政策也会带来外部筹资成本增加和股东税负增加的问题。所以，在实践中，需要在降低代理成本与增加筹资成本和税负之间权衡，以制定出最符合股东利益的股利政策。

第三节 股利政策及其选择

一、股利政策的含义

股利政策是确定公司的净利润如何分配的方针和策略。公司的净利润是公司从事生产经营活动所取得的剩余收益，是股东对公司进行投资应得的投资报酬。从权益上讲，公司实现的净利润属于全体股东的权益，无论是以现金股利的形式给股东分红，还是作为留用利润留在公司内部，都属于股东的财富。公司将净利润以现金股利的形式分配给股东，股东可以用这些现金进行其他的投资或者用于消费；公司将净利润留存在公司内部，实际上是股东对公司进行再投资。因此，无论如何分配都没有改变净利润是股东财富的性质。但是，通过前面的股利理论分析可知，公司如何分配利润对股东财富具有现实的影响。这样，股利政策就成为公司财务管理的一项重要政策。在实践中，公司的股利政策主要包括四项内容：

（1）股利分配的形式，即采用现金股利还是股票股利；

（2）股利支付率的确定；

（3）每股股利的确定；

（4）股利分配的时间，即何时分配和多长时间分配一次。

其中，每股股利与股利支付率的确定是股利政策的核心内容，它决定了公司的净利润中有多少以现金股利的形式发放给股东，有多少以留用利润的形式对公司进行再投资。一般来说，投资者对每股股利的变动比较敏感，如果公司各年度之间的每股股利相差较大，就给市场传递了公司经营业绩不稳定的信号，不利于公司股票价格的稳定。

二、股利政策的评价指标

投资者在购买股票进行投资时，通常会对公司的股利政策做出评价。用来评价公司股利政策的指标主要有两个：股利支付率和股利报酬率。

1. 股利支付率

股利支付率是公司年度现金股利总额与净利润总额的比率，或者是公司年度每股股利与每股利润的比率。其计算公式表示为：

$$P_d = \frac{D}{E} \times 100\%$$

或 $$P_d = \frac{DPS}{EPS} \times 100\%$$

式中：P_d表示股利支付率；D表示年度现金股利总额；E表示年度净利润总额；DPS表示年度每股股利；EPS表示年度每股利润。

股利支付率用来评价公司实现的净利润中有多少用于给股东分派红利。股利支付率反映了公司所采取的股利政策是高股利政策还是低股利政策。由前面的股利理论可知，股利支付率的高低并不是区分股利政策优劣的标准。公司处于不同的发展阶段，会选择不同的股利政策。一般来说，处于快速成长阶段的公司，由于资本性支出较大，需要大量的现金，通常不支付现金股利或者采用较低的股利支付率政策；而处于成熟阶段的公司，有充足的现金流量，通常会采用较高的股利支付率政策。

与股利支付率相关的另一个指标是留存比率，用来评价公司净利润用于再投资的比例。留存比率是公司留用利润与净利润的比率，等于1减去股利支付率。

2. 股利报酬率

股利报酬率也称股息收益率，在我国香港股票市场也称周息率，是指公司年度每股股利与每股价格的比率。其计算公式表示为：

$$K_d = \frac{DPS}{P_0} \times 100\%$$

式中：K_d表示股利报酬率；DPS表示年度每股股利；P_0表示每股价格。

股利报酬率是投资者评价公司股利政策的一个重要指标，它反映了投资者进行股票投资所取得的红利收益，是投资者判断投资风险、衡量投资收益的重要标准之一。

我国股市的发展历史较短，许多上市公司还没有形成比较稳定的股利政策。通过对上市公司股利分派情况的统计分析，我国上市公司分派现金股利的水平较低，大多数公司的股利支付率都低于30%，因此股利报酬率也较低。为了鼓励上市公司现金分红，2015年，证监会出台了《关于修改上市公司现金分红若干规定的决定》，将上市公司再融资与现金分红挂钩。根据规定，上市公司如要通过公开发行股份（配股、公开增发、发行可转债等）再融资，“最近三年以现金方式累计分配的利润不少于最近三年实现的年均可分配利润的百分之三十”。

三、股利政策的影响因素

在公司利润分配的实践中，制定股利政策会受到各种因素的影响和制约，公司必须认真审查这些影响因素，以便制定出适合本公司的股利政策。一般来说，影响股利政策的主要因素有法律因素、债务契约因素、公司自身因素、股东因素、行业因素等。

1. 法律因素

为了保护投资者的利益，各国法律（如公司法、证券法等）都会对公司的股利分配进行一定的限制。影响公司股利政策的法律因素主要有：

（1）资本保全的约束。

资本保全是为了保护投资者的利益而做出的法律限制。股份公司只能用当期利润或留用利润来分配股利，不能用公司募集的资本发放股利，公司支付股利不能侵蚀公司的资本。这样的限制规定是为了保全公司的股权资本，以维护债权人的利益。

（2）企业积累的约束。

这一规定要求股份公司在分配股利之前，应当按法定的程序先提取各种公积金。我国有关法律法规明确规定，股份公司应按税后利润的10%提取法定公积金，并且鼓励企业在分配普通股股利之前提取任意公积金，只有当公积金累计数额达到注册资本的50%时，才可不再提取。法律法规有关企业积累的规定有利于提高企业的生产经营能力，增强企业抵御风险的能力，维护债权人的利益。

（3）企业利润的约束。

利润是发放股利的基础，公司可以用当年利润或以前年度利润发放股利。但是，在公司以前年度的亏损没有全部弥补时，不能发放股利。按照我国法律法规的规定，只有在以前年度亏损弥补完之后还有剩余利润的情况下，才能用于分配股利。

（4）偿债能力的约束。

这一规定要求公司在分配股利时，必须保持充分的偿债能力。公司分配股利不能只看利润表上净利润的数额，还必须考虑到公司的现金是否充足。如果因分配现金股利而影响了公司的偿债能力或正常的经营活动，股利分配就要受到限制。

2. 债务契约因素

债权人为了防止公司过多发放现金股利，影响其偿债能力、增加债务风险，会在债务契约中规定限制公司发放现金股利的条款。这种限制性条款通常包括：（1）规定每股股利的最高限额；（2）规定未来股息只能用贷款协议签订以后的新增收益来支付，而不能动用签订协议之前的留用利润；（3）规定企业的流动比率、利息保障倍数低于一定标准时，不得分配现金股利；（4）规定只有公司的盈利达到某一约定的水平时，才可以发放现金股利；（5）规定公司的股利支付率不得超过限定的标准等。债务契约的限制性规定，限制了公司的股利支付，促使公司增加留用利润，扩大再投资规模，从而增强公司的经营能力，保证公司能够如期偿还债务。

3. 公司自身因素

公司自身因素的影响，是指公司内部的各种因素及其面临的各种环境、机会对其股利政策产生的影响，主要包括现金流量、筹资能力、投资机会、资本成本、盈利状况、公司所处的生命周期等。

（1）现金流量。

公司在经营活动中必须有充足的现金流量，否则就会发生支付困难，公司在分配现金股利时，必须考虑到现金流量以及资产的流动性。如果公司的现金流量充足，特别是在满足投资所需资本后，仍然有剩余的自由现金流量时，就应当适当提高股利水平；反之，如果公司的现金流量不足，即使当期利润较多，也应当限制现金股利的支付。过多地分配现金股利会减少公司的现金持有量，影响未来的支付能力，甚至可能导致公司出现财务困难。

（2）筹资能力。

筹资能力是影响公司股利政策的一个重要因素。不同的企业在资本市场上的筹资能力会有一定的差异，公司在分配现金股利时，应当根据自身的筹资能力来确定股利支付水平。如果公司筹资能力较强，能够较容易地在资本市场上筹集到资本，就可以采取比较宽松的股利政策，适当提高股利支付水平；如果公司筹资能力较弱，就应当采取比较紧缩的股利政策，少发放现金股利，增加留用利润。

（3）投资机会。

公司在制定股利政策时会考虑未来投资对资本的需求。在公司拥有良好的投资机会时，就应当考虑少发放现金股利，增加留用利润，将资本用于再投资，这样可以加速企业的发展，增加未来的收益，这种股利政策往往也易于为股东所接受。在企业没有良好的投资机会时，往往倾向于多发放现金股利。理论研究表明，成长快的公司经常采用低股利支付率政策，就是因为这样的公司有较多的投资机会，增加留用利润可以保证有更多的资本用于再投资。

（4）资本成本。

资本成本是企业选择筹资方式的基本依据。留用利润是企业内部筹资的一种重要方式，同发行新股或举借债务相比，其具有资本成本低的优点。如果公司一方面大量发放现金股利，另一方面又要通过资本市场发行新股筹集资本，由于存在交易费用和所得税，这样会增加公司的综合资本成本，也会减少股东财富。因此，在制定股利政策时，应当充分考虑公司对资本的需求以及资本成本等问题。

（5）盈利状况。

公司的股利政策在很大程度上会受其盈利能力的影响。如果公司未来的盈利能力较强，并且盈利稳定性较好，就倾向于采用高股利支付率政策；反之，如果公司的盈利能力较弱，盈利稳定性较差，则会考虑应对未来经营和财务风险的需要，常常采用低股利支付率政策。

（6）公司所处的生命周期。

公司的生命周期主要包括初创阶段、成长阶段、成熟阶段和衰退阶段四个时期。在不同的发展阶段，由于公司的经营状况和经营风险不同，对资本的需求情况会有很大差异，这必然会影响到公司股利政策的选择。公司所采取的股利政策理所当然地要符合其所处的发展阶段。表10-1列示了公司在不同发展阶段的经营活动及应选择的股利政策。

表10-1 **不同发展阶段的公司股利政策**

项目	初创阶段	成长阶段	成熟阶段	衰退阶段
资本需求	受公司规模等因素限制	因为扩张的需求，资本需求量很大	公司规模基本稳定	资本需求量降低
盈利能力	没有盈利或盈利很少	盈利逐步增加	盈利能力较强且盈利能力稳定	盈利减少
现金流量	因为进行投资，现金流是负数	有少量现金流产生	现金流增加	相对于公司价值来说，现金流量较高
股利政策	不发放现金股利	不发放现金股利或采用低股利支付率政策	增加现金股利分配，采用稳定的股利支付率政策	采用特殊的股利支付率政策，股票回购

4. 股东因素

公司的股利分配方案必须经股东大会决议通过才能实施，股东对公司的股利政策具有举足轻重的影响。一般来说，影响股利政策的股东因素主要有以下几个方面：

（1）追求稳定的收入，有规避风险的需要。

有的股东依赖于公司发放的现金股利维持生活，如一些退休者，他们往往要求公司能够定期支付稳定的现金股利，反对公司留用过多的利润。还有一些股东是“一鸟在手”理论的支持者，他们认为留用过多利润进行再投资，尽管可能会使股票价格上升，但是所带来的收益具有较大的不确定性，还是取得现实的现金股利比较稳妥，这样可以规避较大的风险，因此这些股东也倾向于多分配现金股利。

（2）担心控制权被稀释。

有的大股东持股比例较高，对公司具有一定的控制权，他们出于对公司控制权可能被稀释的担心，往往倾向于公司少分配现金股利，多留用利润。如果公司发放大量的现金股利，就可能造成未来经营所需的现金紧缺，导致公司不得不通过发行新股来筹集资本。虽然公司的原股东有优先认股权，但其必须拿出一笔数额可观的现金，否则其持股比例就会降低，其对公司的控制权就有被稀释的危险。因此，他们宁愿少分配现金股利，也不愿看到自己的控制权被稀释，当他们拿不出足够的现金认购新股时，就会对分配现金股利的方案投反对票。

（3）规避所得税。

多数国家的红利所得税税率都高于资本利得所得税税率，有的国家红利所得税采用累进税率，边际税率很高。这种税率的差异会使股东更愿意采取可避税的股利政策。高收入的股东为了避税往往反对公司发放过多的现金股利，而低收入的股东因个人税负较轻甚至免税，可能会欢迎公司多分配现金股利。按照我国税法的规定，股东从公司分得的红利应按20%的比例税率缴纳个人所得税（现按10%减半征收），而对股票交易获得的资本利得收益目前还没有开征个人所得税。因而，对于股东来说，股票价格上涨获得的收益比分得现金股利更具有避税功能。

5. 行业因素

不同行业的股利支付率存在系统性差异。调查研究显示，成熟行业的股利支付率通常比新兴行业的高；公用事业的公司大多实行高股利支付率政策，而高科技行业的公司股利支付率通常较低。这说明股利政策具有明显的行业特征，可能的原因是投资机会在行业内是相似的，在不同行业之间则存在差异。

第四节　股利政策的类型

由前面的分析可知，公司在制定股利政策时会受到多种因素的影响，并且不同的股利政策也会对公司的股票价格产生不同的影响。因此，对于股份公司来说，制定一个合理的股利政策是非常重要的，股利政策的选择既要符合公司的经营状况和财务状况，又要符合股东的长远利益。在实践中，股份公司常用的股利政策主要有五种类型：剩余股利政策、固定股利政策、稳定增长股利政策、固定股利支付率政策和低正常股利加额外股利政策。

一、剩余股利政策

在制定股利政策时，公司的投资机会和筹资能力是两个重要的影响因素。剩余股利政策反映了股利政策与投资、筹资之间的关系。公司有良好的投资机会时，为了降低资本成本，公司通常会采用剩余股利政策。实证研究表明，如果公司的成长机会较多，由于可支配的现金流相对较少，就会采取低股利支付率的股利政策，而将较多的留用利润用于投资项目。也就是说，成长机会与股利支付水平呈负相关。剩余股利政策就是在公司确定的最佳资本结构下，税后利润首先要满足项目投资所需要的股权资本，然后若有剩余才用于分配现金股利。剩余股利政策是一种投资优先的股利政策。采用这种股利政策的先决条件是公司必须有良好的投资机会，并且该投资机会的预期报酬率要高于股东要求的必要报酬率，这样才能为股东所接受。如果公司投资项目的预期报酬率不能达到股东要求的必要报酬率，则股东会更愿意公司发放现金股利，以便他们自己寻找其他的投资机会。

剩余股利政策

采取剩余股利政策的公司，因其有良好的投资机会，投资者会对公司未来的获利能力有较好的预期，因而其股票价格会上升，并且以留用利润来满足最佳资本结构下对股权资本的需要，可以降低企业的资本成本，也有利于提高公司价值。但是，这种股利政策不会受到希望有稳定的股利收入的投资者的欢迎，如那些依靠股利生活的退休者，因为剩余股利政策往往导致各期股利忽高忽低。

实施剩余股利政策，一般应按以下步骤来确定股利的分配额：

（1）根据选定的最佳投资方案，测算投资所需的资本数额；

（2）按照公司的目标资本结构，测算投资所需增加的股权资本的数额；

（3）税后利润首先用于满足投资所需增加的股权资本的数额；

（4）满足投资需要后的剩余部分用于向股东分配股利。

目标资本结构可视为公司的最佳资本结构，剩余股利政策要符合目标资本结构的要求，才能使公司的综合资本成本最低。如果破坏了最佳资本结构，就不能取得使公司的综合资本成本达到最低的效果。

二、固定股利政策

固定股利政策是指公司在较长时期内每股支付固定股利额的股利政策。固定股利政策在公司盈利发生一般变化时，并不影响股利的支付，而是使其保持在稳定的水平；只有当公司对未来利润增长确有把握，并且认为这种增

固定股利政策

长不会发生逆转时，才会增加每股股利额。实行这种股利政策者都支持股利相关理论，他们认为公司的股利政策会对公司股票价格产生影响，股利的发放就是向投资者传递公司经营状况的某种信息。

实施固定股利政策的理由如下：

（1）固定股利政策可以向投资者传递公司经营状况稳定的信息。如果公司支付的股利稳定，则说明该公司的经营业绩比较稳定，经营风险较小，这样可以使投资者要求的必要报酬率降低，有利于股票价格上涨；如果公司的股利政策不稳定，股利忽高忽低，则会给投资者传递公司经营不稳定的信息，从而导致投资者对风险的担心，投资者要求的必要报酬率提高，使股票价格下跌。

（2）固定股利政策有利于投资者有规律地安排股利的收入和支出。那些希望每期能有固定收入的投资者非常欢迎公司采取固定股利政策，这样，他们就可以有计划地安排其日常开支，而忽高忽低的股利政策可能会降低他们对这种股票的需求，从而使股票价格下降。

（3）固定股利政策有利于股票价格的稳定。公司采取固定股利政策，为了维持稳定的股利水平，有时可能会使某些投资方案延期，或者使公司资本结构暂时偏离目标资本结构。但是，持固定股利政策观点的公司认为，即便这样，也比减少股利有利于股票价格的稳定。因为如果突然降低股利，会使投资者认为公司的经营出现了困难，导致业绩下滑，从而可能使股票价格快速下跌，这对公司和股东更加不利。

然而，也应当看到，尽管这种股利政策有股利稳定的优点，但其仍可能会给公司造成较大的财务压力，尤其是在公司净利润下降或现金紧张的情况下，公司为了保证股利的照常支付，容易导致现金短缺、财务状况恶化，在非常时期，可能不得不降低股利支付额。因此，这种股利政策一般适合经营比较稳定的公司所采用。

三、稳定增长股利政策

稳定增长股利政策是指在一定时期内保持公司的每股股利额稳定增长的股利政策。采用这种股利政策的公司一般会随着公司盈利的增加，保持每股股利平稳提高。公司确定一个稳定的股利增长率，实际上是向投资者传递该公司经营业绩稳定增长的信息，可以降低投资者对该公司经营风险的担心，从而有利于股票价格上涨。公司在采取稳定增长股利政策时，要使股利增长率等于或略低于利润增长率，这样才能保证股利增长具有可持续性。稳定增长股利政策适合处于成长或成熟阶段的公司，在公司的初创阶段或衰退阶段则不适合采用这种股利政策。行业特点和公司经营风险也是影响公司是否应当采用稳定增长股利政策的重要因素。通常，公共事业行业的公司经营活动比较稳定，受经济周期影响较小，比较适合采用稳定增长股利政策；而一些竞争非常激烈的行业，由于公司经营风险较大，经营业绩变化较快，一般不适合采用这种股利政策。

四、固定股利支付率政策

固定股利支付率政策是一种变动的股利政策，公司每年都从净利润中按固定的股利支付率发放现金股利。这种股利政策者认为，只有维持固定的股利支付率，才算真正公平地对待每一位股东，他们坚持的原则是“公司赚2元钱，1元分给股东，1元留存公司”。这种股利政策使公司的股利支付与盈利状况密切相关：盈利状况好，则每股股利额增加；盈利状况不好，则每股股利额下降。股利随公司的经营业绩“水涨船高”。这种股利政策不会给公司造成较大的财务负担，但是，公司的股利水平可能变动较大、忽高忽低，这样可能向投资者传递该公司经营不稳定的信息，容易使股票价格产生较大的波动，不利于树立良好的公司形象。有的人认为，这种股利政策不可能使公司价值达到最大化，所以反对实施这种股利政策。但在实践中，许多公司都有一个长期稳定的目标股利支付率，虽然实际股利支付率可能会偏离这个目标股利支付率，但基本上都是在一定范围内变动的，不会相差太大。

五、低正常股利加额外股利政策

低正常股利加额外股利政策是一种介于固定股利政策与变动股利政策之间的折中股利政策。这种股利政策每期都支付稳定的、较低的正常股利额，当企业盈利较多时，再根据实际情况发放额外股利。这种股利政策具有较大的灵活性：在公司盈利较少或需要较多投资资本时，可以只支付较低的正常股利，这样既不会给公司造成较大的财务压力，又能保证股东定期得到一笔固定的股利收入；在公司盈利较多且不需要较多投资资本时，可以向股东发放额外的股利。低正常股利加额外股利政策，既可以维持股利的一贯稳定性，又有利于公司的资本结构达到目标资本结构，使灵活性与稳定性较好地结合，因而为许多公司所采用。

第五节　股利政策制定程序

股份有限公司在制定股利政策时，应遵循一定的程序，不同股利政策的制定程序有所不同。下面以固定股利支付率政策为例来说明股利政策制定的基本程序。

一、测算公司未来剩余现金流量

公司在制定股利政策时，首先应当预测公司未来年度的盈利和现金流量，预测的期限一般应为5年左右，这样才能保证经营活动的长期规划得以实现。预测未来的盈利和现金流量是一项比较复杂的工作，宏观经济形势、市场变化和公司自身经营状况都会影响对盈利和现金流量预测的准确性。因此，在做公司的经营预算和资本预算时，必须保持一定的弹性空间，公司要从股东的利益出发，在确保重要的经营活动和投资项目能够顺利完成的情况下，充分利用现金，提高资本利用效率。

二、确定目标股利支付率

确定目标股利支付率是公司股利政策的一项重要内容。公司在确定股利支付率时，应考虑自身的发展阶段、经营规模、财务状况和股东构成等因素，并参照同行业具有可比性公司的股利支付率。在国外，同行业的公司通常具有“习惯性的股利支付率范围”[①]，大多数公司在确定股利支付率时都会参照同类公司的股利政策。目标股利支付率一旦确定，通常在较长的时期内不宜变动太大。

三、确定年度股利额

理论上，公司支付的现金股利额应等于投资于所有净现值为正的投资项目之后的剩余现金数量，但在实践中，考虑到投资预算的不确定性、股东的偏好、筹资的约束等因素，现金股利额应在此基础上进行适当的调整。出于谨慎性考虑，公司一般会适当地增加留用

① DOUGLAS R E, FINNERTY J D, TOWE D. Corporate Financial Management [M]. 2nd Ed. London: Pearson Education Inc., 2005.

利润，以预防盈利和现金流量的不确定性。如果公司该年度的盈利大幅增加，根据信号传递理论，也应当参考以往年度的股利额来确定该年度的股利支付数量，尽量保持股利政策的稳定性，以使投资者有稳定的预期。

四、确定股利分派日期

在西方国家，许多公司按季度支付股利，我国公司大多半年或一年支付一次股利，现金股利分派会发生大量的现金流出，因此何时分派股利对公司财务状况会产生较大影响。公司确定了年度股利额之后，应当根据其经营预算、投资项目进展情况和现金流量状况合理地安排股利分派的日期。

第六节 股票分割与股票回购

一、股票分割

1. 股票分割的概念

股票分割（stock split），是指将面值较高的股票分割为几股面值较低的股票。例如，将原来每股面值为10元的普通股分割为2股面值为5元的普通股。通过股票分割，公司股票面值降低，同时公司股票总数增加，股票的市场价格也会相应下降。因此，股票分割不会增加公司价值，也不会增加股东财富。

一般来说，公司进行股票分割主要有以下两种动机：

（1）通过股票分割使股票价格降低。

有些公司股票价格过高，一些中小投资者由于资金量的限制不愿意购买高价股票，这样会使高价股票的流动性受到影响。为了将股票价格降下来，公司就可以采用股票分割的办法。股票分割后，公司股票数量增加，股价降低，股票在市场上的交易会更加活跃。

（2）通过股票分割向投资者传递公司信息。

与分配股利一样，股票分割也可以向投资者传递公司未来经营业绩变化的信息。一般来说，处于成长阶段的中小公司，由于业绩快速增长，股价会不断上涨，此时公司进行股票分割，实际上表明公司未来的业绩仍然会保持良好的增长趋势，这种信息的传递会引起股票价格的上涨。

2. 股票分割与股票股利的比较

对于公司来说，股票分割与发放股票股利都属于股本扩张政策，二者都会使公司股票数量增加，股票价格降低，并且都不会增加公司价值和股东财富。从这些方面来看，股票分割与发放股票股利是十分相似的，但二者也存在着差异。

（1）股票分割降低了股票面值，而发放股票股利不会改变股票面值。

这主要是因为股票分割是股本重新分拆，将原来的股本细分为更多的股份，因而每股面值会相应成比例降低；而发放股票股利是公司以股票的形式用实现的净利润向股东无偿分派股利，股票面值不会降低。

（2）股票分割与发放股票股利的会计处理不同。

股票分割不会影响到资产负债表中股东权益各项目金额的变化，只是股票面值降低，股票股数增加，因而股本的金额不会变化，资本公积金和留用利润的金额也不会变化。发放股票股利，公司应将股东权益中的留用利润的金额按照发放股票股利面值总数转为股本，因而股本的金额相应增加，而留用利润相应减少。

我国股份公司发行的普通股一般面值为1元，所以通常不进行股票分割。在实践中，公司通常采用资本公积转增股本和发放股票股利的方式进行股本扩张，其基本能够与股票分割达到同样的目的。

二、股票回购

1. 股票回购的概念

股票回购（stock repurchase），是指股份公司出资购回本公司发行在外的股票，将其作为库藏股或进行注销的行为。20世纪70年代，美国政府对公司分配现金红利施加了限制，导致一些公司采用股票回购方式向股东分配利润。此后，股票回购成为公司一种特殊的利润分配形式。公司回购的股票可以注销，以减少公司的股本总额；也可以作为库藏股，公司持有的库藏股可以在将来出售或者用于实施股权激励计划。公司持有本公司的库藏股通常不能超过一定的期限，这是为了避免公司管理层利用库藏股操纵每股利润或股票价格，库藏股也不能享有与正常普通股相同的权利，如没有投票权和分派股利的权利。我国2005年发布的《上市公司回购社会公众股份管理办法（试行）》规定，上市公司回购股票只能是为了减少注册资本而进行注销，不允许作为库藏股由公司持有。

股票回购常常被看作是对股东的一种特殊回报方式，但与发放现金股利还是存在差异的。公司通过股票回购减少了流通在外的普通股股数，从而使每股利润增加，股票价格也随之上涨，可以为股东带来资本利得收益。如果不存在个人所得税和交易成本，股票回购和发放现金股利对股东财富的影响并无差异，但是通常情况下，资本利得所得税税率要低于股利所得税税率，这样，公司回购股票可以为股东规避部分税负，为股东带来税收利益。但是，现金股利毕竟是公司对股东的一种长期稳定的回报方式，而股票回购不能经常采用，只有在公司拥有大量闲置现金的情况下才能偶尔为之。

2. 股票回购的动机

公司进行股票回购的主要动机在理论上有多种解释，信号理论、税差理论、代理理论和公司控制权市场理论等主流财务理论，都对股票回购动机做出了各自的解释。

（1）传递股价被低估信号。

由于外部投资者与公司管理层之间存在信息不对称，二者对股票价值的认识可能会存在较大差异，当资本市场低迷时，公司的股价就有可能被低估。如果管理层认为本公司股票被严重低估，公司就可以通过股票回购行为来传递这种信号，从而促使公司股价上涨。实际上，公司的股票回购公告发布之后，通常会使股票价格上涨。

（2）为股东避税。

由于资本利得与现金股利存在税率差异，现金股利的税率通常高于资本利得的税率，公司为了减少股东缴纳的个人所得税，可以用股票回购的方式代替发放现金股利，从而为股东带来税收利益。

（3）减少公司自由现金流量。

在公司存在过多的自由现金流量的情况下，将其分配给股东。股票回购可以使公司流通在外的股票数量减少，由于每股利润增加，在市盈率不变的情况下，股价会上涨，股东所持有的股票总市值会增加，这等于向股东分配了现金。此外，由于公司的自由现金流量减少，也降低了公司的代理成本。

（4）反收购。

当公司的股票被低估时，就有可能成为被收购的目标，从而对现有股东的控制权产生威胁。为了维护原有股东对公司的控制权，预防或抵制敌意收购，公司可以通过股票回购方式，减少流通在外的股票股数，提高股票价格。实证研究表明，公司成为被收购目标的风险越大，就越有可能回购股票。

3. 股票回购的方式

公司进行股票回购主要可以通过以下四种方式：

（1）公开市场回购。

公开市场回购是指上市公司在证券市场上按照股票市场价格回购本公司的股票。通常，公司回购股票时都会有一个最高限价，对回购股票的数量也有明确的限定。通过公开市场回购方式回购股票，很容易导致股票价格上涨，从而增加回购成本。一般来说，在公司回购股票的目标已经达到的情况下，就可以停止回购了。根据我国证监会2005年发布的《上市公司回购社会公众股份管理办法（试行）》的规定，上市公司可以采用证券交易所集中竞价交易方式回购股票，但须履行信息披露义务。例如，在回购股份期间，应当在每个月的前3个交易日内公告截至上月月末的回购进展情况，并且当回购股份占公司总股本的比例每增加1个百分点时，应当在2个交易日内进行公告。

（2）要约回购。

要约回购是指公司通过公开向股东发出回购股票的要约来实现股票回购计划。要约回购的价格一般高于市场价格。在公司公告要约回购之后的限定期限内，股东可以自愿决定是否按要约价格将持有的股票出售给公司。如果股东愿意出售的股数多于公司计划回购的股数，公司可以自行决定购买部分或全部股票。通常，在公司回购股票数量较大时，可以采用要约回购方式。根据《上市公司回购社会公众股份管理办法（试行）》的规定，上市公司采用要约回购方式回购股票，其要约价格不得低于回购报告书公告前30个交易日股票每日加权平均价的算术平均值，并且要约期限不得少于30日，不得超过60日。

（3）协议回购。

协议回购是指公司与特定的股东私下签订购买协议回购其持有的股票。协议回购方式通常作为公开市场回购方式的补充。采用这种方式，公司必须公开披露股票回购的目的、数量等信息，并保证回购价格公平，以避免公司向特定股东进行利益输送，侵害其他股东利益。协议回购方式回购股票的价格通常低于当前市场价格，并且一次回购股票的数量较大，通常作为大宗交易在场外进行。

（4）转换回购。

转换回购是指公司用债券或者优先股代替现金回购普通股的股票回购方式。采取转换回购方式，公司不必支付大量的现金，对现金流量并不充足的公司而言，这是一种可选的回购方式，而且采用这种回购方式还可以起到调整资本结构的作用。但是，由于债券或优先股的流动性比普通股要差，因而采用转换回购方式时，可能需要支付一定的溢价，因而提高了股票回购成本。

【课程思政要点】

1. 马克思主义的基本目标是实现共同富裕。共同富裕是指在生产力不断发展的基础上，全体人民在历史规定的条件下，按照社会主义公平与正义的原则来共同分享发展的成果。共同富裕是社会主义的本质要求，是中国式现代化的重要特征。企业在利润分配环节，应遵循这一原则，合理保护股东权益，避免损害少数股东权益行为的出现，为推动全体人民共同富裕贡献一份力量。

2. 企业利润分配不仅影响企业的筹资和投资决策，而且涉及国家、企业、投资者、职工等多方利益关系，有关企业长远利益与近期利益、整体利益与局部利益的协调。利润分配必须兼顾各方面的利益，投资与收益对等，并且公开公平公正。如果企业利润分配不公，将会影响企业的和谐健康发展。结合企业利润分配案例，引导学生树立正确的人生观和价值观，为人正直严明，面对经济事项的处理要公平合理，只有这样才能成为自己人生的主宰者。

【复习思考】

1. 简述公司利润分配的顺序。

2. 简述公司股利支付的程序。

3. 公司股利支付的方式有哪些？

4. 影响公司股利政策的因素主要有哪些？

5. 上市公司股票回购的动机是什么？

6. 对公司而言，股票分割能起到什么作用？

【练习题】

一、单项选择题

1. 甲公司是一家上市公司，2×22年的利润分配方案如下：每10股送2股并派发现金红利10元（含税），资本公积每10股转增3股。如果股权登记日的股票收盘价为每股25元，则除权（息）日的股票参考价格为（　　）元。

A.10　　B.15　　C.16　　D.16.67

2. 实施股票分割与发放股票股利产生的效果相似，它们都会（　　）。

A. 增加股东权益总额　　B. 降低股票每股价格

C. 降低股票每股面值　　D. 改变股东权益结构

3. 下列各项股利理论中，认为用留存收益再投资带给投资者的收益具有很大的不确定性，并且投资风险随着时间的推移将进一步增大，因此厌恶风险的投资者会偏好确定的股利收益，而不愿意将收益留在公司内部的理论是（　　）。

A. “一鸟在手”理论　　B. 信号传递理论

C. 代理理论　　D. 股利无关理论

4. 2018年4月25日，国务院常务会议决定，自2018年1月1日起，将高新技术企业和科技型中小企业亏损结转年限由5年延长至（　　）年。

A.7　　B.8　　C.9　　D.10

5. 股利的支付减少了管理者对自由现金流量的支配权，这在一定程度上可以抑制公司管理者的过度投资或在职消费行为，从而保护外部投资者的利益。这种观点体现的股利理论是（　　）。

A.“一鸟在手”理论　　B.信号传递理论

C.所得税差异理论　　D.代理理论

6.企业通过经营活动取得收入后，下列各项中，对收入进行分配的顺序正确的是（　　）。

A.补偿成本、提取公积金、缴纳所得税、向投资者分配利润

B.补偿成本、缴纳所得税、向投资者分配利润、提取公积金

C.补偿成本、缴纳所得税、提取公积金、向投资者分配利润

D.补偿成本、提取法定公积金、提取任意公积金、向股东分配股利

7.下列关于收入与分配管理的意义的说法中，错误的是（　　）。

A.通过收入与分配，有利于企业适应市场需要扩大再生产

B.利润代表企业的新创财富，是企业收入的重要构成部分

C.通过收入分配，国家税收能够集中一部分企业利润由国家有计划地分配使用，为社会经济发展创造良好条件

D.利润的取得为企业扩大再生产的正常进行创造了条件

8.根据《中华人民共和国公司法》的规定，下列关于法定公积金的说法中，正确的是（　　）。

A.法定公积金的提取比例为当年税后利润（弥补亏损后）的5%

B.当年法定公积金的累计额已达注册资本的30%时，可以不再提取

C.企业用法定公积金转增资本后，法定公积金的余额不得低于转增前公司注册资本的20%

D.提取法定公积金的目的是增加企业的内部积累，以利于扩大再生产

9.下列各项中，可以避免股东双重税收负担，但不能带来税收利益的筹资方式是（　　）。

A.普通股筹资　　B.内部筹资

C.发行债券筹资　　D.银行借款筹资

10.下列影响股利政策的因素中，属于债务契约因素的是（　　）。

A.规定每股股利的最高限额　　B.资本保全的约束

C.举债能力　　D.追求稳定的收入

二、多项选择题

1.企业选择股利政策，通常需要考虑的因素有（　　）。

A.企业所处的成长与发展阶段　　B.企业支付能力的稳定情况

C.企业获利能力的稳定情况　　D.目前的投资机会

2.下列说法中，正确的有（　　）。

A.为了应付通货膨胀，公司应多采用低股利政策

B.为了更好约束经营者的背离行为，公司应多采用高股利政策

C.为了更好为股东合理避税，公司应多采用高股利政策

D.依据股利相关理论，高股利政策有助于增加股东财富

3.公司实施剩余股利政策，意味着（　　）。

A.公司接受了股利无关理论

B.公司可以保持理想的资本结构

C.公司统筹考虑了资本预算、资本结构和股利政策等财务基本问题

D.公司兼顾了各类股东、债权人的利益

4.股利政策的制定受多种因素的影响，包括（　　）。

A.税法对股利和出售股票收益的不同处理

B.未来公司的投资机会

C.各种资本来源及其成本

D.股东对当期收入的相对偏好

5.发放股票股利会产生的影响包括（　　）。

A.引起每股盈余下降　　B.使公司留存大量现金

C.股东权益各项目的比例发生变化　　D.股东权益总额发生变化

三、判断题

1.股利所有权与股票本身分离的日期指的是股利支付日。（　　）

2.代理理论主张高股利支付率政策，认为提高股利支付水平可以降低代理成本，有利于提高公司价值。（　　）

3.厌恶风险的投资者偏好确定的股利收益，而不愿意将收益留存在公司内部去承担未来的投资风险，因此，公司采用高现金股利政策有利于提升公司价值。这种观点的理论依据是信号传递理论。（　　）

4.剩余股利政策的理论依据是MM股利无关理论。（　　）

5.股票股利的支付会影响股东权益总额。（　　）

6.公司在制定股利政策时，首先应当预测公司未来年度的盈利和现金流量。（　　）

7.公司的股利政策在很大程度上不会受其盈利能力的影响。（　　）

8.股票分割后，公司股票数量增加，股价降低，股票在市场上的交易会更加活跃。（　　）

9.稳定增长股利政策，是指在经营期内保持公司的每股股利额稳定增长的股利政策。（　　）

10.根据《上市公司回购社会公众股份管理办法（试行）》的规定，上市公司采用要约回购方式回购股票，其要约价格不得低于回购报告书公告前30个交易日股票每日加权平均价的算术平均值，并且要约期限不得少于30日，不得超过60日。（　　）

第十一章

财务战略与预算

学习目标

知识目标： 通过本章的学习，理解财务战略的含义、特征及财务战略选择的依据和方式，理解全面预算的构成、作用和依据。

技能目标： 通过本章的学习，掌握SWOT分析法的原理及应用，熟练运用相关方法进行筹资数量的预测、利润预算的编制和财务状况预算的编制。

第一节 财务战略

战略是涉及全局性、长期性和导向性的重大谋划，是一个重要且复杂的问题。鉴于战略问题的重要性和复杂性，越来越多的上市公司在董事会之下设立战略委员会，对公司战略议题进行分析研究，为公司战略决策提供参考方案。英国特许管理会计师公会（CIMA）和《首席财务官》杂志的研究显示，公司的首席财务官越来越重视公司的财务战略问题，正逐步实现由会计专家向财务战略家的转变。

一、财务战略的含义和特征

（一）财务战略的含义

战略源于军事领域，是对战争或重大战役的全局性谋划。企业战略是企业为实现整体价值，筹划企业所拥有的资源，对一系列长远或重大行动的动态统筹。

战略的含义

财务战略（financial strategy）是在企业总体战略目标的统筹下，以价值管理为基础，以实现企业财务管理目标为目的，以实现企业财务资源的优化配置为衡量标准，所采取的战略性思维方式、决策方式和管理方针。财务战略是企业总体战略的重要组成部分，企业战略需要财务战略来支撑。

（二）财务战略的特征

财务战略的特征主要有：

(1) 全局性。财务战略是为企业的筹资、投资、营运和股利分配等财务活动的整体制定的，对企业未来长期财务规划和年度财务预算具有全局性指导作用。

(2) 长期性。制定财务战略是为了谋求企业未来的长远发展，对企业未来相当长时期内的财务活动做出战略性筹划。

(3) 导向性。财务战略规定了企业未来长期财务活动的发展方向、基本目标以及实现目标的基本途径，为企业财务预算提供方向性的指引。

二、财务战略的分类

企业财务战略的类型可以从职能财务战略和综合财务战略两个角度来认识。

(一) 财务战略的职能类型

企业的财务战略涉及企业财务管理的职能。因此，财务战略按照财务管理的职能领域，可分为投资战略、筹资战略、营运战略、股利战略。

1. 投资战略

投资战略（investment strategy）是涉及企业长期、重大投资方向的战略性筹划。企业重大的投资行业、投资企业、投资项目等战略性筹划，均属于投资战略问题。

2. 筹资战略

筹资战略（financing strategy）是涉及企业重大筹资方向的战略性筹划。企业重大的首次发行股票、增资发行股票、发行大笔债券、与银行建立长期合作关系等战略性筹划，均属于筹资战略问题。

3. 营运战略

营运战略（operating strategy）是涉及企业营运资本的战略性筹划。企业重大的营运资本策略、与重要供应商或客户建立长期商业信用关系等战略性筹划，均属于营运战略问题。

4. 股利战略

股利战略（dividend strategy）是涉及企业长期、重大分配方向的战略性筹划。企业重大的留用利润方案、股利政策的长期安排等战略性筹划，均属于股利战略问题。

(二) 财务战略的综合类型

企业的财务战略往往涉及企业财务资源的总体配置和长期筹划。根据企业的实际经验，财务战略的综合类型一般可以分为扩张型财务战略、稳健型财务战略、防御型财务战略和收缩型财务战略。

1. 扩张型财务战略

扩张型财务战略一般表现为长期内迅速扩大投资规模，保留全部或大部分利润，大量筹措外部资本。

2. 稳健型财务战略

稳健型财务战略一般表现为长期内稳定增长的投资规模，保留部分利润，内部留利与外部筹资相结合。

3. 防御型财务战略

防御型财务战略一般表现为保持现有投资规模和投资收益水平，保持或适当调整现有资产负债率和资本结构水平，维持现行的股利政策。

4. 收缩型财务战略

收缩型财务战略一般表现为维持或缩小现有投资规模，分发大量股利，减少对外筹资，甚至通过偿债和股份回购归还投资。

三、财务战略分析的方法

财务战略分析是通过对企业外部环境和内部条件的分析，全面评价与财务资源相关的企业外部的机会与威胁、企业内部的优势与劣势，形成企业财务战略决策的过程。财务战略分析的方法主要是SWOT分析法。

（一）SWOT分析法的含义

SWOT分析法是在对企业的外部财务环境和内部财务条件进行调查的基础上，对有关因素进行归纳分析，评价企业外部的财务机会与威胁、企业内部的财务优势与劣势，从而为财务战略的选择提供参考方案。

SWOT分析法由麦肯锡咨询公司开发，主要分析研究企业内外的优势和劣势、机会和威胁，其英文分别为strengths，weaknesses，opportunities，threats，取其首字母组合而得名。

（二）SWOT分析法的因素分析

SWOT分析法的局限性

从财务战略的角度而言，SWOT分析法涉及企业的外部财务环境和内部财务条件等众多的财务因素，需要经过分析判断，找出主要的财务因素，并将其区分为内部财务优势和内部财务劣势、外部财务机会和外部财务威胁。

1. 企业外部财务环境的影响因素分析

关于企业外部的财务环境方面的因素，在前面的章节中已经有基本介绍，这里仅将对财务战略具有重要影响的主要财务因素简要归纳分析如下：

（1）产业政策。例如，产业发展的规划、产业结构的调整政策、鼓励或限制发展产业的政策，这些产业政策及其调整，往往会直接影响企业投资的方向、机会和程度，从而影响企业财务战略的选择。

（2）财税政策。例如，积极或保守的财政政策、财政信用政策、财政贴息政策、税收的总体负担水平、行业和地区的税收优惠政策，这些产业政策及其调整，往往会直接或间接地影响企业投资和筹资的方向、机会及程度，从而影响企业财务战略的选择。

（3）金融政策。例如，货币政策、汇率政策、利率政策、资本市场政策，以及比较紧缩或宽松的金融政策，这些金融政策及其调整，往往会直接或间接地影响企业投资和筹资的方向、机会及程度，从而影响企业财务战略的选择。

（4）宏观周期。例如，宏观的经济周期、产业周期和金融周期所处的阶段，都需要企业加以科学的分析和判断，以选择和调整与宏观周期相匹配的财务战略。

2. 企业内部财务条件的影响因素分析

关于企业内部的财务条件及状况方面的因素，在前面的章节中已经有所涉及，这里仅将对财务战略具有重要影响的主要财务因素简要归纳如下：

（1）企业生命周期和产品寿命周期所处的阶段。

（2）企业的盈利水平。

（3）企业的投资项目及其收益状况。

（4）企业的资产负债规模。

（5）企业的资本结构及财务杠杆利用条件。

（6）企业的流动性状况。

（7）企业的现金流量状况。

（8）企业的筹资能力和潜力等。

上述企业内部财务条件的因素，将直接支撑或限制企业财务战略的决策与选择。

3. SWOT因素的定性分析

运用SWOT分析法，需要经过定性判断，对SWOT因素进行定性分析，将企业内部的财务条件因素和企业外部的财务环境因素分别归为内部财务优势与劣势和外部财务机会与威胁。

（1）内部财务优势。例如，企业的盈利水平较高、资本结构比较合理、现金流量比较充足，这些因素属于企业内部的财务优势，为企业财务战略的选择提供有利的条件。

（2）内部财务劣势。例如，企业的资产负债率过高、流动比率大幅度下降、债务筹资能力受限，这些因素属于企业内部的财务劣势，将限制企业财务战略选择的余地。

（3）外部财务机会。例如，国家货币政策宽松、债券利率下调、直接融资渠道多样，这些因素属于企业外部的财务机会或机遇，能为企业财务战略的选择提供更大的空间。

（4）外部财务威胁。例如，企业发行债券筹资受到严格控制、竞争对手正在准备扩大筹资，这些因素属于企业外部的财务威胁或挑战，将制约企业财务战略的选择。

（三）SWOT分析法的运用

运用SWOT分析法，可以采用SWOT分析表和SWOT分析图来进行分析，从而为企业财务战略的选择提供依据。

1. SWOT分析表

运用SWOT分析法，可以采用SWOT分析表（见表11-1）进行因素归纳和定性分析，为企业财务战略的选择提供依据。

表11-1　**SWOT分析表**

内部财务优势（S）	
主要财务因素	对财务战略的影响分析
1.资本结构稳健： 长期资本结构稳定合理 2.现金流量充足： 经营现金流量持续增长	1.资本结构方面： 适当提升财务杠杆 2.投资方面： 适宜追加投资
内部财务劣势（W）	
主要财务因素	对财务战略的影响分析
1.资产负债率较高： 短期借款较多 流动比率较低 2.股东要求提高回报： 全球金融危机影响	1.营运资本方面： 考虑降低短期筹资 改善营运资本政策 2.股东关系方面： 考虑适当增发股利

续表

外部财务机会（O）	
主要财务因素	对财务战略的影响分析
1.投资机会良好： 行业投资报酬率回升 2.筹资环境趋于宽松： 积极的政府财政政策 适当宽松的货币政策	1.投资方面： 考虑是否增加投资规模 2.筹资方面： 研究是否增加筹资规模
外部财务威胁（T）	
主要财务因素	对财务战略的影响分析
1.筹资控制严格： 发行债券筹资控制严格 2.筹资竞争激烈： 不少企业准备扩大筹资	1.筹资方式方面： 研究采取股权筹资方式 2.筹资竞争方面： 研究设计有效的筹资方案

2. SWOT分析图

运用SWOT分析法，可以在SWOT分析表的基础上，采用SWOT分析图（如图11-1所示）对四种性质的因素进行组合分析，为企业财务战略的选择提供参考。

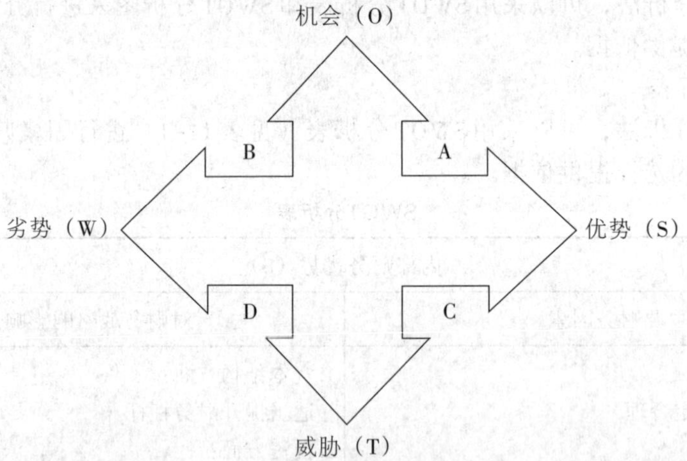

图11-1 SWOT分析图

一般而言，企业的内部财务优势与劣势和外部财务机会与威胁往往是同时存在的，因此，综合四类不同性质因素的组合，客观上可以构成四种综合财务战略的选择。

图11-1中，企业内部的财务优势与劣势和外部的财务机会与威胁可以构成下列四种组合：

（1）A区为SO组合，即财务优势和财务机会的组合，这是最为理想的组合。企业的内部条件具有优势；同时，企业的外部环境提供机会。处于这种最为理想组合下的企业，应当发挥优势和利用机会，适于采取积极扩张型的财务战略。

（2）B区为WO组合，即财务机会和财务劣势的组合，这是不尽理想的组合。一方面，企业的外部环境提供机会；另一方面，企业的内部条件处于劣势。处于这种不尽理想组合下的企业，可以利用机会、克服劣势，适于采取稳健增长型的财务战略。

（3）C区为ST组合，即财务优势和财务威胁的组合，这是不太理想的组合。一方面，企业的内部条件具有优势；另一方面，企业的外部环境构成威胁或挑战。处于这种不太理想组合下的企业，可以尽可能发挥优势、回避威胁，可以采取有效防御型的财务战略。

（4）D区为WT组合，即财务劣势和财务威胁的组合，这是最不理想的组合。一方面，企业的内部条件处于劣势；另一方面，企业的外部环境构成威胁或挑战。处于这种最不理想组合下的企业，应当克服劣势、回避威胁，可以采取适当收缩型的财务战略。

四、财务战略的选择

在财务战略分析的基础上，选择财务战略还需要明确一些基本依据，并采取一定的方式。

（一）财务战略选择的依据

企业的财务战略要适应内外部环境的变化，具有防范未来风险的意识，着眼于企业未来长期稳定的发展。企业财务战略的选择必须考虑经济周期波动情况、企业发展阶段和企业增长方式，并及时进行调整，以保持旺盛的生命力。

1. 财务战略的选择必须与宏观经济周期相适应

现代经济发展的周期性是以工商业为主体的经济总体发展过程中不可避免的现象，是经济系统存在和发展的重要特征。我国经济周期的直观表现是周期长度不规则，发生频率高。有学者测算，过去我国经济周期的平均长度为4.6年，波动幅度大；经济周期的波动呈收敛趋势，周期长度在拉长，波动幅度在减小；经济周期的各个阶段呈现出不同的特征，在高涨阶段总需求迅速膨胀，在繁荣阶段过度繁荣，在衰退阶段进行紧缩性经济调整，严格控制总需求。

从企业财务的角度来看，经济的周期性波动要求企业顺应经济周期的过程和阶段，通过制定和选择富有弹性的财务战略来抵御大起大落的经济震荡，以减轻经济震荡对财务活动的影响，特别是减少经济周期中上升和下降的波动对财务活动的消极影响。财务战略的选择和实施要与经济运行周期相配合。

（1）在经济复苏阶段，适宜采取扩张型财务战略。其主要举措包括：增加厂房设备、采用融资租赁、建立存货、开发新产品、增加劳动力等。

（2）在经济繁荣阶段，适宜先采取扩张型财务战略，再转为稳健型财务战略。其主要举措包括：扩充厂房设备、采用融资租赁、继续建立存货、提高产品价格、开展营销策划、增加劳动力。

（3）在经济衰退阶段，应采取防御型财务战略。其主要举措包括：停止扩张、出售多余的厂房设备、停产无利润的产品、停止长期采购、削减存货、减少雇员。

（4）在经济萧条阶段，特别是在经济处于低谷时期，应采取防御型和收缩型财务战略。其主要举措包括：建立投资标准、保持市场份额、压缩管理费用、放弃次要的财务利益、削减存货、减少临时性雇员。

2. 财务战略的选择必须与企业发展阶段相适应

每个企业的发展都要经过一定的发展阶段，典型的企业一般要经过初创期、扩张期、稳定期和衰退期四个阶段。不同的发展阶段应该有不同的财务战略与之相适应。企业应当分析自身所处的发展阶段，采取相应的财务战略。

在初创期，现金需求量大，需要大规模举债经营，因而存在很大的财务风险，一般采用股票股利政策。

在扩张期，虽然现金需求量大，但是以较低幅度增长，财务风险仍然很高，一般采用低现金股利政策。因此，在初创期和扩张期，企业应采取扩张型财务战略。

在稳定期，现金需求量有所减少，一些企业可能有现金结余，财务风险降低，通常采用现金股利政策。在稳定期，企业一般采取稳健型财务战略。

在衰退期，现金需求量持续减少，最后遭受亏损，财务风险降低，一般采用高现金股利政策。在衰退期，企业应采取防御型和收缩型财务战略。

3. 财务战略的选择必须与企业经济增长方式相适应

长期以来，低水平重复建设与单纯数量扩张的经济增长，是我国经济增长的主要方式。这种增长方式在短期内容易见效，表现出短期高速增长的特征。但是，由于缺乏相应的技术水平和资源配置能力的配合，企业的生产能力和真正的长期增长实际上受到了制约，因此，企业经济增长的方式客观上要求实现从粗放型增长向集约型增长的根本转变。为适应这种转变，财务战略需要从两个方面进行调整：

一方面，调整企业财务投资战略，加大基础项目的投资力度。企业经济真正的长期增长要求提高资源配置能力和效率，而资源配置能力和效率的提高取决于基础项目的发展。虽然基础项目在短期内很难带来较大的财务利益，但是其为长期经济的发展提供了重要的基础。因此，企业在财务投资的规模和方向上要实现基础项目相对于经济增长的超前发展。

另一方面，加大财务制度创新力度。通过建立与现代企业制度相适应的现代企业财务制度，既可以对追求短期数量增长的冲动形成约束，又可以强化集约经营与技术创新的行为取向；通过明晰产权，从企业内部抑制掠夺性经营的冲动；通过以效益最大化和本金扩大化为目标的财务资源配置，限制高投入、低产出对资源的耗用，使企业经营集约化、高效率得以实现。

（二）财务战略选择的方式

在企业发展的不同阶段，企业外部环境中的风险因素和企业内部拥有各项资源的情况不同，因此，企业需要根据自身的目标采取不同的财务战略。即便处于同一周期阶段，内外部条件不同的企业根据自身的目标也会采取不同类型的财务战略。根据企业发展周期不同阶段的特点，企业确定财务战略一般有以下几种方式：

1. 引入期财务战略的选择

这个阶段企业产品处于研发投入阶段，没有形成创造收入和利润的能力，产品市场尚未形成，企业面临的经营风险很大。因此，财务战略的关键是吸纳股权资本；筹资战略是筹集股权资本；股利战略是不分红；投资战略是不断增加对产品开发推广的投资。

2. 成长期财务战略的选择

这个阶段企业产品成功推向市场，销售规模快速扩大，利润大幅增长，超额利润明显，产品市场快速增长并吸引了更多的竞争者，企业的经营风险略有降低。此阶段企业以促进销售增长、快速提高市场占有率为战略重点，与之相匹配的财务战略是积极扩张型财务战略，其关键是实现企业的高增长与资金的匹配，保持企业可持续发展；筹资战略是尽量利用资本市场大量增加股权资本，适度引入债务资本；股利战略仍旧是不分红或少量分红；投资战略是对核心业务大力追加投资。有些企业在股权资本不足以支撑高速发展的时候，更多地利用债务资本，这种筹资方式只能作为短期的财务政策，不能成为该阶段的财务战略，否则很可能引发企业的财务危机。

3. 成熟期财务战略的选择

这个阶段企业销售稳定增长，利润多且较为稳定，由于竞争的加剧，超额利润逐渐减少甚至消失，追加投资的需求减少，企业战略重心转为对盈利能力的关注。与之相匹配的财务战略是稳健发展型财务战略，其关键是处理好日益增加的现金流量；筹资战略可以调整为以更多低成本的债务资本替代高成本的股权资本；股利战略调整为实施较高的股利分配，将超过投资需求的现金返还给股东；在投资战略上，企业可以利用充裕的现金流量，围绕核心业务拓展新的产品或市场，进行相关产品或业务的并购，但需要防止由于盲目多元化造成企业竞争力下降。

4. 衰退期财务战略的选择

这个阶段企业产品市场需求逐渐衰退，销售开始下滑，企业利润下滑甚至出现亏损，如果此时企业未进入新的产品市场或者实现转型，则不再需要更多的投资。此阶段企业的战略重心是收回投资，或通过并购扩大市场占有率，延缓衰退期的到来。企业的财务战略是收缩型财务战略，其关键是收回现有投资，并将退出的投资现金流量返还给投资者；财务管理战略上采用的是不再进行筹资和投资，全额甚至超额发放股利，将股权资本退出企业，最终实现企业的正常终止。

第二节　全面预算体系

一、全面预算的含义及特点

（一）全面预算的含义

全面预算（overall budget）是企业根据战略规划、经营目标和资源状况，运用系统方法编制的企业经营、资本、财务等一系列业务管理标准和行动计划，据以进行控制、监督、考核、激励。

企业的全面预算一般包括营业预算、资本预算和财务预算三大类。其中，营业预算和财务预算主要为预算期在1年以内的短期预算，如年度预算、季度预算和月度预算；资本预算主要为预算期在1年以上的长期预算。

（二）全面预算的特点

全面预算是企业的总体计划，涉及企业的方方面面，有以下特征：

（1）以战略规划和经营目标为导向。全面预算应体现企业长期发展的阶段性，围绕企业不同发展阶段的经营目标设计资产、负债、收入、成本、费用、利润、投资、筹资等核心指标。

（2）以业务活动环节及部门为依托。全面预算必须结合企业的业务活动，落实到企业业务活动的各个环节和各个部门。

（3）以人、财、物等资源要素为基础。全面预算是对企业全部资源要素合理、有效的配置。

（4）与管理控制相衔接。全面预算实际上是系统的管理控制制度和过程。一方面，全面预算为管理控制制定行为标准；另一方面，全面预算的目标需要通过有效的管理控制来实现。

二、全面预算的构成

企业的全面预算主要由营业预算、资本预算和财务预算构成。

1. 营业预算的构成

营业预算又称经营预算，是企业日常经营业务的预算，属于短期预算。营业预算通常与企业经营业务环节相结合。营业预算一般包括营业收入预算、营业成本预算、期间费用预算等。

2. 资本预算的构成

资本预算是企业长期投资和长期筹资业务的预算，属于长期预算。资本预算包括长期投资预算和长期筹资预算。

3. 财务预算的构成

财务预算包括企业财务状况、经营成果和现金流量的预算，属于短期预算。财务预算是企业的综合预算。为便于与企业财务会计报表相比较，财务预算一般包括现金预算、利润预算、财务状况预算等。

总之，全面预算是由一系列预算构成的体系，各项预算之间相互联系，关系比较复杂。企业根据长期市场预测和生产能力，编制长期销售预算，以此为基础确定年度销售预算，并根据企业财力确定资本支出预算。销售预算是编制年度预算的起点，按照以销定产的原则编制生产预算，同时编制销售费用预算。生产预算的编制，除考虑计划销售量外，还要考虑现有存货和年末存货。根据生产预算来确定直接材料费用、直接人工费用和制造费用预算以及材料采购预算。产品成本预算和现金流量预算（或现金预算）是有关预算的汇总。利润预算和财务状况预算是全面预算的综合。

三、全面预算的作用

全面预算是企业未来的系统规划，对企业的未来发展和业务工作具有重要的作用，主要表现在以下几个方面：

（1）落实企业长期战略目标规划。企业的全面预算要与长期战略目标及规划相衔接，企业长期战略目标规划需要通过各期的全面预算分期落实、分步实现。

（2）明确业务环节和部门的目标。全面预算是企业未来的总体计划。企业通过全面预算，分解落实企业的总体和综合目标，为其业务活动的各个环节和部门规定预期目标和责任，为各个业务环节和部门开展业务工作指明方向。

（3）协调业务环节和部门的行动。全面预算是企业未来的行动计划。企业通过全面预算，合理设计预算指标体系，注重预算指标之间的相互衔接，整合规划企业各种资源，协调业务活动的各个环节和部门的工作计划和职责，指导各个业务环节和部门开展业务工作的行动。

（4）控制业务环节和部门的业务。全面预算为企业各个业务环节和部门设定了一系列管理标准，用于业务过程的实际结果与预算标准的比较分析。

（5）考核业务环节和部门的业绩。全面预算是企业各个业务环节和部门以及全体员工业绩考核的基本标准，也是实施激励的重要依据。

四、全面预算的依据

企业在全面预算的过程中，需要分析研究企业内部和外部的各种情况和因素，充分考虑全面预算的有效依据，主要有宏观经济周期、企业发展阶段、企业战略规划、企业经营目标、企业资源状况和企业组织结构。

1. 宏观经济周期

实践表明，宏观经济周期对企业具有重大的影响。宏观的周期包括经济周期、产业周期、消费周期、利率周期等，它们均有各种波动变化。企业必须研究各种周期的波动状态，在全面预算尤其是资本预算中采取有效的应对措施。

2. 企业发展阶段

一个企业往往要经历一定的发展历程，在一定时期处于一定的发展阶段。企业必须准确把握所处的具体发展阶段，在全面预算尤其是资本预算中密切结合自身的发展阶段，制定科学合理的全面预算。

3. 企业战略规划

全面预算应围绕企业战略规划，分期落实企业战略目标，逐步实现企业的长期发展。

4. 企业经营目标

全面预算必须以企业经营目标为直接和主要的指导依据，将企业预算期的总体经营目标进行具体化和系统化的分解落实。

5. 企业资源状况

企业的资源状况是全面预算的客观依据。企业制定全面预算必须分析企业内部现有人、财、物等各种资源的规模及分布状况，研究企业从外部市场获取资源的潜力，保证全面预算具备可获得和可使用的资源支撑。

6. 企业组织结构

企业内部的组织结构是全面预算的基本依托，科学合理的组织结构是落实预算目标、明确管理责任、协调业务工作的重要保障。为有效实施全面预算，必要时企业可以改进内部组织结构的设计。

五、全面预算的组织与程序

为有效编制和实施全面预算，企业需要设立预算委员会和预算管理部，赋予相应的职责，并设计预算工作程序。

（一）全面预算的组织

1. 预算委员会

企业应当设立预算委员会或预算领导小组，履行有关预算的职责，主要包括：

（1）拟定企业预算编制与管理的原则和目标。

（2）审议企业预算方案及其调整方案。

（3）协调解决企业全面预算编制和执行中的重大问题。

（4）根据预算执行结果提出考核和奖惩意见。

2. 预算管理部

企业应当设立预算管理部或计划财务部，负责组织全面预算的编制、报告、执行和日常监控工作。预算管理部应当履行以下主要职责：

（1）组织企业预算的编制、审核、汇总工作。

（2）组织下达预算，监督企业预算执行情况。

（3）制订企业预算调整方案。

（4）协调解决企业预算编制和执行中的有关问题。

（5）分析和考核企业内部各业务部门及所属子公司的预算完成情况。

（二）全面预算的程序

企业编制全面预算应当遵循以下基本工作程序：

（1）企业预算委员会及预算管理部应于每年9月底以前提出本企业下一年度预算总体目标。

（2）企业所属各级预算执行单位根据企业预算总体目标，结合本单位的实际情况，于每年第四季度上报本单位下一年度预算目标。

（3）企业预算委员会及预算管理部对各级预算执行单位的预算目标进行审核汇总并提出调整意见，经董事会会议或总经理办公会议审议后下达各级预算执行单位。

（4）企业所属各级预算执行单位应当按照下达的预算目标，于每年年底以前上报预算。

（5）企业在对所属各级预算执行单位预算方案审核、调整的基础上，编制企业总体预算。

第三节　筹资数量的预测

一、筹资数量预测的依据

企业经营和投资业务的资本需要额是筹资数量的依据，必须对其进行科学合理的预测。开展企业筹资数量预测的基本目的是：保证企业经营和投资业务的顺利进行，使筹集的资本既能满足经营和投资的需要，又不会有太多的闲置，从而促进企业财务管理目标的实现。

影响企业筹资数量的条件和因素有很多，如法律方面的限定、企业经营和投资的规模等。归纳起来，企业筹资数量预测的基本依据主要有：

1. 法律方面的限定

（1）注册资本限额的规定。例如，《公司法》规定，股份有限公司注册资本的最低限额为人民币500万元，公司在考虑筹资数量时首先必须满足注册资本最低限额的要求。

（2）企业负债限额的规定。例如，《公司法》规定，公司累计债券总额不超过公司净资产额的40%，这是为了保证公司的偿债能力，进而保障债权人的利益。

2. 企业经营和投资的规模

一般而言，企业经营和投资的规模越大，所需资本越多；反之，所需资本越少。在企业筹划重大投资项目时，需要进行专项的筹资预算。

3. 其他因素

利息率的高低、对外投资规模的大小、企业资信等级的优劣等，都会对筹资数量产生一定的影响。

二、筹资数量的预测——因素分析法

因素分析法是筹资数量预测的一种比较简单的方法。下面主要说明因素分析法的原理、运用以及需要注意的问题。

1. 因素分析法的原理

因素分析法又称分析调整法，是以有关资本项目上年度的实际平均需要量为基础，根据预测年度的经营业务和加速资本周转的要求进行分析调整，预测资本需要额的一种方法。这种方法计算比较简单，容易掌握，但预测结果不太精确，因此通常用于匡算企业全部资本需要额，也可以用于对品种繁多、规格复杂、用量较小、价格较低的资本占用项目的预测。采用这种方法时，首先应在上年度资本实际平均占用额的基础上，剔除其中呆滞积压等不合理占用部分，然后根据预测期的经营业务和加速资本周转的要求进行测算。因素分析法的基本模型是：

$$\text{资本需要额}=\left(\begin{matrix}\text{上年度资本}\\\text{实际平均}\\\text{占用额}\end{matrix}-\begin{matrix}\text{不合理}\\\text{占用额}\end{matrix}\right)\times\left(1\pm\begin{matrix}\text{预测年度}\\\text{销售增减}\\\text{百分比}\end{matrix}\right)\times\left(1\pm\begin{matrix}\text{预测期资本}\\\text{周转速度}\\\text{变动率}\end{matrix}\right)$$

2. 因素分析法的运用

根据因素分析法的基本模型，收集有关资料，就可以对筹资数量进行预测了。

【例11-1】某企业上年度资本实际平均占用额为2 000万元，其中不合理部分为200万元，预计本年度销售增长5%，资本周转速度加快2%，则预测年度资本需要额为：

（2 000-200）×（1+5 %）×（1-2%）=1 852.2（万元）

3. 运用因素分析法需要注意的问题

因素分析法比较简单，预测结果不太精确。因此，运用因素分析法预测筹资数量时，应当注意以下问题：

（1）运用因素分析法时，应当对决定资本需要额的众多因素进行充分的分析与研究，确定各种因素与资本需要额之间的关系，以提高预测的质量。

（2）因素分析法限于对企业经营业务资本需要额的预测，当企业存在新的投资项目时，应根据新投资项目的具体情况单独预测其资本需要额。

（3）运用因素分析法匡算企业全部资本需要额，这只是对资本需要额的一个基本估计。在进行筹资预测时，还需要采用其他预测方法对资本需要额进行具体的预测。

三、筹资数量的预测——回归分析法

回归分析法是筹资数量预测的一种较为复杂的方法。下面主要说明回归分析法的原理、运用以及需要注意的问题。

1. 回归分析法的原理

回归分析法是基于资本需要额与营业业务量（如销售数量、销售收入）之间存在线性关系的假定建立数学模型，然后根据历史有关资料，用回归直线方程确定参数预测资金需要额的一种方法。其预测模型是：

$$Y = a + bX$$

式中：Y表示资本需要额；a表示不变资本额；b表示单位业务量所需要的可变资本额；X表示营业业务量。

不变资本是指在一定的营业规模内不随业务量变动的资本，主要包括为维持营业而需要的最低数额的现金、原材料的保险储备、必要的成品或商品储备，以及固定资产占用的资本。可变资本是指随营业业务量变动而同比例变动的资本，一般包括最低储备以外的现金、存货、应收账款等所占用的资本。

2. 回归分析法的运用

运用上述预测模型，在利用历史资料确定a、b数值的条件下，即可预测一定业务量X的资本需要额Y。

【例11-2】某企业2×17—2×21年的产销数量和资本需要额见表11-2。假定2×22年预计产销数量为7.8万件，试预测该企业2×22年的资本需要额。

表11-2　**某企业2×17—2×21年的产销数量与资本需要额**

年度	产销数量（X）（万件）	资本需要额（Y）（万元）
2×17	6	500
2×18	5.5	475
2×19	5	450
2×20	6.5	520
2×21	7	550

运用回归分析法进行筹资数量预测的基本过程如下：

（1）计算整理有关数据。根据表11-2的资料，整理得出表11-3的数据。

表11-3　**回归方程数据计算表**

年度	产销数量X（万件）	资本需要额（Y）（万元）	XY	X^2
2×17	6	500	3 000	36
2×18	5.5	475	2 612.5	30.25
2×19	5	450	2 250	25
2×20	6.5	520	3 380	42.25
2×21	7	550	3 850	49
n=5	$\sum X = 30$	$\sum Y = 2\,495$	$\sum XY = 15\,092.5$	$\sum X^2 = 182.5$

（2）计算不变资本额和单位业务量所需要的可变资本额。将表11-3的数据代入下列联立方程组，可得：

$$\begin{cases}\sum Y = na + b\sum X \\ \sum XY = a\sum X + b\sum X^2\end{cases}$$

则有：

$$\begin{cases}2\,495 = 5a + 30b \\ 15\,092.5 = 30a + 182.5b\end{cases}$$

求得：

$$\begin{cases}a = 205 \\ b = 49\end{cases}$$

则不变资本额为205万元，单位业务量所需要的可变资本额为49万元。

（3）确定资本需要额预测模型。将a = 205，b = 49代入Y = a + bX，得到预测模型为：

$$Y = 205 + 49X$$

（4）计算资本需要额。将2×22年预计产销数量7.8万件代入上式，经计算，资本需要额为：

$$205 + 49 \times 7.8 = 587.2（万元）$$

3. 运用回归分析法需要注意的问题

运用回归分析法预测筹资数量，应当注意以下问题：

（1）资本需要额与营业业务量之间的线性关系应当符合历史实际情况，预期未来这种关系将保持下去。

（2）确定a、b两个参数的数值，应利用预测年度以前连续若干年的历史资料，一般要有3年以上的资料，才能取得比较可靠的参数。

（3）应当考虑价格等因素的变动情况。在预期原材料、设备的价格和人工成本发生变动时，应相应调整有关预测参数，以取得比较准确的预测结果。

四、筹资数量的预测——营业收入比例法

营业收入比例法是筹资数量预测的一种最为复杂的方法。下面主要说明营业收入比例法的原理及运用。

1. 营业收入比例法的原理

营业收入比例法是根据营业业务量与预计资产负债表和预计利润表中项目之间的比例关系，预测各项目资本需要额的一种方法。

例如，某企业每年为销售100元的货物需要有20元的存货，存货与营业收入的比例是20%（20÷100）。如果营业收入增至200元，那么该企业需要有40元（200×20%）的存货。由此可见，在某项目与营业收入比例既定的前提下，便可预测未来一定销售额下该项目的资本需要额。

营业收入比例法的主要优点是能够为财务管理提供短期预计的财务报表，以适应外部筹资的需要，且易于使用。但这种方法也有缺点，倘若有关项目与营业收入的比例不符，据以进行预测就会形成错误的结果。因此，在有关因素发生变动的情况下，必须相应地调整原有的销售百分比。

2. 营业收入比例法的运用

运用营业收入比例法，一般要借助预计利润表和预计资产负债表。通过预计利润表预测企业留用利润这种内部筹资的增加额；通过预计资产负债表预测企业资本需要额和外部筹资的增加额。

（1）编制预计利润表，预测留用利润。预计利润表是运用营业收入比例法的原理，预测留用利润的一种预计报表。预计利润表与实际利润表的内容、格式相同。通过提供预计利润表，可以预测留用利润这种内部筹资的数额，也可以为预计资产负债表预测外部筹资的数额提供依据。

编制预计利润表的主要步骤如下：

第一步，收集基期实际利润表资料，计算确定利润表各项目与营业收入的比例。

第二步，取得预测年度营业收入的预计数，以此预计营业收入和基期实际利润表各项目与实际营业收入的比例，计算预测年度预计利润表各项目的预计数，并编制预测年度预计利润表。

第三步，利用预测年度税后利润的预计数和预定的留用比例，测算留用利润的数额。

【例11-3】某企业2×21年度实际利润表（简化）见表11-4，企业所得税税率为25%。试编制该企业2×22年度预计利润表，并预测留用利润的数额。

表11-4　**2×21年度实际利润表（简化）**　金额单位：万元

项 目	金 额	占营业收入的比例（%）
营业收入	15 000	100.0
减：营业成本	11 400	76.0
销售费用	900	6.0
管理费用	1 620	10.8
财务费用	600	4.0
营业利润	480	3.2
加：营业外收入	50	—
减：营业外支出	80	—
利润总额	450	3.0
减：所得税费用	112.5	—
净利润	337.5	—

若该企业2×22年预计营业收入为18 000万元，则2×22年度预计利润表（简化）的测算见表11-5。

表11-5　**2×22年度预计利润表（简化）**　金额单位：万元

项 目	2×21年度金额	占营业收入的比例（%）	2×22年度预计数
营业收入	15 000	100.0	18 000
减：营业成本	11 400	76.0	13 680
销售费用	900	6.0	1 080
管理费用	1 620	10.8	1 944
财务费用	600	4.0	720
营业利润	480	3.2	576
加：营业外收入	50	—	60
减：营业外支出	80	—	96
利润总额	450	3.0	540
减：所得税费用	112.5	—	135
净利润	337.5	—	405

若该企业税后利润的留用比例为50%，则2×22年预测留用利润的数额为202.5万元（405×50%）。

（2）编制预计资产负债表，预测外部筹资。预计资产负债表是运用营业收入比例法的原理，预测外部筹资额的一种预计报表。预计资产负债表与实际资产负债表的内容、格式相同。通过提供预计资产负债表，可以预测资产、负债及留用利润有关项目的数额，进而预测企业需要外部筹资的数额。

运用营业收入比例法，要选定与营业收入保持基本不变比例关系的项目。这类项目可称为敏感项目，包括敏感资产项目和敏感负债项目。其中，敏感资产项目一般包括现金（货币资金）、应收账款、存货等项目；敏感负债项目一般包括应付账款、应交税费等项目。应收票据、固定资产、长期股权投资、递延所得税资产、短期借款、应付票据、非流动负债和股本（实收资本）通常都不属于敏感项目，留用利润也不宜列为敏感项目，因为其受企业所得税税率和股利政策的影响。

【例 11-4】某企业 2×21 年实际营业收入为 1.5 亿元，实际资产负债表（简化）见表 11-6。2×22 年预计营业收入为 1.8 亿元。试编制该企业 2×22 年 12 月 31 日预计资产负债表，并预测外部筹资的数额。

表11-6　**2×21年12月31日实际资产负债表（简化）**　金额单位：万元

项 目	金 额	占营业收入的比例（%）
资产：		
货币资金	75	0.5
应收账款	2 400	16.0
存货	2 610	17.4
其他流动资产	10	—
固定资产	285	—
资产总计	5 380	33.9
负债及股东权益：		
应付票据	500	—
应付账款	2 640	17.6
其他流动负债	105	0.7
非流动负债	55	—
负债合计	3 300	18.3
股本	1 250	—
留用利润	830	—
股东权益合计	2 080	—
负债及股东权益总计	5 380	—

根据上述资料，编制该企业2×22年12月31日预计资产负债表（简化）见表11-7。

表11-7　　**2×22年12月31日预计资产负债表（简化）**　　金额单位：万元

项 目	2×21年度实际数 （1）	2×21年度销售百分比（%） （2）	2×22年度预计数 （3）
资产：			
货币资金	75	0.5	90
应收账款	2 400	16.0	2 880
存货	2 610	17.4	3 132
其他流动资产	10	—	10
固定资产	285	—	285
资产总计	5 380	33.9	6 397
负债及股东权益：			
应付票据	500	—	500
应付账款	2 640	17.6	3 168
其他流动负债	105	0.7	126
非流动负债	55	—	55
负债合计	3 300	18.3	3 849
股本	1 250	—	1 250
留用利润	830	—	1 032.5
股东权益合计	2 080	—	2 282.5
追加外部筹资额			265.5
负债及股东权益总计	5 380	—	6 397

该企业2×22年12月31日预计资产负债表的编制过程如下：

第一步，取得2×21年12月31日资产负债表的有关资料，并计算其敏感项目与营业收入的比例（见表11-6），列于表11-7第（1）栏和第（2）栏中。

第（2）栏的比例表明，该企业营业收入每增长100元，资产将增加33.9元；实现这一营业收入所需的资本额，可由敏感负债解决18.3元。这里增加的敏感负债是自动增加的，如应付账款会因存货增加而自动增加。

每100元营业收入需要资本与敏感负债的差额为15.6元（33.9-18.3），表示营业收入每增长100元而需追加的资本净额，必须从企业内部和外部来筹措。在本例中，营业收入增长3 000万元（18 000-15 000），需净增资本468万元（3 000×0.156）。

第二步，用2×22年预计营业收入1.8亿元乘以第（2）栏所列的百分比，求得表11-7中第（3）栏列示的敏感项目金额。第（3）栏的非敏感项目金额按第（1）栏所列的数额填列。由此确定第（3）栏中除留用利润外的其他项目的数额。

第三步，确定2×22年留用利润增加额及资产负债表中的留用利润累计额。留用利润增加额可根据利润额、所得税税率和留用利润比例来确定。2×22年累计留用利润等于2×21年留用利润累计额加上2×22年留用利润增加额计算确定。若2×22年利润额为540万元，企业所得税税率为25%，税后利润留用比例为50%，则：

2×22年留用利润增加额=540×（1-25%）×50%=202.5（万元）

2×22年留用利润累计额=830+202.5=1 032.5（万元）

从需要筹资总额（第一步得到的468万元）中减去内部筹资额202.5万元，求得需要外部筹资额为265.5万元。

第四步，加总预计资产负债表的两方：2×22年预计资产总额为6 397万元，其中已有负债及股东权益之和为6 131.5万元，两者之间的差额为265.5万元。它既是使资产负债表两方相等的平衡数，也是企业需要的外部筹资额。

（3）按预测模型预测外部筹资额。以上介绍了如何运用预计资产负债表预测外部筹资额的过程。为简便起见，也可改用预测公式预测需要追加的外部筹资额。预测公式为：

$$\text{需要追加的外部筹资额} = \Delta S\sum\frac{RA}{S} - \Delta S\sum\frac{RL}{S} - \Delta RE$$

$$= \Delta S\left(\sum\frac{RA}{S} - \sum\frac{RL}{S}\right) - \Delta RE$$

式中：ΔS表示预计年度营业收入增加额；$\sum\frac{RA}{S}$表示基年敏感资产总额除以基年营业收入；$\sum\frac{RL}{S}$表示基年敏感负债总额除以基年营业收入；ΔRE表示预计年度留用利润增加额。

【例11-5】根据【例11-4】的有关数据，运用上述公式，预测该企业2×22年需要追加的外部筹资额。

需要追加的外部筹资额=3 000×（0.339-0.183）-202.5=265.5（万元）

这种方法是根据预计资产负债表的原理，预测企业追加外部筹资额的简便方法。

上述的营业收入比例法，是基于预测年度非敏感项目、敏感项目及其与营业收入的比例均与基年保持不变的假定。在实践中，非敏感项目、敏感项目及其与营业收入的比例均有可能发生变动，具体情况有：非敏感资产、非敏感负债的项目构成以及数量的增减变动；敏感资产、敏感负债的项目构成以及与营业收入比例的增减变动。

这些变动对预测资金需要额和追加外部筹资额都会产生一定的影响，必须相应地予以调整。

【例11-6】根据表11-7中的有关资料，倘若该企业2×22年由于情况变化，敏感资产项目中的存货与营业收入的比例提高为17.6%，敏感负债项目中的应付账款与营业收入的比例降低为17.5%，预计长期借款（非敏感负债项目）增加65万元。针对这些变动，该企业2×22年有关资本需要额和追加外部筹资额的预测调整如下：

资产总额：6 397+18 000×（17.6%−17.4%）=6 433（万元）

负债总额：3 849−18 000×（17.6%−17.5%）+65=3 896（万元）

追加外部筹资额：6 433−3 896−2 282.5=254.5（万元）

第四节 财务预算

财务预算一般包括现金流量预算、利润预算和财务状况预算。现金流量预算（或现金预算）将在营运资本管理的有关章节中进行介绍。本节主要介绍利润预算和财务状况预算。

一、利润预算

利润预算是企业预算期营业利润、利润总额和税后利润的综合预算。

在上述有关预算或预测的基础上，下面主要讲述利润预算的内容和利润预算表的编制。

（一）利润预算的内容

利润是企业一定时期经营成果的综合反映，构成内容比较复杂，利润预算主要包括：营业利润预算、利润总额预算、税后利润预算和每股收益预算。

1. 营业利润预算

企业一定时期的营业利润包括营业收入、营业成本、期间费用、投资收益等项目。因此，营业利润预算包括营业收入、营业成本、期间费用、投资收益等项目的预算。

2. 利润总额预算

在营业利润预算的基础上，利润总额预算还包括营业外收入和营业外支出的预算。

3. 税后利润预算

在利润总额预算的基础上，税后利润预算还包括所得税费用的预算。

4. 每股收益预算

在税后利润预算的基础上，每股收益预算包括基本每股收益和稀释每股收益的预算。

（二）利润预算表的编制

利润预算是企业的一种综合性预算，是在营业收入预算、产品成本预算、销售费用预算、管理费用预算、财务费用预算、资本预算等基础上汇总编制的。利润预算通常按年度编制，可以分季度反映，也可以按业务、产品分别编制部分利润预算，再汇总编制企业整体的利润预算。

为便于与财务会计上的利润表相比较，评价利润预算的实现情况，财务管理上的利润预算表可以采用年度利润表的格式。

【例 11−7】某公司编制的 2×22 年度利润预算表（简化）见表 11−8。其中，“上年实际”栏中的数据取自该公司 2×21 年度利润表；“本年预算”栏中的数据通过营业收入预算、产品成本预算、销售费用预算、管理费用预算、财务费用预算和资本预算取得；经预计，公司投资净收益为 140 万元，营业外收入为 30 万元，营业外支出为 70 万元，企业所得税税率为 25%；2×22 年 1 月 1 日公司流通在外的股份总数为 1 800 万股，预算年度没有增发新股的计划，也不存在发行可转换公司债券、认股权证和股票期权的情况和计划。

表11-8　**利润预算表（简化）**

2×22年度　单位：万元

项　目	行次	上年实际	本年预算
一、营业收入		8 000	9 000
减：营业成本		5 500	6 000
税金及附加		500	600
销售费用		450	500
管理费用		650	800
财务费用		200	240
资产减值损失		—	—
加：公允价值变动收益		—	—
投资收益		180	140
二、营业利润		880	1 000
加：营业外收入		20	30
减：营业外支出		60	70
三、利润总额		840	960
减：所得税费用		210	240
四、净利润		630	720
五、每股收益			
基本每股收益（元）		0.35	0.40
稀释每股收益（元）		0.35	0.40

二、财务状况预算

财务状况预算又称资产负债表预算，是企业预算期资产、负债和所有者权益的规模及分布的预算。与上述其他预算相比，财务状况预算是综合性最强的预算。通过财务状况预算，企业可以全面规划预算期资产、负债和所有者权益的规模及分布的预算安排。此外，财务状况预算还在一定程度上反映了企业预算期多种财务结构的预算安排。

在上述有关预算或预测的基础上，下面主要讲述财务状况预算的内容和财务状况预算表的编制。

（一）财务状况预算的内容

财务状况预算是最为综合的预算，其构成内容全面且复杂，主要包括：短期资产预算、长期资产预算、短期债务资本预算、长期债务资本预算和股权资本预算。

1. 短期资产预算

企业一定时点的短期资产主要包括现金（货币资金）、应收票据、应收账款、存货等项目。因此，短期资产预算主要包括现金（货币资金）、应收票据、应收账款、存货等项目的预算。

2. 长期资产预算

企业一定时点的长期资产主要包括持有至到期投资、长期股权投资、固定资产、无形资产等项目。因此，长期资产预算主要包括持有至到期投资、长期股权投资、固定资产、无形资产等项目的预算。

3. 短期债务资本预算

企业一定时点的短期债务资本主要包括短期借款、应付票据、应付账款等项目。因此，短期债务资本预算主要包括短期借款、应付票据、应付账款等项目的预算。

4. 长期债务资本预算

企业一定时点的长期债务资本主要包括长期借款、应付债券等项目。因此，长期债务资本预算主要包括长期借款、应付债券等项目的预算。

5. 股权资本预算

企业一定时点的股权资本（权益资本）主要包括股本（实收资本）、资本公积、盈余公积和未分配利润等项目。因此，股权资本预算主要包括股本（实收资本）、资本公积、盈余公积和未分配利润等项目的预算。

（二）财务状况预算表的编制

财务状况预算是在基期实际资产负债表的基础上，根据预算期营业预算、投资预算和筹资预算以及利润预算等有关资料汇总调整编制而成的。财务状况预算通常按年度编制，也可分季度、半年度编制。在企业存在事业部和子公司的情况下，应当按事业部和子公司分别编制财务状况预算，并汇总编制企业整体的财务状况预算。

为便于与财务会计上的资产负债表进行比较，评价财务状况预算的实现情况，财务管理上的财务状况预算表可以采用资产负债表的格式。其中，财务状况预算中的短期资产和长期资产分别相当于流动资产和非流动资产，短期债务资本和长期债务资本分别相当于流动负债和非流动负债，股权资本相当于股东权益。

【例11-8】某企业编制的2×22年12月31日财务状况预算表（简化）见表11-9。其中，“上年实际”栏中的数据取自该企业2×21年12月31日资产负债表；“本年预算”栏中的数据通过营业预算、投资预算和筹资预算以及利润预算等取得；经预计，该企业预算年度计提盈余公积60万元，当年留用的未分配利润为80万元。

表11-9 **财务状况预算表（简化）**

2×22年12月31日

单位：万元

资　产	行次	上年实际	本年预算	负债和股东权益	行次	上年实际	本年预算
流动资产：				流动负债：			
货币资金		250	260	短期借款		920	900
交易性金融资产		—	—	交易性金融负债		—	—
应收账款		1 620	1 700	应付账款		1 400	1 550
预付款项		60	70	预收款项		80	100
应收股利		40	50	应付职工薪酬		100	110
应收利息		20	10	应交税费		70	80
其他应收款		80	90	应付利息		—	—

续表

资　产	行次	上年实际	本年预算	负债和股东权益	行次	上年实际	本年预算
存货		2 030	2 240	应付股利		—	—
一年内到期的非流动资产		—	—	其他应付款		30	80
其他流动资产		40	30	一年内到期的非流动负债		—	—
流动资产合计		4 140	4 450	其他流动负债		50	60
非流动资产：				流动负债合计		2 650	2 880
可供出售金融资产		—	—	非流动负债：			
持有至到期投资		300	200	长期借款		3 100	3 590
投资性房地产		—	—	应付债券		—	—
长期股权投资		400	500	长期应付款		750	680
长期应收款		—	—	专项应付款		—	—
固定资产		6 400	6 800	预计负债		—	—
在建工程		100	200	递延所得税负债		—	—
无形资产		120	100	其他非流动负债		—	—
开发支出		—	—	非流动负债合计		3 850	4 270
商誉		—	—	负债合计		6 500	7 150
长期待摊费用		—	—	股东权益：			
递延所得税资产		—	—	股本		4 000	4 000
其他非流动资产		—	—	资本公积		300	300
非流动资产合计		7 320	7 800	盈余公积		460	520
				未分配利润		200	280
				股东权益合计		4 960	5 100
资产总计		11 460	12 250	负债和股东权益总计		11 460	12 250

财务状况预算还在一定程度上反映了企业预算期多种财务结构的预算安排。企业与财务状况有关的财务结构主要有：资产期限结构（流动资产与非流动资产的结构）；债务资本期限结构（流动负债与非流动负债的结构）；全部资本属性结构（负债与股东权益的结构）；长期资本属性结构（非流动负债与股东权益的结构）；股权资本结构（永久性股东权益与非永久性股东权益的结构，其中，永久性股东权益包括实收资本、资本公积和盈余公积，非永久性股东权益即未分配利润）。

根据【例11-8】某企业财务状况预算表的有关资料，现将该企业与财务状况预算有关的财务结构的计算公式和预算安排列示在表11-10中。

表11-10 **某企业财务结构预算安排表**

财务结构与名称	财务结构计算公式	财务结构预算（%）
资产期限结构	流动资产÷全部资产	36.33
债务资本期限结构	流动负债÷全部负债	40.28
全部资本属性结构	全部负债÷全部资产	58.37
长期资本属性结构	非流动负债÷（非流动负债+股东权益）	45.57
股权资本结构	永久性股东权益÷全部股东权益	94.51

企业的高管层尤其是财务主管把握企业与财务状况有关的财务结构的预算安排，对于指导和监控企业投资、筹资、营运资本和股利分配等财务管理工作具有重要意义。

【课程思政要点】

马克思主义哲学中的发展原理指出，世界上的一切事物都处在永不停息的变化发展之中，都有其产生、发展和灭亡的历史，发展的实质是事物的前进和上升，是新事物的产生和旧事物的灭亡。发展的观点要求我们要用发展的眼光去看待问题。因此，企业在进行战略管理时，应该认识到，企业的总体发展方向是前进的、上升的，事物前进的道路是曲折的、迂回的，这是一切事物发展的总趋势。在具体实践中，我们既要看到前途是光明的，对未来充满信心，积极鼓励、热情支持和悉心保护新事物的幼芽，促使其成长壮大，又要做好充分的思想准备，不断克服前进道路上的各种困难，勇敢地接受挫折与考验，在曲折的道路上创造事业的辉煌，同时避免战略上拔苗助长、急于求成或优柔寡断、缺乏信心的情况出现。

【复习思考】

1. 如何认识企业财务战略对企业财务管理的意义？
2. 试分析说明企业财务战略的特征和类型。
3. 试说明SWOT分析法的原理及应用。
4. 如何根据宏观经济周期阶段选择企业的财务战略？
5. 如何根据企业发展阶段安排财务战略？
6. 试分析营业预算、资本预算和财务预算三者之间的相互关系。
7. 试归纳分析筹资数量预测的影响因素。
8. 试分析筹资数量预测的回归分析法的局限及改进设想。
9. 试归纳说明利润预算的内容。
10. 试归纳说明财务状况预算的内容。
11. 试归纳说明企业财务结构的类型。

【练习题】

一、单项选择题

1. 短期借款较多，流动比率降低，对于一个企业来说，一般属于（　　）。

A.优势　B.劣势　C.机会　D.威胁

2.SWOT分析法是（　　）。

A.宏观环境分析技术　B.微观环境分析技术

C.外部环境分析技术　D.内部因素分析技术

3.在SWOT分析法中，最理想的组合是（　　）。

A.SO组合　B.WO组合　C.ST组合　D.WT组合

4.初创期的企业，股利政策一般（　　）。

A.采用非现金股利政策　B.可以考虑适当的现金股利政策

C.采用现金股利政策　D.采用高现金股利政策

5.关于不同发展阶段的财务战略，下列说法中不正确的是（　　）。

A.初创期应该尽量使用权益筹资，应该寻找从事高风险投资、要求高回报的投资人

B.在成长期，由于经营风险降低，因此可以大量增加负债比例，以获得杠杆利益

C.在成熟期，企业权益投资人主要是大众投资者，公司多余的现金应该返还给股东

D.在衰退期，企业应该进一步提高债务筹资比例

6.下列项目中，不属于敏感资产项目的是（　　）。

A.现金　B.应收账款　C.应收票据　D.存货

7.某公司上年度销售收入为2 000万元，若预计本年度通货膨胀率为5%，销售量增长10%，所确定的外部筹资额占销售增长的20%，则外部应追加的资金为（　　）万元。

A.62　B.60　C.25　D.75

8.某公司上年度资本实际平均占用额为1 500万元，其中不合理部分为100万元，预计本年度销售增长20%，资本周转速度加快1%，则预测年度资本需要额为（　　）万元。

A.1 663.2　B.1 696.8　C.1 900.8　D.1 939.2

9.某公司2×22年度财务结构预算安排中，资产期限结构的财务结构预算为40%，这意味着该公司2×22年度财务状况预算中，（　　）。

A.流动资产÷非流动资产=40%　B.非流动资产÷流动资产=60%

C.流动负债÷全部负债=40%　D.非流动资产÷全部资产=60%

10.某公司2×22年度财务结构预算安排中，股权资本结构的财务结构预算为95%，这意味着该公司2×22年度财务状况预算中，（　　）。

A.股东权益÷全部资产=95%　B.股东权益÷全部资产=5%

C.全部负债÷股东权益=95%　D.未分配利润÷股东权益=5%

二、多项选择题

1.财务战略的特征包括（　　）。

A.全局性　B.长期性　C.预算性

D.战术性　E.导向性

2.财务战略按财务管理的职能领域分类，可以分为（　　）。

A.投资战略　B.筹资战略　C.营销战略

D.股利战略　E.营运战略

3.对财务战略具有重要影响的主要财务因素包括（　　）。

A. 产业政策　　B. 财政政策　　C. 税收政策

D. 金融政策　　E. 宏观周期政策

4. 全面预算的有效依据主要有（　　）。

A. 宏观经济周期　　B. 企业发展阶段　　C. 企业战略规划

D. 企业经营目标　　E. 企业资源状况

5. 影响企业筹资数量的条件和因素主要有（　　）。

A. 法律对注册资本和企业负债限额的规定

B. 企业经营和投资的规模

C. 利息率的高低

D. 对外投资规模的大小

E. 企业资信等级的优劣

三、判断题

1. 财务战略属于局部性、长期性和导向性的重大谋划。（　　）

2. 财务战略与企业文化和价值观没有关系。（　　）

3. 财务战略的选择必须与宏观经济周期相适应。（　　）

4. 财务战略的选择必须与企业发展阶段相适应。（　　）

5. 在企业的衰退期，财务战略的关键是如何回收现有投资，并将退出的投资现金返还给消费者。（　　）

6. 企业的全面预算主要由营业预算、资本预算和财务预算构成。（　　）

7. 在企业的全面预算中，营业预算的预算期最短，资本预算其次，财务预算的预算期最长。（　　）

8. 全面预算主要用于落实企业短期战略目标规划，而不用于长期战略目标规划。（　　）

9. 企业预算委员会的职责之一是组织企业预算的编制、审核、汇总工作。（　　）

10. 企业预算委员会及预算管理部一般应于每年年初提出本年度本企业预算的总体目标。（　　）

第十二章

公司并购管理

学习目标

知识目标： 通过本章的学习，掌握公司并购的概念与类型，理解公司并购的程序以及公司并购的主要支付方式，并了解各种支付方式的特点。

技能目标： 通过本章的学习，掌握公司并购的财务分析，包括价值评估方法和财务融资分析，能够运用价值评估方法和财务融资分析对公司并购进行财务分析。

第一节 公司并购的概念、类型与程序

19世纪末，随着西方资本主义经济的快速发展，公司并购活动日益活跃。以美国为例，从19世纪末至今，美国先后发生了五次规模较大的公司并购浪潮。20世纪90年代以后，全球公司并购规模更加庞大。在市场经济条件下，公司并购已成为公司扩张的重要方式，由于其扩张的速度远超公司内部成长扩张的速度，并购已成为公司一种重要的财务活动。

一、并购的概念

在实践中，公司并购活动不断创新，人们对并购概念的认识难以统一。一般来说，并购概念有广义和狭义之分。狭义的并购，是指《公司法》所规定的公司并购，包括吸收合并和新设合并。狭义的并购是使并购活动的双方或一方消失而实现资本的集中，并形成一个新的经济实体。广义的并购，除了包括狭义的并购外，还包括收购或接管，其目的是对目标公司进行控制，或者施加重大影响而进行收购部分股权或资产的活动。这种并购不以取得目标公司的全部股权或资产为目的，主要是通过收购实现对目标公司的控制或重大影响。虽然收购或接管也是公司扩张的重要形式，但是被收购或接管的公司仍然存续，并没

有消失，也不需要成立新的经济实体。本书采用的是广义的并购概念，既包括吸收合并和新设合并，也包括收购或接管。

（一）吸收合并

吸收合并也称兼并，是指由一家公司吸收另一家或多家公司加入本公司，吸收方存续，被吸收方解散并取消原法人资格的合并方式。存续公司应该承接被吸收公司的所有资产和负债。合并以后，存续公司应当到市场监督管理部门办理变更登记手续，继续享有法人资格，被吸收合并的公司应当宣告终止，并到市场监督管理部门办理注销登记手续。

（二）新设合并

新设合并，是指两家或多家公司合并成为一家新的公司，原合并各方解散，取消原法人资格的合并方式。合并后新设立的公司，应当承接合并各方的全部资产和负债。新设合并之后，原合并各方都应当到市场监督管理部门办理注销登记手续，新设立的公司应当到市场监督管理部门办理设立登记手续。

（三）收购

收购，是指一家公司为了对另外一家公司进行控制，或实施重大影响，用现金、非现金资产或股权购买另一家公司的股权或资产的并购活动。实施收购之后，被收购公司的法人地位不消失，依然存续和经营。收购可以在证券市场上公开进行要约收购，也可以通过私下协议收购，在证券市场上公开要约收购的成本比较高。通常，收购方称为并购公司、收购公司或标购公司，被收购方称为被收购公司、目标公司或标的公司。

（四）接管

接管是一个比较宽泛的概念，通常是指一家公司的控制权的变更。这种变更可能是由于股权的改变，如收购，也可能是出于托管或委托投票权的原因而发生接管。因此，接管概念的外延比收购概念要大。

二、并购的类型

公司并购按照不同的标准，可以划分为以下几种不同的类型。

（一）按照并购双方所处行业分类

公司并购按照并购双方所处行业性质的不同，可以分为横向并购、纵向并购和混合并购三种。

（1）横向并购。这种并购是指两个或两个以上同行业公司之间的并购。横向并购的双方公司生产同类产品或者经营同类业务，在并购之前双方是相互竞争的对手，通过横向并购可以消除竞争，扩大市场份额。在横向并购活动中，通常是优势公司兼并劣势公司，从而形成规模经营，增强公司的市场竞争力。有时为了避免恶性竞争，也可能是两家实力相当的公司之间实现并购，从而实现资源的合理配置。由于横向并购是竞争对手之间的并购，可能形成垄断，因此许多国家法律会对形成高度垄断的横向并购活动加以限制。

（2）纵向并购。这种并购是指公司与其供应商或客户之间的并购。纵向并购通常是优势公司兼并与本公司生产经营紧密相关的上下游公司。例如，发电公司与煤炭公司之间的并购就属于纵向并购。纵向并购双方是处于同一产业链的上下游公司，它们之间的经营业务具有互补性，通过纵向并购可以实现纵向产业一体化，有利于相互协作，加强生产经营过程中各个环节的配合，缩短生产经营周期，节约费用。由于纵向并购公司之间原来是合作关系，不是竞争对手，双方都熟悉彼此的生产经营状况，因此并购之后容易整合，有利于提高公司整体经营效率。

（3）混合并购。这种并购是指与本公司生产经营活动无直接关系的公司之间的并购。混合并购双方既不是同行业的竞争对手，也不是同一产业链上的供应商或客户，并购之前在经营活动上没有任何关系。例如，一家制药公司并购一家房地产开发公司就属于混合并购。混合并购的目的是扩大生产经营范围，降低长期经营一个行业所带来的特定行业风险。通过混合并购，公司可以进入一个新的行业，实现多元化经营，从而分散投资风险。

（二）按照出资方式分类

公司并购按照出资方式的不同，可以分为出资购买资产式并购、出资购买股票式并购、以股票换取资产式并购和以股票换取股票式并购四种。

（1）出资购买资产式并购。这种并购是指收购公司使用现金购买被收购公司的全部资产进行的并购。出资购买资产式并购一般属于吸收合并，收购公司将被收购公司的全部资产购买后，被收购公司就成为收购公司的一部分，被收购公司并入收购公司后其原有的法人资格将被取消。对产权关系、债权债务关系比较清晰的公司而言，采用这种并购方式能够做到等价交换、交割清楚，没有遗留纠纷。一般来说，这种并购方式比较适合非上市公司。

（2）出资购买股票式并购。这种并购是指收购公司通过出资购买被收购公司股票的方式进行的并购。这种并购方式要求被收购公司必须是上市公司，收购公司出资购买被收购公司的股票可以通过一级市场进行收购，也可以通过二级市场进行收购。但是，出资购买股票式并购方式会受到有关证券法规信息披露制度的制约，通常当收购的股票数量达到一定的比例时，需要进行公告或者公开收购要约。因此，通过出资购买股票方式进行并购，往往会使股价飙升，致使收购成本激增。

（3）以股票换取资产式并购。这种并购是指收购公司向被收购公司发行本公司股票来交换被收购公司资产而进行的并购。这种并购方式必须由并购双方签订协议，收购公司同意承担被收购公司的债务责任，被收购方同意解散公司，并将持有的收购公司股票分配给其原有股东。

（4）以股票换取股票式并购。这种并购是指收购公司直接向被收购公司的股东发行本公司股票，以交换其所持有的被收购公司股票而进行的并购。一般来说，交换股票的数量至少要达到能够控制被收购公司的持股比例，才能达到并购的目的。通过这样的股票交换，被收购公司原有股东成为收购公司的股东，而收购公司成为被收购公司的股东，从而实现对收购公司的控制或重大影响。采用这种并购方式进行并购后，被收购公司或者成为收购公司的子公司继续其经营活动，或者通过解散清算而将资产全部并入收购公司。

（三）按照并购程序分类

公司并购按照并购程序的不同，可以分为善意并购和非善意并购两种。

（1）善意并购。这种并购是指收购公司与被收购公司，双方通过友好协商达成并购协议而实现的并购。这种并购一般是收购公司确定目标公司之后，直接与目标公司的管理层接洽，协商并购事宜；也可能是被收购公司出于某种原因，主动提出转让经营控制权，而向收购公司提出并购请求。无论是出于何种原因发生的并购，由于是建立在双方自愿协商的基础上实现的，因此属于善意并购，也称友好并购。并购双方经协商达成并购协议之后，必须提交股东大会表决通过才能生效。

（2）非善意并购。这种并购也称敌意收购，是指收购公司不是直接向目标公司提出并购要求，而是在资本市场上通过大量收购目标公司股票的方式实现并购。非善意并购不是建立在并购双方友好协商的基础上，而是强行并购，因此极有可能遭到被收购公司的抵制。

（四）按照并购是否利用杠杆分类

公司并购按照是否利用杠杆，可以分为杠杆并购和非杠杆并购两种。

（1）杠杆并购。这种并购是指收购公司仅利用少量的自有资本，而主要以被收购公司的资产和将来的收益作抵押筹集大量的资本用于收购的一种并购活动。由于这种并购是一种高度负债的并购方式，因此被称为杠杆并购，通常杠杆并购的筹资额占收购总价的70%以上。20世纪80年代，美国开始盛行杠杆并购，到20世纪80年代中期，杠杆并购市场快速增长，并购规模迅速上升，1983年完成的并购交易额为45亿美元，到1989年完成的并购交易额已上升为766亿美元。

（2）非杠杆并购。这种并购是指收购公司主要利用自有资本对目标公司进行收购的一种并购活动。早期的公司并购活动大多属于非杠杆并购。非杠杆并购并非绝对不进行借贷筹资，只是借贷数额较少，大部分的收购资本都是收购公司的自有资本。

三、公司并购的程序

公司并购既是一种经济行为，也是一种法律行为，必须遵循一定的法律程序。

（一）并购双方提出并购意向

公司并购之前，通常由并购的一方或双方提出并购的意向，并购意向也可以由公司的大股东提出。并购意向经双方确认之后，双方应互换有关资料，并就并购的有关事宜进行谈判。如果是吸收合并，双方应明确吸收方向，被吸收方支付多少费用或者转让多少股份；如果是新设合并，双方要协商各自的资产以何种方法估价投入新设的公司，被收购公司的股东在新设公司中占有多少股份。公司在进行并购谈判时，还应对原有的债务清偿办法做出明确规定。

（二）签订并购协议

并购协议主要适用于善意并购。并购各方就并购的有关具体事宜进行谈判，并达成一致意见之后，就可以由并购各方的法人代表或其代理人签订并购协议。

（三）股东大会通过并购决议

并购协议必须经股东大会通过，形成合并决议之后，才能生效。根据《公司法》的规定，股东大会对公司合并做出决议，必须经出席会议的股东所持表决权的三分之二以上通过，才具有法律效力。

（四）通知债权人

公司并购协议经股东大会决议通过之后，具有法律效力。并购各方应当在法定期限内通知债权人，债权人可以自接到通知后，在法定期限内提出合并异议，如果超过法定期限，债权人未提出异议，即可视为承认公司合并协议。根据《公司法》的规定，公司应当自做出合并决议之日起10日内通知债权人，并于30日内在报纸上公告。债权人自接到通知书之日起30日内，未接到通知书的自公告之日起45日内，有权要求公司清偿债务或者提供相应的担保。

（五）办理合并登记手续

公司并购完成以后，被合并的公司消亡，取消法人资格，应当到市场监督管理部门办理注销企业法人资格的手续，吊销营业执照。存续的公司或新设的公司应当在法定的期限内，持有关文件到市场监督管理部门办理登记手续，并进行公告。

第二节 公司并购的财务分析

一、并购目标公司的价值评估方法

（一）并购目标公司价值评估的一般方法

价值评估，是指并购公司对并购的目标公司的股权或资产价值做出的价值估算。合理的价值评估是并购双方进行价格协商的基础。在目前市场条件下，确定目标公司的价值区间，维护股东的合法权益，对并购后公司的成长和发展有积极的意义。

目标企业价值评估是遵循资产评估的基本原则和方法程序做出的估算。目标企业价值评估的方法一般有资产价值法、市盈率法等。

1. 资产价值法

资产价值法，是指通过对目标企业的资产进行价值评估来确定公司价值。其一般有以下四种估价标准：

（1）账面价值法。这是以目标公司会计核算记账的资产价值来估算其净资产价值的方法。这种方法既不考虑现时资产市价波动，也不考虑资产未来收益状况，以历史成本来估算资产价值，是静态的估价方法，一般只适用于资产价格变动较小的公司，而且该方法对无形资产价值的认定也是较为薄弱的。

（2）市场价值法。市场价值是通过资产或股权在市场中公平竞价，是供需平衡前提下的市场价格。对股票价格而言，其在证券市场中处于均衡状态时反映了投资人对目标公司的未来投资收益与风险的预期，反映了目标公司客观真实的价值。市场价值法的优点在于真实体现了上市公司收购的自由支付的价值，在成熟的证券市场中可操作性强、真实性强。但在一个不成熟的市场中，上市公司股价由于各种因素会远远偏离其真实价值，如我国上市公司由于上市资格是稀缺资源而高估其价值等。

（3）清算价值法。清算价值是公司由于停业或亏损导致破产风险的出现，在对公司资产进行变现出售时的价格。当公司盈利能力下降，已低于公司资产，丧失整体盈利能力而单独出售资产变现价值时，可以采用清算价值法。这是对某些严重亏损的公司进行并购时采用的方法。

（4）净现值法。并购公司的目的是获取公司未来经营效益，因此，对目标公司未来利润予以资本化的价值，就是净现值法。一般理论界认为，净现值法是最成熟、科学的评估方法。它是利用目标公司未来行业发展和盈利能力预测公司每年预期净现金流量（CF_t），并在考虑风险、时间价值的基础上，按适当折现率（I）计算现值，从而得出评估价值。其计算公式如下：

$$PV = \sum_{t=0}^{n} \frac{CF_t}{(1+I)^t}$$

这种方法的优点是：评估着重于目标企业的未来发展，反映了企业续存价值，避免产生历史与收益估算价值的偏差，并充分考虑了投资的风险价值与时间价值。但是，这种方法很难避免预期测算误差。

2. 市盈率法

市盈率法是针对上市公司进行价值评估的方法，即以目标公司的收益水平和市场平均市盈率确定公司价值。其计算公式如下：

$$目标公司价值=目标公司预计每股收益\times平均市盈率\times普通股股数$$

$$平均市盈率=\frac{同行业平均股价}{同行业平均每股收益}$$

在市盈率法下，目标公司预计每股收益应对目标公司近期盈利水平进行检查，对虚假的、不符合会计准则规定的数值进行调整。平均市盈率是选择并购时目标公司同行业所体现的平均市盈率，并保证目标公司发展潜力和风险与同行业发展保持同步，如果有偏差要及时调整。

市盈率法从证券市场投资平均收益水平、风险水平等角度评估目标公司价值，具有相对的客观性、可操作性，适用于通过证券市场实施的并购行为。但是，我国证券市场发展过程中存在市盈率偏高的问题，影响了此方法的准确性。

（二）运用三种收购估价模型评估公司价值的方法

（1）现金流量折现法。此方法是美国经济学家阿尔弗雷德·拉巴波特提出来的，他认为公司收购是根据公司收购预期的自由现金流和贴现率确定并购最高可接受的价格。所谓自由现金流，是指目标公司被收购后对收购公司现金流量的贡献，即目标公司履行了所有财务责任（如偿付债务、支付优先股股息等）并满足公司再投资需求后的现金流量。

（2）企业评估法。此方法为美国教授弗瑞德·沃斯顿所创立。此模型假定，公司经历零成长之后进入超长增长阶段，而在早期阶段公司成长率高于整个经济系统成长率，在中期阶段公司成长率等于经济系统成长率，而在晚期阶段公司成长率低于经济系统成长率。

（3）杜邦模型。杜邦模型是以税前投资报酬率作为最具代表性的指标，分析了影响指标的重要因素，如成本费用控制、加速资本周转、固定资产投资等，为评估公司收益水平提供了可靠的衡量标准。

二、公司并购的财务融资分析

（一）公司并购的支付方式分析

在公司并购活动中，一般可以选择三种支付方式：现金收购、股票收购和混合证券收购。

1. 现金收购

现金收购要考虑的因素包括：

（1）对于并购公司来说，现金收购会带来巨大的财务负担，是公司动用现有现金存量，或是对外筹集现金，涉及筹资渠道、筹资成本、筹资结构等一系列问题，这时应该考虑公司的资产流动性、资本结构、公司借款能力、金融市场及利率水平等众多因素。

（2）现金收购的另一个问题是税收。世界上大多数国家认定，公司股权的出售涉及投资人的资本损益，在已实现资本收益的前提下必须缴纳资本收益税。例如，英国税法规定，对于个人股东只有在三种情况下可以减轻或免除资本收益税：①资本收益与通货膨胀挂钩，实际资本收益下降；②年度资本收益减免（1994—1995 年度减免收益税最低限额为5 800英镑)；③股东证券投资组合中，资本收益被其他投资亏损所抵销。当然，分期支付现金也是推迟纳税的方式。

2. 股票收购

股票收购的特点包括：

(1) 并购公司可以节约大量的现金支出，避免并购给公司财务状况带来的影响。

(2) 股票并购的公司，如果是绩优公司，股票收购比现金收购更加受欢迎。因为它可以在出售股票时纳税，而现金收购必须当年纳税。

(3) 目标公司股东不会因并购失去其权益，而是将权益由目标公司转入并购公司，成为并购公司的新股东，但是由并购公司原有股东占有控制权。

股票收购要考虑的因素包括：

(1) 股票收购首先会对并购公司的股权结构产生影响。因为股票收购会对原有股权比例产生很大影响，所以大股东会评估控制权问题。

(2) 股票收购会对每股收益产生影响。如果目标公司盈利状况较差，或支付价格偏高，会导致兼并企业每股收益的下降，新股的发行会摊薄每股净资产。

(3) 股票收购对当前股价有重大影响。如果股票市场处于上升阶段，公司收购能够带来预期收益的提高，股票收购方式会受到目标公司的欢迎，股票收购使股价升高；反之，股票收购使股价下跌。

(4) 股票收购要考虑股息因素。如果股息太高，股票收购方式就不适宜。

此外，股票收购还要考虑股票市场的制度规定。

在股票收购过程中，股价的交换比率是关键，对于公开上市股票，一般用下列公式计算：

$$股价交换比率=\frac{并购公司每股市价\times股票交换率}{被并购公司每股市价}$$

如果股价交换比率大于1，则表明并购对并购公司有利；如果股价交换比率小于1，则表明被收购公司因此遭受损失。对上市公司而言，并购交易完成后，由于并购公司股权变动，很可能会作为新公司重新申请上市。这时可能会考虑证券交易规则，向证券交易所请求豁免。

3. 混合证券收购

混合证券收购，是指并购公司对目标公司收购的出资方式，包括现金、股票、公司债券、可转换债券、认购权证等多种形式的证券组合。其中，可转换债券是向持有人提供公司债券，并附有在一定时期内可按特定价格转化为股票的期权。

混合证券收购方式的优势是避免公司大量的现金支出，减轻财务压力，同时可以对控股权施加控制。近几年，这种收购方式的采用在国外呈现上升趋势。目前，我国资本市场发育不够完善，多种信用工具与金融中介机构发展滞后，各种法律规范不够健全。因此，混合证券收购方式的实现还需要一个发展过程。

(二) 并购中的融资渠道与方式分析

从资金来源划分，公司并购中的融资渠道可以分为两类，即内部融资渠道和外部融资渠道。

内部融资渠道，是指公司自有资金内部留存，这部分资金的特点是公司长期持有、自由支配、无须偿还、无募集成本费用等。自有资金，是指依靠公司历来收益留存积累和资本公积金积累形成的，它表明了公司并购的资金实力。

外部融资渠道主要包括通过公司现有或潜在股东、商业银行机构、非银行金融机构、其他企业、社会资金、外资等渠道融资。

(三) 并购中的融资成本分析

公司并购涉及大量资金的筹集，如何选择最佳方案以降低资金成本，成为非常重要的问题。并购中的融资成本计算方法与前面章节所讲述的筹资成本计算方法相同，此处不再赘述。

(四) 杠杆收购的财务分析

杠杆收购的一般程序是：由投资银行贷给并购公司一笔款项，并购公司只支出极少的自有资金，就可买下目标公司；取得控制权后，安排目标公司发行大量债券筹资来偿还贷款。由于公司负债比率扩大，信用风险扩大，这类债券信用等级很低，发行利率很高，因此被称为垃圾债券。在实际操作中，一般由并购公司先设立一家“纸上公司”，用来收购目标公司，“纸上公司”的资本结构为过渡性贷款及自有资金。通过再融资，该公司偿还过渡性贷款，同时将目标公司与“纸上公司”合并，完成并购过程。

第三节 公司并购的支付方式

在公司并购活动中，并购公司必须考虑以何种支付方式完成并购交易。支付方式的选择是并购顺利完成的重要环节，不同的支付方式对并购公司和目标公司会产生不同的影响。在实践中，公司并购的支付方式主要有现金支付方式、股票支付方式和混合证券支付方式。

一、现金支付方式

(一) 现金支付方式的优点

(1) 现金支付方式简便快捷，易于为并购双方所接受。对于并购公司来说，采用这种支付方式可以迅速完成并购活动，使有抵触情绪的目标公司措手不及，没有充分的时间实施反收购措施，也使潜在的竞争公司没有充分的时间筹措资金来竞购。因此，在敌意收购活动中常常采用现金支付方式。

(2) 现金支付方式可以保证并购公司的股权结构不受影响。并购公司采用现金支付方式，不会增加公司的股票股数，原有股东的持股比例不会发生变化，控制权不会被稀释。这有利于获得股东的支持，顺利完成并购活动。

(3) 目标公司的股东可以即时收到现金，比其他支付方式所承担的风险要小，因此目标公司的股东愿意接受这种支付方式。

(二) 现金支付方式的缺点

(1) 对于并购公司来说，需要在短时间内准备大量的现金，容易导致公司现金流量紧张，可能会形成较沉重的财务负担。

(2) 对于目标公司的股东来说，在收到现金时需要确认资本利得收益，形成了纳税义务，需要缴纳资本利得税，因此这种支付方式无法延迟纳税，目标公司的股东不能获得税收收益。税收的影响可能对于边际税率较低的中小股东，或者享有免税政策的养老金等机构投资者来说无关紧要，但是对于边际税率较高的股东来说影响较大。

（三）现金支付方式的影响因素

（1）并购公司的现金流量状况。由于现金支付方式需要并购公司支付大量的现金，因此可能会给并购公司带来现金流动性不足的问题，导致公司现金短缺，影响其偿债能力。并购公司在选择这种支付方式时，应当充分估算未来的现金流量状况，避免陷入财务困境。

（2）目标公司所在地有关资本利得税的法规。不同国家或地区资本利得税的税率有很大区别，并购公司在采用现金支付方式时，应当考虑资本利得税的因素，如果资本利得税的税率较高，只会增加收购成本。

（3）目标公司股票的平均成本。在协议并购时，如果采用现金支付方式，必须考虑目标公司股东所持有的股票的平均成本。因为收购价格与目标公司股票的平均成本之差形成了资本利得，需要缴纳资本利得税。如果目标公司股票的平均成本较低，就会产生较多的资本利得收益，由此增加了目标公司股东的税负，在这种情况下，双方可能要对支付方式做出特殊的安排，以减轻税负。

二、股票支付方式

（一）股票支付方式的优点

（1）并购公司不需要支付大量的现金，因而不会影响并购公司的现金流量。

（2）并购完成之后，目标公司的股东并没有丧失股权，而成为并购公司的股东，并且可以获得并购所实现的价值增值。

（3）目标公司的股东可以推迟收益的确认时间，避免在并购后缴纳资本利得税，因此可获得延迟纳税带来的好处。

（二）股票支付方式的缺点

（1）对于并购公司来说，原有股东的控制权将被稀释。由于股票支付方式需要发行新股，这势必会改变原有的股权结构，目标公司的股东成为并购公司的股东，使并购公司的原有股东持股比例下降，控制权被稀释。

（2）股票支付方式审批手续烦琐，办理时间较长。采用股票支付方式时，并购公司必须向证券监督管理部门提出增发新股的申请，经证券监督管理部门审核批准之后，才可以发行新股进行收购。发行新股会受到一定的限制，办理时间较长，手续较为烦琐，可能会延迟变更时间。

（3）采用股票支付方式，可能会引起股票价格的波动，给并购带来一定的风险。

（三）股票支付方式的影响因素

（1）并购公司的股权结构。由于采用股票支付方式会影响并购公司的股权结构，原有股东控制权会被稀释，因此在选择这种支付方式时，应当考虑并购公司原有股东可以在多大程度上接受股权的稀释。

（2）每股利润的变化。如果目标公司盈利状况较差，或者并购价格过高，采用股票支付方式则可能会使并购后公司的每股利润下降，导致股票价格下跌。

（3）每股净资产的变化。由于采用股票支付方式并购目标公司可能会引起并购公司每股净资产的变化，从而对股票价格产生影响，因此在选择这种支付方式时，应当考虑对每股净资产的影响。

（4）财务杠杆的变化。由于采用股票支付方式并购目标公司可能对并购后公司的资产负债水平产生较大的影响，因此并购公司必须事先计算采用这种支付方式并购后公司的资产负债率是否合理。

（5）当前的股票价格水平。并购公司的股票价格水平是并购公司选择支付方式的一个重要影响因素。如果并购公司的股票价格处于上升过程，股票价格较高，此时选择股票支付方式对并购公司比较有利，增发的新股也易于为目标公司股东所接受；否则，如果并购公司的股票价格处于下降过程，目标公司股东不愿意持有新股，可能会抛售套现，从而导致股票价格进一步下跌。

三、混合证券支付方式

混合证券支付方式，是指并购公司以现金、股票认股权证、可转换债券等多种形式的证券组合，作为收购目标公司的支付方式。从前面介绍的现金支付方式和股票支付方式可知，单一的支付方式总是有一定的局限性，如果并购公司采用混合证券支付方式，则可以取长补短，发挥多种支付方式的优势。采用混合证券支付方式，可以减少现金支付，避免并购公司现金紧张而影响并购活动，同时也可以通过各种支付方式的比例安排，有效降低目标公司股东资本利得税的税负。因此，混合证券支付方式可以兼顾并购双方的利益，在并购活动中也越来越多地被采用。

【课程思政要点】

价值是揭示外部客观世界对于满足人的需要的意义关系的范畴，哲学上的价值概念具有最大的普遍性。马克思曾说："在我们这个时代，每一种事物都有不同的价值评价。"马克思指出了主体和客体之间价值关系的丰富多彩的表现形式，其中，价值具有多维性，客体满足主体的需要关系是复杂的，可以是双重的。因此，在企业并购中，应当合理估量并购对象的价值，应当根据并购双方的情况合理评估，而非简单的"一刀切"。

【复习思考】

1.简述公司并购的概念、类型及程序。

2.并购目标公司价值评估的一般方法有哪些？该如何计算？

3.简述现金收购、股票收购和混合证券收购的优缺点及影响因素。

【练习题】

一、单项选择题

1.一家机器制造企业并购一家零部件生产企业，这种并购属于（　　）。

A.横向并购　　B.纵向并购　　C.新设并购　　D.混合并购

2.并购公司仅支出少量自有资本，主要以收购公司的资产和将来的收益作抵押筹集大量资本用于并购，这种并购属于（　　）。

A.善意并购　　B.敌意并购　　C.杠杆并购　　D.混合并购

3.收购者事先与目标公司经营者商议，征得同意后，目标公司主动向收购者提供必要的资料等，并且目标公司经营者还劝其股东接受公开收购要约，出售股票，从而完成收购行动的收购方式是（　　）。

A.要约收购　B.横向收购　C.善意收购　D.敌意收购

4.公司并购采用股票支付方式的优点是（　　）。

A.目标公司原有股东不会丧失其股权

B.手续简便快捷，可迅速完成并购

C.并购公司原有股东控制权不会被稀释

D.不会引起股票价格波动

5.影响公司并购支付方式选择的因素不包括（　　）。

A.现金的充裕程度　B.收益和控制权的稀释程度

C.目标公司的规模　D.并购中的税负

6.参与合并的各方在并购后法人资格均被注销，重新注册成立一家新的企业，这种并购形式属于（　　）。

A.控股合并　B.吸收合并　C.新设合并　D.混合并购

7.下列关于并购基金的特点，说法错误的是（　　）。

A.资金来源广泛、投资时间长、流动性差

B.高风险、高收益，属于中长期投资

C.在投资方式上，一般采取债权投资方式，并在目标公司的决策管理上获得一定程度的表决权

D.资金来源广泛，如富有的个人、风险基金、杠杆并购基金、战略投资者、养老基金、保险公司等

8.国际上，在传统杠杆并购投资流程中，新建SPV资金来源中占比较高的是（　　）。

A.自有资金　B.高收益债券　C.次级资金　D.并购贷款

9.关于并购是什么，以及并购基金如何获利，以下说法错误的是（　　）。

A.并购是兼并收购的简称

B.一家公司为了各种目的以公司合并、资产收购、股权收购等方式而兼并或收购另外一家公司

C.国内的主流做法是通过将资金投资于发起收购或被收购公司并持有一部分公司的股权，等到并购完成后以更高的价格转让手中股权从而获得收益

D.并购基金是指专注于从事企业并购投资的基金，于19世纪中期从欧美国家发展起来的一种基金形式

10.并购基金的英文缩写是（　　）。

A.M&A　B.PIPE　C.VC　D.PE

二、多项选择题

1.公司并购按照并购双方所处行业性质的不同，可以分为（　　）。

A.吸收合并　B.新设合并　C.横向并购

D.纵向并购　E.混合并购

2.公司并购按照出资方式的不同，可以分为（　　）。

A.以股票换取股票式并购　B.以股票换取资产式并购

C.以债券换取资产式并购　D.出资购买股票式并购

E.出资购买资产式并购

3.采用股票支付方式进行公司并购时，需要考虑的影响因素有（　　）。

A.并购公司的股权结构　　B.每股利润的变化

C.每股净资产的变化　　D.财务杠杆的变化

E.当前的股票价格水平

4.下列说法中正确的有（　　）。

A.吸收兼并中，目标公司不再作为一个独立的经营实体而存在

B.新设兼并中，原来的公司都不再以独立的经营实体而存在

C.在收购活动中，被收购公司的法人地位消失

D.兼并和收购的实质都是不同公司之间资源的重新整合

5.按照并购活动中的出资方式，并购可以分为（　　）。

A.购买式并购　B.换股式并购　C.综合证券并购　D.协议并购

三、判断题

1.公司通过纵向并购可以实现纵向产业一体化，有利于相互协作，缩短生产经营周期，节约费用。（　　）

2.公司通过混合并购可以实现多元化经营，分散投资风险。（　　）

3.公司并购采用现金支付方式会改变并购公司的股权结构。（　　）

4.采用股票支付方式进行公司并购会使并购公司原有股东的控制权被稀释。（　　）

5.横向并购是指销售相同或相似产品的公司之间的并购。（　　）

6.纵向并购的公司之间存在直接的竞争关系。（　　）

7.混合证券支付方式，是指并购公司以现金、股票认股权证、可转换债券等多种形式的证券组合，作为收购目标公司的支付方式。（　　）

8.如果目标公司盈利状况较差，或者并购价格过高，采用股票支付方式则可能会使并购后公司的每股利润下降，导致股票价格下跌。（　　）

9.股票支付方式需要发行新股，这势必会改变原有的股权结构，目标公司的股东成为并购公司的股东，使并购公司的原有股东持股比例下降，控制权被稀释。（　　）

10.杠杆收购的一般程序是：由投资银行贷给并购公司一笔款项，并购公司只支出极少的自有资金，就可买下目标公司；取得控制权后，安排目标公司发行大量债券筹资来偿还贷款。（　　）

第十三章

公司重组破产清算

学习目标

知识目标： 通过本章的学习，理解财务危机的含义与财务危机的特征，了解财务危机的征兆、财务危机形成的原因及过程，掌握公司重组的概念，理解资产剥离、公司分立和股权出售的差别，了解资产剥离和公司分立的主要原因、资产剥离的财务估值，理解企业破产的基本概念与破产制度的三个基本程序。

技能目标： 通过本章的学习，掌握财务危机的预警模型与方法、债务和解的方式与程序，以及企业重整和破产清算的程序，能够进行破产财产的分配。

第一节 财务危机

财务危机是公司财务管理活动中一个重要的问题。每次的经济衰退都会有大量的企业陷入财务危机，导致经营困难，甚至不得不申请破产。下面主要从含义、特征、成因以及预警等方面介绍企业财务危机。

一、财务危机的含义

虽然学术界对财务危机概念的认识存在一定的差异，但是对于企业财务危机的表现，如经营亏损、股利减少、股价下跌、解雇员工、违约、破产等还是存在一些共识的。学术界的专家学者普遍认为，企业发生财务危机与经营失败有着密切的关系，对财务危机含义的理解可以从企业经营失败入手。企业经营失败主要可以分为两种：经济失败和财务失败。经济失败，是指企业发生经营亏损或者盈利低于预期水平的情况，如投资报酬率低于资本成本率。财务失败，是指企业无法偿还到期债务的情况。当企业发生财务失败时，现金流量状况恶化，没有充足的流动性，不能履行偿还到期债务的义务。即使企业没有发生亏损，也可能出现财务失败。

财务危机指的不是企业的经济失败，而是指企业的财务失败。在国外的文献中，与财务危机相关的概念有企业失败、财务失败、企业破产、财务困境等，对这些概念并不进行严格区分，在同一文献中经常交替使用。例如，比弗（Beaver，1966）将财务危机定义为破产、拖欠优先股股息、银行透支和债券违约。阿尔特曼（Altman，1968）认为，财务危机是企业失败，包括在法律上的破产、被接管和重整等。卡米切尔（Carmichael，1972）认为，财务危机是企业履行义务时受阻，具体表现为流动性不足、权益不足、债务拖欠及资金不足等情况。罗斯（Ross，2000）从四个方面定义财务危机：一是企业失败，即企业清算后仍无力支付债权人债务；二是法定破产，即由于债务人无法履行到期债务合约，并呈持续状态，企业或债权人向法院申请企业破产；三是技术破产，即企业无法按期履行债务合约，付息还本；四是会计破产，即企业的账面净资产出现负数，资不抵债。

在我国，"Financial Distress"通常被翻译为"财务危机""财务困境""财务恶化"，而"Financial Crisis"一般被翻译为"金融危机"。从中文的语境上看，财务危机似乎要比财务困境更加严重，而实际上，两者难以截然区分。我国学者主要是以企业是否具有持续经营能力作为界定财务危机的基础，认为财务危机是企业经营管理不善、不能适应外部环境变化而导致企业生产经营活动陷入一种危及企业生存和发展的严重困境，反映在财务报表上则是已经呈现出长时间的亏损状态且无扭转趋势，出现资不抵债甚至面临破产倒闭的危险。

综上所述，财务危机也可称为财务困境或财务失败，是指企业由于现金流量不足，无力偿还到期债务，而被迫采取非常措施的一种状态。企业发生财务危机的主要标志是现金流量短缺并呈持续状态，无力履行偿还到期债务，不得不采取在现金流量正常的情况下不可能采取的非常措施，如出售重要的经营性资产、高息借贷、停发现金股利、债务重组、申请破产等。发生财务危机的企业大多也同时会发生经济失败，但是，经济失败是从企业的盈利能力来描述企业的经营状态，而财务危机是从企业的偿债能力来描述企业的经营状态。企业的财务危机实际上是一种渐进式的积累过程，表现为不同的轻重程度，企业的违约、无偿付能力、亏损等都可视为财务危机的一种前期表现，破产倒闭只是财务危机的最终表现。

二、财务危机的成因

（一）邓白氏调查

财务危机对企业具有重大的危害性，每次的经济衰退都会造成大量的企业破产倒闭。2008年的金融风暴引发世界经济下滑，使大批企业深陷财务危机，甚至申请破产。对企业而言，产生财务危机的原因究竟是什么呢？国外学者曾对此问题做出调查和研究。表13-1和表13-2分别是邓白氏于1980年和1992—1993年对破产倒闭企业的两次调查结果。

在1980年的调查中，由于缺乏管理经验和管理无能造成企业倒闭的比例高达94%。在1992—1993年的调查中使用了与1980年不同的分类方法，但是，被归咎于经济因素和财务因素的比例合计仍为82%，管理无能可能应负主要责任。从倒闭企业的生存期来看，生存期短的企业比生存期长的企业倒闭的比例高，这可能是由于生存期短的企业规模较小，抗风险能力较弱，而且生存期短的企业更缺乏管理经验。

表13-1　**企业倒闭的原因**

1980年		1992—1993年	
原因	占倒闭企业的百分比（%）	原因	占倒闭企业的百分比（%）
缺乏管理经验或管理经验有误	50	经济因素： 行业疲软 利润不足 销售额不足 无竞争力 合　计	 21 11 2 1 35
管理无能	44	经验因素	1
疏忽	1	财务因素： 债务负担过重 营业成本高 资本不足 合　计	 4 40 3 47
欺诈 其他	1 4	疏忽 灾难 战略 欺诈 其他	4 6 1 4 2
共　计	100	共　计	100

注：数据资料来自Business Failure Record（New York Dun & Bradstreet，1980 and 1992/1993）道格拉斯·R·爱默瑞——公司财务管理。

表13-2　**倒闭企业的生存期**

生存期（年）	1980年		1992年		1993年	
	百分比（%）	累计百分比（%）	百分比（%）	累计百分比（%）	百分比（%）	累计百分比（%）
1或小于1	0.9	0.9	9.0	9.0	7.1	7.1
2	9.6	10.5	11.2	20.2	8.5	15.6
3	15.3	25.8	11.2	31.4	8.8	24.4
4	15.4	41.2	10.0	41.4	7.9	32.3
5	12.4	53.6	8.4	49.8	7.4	39.7
6	8.9	62.5	7.2	57.0	6.5	46.2
7	6.3	68.8	5.3	62.3	5.9	52.1
8	5.2	74.0	4.5	66.8	5.5	57.6
9	4.3	78.3	3.8	70.6	5.0	62.6
10	3.4	81.7	3.5	74.1	4.3	66.9
大于10	18.3	100.0	25.9	100.0	33.1	100.0
倒闭企业数量	11 742家		60 747家		86 133家	

注：数据资料来自Business Failure Record（New York Dun & Bradstreet，1980 and 1992/1993）道格拉斯·R·爱默瑞——公司财务管理。

由此可见，企业发生财务危机的原因固然多种多样，但缺乏管理经验和管理无能应是主要原因。虽然外部环境可能是企业倒闭的原因之一，例如，在2008年全球经济下滑的背景下，我国外贸企业盈利状况大幅度恶化，许多企业陷入财务危机，但是，管理水平高、具有创新能力、对市场反应迅速、财务状况稳健的企业依然可以生存下来，甚至可以提高市场占有率。

（二）财务危机产生的原因

将企业发生财务危机的原因主要归咎于管理无能可能显得过于笼统，在实践中，我们需要研究更为详尽的引发财务危机的原因，这样可以为企业改善经营管理、预防财务危机提供更有价值的意见。约翰·阿根提（John Argenti）在有关学者研究的基础上，通过案例分析和理论研究，总结出了导致企业财务危机的八大主要原因。

1. 企业管理结构存在缺陷

企业高级管理层存在结构缺陷，导致企业重大决策失误，由此可能给企业带来重大损失。阿根提认为，企业管理结构缺陷主要表现在：首席执行官独裁，一人拥有很大的权力，而其他董事不作为；高管团队知识结构不平衡，财务职能弱化，缺乏管理深度等。

2. 会计信息系统存在缺陷

可靠的会计信息系统可以帮助管理层及时发现问题，为正确决策提供依据。但是，失败的会计信息系统常常是不健全的，主要表现在缺乏预算控制系统，或者预算控制系统不健全；缺乏现金流量的预测；没有成本核算系统；对资产价值的估值不当。不健全的会计信息系统掩盖了问题，使财务风险不断累积，直到危机的爆发。

3. 面对经营环境的变化，企业不能及时采取恰当的应对措施

经营环境的变化可以分为五类：一是市场竞争环境的变化，如出现了新的竞争对手、竞争对手开发出新的产品等；二是经济环境的变化，如国家经济政策的调整、经济周期的变化、利息率的变化、通货膨胀、汇率变化等；三是政治环境的变化，国家政治环境的重大变化必然会影响经济资源的配置，从而对企业经营活动产生影响；四是社会环境的变化，如生活方式的变化、消费习惯的变化、社会人口年龄结构的变化、社会对污染或消费者保护态度的变化等；五是技术条件的变化，如技术的更新变革。当市场竞争环境、经济环境、政治环境、社会环境和技术条件等因素发生重大变化时，失败的企业往往反应迟钝，不能采取恰当的应对措施，从而在市场竞争中败下阵来。

4. 制约企业对环境变化做出反应的因素

来自政府或社会的一些限制因素，可能会制约企业对环境变化的反应，降低企业的自由度，导致企业付出较高的成本。例如，政府要求企业承担过多的社会责任，可能会占用企业大量的资源，使企业经营效率低下。

5. 过度经营

企业过度经营有许多表现形式，如过度筹资降低了资金利用效率，或者以牺牲利润率的方式追求销售额的增长等。

6. 盲目开发大项目

管理层过于乐观，盲目开发大项目，高估项目的收入或低估项目的成本，导致企业现金流量紧张。企业经常开发的大项目主要包括并购、多元化经营、开发新产品、项目扩张

等。如果管理层对大项目的判断错误，就可能导致项目失败，给企业造成重大损失。

7. 高财务杠杆

在经济环境不景气时，负债率会加大财务风险，导致企业发生亏损和现金流量紧张。

8. 常见的经营风险

任何企业都会面临一些常见的经营风险，这些经营风险一般不会导致企业经营失败，但是对于实力弱小、管理水平较低的企业来说，常见的经营风险也可能使企业陷入财务危机。

（三）财务危机的形成过程

财务危机是一个渐进和积累的过程。一般而言，可以将企业财务危机的发展过程分为以下四个阶段：

第一阶段，财务危机潜伏期。当企业在这个阶段时，往往盲目乐观，急于扩张，在资源配置上存在重大失误，市场营销缺乏效率，忽视风险控制，在面对环境变化时，缺乏有效的应对措施。

第二阶段，财务危机发作期。当企业在这个阶段时，资产负债率过高，利息负担过重，由于第一阶段的扩张导致企业现金流量紧张，企业偿债压力较大，开始出现债务拖延偿付现象。

第三阶段，财务危机恶化期。当企业在这个阶段时，资金周转出现困难，经营活动也出现困难，无力偿还到期债务。

第四阶段，财务危机实现期。当企业在这个阶段时，已经丧失偿债能力，出现净资产为负的情况，甚至可能申请破产。

以上是企业财务危机大致发展过程的四个阶段，这四个阶段的界限并不是截然清晰的，财务危机是一个长期的发展过程。企业应当未雨绸缪，在财务危机的第一阶段尽早采取预防措施。

三、财务危机的征兆

（一）财务指标的征兆

企业在日常经营过程中，通过观察现金流量、存货、销售量、利润、应收账款、偿债能力等相关指标的变化，可以及时察觉到财务危机的苗头。

1. 现金流量短缺

企业出现财务危机首先表现为缺乏偿付到期债务的现金流量。如果企业经营活动现金流量不断减少，现金流入量小于现金流出量，且这种趋势在短时间内并无好转的迹象，就需要引起管理层的高度重视，及时采取措施，避免现金流量状况持续恶化。

2. 存货异常变动

保持一定数量的存货对于均衡生产、促进销售有着重要的意义。除季节性生产企业外，对于正常经营的企业来说，存货量应当比较稳定。如果在某一时期企业出现存货大幅度增加或减少的异常变动，就应当引起注意，这可能是企业财务出现问题的早期信号。

3. 销售量非预期下降

销售量的下降会引起企业管理层的高度关注，但是大多数人往往将销售量的下降仅看作营销问题，会采取调整价格、产品品种或加强促销等手段来解决，而不考虑财务问题。

事实上，销售量的非预期下降会带来严重的财务问题。比如，当一个销售量正在下降的企业仍在扩大向其客户提供赊销时，管理层就应该预见到现金流量将面临困境。

4. 利润严重下滑

利润指标是一个综合性的指标，是企业一切经营活动的最终成果。如果企业销售额没有提升，成本却不断攀升，就会导致盈利空间逐步缩小，甚至出现亏损。几乎所有发生财务危机的企业都要历经3～5年的亏损，随着亏损额的增加，历年的积累被蚕食，而长期亏损的企业又很难从外部获得资金支持，这就出现了财务危机的明显征兆，长期下去，企业必然会陷入财务困境。

5. 平均收账期延长

收账期是反映企业应收账款周转速度的一个重要指标。平均收账期延长，会增加企业在应收账款方面的投资，占用大量的资金。当企业的现金余额由于客户延迟付款而逐渐减少时，较长的平均收账期就会成为企业严重的财务问题。因此，管理层应重视企业的收账期，以免问题变得更加严重。

6. 偿债能力指标恶化

反映企业偿债能力的财务指标主要有资产负债率、利息保障倍数、流动比率、速动比率等。如果这些财务指标连续多个会计期间不断恶化，就是财务危机的明显征兆。

（二）会计报表的征兆

一般来说，会计报表能够综合反映企业在特定时点的财务状况和一定时期内的经营成果和现金流量状况。因此，观察会计报表的相关数据和平衡关系，可以判断企业是否存在危机隐患。

1. 利润表

根据企业经营收益、经常收益和当期收益的亏损和盈利情况，可以将企业财务状况分为A～F六种类型。不同类型财务状况的安全状态见表13-3。

表13-3 不同类型财务状况的安全状态

项目＼类型	A	B	C	D	E	F
经营收益	亏损	亏损	盈利	盈利	盈利	盈利
经常收益	亏损	亏损	亏损	亏损	盈利	盈利
当期收益	亏损	盈利	亏损	盈利	亏损	盈利
状态说明	接近破产状态		若此状态继续，将会导致破产		根据亏损情况而定	正常状态

说明：经营收益=主营业务利润+其他业务利润-销售费用-管理费用+投资收益；经常收益=经营收益-财务费用；当期收益=经常收益+补贴收入+营业外收入-营业外支出。

2. 资产负债表

根据资产负债表平衡关系和分类排列顺序，可以将企业的财务状况分为X型、Y型和Z型三种。X型表示正常的财务状态；Y型表示企业已经亏损了一部分资本，处于轻度的财务危机状态；Z型表示企业亏损了全部资本和部分负债，企业净资产为负数，处于严重的财务危机状态，濒临破产。三种类型的财务状况，如图13-1所示。

<table><tr><td>流动资产</td><td>流动负债</td></tr><tr><td rowspan="2">非流动资产</td><td>非流动负债</td></tr><tr><td>资本</td></tr></table>

（a）X型

<table><tr><td>流动资产</td><td>流动负债</td></tr><tr><td rowspan="3">非流动资产</td><td>非流动负债</td></tr><tr><td>资本</td></tr><tr><td>损失</td></tr></table>

（b）Y型

<table><tr><td>流动资产</td><td>流动负债</td></tr><tr><td rowspan="2">非流动资产</td><td>非流动负债</td></tr><tr><td>损失</td></tr></table>

（c）Z型

图13-1 三种类型的财务状况

（三）经营状况的征兆

1. 盲目扩大企业规模

企业规模的扩大通常有两种形式：一是内部扩充；二是外部扩张。内部扩充会增加固定资产投资，耗用企业大量现金，如果某一时期企业的固定资产大幅度增加，但其生产能力和营销能力未能形成很好的配合，则容易导致资金大量沉淀，流动资金紧张。盲目地扩充固定资产往往给财务危机的形成留下隐患。企业并购是外部扩张的一条捷径，作为一种高风险、高收益的行为，不少企业只看到其好处，而忽视可能的风险。如果企业同时在许多地方大举收购其他企业，并涉足许多不同的经营领域，则可能使企业负担过重，出现资金紧张等问题。因此，对于企业大量的收购行为要多加注意，避免留下财务危机的隐患。

2. 企业信誉不断降低

信誉是企业在长期经营过程中建立和积累起来的，是企业一种重要的无形资产。信誉好的企业能够顺利地从银行取得贷款，也能够从客户那里享受到更多的信用。一旦信誉受损，企业的筹资就会变得十分困难，关联企业间的经济往来、信誉结算将无法开展，企业的信用状况将变得糟糕，表现为经常拖欠银行贷款、推迟支付货款、迟发员工薪水等。企业信誉度降低是财务危机的重要征兆。

3. 关联企业趋于倒闭

由于赊销业务的大量存在，企业之间形成了紧密的债权债务关系。一个企业出现财务危机可能影响到关联企业的财务状况，一旦发现关联企业经营情况和财务状况发生异常变化，有出现财务危机的征兆，就要及时采取应对措施，以防止本企业陷入财务困境。

4. 产品市场竞争力不断减弱

产品市场竞争力的高低，主要体现在企业产品所占的市场份额和盈利能力方面。如果企业产品市场占有率很高，且盈利能力空间很大，说明企业市场竞争力很强；反之，如果企业的产品出现积压，市场占有率明显下降，或者产品市场份额未变，但盈利空间明显缩小，就说明企业市场竞争力在减弱，从而埋下发生财务危机的隐患。

5. 无法按时报送会计报表

无法按规定的时间编制会计报表、会计报表不能及时报送、会计信息延迟公布等，一般都是财务状况不佳的征兆。

（四）其他方面的征兆

企业人员大幅度变动往往也是企业危机的征兆之一。例如，在一段时间内，管理层重要成员、董事会成员、财务会计人员及其他高级管理人员突然离职或连续变更，尤其是高级管理人员集体辞职，通常是企业存在危机隐患的明显标志。

企业信用等级降低、资本注销、企业主要管理层行为反常、组织士气低落、注册会计师出具保留意见的审计报告等，也是企业发生财务危机的征兆。

四、财务危机的预警

财务危机预警也称财务预警，是指根据企业经营状况和财务指标等因素的变化，对企业经营活动中存在的财务风险进行监测、诊断和报警的方法。财务预警作为一种诊断工具，对企业的财务风险进行预测和诊断，避免潜在的财务风险演变成财务危机，起到防患于未然的作用。

为了监测和预报财务危机，国内外学者运用不同的预测变量，采用各种数学工具和方法，建立了大量的财务预警模型。下面介绍几种主要的财务预警方法和模型。

（一）定性分析法

定性分析法是通过对企业的经济环境、经营状况和财务状况的判断与分析，预测企业发生财务危机的可能性。定性分析法主要从经济环境、经营状况和财务状况三个方面进行财务预警分析，具体内容见表13-4。

表13-4　**财务预警的定性分析法**

经济环境	经营状况	财务状况
（1）经济增长率下降或经济衰退	（1）盲目扩张，过度经营	（1）财务杠杆过大，负债金额过多
（2）失业率上升	（2）市场营销失败，销售下滑	（2）经营亏损
（3）通货膨胀	（3）预算控制系统缺乏	（3）现金流量恶化
（4）金融市场动荡	（4）管理水平低下	（4）应收账款收账期延长
（5）产业政策的不利变化	（5）人才流失	（5）存货周转率下降
（6）市场竞争加剧	（6）对环境变化反应迟钝	（6）债务违约
（7）技术变化	（7）销售合同违约	（7）成本核算系统不健全
（8）政府管制	（8）研发费用被缩减	（8）财务报表被粉饰
（9）税法变化，税率提高		

表13-4列示了企业在经营过程中可能会引发财务危机的各种因素的变化。这种分析方法只是一种定性的判断，在实践中还需要根据企业的具体情况进行更加详尽的考察和诊断，才能有效地做出财务危机预警。

（二）单变量预警模型

单变量预警模型是运用单一变量、个别财务比率来进行财务预警。单变量预警模型属于定量分析法，最早建立单变量预警模型进行财务危机预测研究的是菲茨·帕特里克(Fitz Patrick)。1932年，菲茨·帕特里克以19家公司为样本，运用单个财务比率将样本分为破产组和非破产组，结果表明判别能力最强的是净利润/股东权益与股东权益/负债两个比率。1966年，威廉·比弗（William Beaver）沿用这样的思路，提出了单变量预警模型，他在使用5个财务比率对79家失败企业和相同数量、同等资产规模的成功企业进行比较研究后发现，预测财务危机准确率最高的是债务保障率（现金流量/负债总额），其次是资产净利率（净利润/资产总额）和资产负债率（债务总额/资产总额），并且距离失败日越近，预见性越强，在财务危机发生前5年的预测准确率可达70%，在财务危机发生前1年的预测准确率可达87%。

在威廉·比弗采用单变量预警模型进行财务危机预测研究之后，很少有人再沿用此方法进行分析预测，原因在于单变量预警模型有以下缺点：

（1）从单变量预警模型的财务意义来看，企业的财务状况不可能通过单一财务比率就可以完全掌握，可能单独考虑某一财务比率时预测效果不显著，但与其他财务比率一同考虑时却可以增强解释力。此外，不同的财务比率可能对同一企业有着相互矛盾的预测，以至于难以判断。

（2）从单变量预警模型的统计方法来看，它只考虑变量的集中趋势（即平均值），而没有考虑变量的离散程度（如方差等）。这种对变量变异程度考察的缺乏，使得单变量的研究未能对所产生的结果做出进一步解释，而且单变量预警模型没有考察所有变量之间的相关程度。

（3）和其他利用财务比率的财务预警方法一样，单变量预警模型也受到行业区别、通货膨胀、地区区别、虚假会计信息的影响。单变量分析只是笼统地说明企业正处于困境或未来可能处丁困境，但不能具体证明企业可能破产或何时破产。

（三）多变量预警模型

为了克服单变量预警模型存在的缺陷，获得对财务危机更好的预测模型，许多学者从20世纪60年代起，发展了多变量财务危机预警模型，预测的精度和效率得到了极大提高。多变量预警模型也属于定量分析法，其中提出最早、使用最广泛的是多元线性函数模型。下面介绍的Z计分模型就属于多变量预警模型。

Z计分模型是美国学者爱德华·奥特曼（Edwards Altman）于20世纪60年代提出的。该模型用计算公式可表示为：

$$Z = 0.012X_1 + 0.014X_2 + 0.033X_3 + 0.006X_4 + 0.999X_5$$

式中：X_1表示营运资本/资产总额；X_2表示留用利润/资产总额；X_3表示息税前利润/资产总额；X_4表示权益市场价值/负债账面价值；X_5表示销售收入/资产总额。

根据这一模型，Z分值越低，企业就越有可能破产。爱德华·奥特曼提出了判断破产企业和非破产企业的临界值，当Z分值大于2.99时，说明企业在短期内不会破产；当Z分值小于1.81时，说明企业破产的可能性非常大；当Z分值介于1.81～2.99时，属于“未知区域”或“灰色区域”，说明企业的财务状况不稳定，较难估计企业破产的可能性，但作为一个简单的判断标准，2.675是破产企业与非破产企业的分界点。

在实践中，人们在应用Z计分模型时发现，由于时间间隔越长，企业发生变化的可能性越大，因此其预测的准确性因时间长短而异。企业发生财务危机的前两年，预测准确率最高，随着时间往前推移，预测准确率下降。Z计分模型预测企业破产的准确率见表13-5。

表13-5　**Z计分模型预测企业破产的准确率**

距离企业破产的年数（年）	实际破产的企业数量（家）	正确预测的企业数量（家）	未正确预测的企业数量（家）	预测准确率（%）
1	33	31	2	94
2	32	23	9	72
3	29	14	15	48
4	28	8	20	29
5	25	9	16	36

第二节　公司重组

关于公司重组的概念，在理论界并没有形成统一的观点。一般而言，公司重组，是指公司为了实现其战略目标，对公司的资源进行重新组合和优化配置的活动。公司重组的根本目的是实现公司的战略目标，属于战略层面的问题，而不是具体的经营层面的问题。公司重组有广义与狭义之分。广义的公司重组包括扩张重组、收缩重组和破产重组三种类型。扩张重组，是指扩大公司经营规模和资产规模的重组活动，主要是通过公司并购实现规模的扩张。收缩重组，是指对公司现有的经营业务或资产规模进行缩减的重组活动，主要包括资产剥离、公司分立、股权出售、股份置换等方式。破产重组，是指对濒临破产的公司进行债务重整，以使其恢复正常的经营状况的重组活动。狭义的公司重组仅包括收缩重组。本章所讲述的公司重组是指狭义的公司重组。

下面主要介绍三种常见的公司重组方式：资产剥离、公司分立和股权出售。

一、资产剥离

（一）资产剥离的概念

剥离

资产剥离，是指公司将其拥有的某些子公司、部门或固定资产等出售给其他的经济主体，以获得现金或有价证券的经济活动。由于出售这些部门或资产可以取得现金收入，因此从这种意义上来讲，资产剥离并未减小资产的规模，只是资产形式的转化，即从实物资产转化为货币资产，但从公司的经营业务角度来看，则实现了经营规模的缩减。最为常见的资产剥离形式是母公司将一个子公司或者部门出售给另一个公司。在这个交易过程中，对出售方而言，实现了经营业务的收缩，对购买方而言，则实现了经营业务的扩张。

（二）资产剥离的原因

1. 盈利状况欠佳

如果公司的某一子公司或部门的盈利状况欠佳，其投资报酬率长期无法超过公司要求的最低投资报酬率，那么公司就应考虑将其出售。公司要求的最低投资报酬率是公司用来评价各个部门业绩的最低报酬率标准，通常可以采用公司的资本成本率作为最低投资报酬率标准。有限公司管理层可能不愿意剥离盈利状况欠佳的部门，因为这样做就等同于承认其管理不力或者先前的收购决策有误。但是，从股东的利益出发，公司应当尽早进行资产剥离，以免这些部门影响公司的整体业绩。

2. 经营业务不符合公司发展规划

有些部门的业务可能不再符合公司未来发展规划，公司可能希望脱离这一行业，此时就需要对这些部门进行剥离。尽管这些部门对于公司的利润可能依然存有贡献，但是会占用公司的许多资源，并且不符合公司的未来发展方向，因此，将其出售更有利于公司的未来发展。从公司的角度来看，必须考虑继续保留该部门的机会成本。从社会的角度来看，将这些部门出售给其他对此行业更有经验的公司来经营，会更好地发挥这些资产的价值，创造更多的财富。

3. 负协同效应

公司并购的一个主要动机就是追求并购的协同效应。本书第十二章中已经介绍了公司并购的协同效应，即两个公司合并后产生的额外收益。如果并购后产生协同效应，那么合并后公司的整体价值将超过合并前两个公司的价值之和。但是，并非所有的并购都可以产生协同效应。如果并购后不能进行有效的整合，有时并购可能事与愿违，而产生负协同效应。负协同效应，是指某一部门单独衡量时的价值要超过其在公司整体结构中的价值的情况。也就是说，这个部门对于公司价值的贡献要小于其市场价值。在这种情况下，外部收购者的开价可能超过该部门在母公司中所体现的价值。例如，一个大型公司经营某一部门可能无利可图，但是如果将该部门独立出去或者出售给一个小型公司来经营，就可能实现更好的收益，因此这个部门在大型公司中就出现了负协同效应。许多研究学者认为，20世纪60年代在西方出现的混合并购浪潮中，虽然并购在一定程度上分散了公司的经营风险，但是同时也分散了公司内部有限的资源，削弱了公司整体的核心竞争力，不仅没有实现并购的协同效应，反而出现了负协同效应。因此，20世纪70年代以后，美国公司的资产剥离实际上是为了解决并购带来的负协同效应问题，以求增强公司的全球竞争力。

4. 资本市场因素

资产剥离可能会给公司以及被剥离出去的部门在资本市场上赢得更多的机会。结构复杂的大型公司可能会让投资者感到难以归类，从而影响其投资意愿。例如，制药公司属于非周期性行业，受经济周期的影响很小，而房地产开发公司属于周期性较强的行业。不同的投资者对这两个行业会有不同的偏好，有的投资者愿意投资制药公司，而有的投资者愿意投资房地产开发公司，但是一家兼营制药和房地产的综合性公司，就会让投资者感到难以判断该公司应属于哪一类型的企业，因此会影响其投资意愿。如果该公司将制药业务和房地产开发业务进行剥离，就可能会更加吸引投资者，给公司带来更多的资本市场机会。

5. 增加现金流入量

公司通过资产剥离出售一些非战略性的资产或部门，能够立刻给公司带来大量的现金流入，改善公司的现金流量状况。有时，处于财务困境的公司通常会被迫出售有价值的资产来改善其现金流量状况。例如，某房地产开发公司为了偿还大量的到期银行贷款，不得不出售盈利稳定的一个物业管理部门，以避免陷入财务困境。

6. 被动剥离

公司进行资产剥离大多是主动的，但有时也可能是被动的，这主要是因为政府的反垄断管制。如果政府认为一家公司存在垄断情况，就可以根据《中华人民共和国反垄断法》强制公司进行资产剥离，这种剥离称为被动剥离。

（三）资产剥离的财务估值

公司在进行资产剥离时，应对计划出售的子公司、部门或资产进行价值评估。通常评估过程应当包括以下几个基本步骤：

（1）估计被剥离部门或资产的税后现金净流量。在估计被剥离部门或资产的现金净流量时，必须考虑其与公司之间的相关性，因为被剥离出去的部门或资产可能会给公司的现金流量带来积极或者消极的影响，在估值中必须考虑这些因素。

（2）确定被剥离部门或资产所适用的折现率。在确定折现率时应当考虑被剥离部门或资产的风险特性，通常可参照与其业务相同且规模相近的公司的资本成本率来确定折现率。

（3）计算现值。用确定的折现率对被剥离部门或资产的税后现金净流量进行折现，即可计算出现值。

（4）计算被剥离部门的价值。如果出售的是公司的固定资产，不需要负担任何债务，则第三步骤所计算出的现值就是被剥离资产的价值；如果出售的是公司的一个部门或子公司，还要减去该部门或子公司所应负担的债务的市场价值，才可计算出该部门或子公司作为原公司一部分时所具有的价值。使用负债的市场价值，是因为市场在确定负债的当前价值时已经对其现值进行了计算。被剥离部门的价值可用下面的公式计算：

$$V = \sum_{t=1}^{n} \frac{CFAT_t}{(1+k)^t} - MVL$$

式中：V表示被剥离部门的价值；$CFAT_t$表示被剥离部门第t年的税后现金净流量；k表示折现率；MVL表示被剥离部门所负担的债务的市场价值。

经过以上步骤对被剥离部门或资产进行估值，就可以决策资产剥离是否可行。如果扣除交易费用后资产剥离取得的出售收入大于其在公司中所体现的价值，则说明资产剥离交易是可行的；否则，说明资产剥离交易是不可行的。

二、公司分立

（一）公司分立的概念

企业分立的司法解释

公司分立是公司收缩经营规模的一种重要方式。在西方的第五次并购浪潮中，许多大型公司开始寻求通过分立和剥离的方式实现股东价值的最大化，公司分立变得更加流行。公司分立，是指一个公司依法分成两个或两个以上公司的经济行为。公司分立有两种形式，即新设分立和派生分立。新设分立，是指将一个公司分割成两个或两个以上的具有法人资格的公司，原公司解散。新设分立后的新公司应当依法向市场监督管理部门办理登记手续，原公司消亡，应当办理注销手续。派生分立，是指一个公司将原公司的一部分资产和业务分离出去而另设一个新的公司，原公司存续。派生分立后的新公司应当依法向市场监督管理部门办理登记手续，并可取得法人资格，原公司因派生新公司而减少了注册资本的，应当办理变更注册资本的手续。

（二）公司分立的原因

1. 提高公司运营效率

公司的生产经营达到一定规模时，才是最经济有效的，生产经营规模太大或太小，都不利于提高公司的经济效益。生产经营规模太小，会使单位业务量分摊的固定成本太多，从而影响公司的经济效益；生产经营规模太大，往往会降低管理效率，容易滋生官僚主义，也会影响公司的经济效益。对规模过于庞大的公司进行分立，有利于加强公司管理，提高运营效率，能够更好地适应市场的变化。

2. 避免反垄断诉讼

与被动剥离的原因相同，当公司的规模过大而面临政府的反垄断管制时，就有可能因涉嫌垄断而遭到诉讼，公司分立则可以避免这种诉讼的发生，当然这种分立可能是非自愿进行的，如1984年电信巨头美国电话电报公司的分立就属于这种情况。因美国司法部对该公司的反托拉斯诉讼，美国电话电报公司的22个运营公司被重组分立为7个区域性公司，而新的美国电话电报公司仅保留了长途电话服务业务。

3. 防范敌意收购

公司分立可以成为反收购的一种手段。当公司面临敌意收购时，可能会分立出某些部门，以降低自身对收购者的吸引力，这种公司分立可以称为防御性分立。但是，如果这种防御性分立降低了股票价值，可能会遭受股东的反对。

4. 财富效应

公司分立与资产剥离的主要动机之一是许多人相信负协同效应的存在。如果公司分立之后，各新公司的价值之和大于原来公司的价值，就可为股东带来财富效应。20世纪70年代至90年代，西方一些学者的研究表明，无论是资产剥离、股权出售，还是公司分立，都能够给股东带来正的财富效应。

（三）公司分立的程序

公司分立的程序主要包括以下几个步骤：

（1）提出分立的意见。

（2）制订分立重组计划。

（3）签订分立协议。

（4）股东大会通过分立重组决议。

（5）办理分立登记手续。

（四）公司分立的财务可行性分析

公司分立是一种经济行为，是为了谋求经济利益的最大化，因此需要对公司分立进行财务可行性分析。公司分立的财务可行性分析，可以采用折现现金流量法计算出分立前后的公司价值并进行比较。只有在分立后的各公司价值之和大于分立前的公司价值的情况下，公司分立方案才是可行的。

三、股权出售

股权出售，是指公司将持有的子公司的股份出售给其他投资者。与资产剥离不同，资产剥离出售的是公司的资产或部门而非股份，股权出售则是将公司所持有的子公司的全部或部分股份出售。如果仅是出售部分股份，则公司将继续留在子公司所处的行业中。20世纪80年代后期，美国的公开发行市场比较低迷，股权出售成为一些公司的一种筹资方式。例如，1987—1989年，尽管公开发行市场不景气，但美国10宗最大的股权出售的交易金额之和仍达到了139.2亿美元。股权出售之后，母公司可能不再继续拥有对子公司的控制权，子公司的股东发生变化，一般会组建新的管理团队来独立经营公司。

股权出售的动机与资产剥离交易基本相同，所产生的效应也相近。研究表明，股权出售能够给母公司股价带来积极影响，从而给股东带来正的财富效应。

第三节　破产重组

一、企业破产

（一）企业破产的含义及特征

企业破产是市场经济条件下的一种客观的经济现象，是指企业在市场竞争中，由于各种原因不能清偿到期债务，通过重整、和解或者清算等法律程序，使债权债务关系依据重整计划或者和解协议得以调整，或者通过变卖债务人财产，使债权人公平受偿。企业破产是一个法律程序，具有以下法律特征：

（1）破产是以法定事实的存在为前提。例如，债务人存在不能清偿到期债务的法定事实，不管债务人的全部财产是否足以清偿其债务，只要无法按时履行偿还债务的义务，就面临着破产的可能，这是企业破产的基本前提。

（2）破产是清偿债务的法律手段。企业破产必须由债权人或者债务人提出破产申请，法院依据法律程序将债务人的破产财产公平分配给债权人，以了结债权债务关系。

（3）破产必须由法院受理，并由法院指定管理人负责债务人财产的管理和处分，决定债务人的内部管理事务，代表债务人参加诉讼或者其他法律程序。这样可以有效保护双方当事人的合法权益，保证实现公平受偿。

（二）破产界限

破产界限，是指法院据以宣告债务人破产的法律标准，在国际上称为法律破产原因。法律破产原因是适用破产程序所依循的特定法律事实，它是破产程序开始的前提，也是法院进行破产案件受理的实质要件和破产宣告的重要依据。破产界限应具备两个基本特征：一是它必须是实际存在的事实状态；二是它必须是符合法律规定的事实状态。

关于企业法人的破产界限，《中华人民共和国企业破产法》（以下简称《企业破产法》）规定：企业法人不能清偿到期债务，并且资产不足以清偿全部债务或者明显缺乏清偿能力的；企业法人有上述规定情形或者有明显丧失清偿能力可能的。

由此可见，“不能清偿到期债务”是我国《企业破产法》对企业破产规定的破产界限，它是指债务人对请求偿还的到期债务，因丧失清偿能力而无法偿还的客观经济状况。一般认为，如果债务人停止支付到期债务并呈连续状态，如无相反证据，可推定为不能清偿到期债务。

有些国家的破产法将“资不抵债”作为企业破产界限的一个标准。资不抵债也称债务超过，是指债务人的债务数额超过其实有的资产数额。在我国，资不抵债不能被确定为企业破产。因为仅凭资不抵债还不能断定企业已丧失清偿能力，而不能清偿到期债务。只要企业的经营情况尚好，便不致出现不能清偿到期债务的状况。在实践中，当债务人不能清偿到期债务时，往往早已资不抵债。

二、破产程序

现代破产制度主要包括三个基本程序，即重整程序、和解程序与破产清算程序。重整程序与和解程序可以统称为破产重组。

（一）重整程序

重整程序，是指对陷入财务危机但仍有转机和重建价值的企业根据一定程序进行重新整顿，使企业得以维持和复兴，并按约定的方式清偿债务的法律程序。启动重整程序后，不对无偿付能力的债务人进行财产清算，而是在法院的主持下由债务人与债权人达成协议，制订重整计划，规定在一定的期限内，债务人按一定的方式全部或部分清偿债务，同时债务人可以继续经营其业务。重整程序是一种再建型的债务清偿制度，其目的是促进债务人复兴，这是破产法律制度的国际惯例。在提出破产申请后，陷入困境的企业依然有可能通过有效的重整避免破产清算。在重整期间，债务人可以在管理人的监督下自行管理财产并继续进行经营活动。

（二）和解程序

和解程序，是指在债务人无法清偿到期债务的情况下，由债务人提出债务和解协议并向法院提出和解申请，经债权人会议通过和法院认可后，按照和解协议规定的条件清偿债务的法律程序。根据《企业破产法》的规定，债务人可以直接向法院申请和解，也可以在法院受理破产申请后、宣告债务人破产前，向法院申请和解。债务人申请和解，应当提出和解协议草案。债权人会议通过和解协议的决议，应由出席会议的有表决权的债权人过半数同意，并且其所代表的债权额占无财产担保债权总额的2/3以上。债权人会议通过和解协议后，由法院裁定认可，终止和解程序，并予以公告。管理人应当向债务人移交财产和营业事务，并向法院提交执行职务的报告。债务人应当按照和解协议规定的条件清偿债务。债务人不能执行或者不执行和解协议的，法院经债权人请求，应当裁定终止和解协议的执行，并宣告债务人破产。如果和解协议草案经债权人会议表决未获得通过，或者已经债权人会议通过的和解协议未获得法院认可的，法院应当裁定终止和解程序，并宣告债务人破产。

（三）破产清算程序

破产清算程序，是指在债务人无法清偿到期债务的情况下，由债务人或债权人向法院申请对债务人进行财产清算，并公平偿还债权人的法律程序。法院裁定受理破产申请后，应当指定管理人。管理人制度是国外的破产法中普遍规定的一项重要制度。管理人在破产程序中承担重要的职责，主要负责债务人财产的管理和处分，决定债务人的内部管理事务，代表债务人参加诉讼或者其他法律程序。除重整程序中债务人自行管理财产和营业事务的情形外，管理人实际上成了破产企业的意志机关，决定债务人的一切事务。管理人应当按照债权人会议通过的或者法院裁定的破产财产变价方案，适时变价出售破产财产，并按法律规定的顺序清偿债务。管理人在最后分配完结后，应当及时向法院提交破产财产分配报告，并提请法院裁定终结破产程序。

综上所述，当企业陷入财务危机，达到破产界限时，可以有三种解决方式，即重整、和解或者破产清算。前两种方式属于破产重组。破产重组是对已经达到破产界限的企业的挽救措施。通过破产重组，当债务人不能清偿到期债务时，不必立即进行破产清算，而是在法院的主持下，由债务人和债权人达成协议，制订债务人重整计划或债务和解计划，债务人可以继续营业，并在一定期限内按计划全部或部分清偿债务。因此，破产重组既可以解决债务人的债务问题，又可以使债务人获得自我拯救、重新开始的机会，继续从事经营活动。

三、企业重整

重整是一个完整的法律程序。根据《企业破产法》的规定，企业重整应当按照一定的程序进行。

（一）重整申请

依据《企业破产法》的规定，债务人不能清偿到期债务，并且资产不足以清偿全部债务或者明显缺乏清偿能力的，或者有明显丧失清偿能力可能的，债务人或者债权人可以直接向法院申请对债务人进行重整；债权人申请对债务人进行破产清算的，在法院受理破产申请后、宣告债务人破产前，债务人或者出资额占债务人注册资本1/10以上的出资人，也可以向法院申请重

企业重整

整。法院经审查认为重整申请符合法律规定的，应当裁定债务人重整，并予以公告。

自法院裁定债务人重整之日起至重整程序终止为重整期间。重整期间，又称重整保护期，《企业破产法》设立这一期间的目的是使管理人或者债务人能够在这段法定的保护期内提出重整计划草案，供债权人分组表决通过、法院认可，这一期间为债务人提供了充分的保护。依据《企业破产法》的规定，在重整期间，不仅债权人不能向债务人主张个别清偿，即使是对债务人的特定财产享有的担保权也暂停行使；债务人合法占有的他人财产，该财产的权利人要求取回的，应当符合约定的条件；债务人的出资人不得请求投资收益分配；债务人的董事、监事、高级管理人员未经法院同意不得向第三人转让其持有的债务人的股权。上述规定为管理人或者债务人顺利提出重整计划，促使债务人重整成功提供了良好的外部环境。

（二）重整计划的制订和批准

债务人或者管理人应当自法院裁定债务人重整之日起6个月内，同时向法院和债权人会议提交重整计划草案。债务人或者管理人未按期提出重整计划草案的，法院应当裁定终止重整程序，并宣告债务人破产。为了加强重整成功的可能性，《企业破产法》规定，在重整期间，经债务人申请和法院批准，债务人可以在管理人的监督下自行管理财产和营业事务。债务人自行管理财产和营业事务的，由债务人制订重整计划草案；管理人负责管理财产和营业事务的，由管理人制订重整计划草案。重整计划草案应当包括下列内容：债务人的经营方案、债权分类、债权调整方案、债权受偿方案、重整计划的执行期限、重整计划执行的监督期限、有利于债务人重整的其他方案。

（三）重整计划的执行

法院裁定批准的重整计划对债务人和全体债权人均有约束力，并由债务人负责执行。已接管财产和营业事务的管理人，应当向债务人移交财产和营业事务。但是，在重整计划规定的监督期内，管理人应当监督重整计划的执行，债务人应当向管理人报告重整计划执行情况和财务状况。监督期届满时，管理人应当向法院提交监督报告。

（四）重整程序的终止

重整程序的终止分为正常终止和失败终止两种情况。正常终止，是指重整计划经过债权人会议通过，并经法院批准后，债务人成功执行了重整计划，债务问题得以解决，重整程序终止。失败终止，是指在重整期间，发生下列情形之一的，经管理人或者利害关系人请求，法院裁定终止重整程序，并宣告债务人破产。

（1）债务人的经营状况和财产状况继续恶化，缺乏挽救的可能性。

（2）债务人有欺诈、恶意减少债务人财产或者其他显著不利于债权人的行为。

（3）由于债务人的行为致使管理人无法执行职务。

（4）债务人或者管理人未按期提出重整计划草案。

（5）重整计划草案未获得债权人会议通过，或者已获得债权人会议通过的重整计划未获得法院的批准。

（6）债务人不能执行或者不执行重整计划。

四、债务和解

债务和解也称债务重组，是指在债务人发生财务危机的情况下，债权人按照其与债务人达成的协议或法院的裁定做出让步，使债务人减轻债务

债务和解

负担，渡过难关，从而解决债务人债务问题的行为。通过债务重组，债务人可以推迟债务的偿还期限，减轻债务负担，调节资本结构，从而帮助企业走出困境。

（一）债务和解的方式

1. 以资产清偿债务

债权人和债务人达成协议或者经法院的裁定，由债务人用现金或非现金资产来清偿全部或部分债务。但是，债权人通常都要做出一定程度的让步，如减免部分债务本金或利息等，这样可以缓解债务人的财务压力，有助于债务人摆脱困境，并且债务人可以由此得到债务重组收益。

2. 债权转为股权

经债权人和债务人的协商，债权人将全部或部分债权转作对债务人的股权，对债务人而言，则是将其负债转为股东权益，不再需要偿还。这实际上改变了负债企业的资本结构，也减轻了债务人的债务负担。

3. 修改债务条件

经债权人和债务人的协商，对债务合同的某些条款进行修改，如延长偿还期限、降低利率、减免应付未付利息、减少本金等。这种债务重组方式主要是为了减轻债务人的债务负担，使其尽快摆脱困境。

以上三种债务和解方式可以组合应用，如部分债务以资产来清偿，部分债权转为股权，或者部分债务修改债务条件等。

（二）债务和解的条件

债务和解是解决企业债务问题的一种重要方式，但是并非所有的债务问题都可以通过债务和解方式来解决，进行企业的债务和解是有条件的。一般而言，债务和解必须具备以下条件：

1. 债务人长期不能偿付债务

债务人因经营失败，而导致企业缺乏偿债能力，长期不能偿付债务，并已明确表示不能偿付债务，其债务总额已经大于资产的公允价值。在这种情况下，只能通过破产或债务重组方式来解决债务问题。

2. 债权人和债务人均同意通过债务和解方式解决债务问题

债务和解必须是在债权人和债务人双方一致同意的情况下，经过双方协商来解决问题，其宗旨是使债务人尽快摆脱财务困境，改善债务人的财务状况。只要有一方不同意进行债务和解，债务人就只能进入破产清算程序进行债务清偿。

3. 债务人必须有恢复正常经营的能力，并具有良好的道德信誉

债务人的债务问题必须是由经营失败导致的，不存在故意损害债权人合法利益的资产处置情况。同时，经过债务重组，债务人有能力恢复正常的生产经营活动，能够尽快改善企业的财务状况，并恢复偿债能力。

4. 社会经济环境有利于债务人经整顿后走出困境

进行债务和解的企业，必须是所处行业符合国家的产业政策，并有良好的发展前景，这样经过债务重组之后，企业可以尽快走出困境，摆脱财务危机。

（三）债务和解的程序

1. 提出申请

企业进行债务和解应由债务人向法院提出申请。债权人已经向法院申请债务人破产的，债务人也可以向法院提出债务和解申请。债务人自己申请破产的，如果债权人有债务和解的明确表示，债务人也可以在法院宣告破产前，向法院申请债务和解。债务人在申请债务和解时，应当提出债务和解协议，明确申明进行债务重组的理由，包括企业的经营状况、债务总额、不能偿付债务的理由，以及进行债务重组的必要性和可行性。

2. 签订债务和解协议

债务人提出的债务和解协议草案须经债权人会议表决通过。债权人会议通过和解协议的决议，应由出席会议的有表决权的债权人过半数同意，并且其所代表的债权额占无财产担保债权总额的2/3以上。债权人会议通过和解协议后，应由法院裁定认可，并终止破产程序。经法院裁定认可的和解协议，对债务人和全体和解的债权人均有约束力。债务人应当按照和解协议规定的条件清偿债务。债务和解协议是企业债务重组的核心内容，要体现公平合理原则和可行原则。公平合理原则，是指各项债权要按其原先享有的求偿顺序对待，原来享有优先受偿权的，在协议中也要享有优先权，同等顺序的债权按比例安排偿还。可行原则，是指要有利于债务人恢复经营能力，实现预期的和解目标。

3. 债务和解程序的终止

债务人按照和解协议履行了债务清偿义务，按照和解协议减免的债务，自和解协议执行完毕时起，债务人不再承担清偿责任，债务和解程序顺利终止。债务和解也可能在以下两种情况下终止：一是和解协议草案经债权人会议表决未获得通过，或者经债权人会议通过的和解协议未获得法院认可的，法院应当裁定终止和解程序，并宣告债务人破产；二是债务人不能执行或者不执行和解协议的，法院经和解债权人请求，应当裁定终止和解协议的执行，并宣告债务人破产。

第四节　企业清算

一、企业清算的概念

企业清算

企业清算是企业在终止过程中，为终结现存的各种经济关系，对企业的财产进行清查、估值和变现，清理债权和债务，分配剩余财产的行为。任何企业不论出于何种原因终止，都应当进行清算工作。清算是企业终止阶段的主要工作，企业的经济法律关系只有通过清算才能予以了结。

企业出现以下情形之一的，应当进行清算：

（1）营业期限届满或企业章程规定的解散事由出现。

（2）股东大会决议解散。

（3）因企业合并或分立需要解散。

（4）依法被吊销营业执照、责令关闭或者被撤销。

（5）依法宣告破产。

二、破产清算的程序

（一）提出破产申请

《企业破产法》规定，破产申请可由债务人向法院提出，即自愿破产，也可由债权人向法院提出，即非自愿破产。债务人或债权人向法院提出破产申请，应当提交破产申请书和有关证据。破产申请书应当载明下列事项：申请人、被申请人的基本情况；申请目的；申请的事实和理由；法院认为应当载明的其他事项。

（二）法院受理破产申请

法院接到破产申请后，应当进行受理与否的审查。一般来说，法院应当自收到破产申请之日起15日内裁定是否受理。债权人提出破产申请的，法院应当自收到破产申请之日起5日内通知债务人。债务人对申请有异议的，应当自收到法院的通知之日起7日内向法院提出。法院应当自异议期满之日起10日内裁定是否受理。

（三）指定破产管理人

法院裁定受理破产申请后，应当指定管理人。管理人可以由有关部门、机构的人员组成的清算组或者依法设立的律师事务所、会计师事务所、破产清算事务所等社会中介机构担任，管理人应当勤勉尽责，忠实执行职务。管理人的报酬一般由法院确定。

（四）债权人申报债权

法院受理破产申请后，应当确定债权人申报债权的期限。债权申报期限自法院发布受理破产申请公告之日起计算，最短不得少于30日，最长不得超过3个月。债权人应当在法院确定的债权申报期限内向管理人申报债权。管理人收到债权申报材料后，应当登记造册，对申报的债权进行审查，并编制债权表。

（五）召开债权人会议，选举债权人委员会

债权人会议是由依法申报债权的所有债权人组成的，决定债务人在破产期间的重大事项。第一次债权人会议由法院召集，自债权申报期限届满之日起15日内召开。

债权人会议的决议，由出席会议的有表决权的债权人过半数通过，并且其所代表的债权额占无财产担保债权总额的1/2以上。

债权人会议可以决定设立债权人委员会。债权人委员会由债权人会议选任的债权人代表和一名债务人的职工代表或者工会代表组成。债权人委员会行使下列职权：（1）监督债务人财产的管理和处分；（2）监督破产财产的分配；（3）提议召开债权人会议；（4）债权人会议委托的其他职权。

（六）法院宣告债务人破产

法院对债务人的破产申请进行审理，对符合破产条件的企业下发破产宣告裁定书，正式宣告债务人破产。法院宣告债务人破产后，应当自裁定做出之日起5日内送达债务人和管理人，自裁定做出之日起10日内通知已知债权人，并予以公告。债务人被宣告破产后，债务人称为“破产人”，债务人财产称为“破产财产”，法院受理破产申请时对债务人享有的债权称为“破产债权”。

（七）处置破产财产

管理人负责处置破产企业的财产。管理人在法院宣告债务人破产后，应当接管破产企业，开展清产核资、资产评估等工作，对破产财产和破产债权进行认定，清理、回收、管理、处分破产企业财产，代表破产企业参加诉讼和仲裁活动。在必要的情况下，管理人可以组织破产企业继续进行生产经营活动。管理人应当及时拟订破产财产变价方案，提交债权人会议表决。破产财产变价方案经债权人会议表决通过或者法院裁定后，管理人应当适时变价出售破产财产。

（八）分配破产财产

破产财产变价处置后，管理人应当及时拟订破产财产分配方案，并提交债权人会议表决。债权人会议通过破产财产分配方案后，由管理人将该方案提请法院裁定认可后，由管理人执行。

（九）终结破产程序

管理人完成最后的破产财产分配后，应当及时向法院提交破产财产分配报告，并提请法院裁定终结破产程序。法院应当自收到管理人终结破产程序的请求之日起15日内做出是否终结破产程序的裁定。裁定终结的，应当予以公告。管理人应当自破产程序终结之日起10日内，持法院终结破产程序的裁定，向破产人的原登记机关办理注销登记。

三、破产财产的界定

破产财产，是指依法在破产宣告后，可依破产程序进行清算和分配的破产企业的全部财产。破产财产的构成条件是：第一，必须是破产企业法人可以独立分配的财产；第二，必须是在破产程序终结前属于破产企业的财产；第三，必须是依照破产程序可以强制清偿的债务人的财产。根据《企业破产法》的规定，破产财产由下列财产构成：

（1）宣告破产时企业经营管理的全部财产。

（2）破产企业在宣告破产后至破产程序终结前所取得的财产。

（3）应当由破产企业行使的其他财产权利，如专利权、著作权等。

（4）担保物的价款超过其所担保的债务数额的，超过部分属于破产财产。

（5）在法院受理破产案件前6个月至破产宣告之日的期间内，破产企业隐匿、私分、无偿转让、非法出售的财产，经追回后属于破产财产。

（6）破产企业与其他单位联营时所投入的财产和应得的收益，属于破产财产。

破产财产确定后，一般都要变卖为货币资金，以便清偿债务。财产变现可分为单项资产变现和“一揽子”变现。破产财产应采用公开拍卖的方式出售，对破产财产中的整套设备或生产线，应尽量整体出售，确定无法整体出售的，方可分散出售。

四、破产债权的界定与确认

破产债权可分为优先破产债权和普通破产债权。对破产人的特定财产享有担保权的权利人，对该特定财产享有优先受偿的权利，该部分债权为优先破产债权。

普通破产债权是在破产宣告前成立的，对破产人发生的，依法在规定的申报期内申报确认的，并且只能通过破产程序在破产财产中得到公平清偿的债权。在界定和确认普通破产债权时，应遵循以下标准：

（1）破产宣告前成立的无财产担保的债权，以及放弃优先受偿权的有财产担保的债权为普通破产债权。

（2）破产宣告前未到期的债权视为已到期债权，但应当减去未到期利息。

（3）破产宣告前成立的有财产担保的债权，债权人有就该担保品优先受偿的权利，这部分不能构成普通破产债权。但是，有财产担保的债权，其数额超过担保品价款的，未受偿部分应作为普通破产债权。

（4）债权人对破产企业负有债务的，其债权可在破产清算前抵销，抵销部分不能作为破产债权。

（5）破产企业未履行合同的对方当事人，因管理人解除合同受到损害的，以损害赔偿额作为普通破产债权。

（6）为破产企业债务提供保证者，因代替破产企业清偿债务所形成的担保债权为普通破产债权。

（7）债务人是委托合同的委托人，受托人不知债务人被法院裁定破产的事实，继续处理委托事务的，受托人由此产生的债权为普通破产债权。

（8）债务人是票据的出票人，在债务人被法院裁定破产后，该票据的付款人继续付款或者承兑的，付款人由此产生的债权为普通破产债权。

此外，根据法律规定，破产企业所欠职工的工资和医疗、伤残补助、抚恤费用，所欠的应当划入职工个人账户的基本养老保险、基本医疗保险费用，以及法律、行政法规规定应当支付给职工的补偿金、欠缴国家的税款等债权，一般不列为普通破产债权，可以优先于普通破产债权得到清偿。破产宣告以后的利息和债权人为其利益参加破产程序的费用，如债权人申报债权的费用、参加债权人会议的差旅费等，均不能构成破产债权，不能从破产债权中清偿。

在法院确定的债权申报期限内，债权人未申报债权的，可以在破产财产最后分配前补充申报。但是，此前已进行的分配，不再对其补充分配。为审查和确认补充申报债权的费用，由补充申报人承担。

五、破产费用和共益债务

破产费用，是指在破产案件中为破产债权人的共同利益而支出的费用。法院受理破产申请后发生的下列费用为破产费用：破产案件的诉讼费用；管理、变价和分配债务人财产的费用；管理人执行职务的费用、报酬和聘用工作人员的费用。

共益债务，是指在破产程序中为全体债权人共同利益所负担的各种债务的总称。法院受理破产申请后发生的下列债务为共益债务：

（1）因管理人或者债务人请求对方当事人履行双方均未履行完毕的合同所产生的债务。

（2）债务人财产受无因管理所产生的债务。

（3）因债务人不当得利所产生的债务。

（4）为债务人继续营业而应支付的劳动报酬和社会保险费用以及由此产生的其他债务。

（5）管理人或者相关人员执行职务致人损害所产生的债务。

（6）债务人财产致人损害所产生的债务。

破产费用和共益债务由债务人财产随时清偿。债务人财产不足以清偿所有破产费用和共益债务的，先行清偿破产费用。债务人财产不足以清偿所有破产费用或者共益债务的，按照比例清偿。债务人财产不足以清偿破产费用的，管理人应当提请法院终结破产程序。法院应当自收到请求之日起15日内裁定终结破产程序，并予以公告。

六、破产财产的分配

当破产财产全部确认和拍卖，破产债权全部被界定和确认，破产费用和共益债务总额计算出来后，管理人便可提出分配方案。这一方案要由债权人会议通过，经法院裁定后执行。根据《企业破产法》的规定，破产财产在优先清偿破产费用和共益债务后，依照下列顺序清偿：

（1）破产人所欠职工的工资和医疗、伤残补助、抚恤费用，所欠的应当划入职工个人账户的基本养老保险、基本医疗保险费用，以及法律、行政法规规定应当支付给职工的补偿金。

（2）破产人欠缴的除前项规定以外的社会保险费用和破产人所欠税款。

（3）普通破产债权。

在破产财产清偿时，前一顺序的债权得到全额偿还之前，后一顺序的债权不予清偿。破产财产不足以清偿同一顺序求偿权的，应当按照比例进行分配。

【课程思政要点】

法治是最好的营商环境。党的十八大以来，党中央、国务院深入推进简政放权、放管结合、优化服务，持续改善营商环境。修改《公司法》，为方便公司设立、退出提供制度保障，为便利公司融资投资、优化治理机制提供更为丰富的制度性选择，降低公司运行成本，是推动打造市场化、法治化、国际化营商环境，更好激发市场创新动能和活力的客观需要。党的十九大把“两个毫不动摇”写入新时代坚持和发展中国特色社会主义的基本方略。修改《公司法》，健全以企业组织形式和出资人承担责任方式为主的市场主体法律制度，规范公司的组织和行为，完善公司设立、运营、退出各环节相关当事人的责任，切实维护公司、股东、债权人的合法权益，是完善产权保护制度、加强产权平等保护的重要内容。

【复习思考】

1.对不同重组模式的优缺点进行比较。

2.上市公司进行资产重组有什么意义？

3.什么是债务重组？引起债务重组的原因有哪些？

4.简述企业清算程序。

5.简述并购和重组的区别。

【练习题】

一、单项选择题

1.下列关于破产债权确认的说法中，错误的是（　　）。

A.管理人、债务人、债权人对债权表记载的债权有异议的，可以向受理破产申请的人民法院提起诉讼

B.债权表由人民法院裁定确认，其确认具有与生效判决同等的法律效力

C.人民法院裁定异议债权列入债权表的，异议人可以债务人为被告提起债权确认诉讼

D.凡经发生法律效力的法律文书所确定的债权，原则上不再审查确认，应直接列入债权确认书

2.关于《企业破产法》的相关规定，下列说法中不正确的是（　　）。

A.《企业破产法》的立法宗旨是公平清理债权债务，保护债权人和债务人的合法权益

B.破产企业职工的救济安置也是《企业破产法》的调整范围

C.《企业破产法》的主体适用范围是所有的企业法人

D.合伙企业的清算可以参照《企业破产法》

3.根据《企业破产法》的规定，下列不可以参加重整计划草案表决的债权人是（　　）。

A.对债务人的特定财产享有担保权的债权人

B.债务人所欠工资的债权人

C.债务人所欠应划入职工个人账户的基本养老保险

D.债务人所欠缴的应纳入社会统筹账户的社会保险费用

4.甲公司的债权人向人民法院申请破产清算，下列情形中符合规定的是（　　）。

A.甲公司主张对其债务负有连带责任的乙公司并未丧失清偿能力，甲公司不具备破产原因

B.甲公司主张所欠的债务尚未到期，甲公司不具备破产原因

C.甲公司主张虽然公司长期亏损且经营扭亏困难，无法清偿债务，但是公司账面资产大于负债，不属于明显缺乏清偿能力

D.甲公司主张虽然经人民法院强制执行，无法清偿债务，但是公司账面资产大于负债，不属于明显缺乏清偿能力

5.根据《企业破产法》的规定，下列关于债权人委员会的表述中正确的是（　　）。

A.债权人会议可以决定设置债权人委员会

B.债权人委员会的成员人数最多不得超过7人

C.债权人委员会中的债权人代表由人民法院指定

D.债权人委员会中应当有1名债务人企业的职工代表或者工会代表

6.根据《企业破产法》的规定，关于破产案件受理后、破产宣告前的程序转换，下列表述中正确的是（　　）。

A.如为债务人申请破产清算的案件，债权人可以申请和解

B.如为债权人申请债务人破产清算的案件，债务人可以申请重整

C.如为债权人申请债务人重整的案件，债务人可以申请破产清算

D.如为债权人申请债务人破产清算的案件，债务人的出资人可以申请和解

7.公司解散逾期不成立清算组进行清算，且债权人未提出清算申请的，根据《公司法》的规定，相关人员可以申请人民法院指定清算组对公司进行清算。下列各项中，属于该相关人员的是（　　）。

A.公司股东　　B.公司董事　　C.公司监事　　D.公司经理

8.甲公司经营不善，进行破产清算，以下说法中正确的是（　　）。

A.公司财产应当优先向优先股股东支付未派发的股息

B.公司财产在按照《公司法》和《企业破产法》的有关规定进行清偿后的剩余财产，优先股股东优先于普通股股东受偿

C.不足以支付的优先股股息和清算金额由优先股股东按人数平均分配

D.以上都不正确

9.根据《企业破产法》的规定，债务人财产在破产宣告后称为（　　）。

A.债权人财产 B.破产财产 C.管理人财产 D.担保人财产

10.根据我国税法的规定，并购亏损企业可以取得（ ）的财务效应。

A.税收返还 B.节约所得税 C.免征所得税 D.免缴印花税

二、多项选择题

1.关于破产财产的分配，下列说法中正确的有（ ）。

A.管理人拟订的破产财产分配方案，首先应当提交债权人会议讨论

B.破产财产分配方案经债权人会议认可后，由管理人执行

C.对于附生效条件或者解除条件的债权，管理人应当将其分配额提存

D.债权人未受领的破产财产分配额，视为放弃受领分配的权利，应当分配给其他债权人

2.关于和解的申请，下列说法中正确的有（ ）。

A.债务人不能直接向法院申请和解

B.债务人可以直接向法院申请和解

C.债务人可以在人民法院受理破产申请后、宣告债务人破产前向法院申请和解

D.债务人在人民法院受理破产申请后不能向法院申请和解

3.公司解散时，应当依法成立清算组。根据《公司法》的规定，下列有关公司解散、清算组成立及其职权的表述中正确的有（ ）。

A.由有限责任公司股东会议决议解散的，应当在15日内成立由董事组成的清算组

B.在债权申报期间，清算组不得对债权人进行清偿

C.清算组有权处理公司清偿债务后的剩余财产

D.公司解散时，股东尚未缴纳的出资额均应作为清算财产

4.根据《公司法》的规定，持有有限责任公司全部股东表决权10%以上的股东，在发生某些法定事由时，可以提起解散公司的诉讼，人民法院应予以受理。下列各项中，属于该法定事由的有（ ）。

A.公司持续2年以上无法召开股东会，公司经营管理发生严重困难的

B.股东表决时无法达到法定比例，持续2年以上不能做出有效股东会决议，公司经营管理发生严重困难的

C.公司严重侵害股东知情权，股东会无法解决的

D.公司严重侵害股东利润分配请求权，股东利益遭受重大损失的

5.根据《企业破产法》的规定，下列关于破产清算、重整与和解的表述中正确的有（ ）。

A.债务人一旦被宣告破产，则不可能再进入重整或者和解程序

B.债权人申请对债务人进行破产清算的，在人民法院受理破产申请后、宣告债务人破产前，只有债务人才能提出和解申请

C.即使债务人未出现现实的资不抵债情形，也可以申请重整程序

D.重整是破产案件的必经程序

三、判断题

1.根据《企业破产法》的规定，债务人财产在破产宣告后称为“破产财产”。（ ）

2.人民法院受理破产申请后发生的破产案件的诉讼费用，属于共益债务。（ ）

3.《企业破产法》的主体适用范围是所有的企业法人。（ ）

4.为债务人继续营业而应支付的劳动报酬和社会保险费用，属于破产费用。（　）

5.人民法院依照《企业破产法》的规定，宣告债务人破产的，应当自裁定做出之日起5日内送达债务人和管理人，自裁定做出之日起10日内通知已知债权人，并予以公告。（　）

6.在破产财产清偿时，前一顺序的债权得到全额偿还之前，后一顺序的债权可以清偿。（　）

7.破产财产变价处置后，管理人应当及时拟订破产财产分配方案，并提交债权人会议表决。（　）

8.在法院确定的债权申报期限内，债权人未申报债权的，不可以在破产财产最后分配前补充申报。（　）

9.清算是企业终止阶段的主要工作，企业的经济法律关系只有通过清算才能予以了结。（　）

10.债权人会议通过和解协议的决议，应由出席会议的有表决权的债权人过半数同意，并且其所代表的债权额占无财产担保债权总额的1/3以上。（　）

参考文献

[1] 王化成，刘俊彦，荆新. 财务管理学［M］. 9版. 北京：中国人民大学出版社，2021.

[2] 宏章教育会计考试研究院. 中级财务管理［M］. 北京：中国财政经济出版社，2018.

[3] 张玉英. 财务管理［M］. 6版. 北京：高等教育出版社，2019.

[4] 贾国军. 财务管理学［M］. 北京：中国人民大学出版社，2014.

[5] 陈国欣. 财务管理学［M］. 2版. 天津：南开大学出版社，2018.

[6] 王化成，佟岩. 财务管理［M］. 6版. 北京：中国人民大学出版社，2020.

[7] 王化成，刘俊彦，荆新. 财务管理学学习指导书［M］. 9版. 北京：中国人民大学出版社，2021.

[8] 曹剑峰. 财务管理［M］. 北京：经济科学出版社，2018.

[9] 周兵，蒋葵. 财务管理［M］. 北京：科学出版社，2018.

[10] 希金斯，科斯基，米顿. 财务管理分析［M］. 沈艺峰，肖珉，薛胜昔，等译. 12版. 北京：北京大学出版社，2022.

[11] 郭永清. 财务报表分析与股票估值［M］. 2版. 北京：机械工业出版社，2021.

[12] 布里格姆，埃哈特. 财务管理：理论与实践［M］. 毛薇，王引，等译. 14版. 北京：清华大学出版社，2018.

[13] 财政部会计资格评价中心. 财务管理［M］. 北京：经济科学出版社，2022.

附　录

附表一

复利终值系数表

n	1%	2%	3%	4%	5%	6%	7%	8%	9%	10%	11%	12%	13%	14%	15%
1	1.0100	1.0200	1.0300	1.0400	1.0500	1.0600	1.0700	1.0800	1.0900	1.1000	1.1100	1.1200	1.1300	1.1400	1.1500
2	1.0201	1.0404	1.0609	1.0816	1.1025	1.1236	1.1449	1.1664	1.1881	1.2100	1.2321	1.2544	1.2769	1.2996	1.3225
3	1.0303	1.0612	1.0927	1.1249	1.1576	1.1910	1.2250	1.2597	1.2950	1.3310	1.3676	1.4049	1.4429	1.4815	1.5209
4	1.0406	1.0824	1.1255	1.1699	1.2155	1.2625	1.3108	1.3605	1.4116	1.4641	1.5181	1.5735	1.6305	1.6890	1.7490
5	1.0510	1.1041	1.1593	1.2167	1.2763	1.3382	1.4026	1.4693	1.5386	1.6105	1.6851	1.7623	1.8424	1.9254	2.0114
6	1.0615	1.1262	1.1941	1.2653	1.3401	1.4185	1.5007	1.5869	1.6771	1.7716	1.8704	1.9738	2.0820	2.1950	2.3131
7	1.0721	1.1487	1.2299	1.3159	1.4071	1.5036	1.6058	1.7138	1.8280	1.9487	2.0762	2.2107	2.3526	2.5023	2.6600
8	1.0829	1.1717	1.2668	1.3686	1.4775	1.5938	1.7182	1.8509	1.9926	2.1436	2.3045	2.4760	2.6584	2.8526	3.0590
9	1.0937	1.1951	1.3048	1.4233	1.5513	1.6895	1.8385	1.9990	2.1719	2.3579	2.5580	2.7731	3.0040	3.2519	3.5179
10	1.1046	1.2190	1.3439	1.4802	1.6289	1.7908	1.9672	2.1589	2.3674	2.5937	2.8394	3.1058	3.3946	3.7072	4.0456
11	1.1157	1.2434	1.3842	1.5395	1.7103	1.8983	2.1049	2.3316	2.5804	2.8531	3.1518	3.4786	3.8359	4.2262	4.6524
12	1.1268	1.2682	1.4258	1.6010	1.7959	2.0122	2.2522	2.5182	2.8127	3.1384	3.4985	3.8960	4.3345	4.8179	5.3503
13	1.1381	1.2936	1.4685	1.6651	1.8856	2.1329	2.4098	2.7196	3.0658	3.4523	3.8833	4.3635	4.8980	5.4924	6.1528
14	1.1495	1.3195	1.5126	1.7317	1.9799	2.2609	2.5785	2.9372	3.3417	3.7975	4.3104	4.8871	5.5348	6.2613	7.0757
15	1.1610	1.3459	1.5580	1.8009	2.0789	2.3966	2.7590	3.1722	3.6425	4.1772	4.7846	5.4736	6.2543	7.1379	8.1371
16	1.1726	1.3728	1.6047	1.8730	2.1829	2.5404	2.9522	3.4259	3.9703	4.5950	5.3109	6.1304	7.0673	8.1372	9.3576
17	1.1843	1.4002	1.6528	1.9479	2.2920	2.6928	3.1588	3.7000	4.3276	5.0545	5.8951	6.8660	7.9861	9.2765	10.7613
18	1.1961	1.4282	1.7024	2.0258	2.4066	2.8543	3.3799	3.9960	4.7171	5.5599	6.5436	7.6900	9.0243	10.5752	12.3755
19	1.2081	1.4568	1.7535	2.1068	2.5270	3.0256	3.6165	4.3157	5.1417	6.1159	7.2633	8.6128	10.1974	12.0557	14.2318
20	1.2202	1.4859	1.8061	2.1911	2.6533	3.2071	3.8697	4.6610	5.6044	6.7275	8.0623	9.6463	11.5231	13.7435	16.3665
21	1.2324	1.5157	1.8603	2.2788	2.7860	3.3996	4.1406	5.0338	6.1088	7.4002	8.9492	10.8038	13.0211	15.6676	18.8215
22	1.2447	1.5460	1.9161	2.3699	2.9253	3.6035	4.4304	5.4365	6.6586	8.1403	9.9336	12.1003	14.7138	17.8610	21.6447
23	1.2572	1.5769	1.9736	2.4647	3.0715	3.8197	4.7405	5.8715	7.2579	8.9543	11.0263	13.5523	16.6266	20.3616	24.8915
24	1.2697	1.6084	2.0328	2.5633	3.2251	4.0489	5.0724	6.3412	7.9111	9.8497	12.2392	15.1786	18.7881	23.2122	28.6252
25	1.2824	1.6406	2.0938	2.6658	3.3864	4.2919	5.4274	6.8485	8.6231	10.8347	13.5855	17.0001	21.2305	26.4619	32.9190
26	1.2953	1.6734	2.1566	2.7725	3.5557	4.5494	5.8074	7.3964	9.3992	11.9182	15.0799	19.0401	23.9905	30.1666	37.8568
27	1.3082	1.7069	2.2213	2.8834	3.7335	4.8223	6.2139	7.9881	10.2451	13.1100	16.7387	21.3249	27.1093	34.3899	43.5353
28	1.3213	1.7410	2.2879	2.9987	3.9201	5.1117	6.6488	8.6271	11.1671	14.4210	18.5799	23.8839	30.6335	39.2045	50.0656
29	1.3345	1.7758	2.3566	3.1187	4.1161	5.4184	7.1143	9.3173	12.1722	15.8631	20.6237	26.7499	34.6158	44.6931	57.5755
30	1.3478	1.8114	2.4273	3.2434	4.3219	5.7435	7.6123	10.0627	13.2677	17.4494	22.8923	29.9599	39.1159	50.9502	66.2118

续表

n	16%	17%	18%	19%	20%	21%	22%	23%	24%	25%	26%	27%	28%	29%	30%
1	1.1600	1.1700	1.1800	1.1900	1.2000	1.2100	1.2200	1.2300	1.2400	1.2500	1.2600	1.2700	1.2800	1.2900	1.3000
2	1.3456	1.3689	1.3924	1.4161	1.4400	1.4641	1.4884	1.5129	1.5376	1.5625	1.5876	1.6129	1.6384	1.6641	1.6900
3	1.5609	1.6016	1.6430	1.6852	1.7280	1.7716	1.8158	1.8609	1.9066	1.9531	2.0004	2.0484	2.0972	2.1467	2.1970
4	1.8106	1.8739	1.9388	2.0053	2.0736	2.1436	2.2153	2.2889	2.3642	2.4414	2.5205	2.6014	2.6844	2.7692	2.8561
5	2.1003	2.1924	2.2878	2.3864	2.4883	2.5937	2.7027	2.8153	2.9316	3.0518	3.1758	3.3038	3.4360	3.5723	3.7129
6	2.4364	2.5652	2.6996	2.8398	2.9860	3.1384	3.2973	3.4628	3.6352	3.8147	4.0015	4.1959	4.3980	4.6083	4.8268
7	2.8262	3.0012	3.1855	3.3793	3.5832	3.7975	4.0227	4.2593	4.5077	4.7684	5.0419	5.3288	5.6295	5.9447	6.2749
8	3.2784	3.5115	3.7589	4.0214	4.2998	4.5950	4.9077	5.2389	5.5895	5.9605	6.3528	6.7675	7.2058	7.6686	8.1573
9	3.8030	4.1084	4.4355	4.7854	5.1598	5.5599	5.9874	6.4439	6.9310	7.4506	8.0045	8.5948	9.2234	9.8925	10.6045
10	4.4114	4.8068	5.2338	5.6947	6.1917	6.7275	7.3046	7.9259	8.5944	9.3132	10.0857	10.9153	11.8059	12.7614	13.7858
11	5.1173	5.6240	6.1759	6.7767	7.4301	8.1403	8.9117	9.7489	10.6571	11.6415	12.7080	13.8625	15.1116	16.4622	17.9216
12	5.9360	6.5801	7.2876	8.0642	8.9161	9.8497	10.8722	11.9912	13.2148	14.5519	16.0120	17.6053	19.3428	21.2362	23.2981
13	6.8858	7.6987	8.5994	9.5964	10.6993	11.9182	13.2641	14.7491	16.3863	18.1899	20.1752	22.3588	24.7588	27.3947	30.2875
14	7.9875	9.0075	10.1472	11.4198	12.8392	14.4210	16.1822	18.1414	20.3191	22.7374	25.4207	28.3957	31.6913	35.3391	39.3738
15	9.2655	10.5387	11.9737	13.5895	15.4070	17.4494	19.7423	22.3140	25.1956	28.4217	32.0301	36.0625	40.5648	45.5875	51.1859
16	10.7480	12.3303	14.1290	16.1715	18.4884	21.1138	24.0856	27.4462	31.2426	35.5271	40.3579	45.7994	51.9230	58.8079	66.5417
17	12.4677	14.4265	16.6722	19.2441	22.1861	25.5477	29.3844	33.7588	38.7408	44.4089	50.8510	58.1652	66.4614	75.8621	86.5042
18	14.4625	16.8790	19.6733	22.9005	26.6233	30.9127	35.8490	41.5233	48.0386	55.5112	64.0722	73.8698	85.0706	97.8622	112.4554
19	16.7765	19.7484	23.2144	27.2516	31.9480	37.4043	43.7358	51.0737	59.5679	69.3889	80.7310	93.8147	108.8904	126.2422	146.1920
20	19.4608	23.1056	27.3930	32.4294	38.3376	45.2593	53.3576	62.8206	73.8641	86.7362	101.7211	119.1446	139.3797	162.8524	190.0496
21	22.5745	27.0336	32.3238	38.5910	46.0051	54.7637	65.0963	77.2694	91.5915	108.4202	128.1685	151.3137	178.4060	210.0796	247.0645
22	26.1864	31.6293	38.1421	45.9233	55.2061	66.2641	79.4175	95.0413	113.5735	135.5253	161.4924	192.1683	228.3596	271.0027	321.1839
23	30.3762	37.0062	45.0076	54.6487	66.2474	80.1795	96.8894	116.9008	140.8312	169.4066	203.4804	244.0538	292.3003	349.5935	417.5391
24	35.2364	43.2973	53.1090	65.0320	79.4968	97.0172	118.2050	143.7880	174.6306	211.7582	256.3853	309.9483	374.1444	450.9756	542.8008
25	40.8742	50.6578	62.6686	77.3881	95.3962	117.3909	144.2101	176.8593	216.5420	264.6978	323.0454	393.6344	478.9049	581.7585	705.6410
26	47.4141	59.2697	73.9490	92.0918	114.4755	142.0429	175.9364	217.5369	268.5121	330.8722	407.0373	499.9157	612.9982	750.4685	917.3333
27	55.0004	69.3455	87.2598	109.5893	137.3706	171.8719	214.6424	267.5704	332.9550	413.5903	512.8670	634.8929	784.6377	968.1044	1 192.5333
28	63.8004	81.1342	102.9666	130.4112	164.8447	207.9651	261.8637	329.1115	412.8642	516.9879	646.2124	806.3140	1 004.3363	1 248.8546	1 550.2933
29	74.0085	94.9271	121.5005	155.1893	197.8136	251.6377	319.4737	404.8072	511.9516	646.2349	814.2276	1 024.0187	1 285.5504	1 611.0225	2 015.3813
30	85.8499	111.0647	143.3706	184.6753	237.3763	304.4816	389.7579	497.9129	634.8199	807.7936	1 025.9267	1 300.5038	1 645.5046	2 078.2190	2 619.9956

附表二

复利现值系数表

n	1%	2%	3%	4%	5%	6%	7%	8%	9%	10%	11%	12%	13%	14%	15%
1	0.9901	0.9804	0.9709	0.9615	0.9524	0.9434	0.9346	0.9259	0.9174	0.9091	0.9009	0.8929	0.8850	0.8772	0.8696
2	0.9803	0.9612	0.9426	0.9246	0.9070	0.8900	0.8734	0.8573	0.8417	0.8264	0.8116	0.7972	0.7831	0.7695	0.7561
3	0.9706	0.9423	0.9151	0.8890	0.8638	0.8396	0.8163	0.7938	0.7722	0.7513	0.7312	0.7118	0.6931	0.675	0.6575
4	0.9610	0.9238	0.8885	0.8548	0.8227	0.7921	0.7629	0.7350	0.7084	0.6830	0.6587	0.6355	0.6133	0.5921	0.5718
5	0.9515	0.9057	0.8626	0.8219	0.7835	0.7473	0.7130	0.6806	0.6499	0.6209	0.5935	0.5674	0.5428	0.5194	0.4972
6	0.9420	0.8880	0.8375	0.7903	0.7462	0.7050	0.6663	0.6302	0.5963	0.5645	0.5346	0.5066	0.4803	0.4556	0.4323
7	0.9327	0.8706	0.8131	0.7599	0.7107	0.6651	0.6227	0.5835	0.5470	0.5132	0.4817	0.4523	0.4251	0.3996	0.3759
8	0.9235	0.8535	0.7894	0.7307	0.6768	0.6274	0.5820	0.5403	0.5019	0.4665	0.4339	0.4039	0.3762	0.3506	0.3269
9	0.9143	0.8368	0.7664	0.7026	0.6446	0.5919	0.5439	0.5002	0.4604	0.4241	0.3909	0.3606	0.3329	0.3075	0.2843
10	0.9053	0.8203	0.7441	0.6756	0.6139	0.5584	0.5083	0.4632	0.4224	0.3855	0.3522	0.3220	0.2946	0.2697	0.2472
11	0.8963	0.8043	0.7224	0.6496	0.5847	0.5268	0.4751	0.4289	0.3875	0.3505	0.3173	0.2875	0.2607	0.2366	0.2149
12	0.8874	0.7885	0.7014	0.6246	0.5568	0.4970	0.4440	0.3971	0.3555	0.3186	0.2858	0.2567	0.2307	0.2076	0.1869
13	0.8787	0.7730	0.6810	0.6006	0.5303	0.4688	0.4150	0.3677	0.3262	0.2897	0.2575	0.2292	0.2042	0.1821	0.1625
14	0.8700	0.7579	0.6611	0.5775	0.5051	0.4423	0.3878	0.3405	0.2992	0.2633	0.2320	0.2046	0.1807	0.1597	0.1413
15	0.8613	0.7430	0.6419	0.5553	0.4810	0.4173	0.3624	0.3152	0.2745	0.2394	0.2090	0.1827	0.1599	0.1401	0.1229
16	0.8528	0.7284	0.6232	0.5339	0.4581	0.3936	0.3387	0.2919	0.2519	0.2176	0.1883	0.1631	0.1415	0.1229	0.1069
17	0.8444	0.7142	0.6050	0.5134	0.4363	0.3714	0.3166	0.2703	0.2311	0.1978	0.1696	0.1456	0.1252	0.1078	0.0929
18	0.8360	0.7002	0.5874	0.4936	0.4155	0.3503	0.2959	0.2502	0.2120	0.1799	0.1528	0.1300	0.1108	0.0946	0.0808
19	0.8277	0.6864	0.5703	0.4746	0.3957	0.3305	0.2765	0.2317	0.1945	0.1635	0.1377	0.1161	0.0981	0.0829	0.0703
20	0.8195	0.6730	0.5537	0.4564	0.3769	0.3118	0.2584	0.2145	0.1784	0.1486	0.1240	0.1037	0.0868	0.0728	0.0611
21	0.8114	0.6598	0.5375	0.4388	0.3589	0.2942	0.2415	0.1987	0.1637	0.1351	0.1117	0.0926	0.0768	0.0638	0.0531
22	0.8034	0.6468	0.5219	0.4220	0.3418	0.2775	0.2257	0.1839	0.1502	0.1228	0.1007	0.0826	0.0680	0.0560	0.0462
23	0.7954	0.6342	0.5067	0.4057	0.3256	0.2618	0.2109	0.1703	0.1378	0.1117	0.0907	0.0738	0.0601	0.0491	0.0402
24	0.7876	0.6217	0.4919	0.3901	0.3101	0.2470	0.1971	0.1577	0.1264	0.1015	0.0817	0.0659	0.0532	0.0431	0.0349
25	0.7798	0.6095	0.4776	0.3751	0.2953	0.2330	0.1842	0.1460	0.1160	0.0923	0.0736	0.0588	0.0471	0.0378	0.0304
26	0.7720	0.5976	0.4637	0.3607	0.2812	0.2198	0.1722	0.1352	0.1064	0.0839	0.0663	0.0525	0.0417	0.0331	0.0264
27	0.7644	0.5859	0.4502	0.3468	0.2678	0.2074	0.1609	0.1252	0.0976	0.0763	0.0597	0.0469	0.0369	0.0291	0.0230
28	0.7568	0.5744	0.4371	0.3335	0.2551	0.1956	0.1504	0.1159	0.0895	0.0693	0.0538	0.0419	0.0326	0.0255	0.0200
29	0.7493	0.5631	0.4243	0.3207	0.2429	0.1846	0.1406	0.1073	0.0822	0.0630	0.0485	0.0374	0.0289	0.0224	0.0174
30	0.7419	0.5521	0.4120	0.3083	0.2314	0.1741	0.1314	0.0994	0.0754	0.0573	0.0437	0.0334	0.0256	0.0196	0.0151

续表

n	16%	17%	18%	19%	20%	21%	22%	23%	24%	25%	26%	27%	28%	29%	30%
1	0.8621	0.8547	0.8475	0.8403	0.8333	0.8264	0.8197	0.8130	0.8065	0.8000	0.7937	0.7874	0.7813	0.7752	0.7692
2	0.7432	0.7305	0.7182	0.7062	0.6944	0.683	0.6719	0.6610	0.6504	0.6400	0.6299	0.6200	0.6104	0.6009	0.5917
3	0.6407	0.6244	0.6086	0.5934	0.5787	0.5645	0.5507	0.5374	0.5245	0.5120	0.4999	0.4882	0.4768	0.4658	0.4552
4	0.5523	0.5337	0.5158	0.4987	0.4823	0.4665	0.4514	0.4369	0.4230	0.4096	0.3968	0.3844	0.3725	0.3611	0.3501
5	0.4761	0.4561	0.4371	0.4190	0.4019	0.3855	0.3700	0.3552	0.3411	0.3277	0.3149	0.3027	0.2910	0.2799	0.2693
6	0.4104	0.3898	0.3704	0.3521	0.3349	0.3186	0.3033	0.2888	0.2751	0.2621	0.2499	0.2383	0.2274	0.2170	0.2072
7	0.3538	0.3332	0.3139	0.2959	0.2791	0.2633	0.2486	0.2348	0.2218	0.2097	0.1983	0.1877	0.1776	0.1682	0.1594
8	0.3050	0.2848	0.2660	0.2487	0.2326	0.2176	0.2038	0.1909	0.1789	0.1678	0.1574	0.1478	0.1388	0.1304	0.1226
9	0.2630	0.2434	0.2255	0.2090	0.1938	0.1799	0.1670	0.1552	0.1443	0.1342	0.1249	0.1164	0.1084	0.1011	0.0943
10	0.2267	0.2080	0.1911	0.1756	0.1615	0.1486	0.1369	0.1262	0.1164	0.1074	0.0992	0.0916	0.0847	0.0784	0.0725
11	0.1954	0.1778	0.1619	0.1476	0.1346	0.1228	0.1122	0.1026	0.0938	0.0859	0.0787	0.0721	0.0662	0.0607	0.0558
12	0.1685	0.1520	0.1372	0.1240	0.1122	0.1015	0.0920	0.0834	0.0757	0.0687	0.0625	0.0568	0.0517	0.0471	0.0429
13	0.1452	0.1299	0.1163	0.1042	0.0935	0.0839	0.0754	0.0678	0.0610	0.0550	0.0496	0.0447	0.0404	0.0365	0.0330
14	0.1252	0.1110	0.0985	0.0876	0.0779	0.0693	0.0618	0.0551	0.0492	0.0440	0.0393	0.0352	0.0316	0.0283	0.0254
15	0.1079	0.0949	0.0835	0.0736	0.0649	0.0573	0.0507	0.0448	0.0397	0.0352	0.0312	0.0277	0.0247	0.0219	0.0195
16	0.0930	0.0811	0.0708	0.0618	0.0541	0.0474	0.0415	0.0364	0.0320	0.0281	0.0248	0.0218	0.0193	0.0170	0.0150
17	0.0802	0.0693	0.0600	0.0520	0.0451	0.0391	0.0340	0.0296	0.0258	0.0225	0.0197	0.0172	0.0150	0.0132	0.0116
18	0.0691	0.0592	0.0508	0.0437	0.0376	0.0323	0.0279	0.0241	0.0208	0.0180	0.0156	0.0135	0.0118	0.0102	0.0089
19	0.0596	0.0506	0.0431	0.0367	0.0313	0.0267	0.0229	0.0196	0.0168	0.0144	0.0124	0.0107	0.0092	0.0079	0.0068
20	0.0514	0.0433	0.0365	0.0308	0.0261	0.0221	0.0187	0.0159	0.0135	0.0115	0.0098	0.0084	0.0072	0.0061	0.0053
21	0.0443	0.0370	0.0309	0.0259	0.0217	0.0183	0.0154	0.0129	0.0109	0.0092	0.0078	0.0066	0.0056	0.0048	0.0040
22	0.0382	0.0316	0.0262	0.0218	0.0181	0.0151	0.0126	0.0105	0.0088	0.0074	0.0062	0.0052	0.0044	0.0037	0.0031
23	0.0329	0.0270	0.0222	0.0183	0.0151	0.0125	0.0103	0.0086	0.0071	0.0059	0.0049	0.0041	0.0034	0.0029	0.0024
24	0.0284	0.0231	0.0188	0.0154	0.0126	0.0103	0.0085	0.0070	0.0057	0.0047	0.0039	0.0032	0.0027	0.0022	0.0018
25	0.0245	0.0197	0.0160	0.0129	0.0105	0.0085	0.0069	0.0057	0.0046	0.0038	0.0031	0.0025	0.0021	0.0017	0.0014
26	0.0211	0.0169	0.0135	0.0109	0.0087	0.0070	0.0057	0.0046	0.0037	0.0030	0.0025	0.0020	0.0016	0.0013	0.0011
27	0.0182	0.0144	0.0115	0.0091	0.0073	0.0058	0.0047	0.0037	0.0030	0.0024	0.0019	0.0016	0.0013	0.0010	0.0008
28	0.0157	0.0123	0.0097	0.0077	0.0061	0.0048	0.0038	0.0030	0.0024	0.0019	0.0015	0.0012	0.0010	0.0008	0.0006
29	0.0135	0.0105	0.0082	0.0064	0.0051	0.0040	0.0031	0.0025	0.0020	0.0015	0.0012	0.0010	0.0008	0.0006	0.0005
30	0.0116	0.0090	0.0070	0.0054	0.0042	0.0033	0.0026	0.0020	0.0016	0.0012	0.0010	0.0008	0.0006	0.0005	0.0004

附表三

年金终值系数表

n	1%	2%	3%	4%	5%	6%	7%	8%	9%	10%	11%	12%	13%	14%	15%
1	1.0000	1.0000	1.0000	1.0000	1.0000	1.0000	1.0000	1.0000	1.0000	1.0000	1.0000	1.0000	1.0000	1.0000	1.0000
2	2.0100	2.0200	2.0300	2.0400	2.0500	2.0600	2.0700	2.0800	2.0900	2.1000	2.1100	2.1200	2.1300	2.1400	2.1500
3	3.0301	3.0604	3.0909	3.1216	3.1525	3.1836	3.2149	3.2464	3.2781	3.3100	3.3421	3.3744	3.4069	3.4396	3.4725
4	4.0604	4.1216	4.1836	4.2465	4.3101	4.3746	4.4399	4.5061	4.5731	4.6410	4.7097	4.7793	4.8498	4.9211	4.9934
5	5.1010	5.2040	5.3091	5.4163	5.5256	5.6371	5.7507	5.8666	5.9847	6.1051	6.2278	6.3528	6.4803	6.6101	6.7424
6	6.1520	6.3081	6.4684	6.6330	6.8019	6.9753	7.1533	7.3359	7.5233	7.7156	7.9129	8.1152	8.3227	8.5355	8.7537
7	7.2135	7.4343	7.6625	7.8983	8.1420	8.3938	8.6540	8.9228	9.2004	9.4872	9.7833	10.0890	10.4047	10.7305	11.0668
8	8.2857	8.5830	8.8923	9.2142	9.5491	9.8975	10.2598	10.6366	11.0285	11.4359	11.8594	12.2997	12.7573	13.2328	13.7268
9	9.3685	9.7546	10.1591	10.5828	11.0266	11.4913	11.9780	12.4876	13.0210	13.5795	14.1640	14.7757	15.4157	16.0853	16.7858
10	10.4622	10.9497	11.4639	12.0061	12.5779	13.1808	13.8164	14.4866	15.1929	15.9374	16.7220	17.5487	18.4197	19.3373	20.3037
11	11.5668	12.1687	12.8078	13.4864	14.2068	14.9716	15.7836	16.6455	17.5603	18.5312	19.5614	20.6546	21.8143	23.0445	24.3493
12	12.6825	13.4121	14.1920	15.0258	15.9171	16.8699	17.8885	18.9771	20.1407	21.3843	22.7132	24.1331	25.6502	27.2707	29.0017
13	13.8093	14.6803	15.6178	16.6268	17.7130	18.8821	20.1406	21.4953	22.9534	24.5227	26.2116	28.0291	29.9847	32.0887	34.3519
14	14.9474	15.9739	17.0863	18.2919	19.5986	21.0151	22.5505	24.2149	26.0192	27.9750	30.0949	32.3926	34.8827	37.5811	40.5047
15	16.0969	17.2934	18.5989	20.0236	21.5786	23.2760	25.1290	27.1521	29.3609	31.7725	34.4054	37.2797	40.4175	43.8424	47.5804
16	17.2579	18.6393	20.1569	21.8245	23.6575	25.6725	27.8881	30.3243	33.0034	35.9497	39.1899	42.7533	46.6717	50.9804	55.7175
17	18.4304	20.0121	21.7616	23.6975	25.8404	28.2129	30.8402	33.7502	36.9737	40.5447	44.5008	48.8837	53.7391	59.1176	65.0751
18	19.6147	21.4123	23.4144	25.6454	28.1324	30.9057	33.9990	37.4502	41.3013	45.5992	50.3959	55.7497	61.7251	68.3941	75.8364
19	20.8109	22.8406	25.1169	27.6712	30.5390	33.7600	37.3790	41.4463	46.0185	51.1591	56.9395	63.4397	70.7494	78.9692	88.2118
20	22.0190	24.2974	26.8704	29.7781	33.0660	36.7856	40.9955	45.7620	51.1601	57.2750	64.2028	72.0524	80.9468	91.0249	102.4436
21	23.2392	25.7833	28.6765	31.9692	35.7193	39.9927	44.8652	50.4229	56.7645	64.0025	72.2651	81.6987	92.4699	104.7684	118.8101
22	24.4716	27.2990	30.5368	34.2480	38.5052	43.3923	49.0057	55.4568	62.8733	71.4027	81.2143	92.5026	105.4910	120.4360	137.6316
23	25.7163	28.8450	32.4529	36.6179	41.4305	46.9958	53.4361	60.8933	69.5319	79.5430	91.1479	104.6029	120.2048	138.2970	159.2764
24	26.9735	30.4219	34.4265	39.0826	44.5020	50.8156	58.1767	66.7648	76.7898	88.4973	102.1742	118.1552	136.8315	158.6586	184.1678
25	28.2432	32.0303	36.4593	41.6459	47.7271	54.8645	63.2490	73.1059	84.7009	98.3471	114.4133	133.3339	155.6196	181.8708	212.7930
26	29.5256	33.6709	38.5530	44.3117	51.1135	59.1564	68.6765	79.9544	93.3240	109.1818	127.9988	150.3339	176.8501	208.3327	245.7120
27	30.8209	35.3443	40.7096	47.0842	54.6691	63.7058	74.4838	87.3508	102.7231	121.0999	143.0786	169.3740	200.8406	238.4993	283.5688
28	32.1291	37.0512	42.9309	49.9676	58.4026	68.5281	80.6977	95.3388	112.9682	134.2099	159.8173	190.6989	227.9499	272.8892	327.1041
29	33.4504	38.7922	45.2189	52.9663	62.3227	73.6398	87.3465	103.9659	124.1354	148.6309	178.3972	214.5828	258.5834	312.0937	377.1697
30	34.7849	40.5681	47.5754	56.0849	66.4388	79.0582	94.4608	113.2832	136.3075	164.4940	199.0209	241.3327	293.1992	356.7868	434.7451

续表

n	16%	17%	18%	19%	20%	21%	22%	23%	24%	25%	26%	27%	28%	29%	30%
1	1.0000	1.0000	1.0000	1.0000	1.0000	1.0000	1.0000	1.0000	1.0000	1.0000	1.0000	1.0000	1.0000	1.0000	1.0000
2	2.1600	2.1700	2.1800	2.1900	2.2000	2.2100	2.2200	2.2300	2.2400	2.2500	2.2600	2.2700	2.2800	2.2900	2.3000
3	3.5056	3.5389	3.5724	3.6061	3.6400	3.6741	3.7084	3.7429	3.7776	3.8125	3.8476	3.8829	3.9184	3.9541	3.9900
4	5.0665	5.1405	5.2154	5.2913	5.3680	5.4457	5.5242	5.6038	5.6842	5.7656	5.8480	5.9313	6.0156	6.1008	6.1870
5	6.8771	7.0144	7.1542	7.2966	7.4416	7.5892	7.7396	7.8926	8.0484	8.2070	8.3684	8.5327	8.6999	8.8700	9.0431
6	8.9775	9.2068	9.4420	9.6830	9.9299	10.1830	10.4423	10.7079	10.9801	11.2588	11.5442	11.8366	12.1359	12.4423	12.7560
7	11.4139	11.7720	12.1415	12.5227	12.9159	13.3214	13.7396	14.1708	14.6153	15.0735	15.5458	16.0324	16.5339	17.0506	17.5828
8	14.2401	14.7733	15.3270	15.9020	16.4991	17.1189	17.7623	18.4300	19.1229	19.8419	20.5876	21.3612	22.1634	22.9953	23.8577
9	17.5185	18.2847	19.0859	19.9234	20.7989	21.7139	22.6700	23.6690	24.7125	25.8023	26.9404	28.1287	29.3692	30.6639	32.0150
10	21.3215	22.3931	23.5213	24.7089	25.9587	27.2738	28.6574	30.1128	31.6434	33.2529	34.9449	36.7235	38.5926	40.5564	42.6195
11	25.7329	27.1999	28.7551	30.4035	32.1504	34.0013	35.9620	38.0388	40.2379	42.5661	45.0306	47.6388	50.3985	53.3178	56.4053
12	30.8502	32.8239	34.9311	37.1802	39.5805	42.1416	44.8737	47.7877	50.8950	54.2077	57.7386	61.5013	65.5100	69.7800	74.3270
13	36.7862	39.4040	42.2187	45.2445	48.4966	51.9913	55.7459	59.7788	64.1097	68.7596	73.7506	79.1066	84.8529	91.0161	97.6250
14	43.6720	47.1027	50.8180	54.8409	59.1959	63.9095	69.0100	74.5280	80.4961	86.9495	93.9258	101.4654	109.6117	118.4108	127.9125
15	51.6595	56.1101	60.9653	66.2607	72.0351	78.3305	85.1922	92.6694	100.8151	109.6868	119.3465	129.8611	141.3029	153.7500	167.2863
16	60.9250	66.6488	72.9390	79.8502	87.4421	95.7799	104.9345	114.9834	126.0108	138.1085	151.3766	165.9236	181.8677	199.3374	218.4722
17	71.6730	78.9792	87.0680	96.0218	105.9306	116.8937	129.0201	142.4295	157.2534	173.6357	191.7345	211.7230	233.7907	258.1453	285.0139
18	84.1407	93.4056	103.7403	115.2659	128.1167	142.4413	158.4045	176.1883	195.9942	218.0446	242.5855	269.8882	300.2521	334.0074	371.5180
19	98.6032	110.2846	123.4135	138.1664	154.7400	173.3540	194.2535	217.7116	244.0328	273.5558	306.6577	343.7580	385.3227	431.8696	483.9734
20	115.3797	130.0329	146.6280	165.4180	186.6880	210.7584	237.9893	268.7853	303.6006	342.9447	387.3887	437.5726	494.2131	558.1118	630.1655
21	134.8405	153.1385	174.0210	197.8474	225.0256	256.0176	291.3469	331.6059	377.4648	429.6809	489.1098	556.7173	633.5927	720.9642	820.2151
22	157.4150	180.1721	206.3448	236.4385	271.0307	310.7813	356.4432	408.8753	469.0563	538.1011	617.2783	708.0309	811.9987	931.0438	1 067.2796
23	183.6014	211.8013	244.4868	282.3618	326.2369	377.0454	435.8607	503.9166	582.6298	673.6264	778.7707	900.1993	1 040.3583	1 202.0465	1 388.4635
24	213.9776	248.8076	289.4945	337.0105	392.4842	457.2249	532.7501	620.8174	723.4610	843.0329	982.2511	1 144.2531	1 332.6586	1 551.6400	1 806.0026
25	249.2140	292.1049	342.6035	402.0425	471.9811	554.2422	650.9551	764.6054	898.0916	1 054.7912	1 238.6363	1 454.2014	1 706.8031	2 002.6156	2 348.8033
26	290.0883	342.7627	405.2721	479.4306	567.3773	671.6330	795.1653	941.4647	1 114.6336	1 319.4890	1 561.6818	1 847.8358	2 185.7079	2 584.3741	3 054.4443
27	337.5024	402.0323	479.2211	571.5224	681.8528	813.6759	971.1016	1 159.0016	1 383.1457	1 650.3612	1 968.7191	2 347.7515	2 798.7061	3 334.8426	3 971.7776
28	392.5028	471.3778	566.4809	681.1116	819.2233	985.5479	1 185.7440	1 426.5719	1 716.1007	2 063.9515	2 481.5860	2 982.6444	3 583.3438	4 302.9470	5 164.3109
29	456.3032	552.5121	669.4475	811.5228	984.0680	1 193.5129	1 447.6077	1 755.6835	2 128.9648	2 580.9394	3 127.7984	3 788.9583	4 587.6801	5 551.8016	6 714.6042
30	530.3117	647.4391	790.9480	966.7122	1 181.8816	1 445.1507	1 767.0813	2 160.4907	2 640.9164	3 227.1743	3 942.0260	4 812.9771	5 873.2306	7 162.8241	8 729.9855

附表四　　**年金现值系数表**

n	1%	2%	3%	4%	5%	6%	7%	8%	9%	10%	11%	12%	13%	14%	15%
1	0.9901	0.9804	0.9709	0.9615	0.9524	0.9434	0.9346	0.9259	0.9174	0.9091	0.9009	0.8929	0.8850	0.8772	0.8696
2	1.9704	1.9416	1.9135	1.8861	1.8594	1.8334	1.8080	1.7833	1.7591	1.7355	1.7125	1.6901	1.6681	1.6467	1.6257
3	2.9410	2.8839	2.8286	2.7751	2.7232	2.6730	2.6243	2.5771	2.5313	2.4869	2.4437	2.4018	2.3612	2.3216	2.2832
4	3.9020	3.8077	3.7171	3.6299	3.5460	3.4651	3.3872	3.3121	3.2397	3.1699	3.1024	3.0373	2.9745	2.9137	2.8550
5	4.8534	4.7135	4.5797	4.4518	4.3295	4.2124	4.1002	3.9927	3.8897	3.7908	3.6959	3.6048	3.5172	3.4331	3.3522
6	5.7955	5.6014	5.4172	5.2421	5.0757	4.9173	4.7665	4.6229	4.4859	4.3553	4.2305	4.1114	3.9975	3.8887	3.7845
7	6.7282	6.4720	6.2303	6.0021	5.7864	5.5824	5.3893	5.2064	5.0330	4.8684	4.7122	4.5638	4.4226	4.2883	4.1604
8	7.6517	7.3255	7.0197	6.7327	6.4632	6.2098	5.9713	5.7466	5.5348	5.3349	5.1461	4.9676	4.7988	4.6389	4.4873
9	8.5660	8.1622	7.7861	7.4353	7.1078	6.8017	6.5152	6.2469	5.9952	5.7590	5.5370	5.3282	5.1317	4.9464	4.7716
10	9.4713	8.9826	8.5302	8.1109	7.7217	7.3601	7.0236	6.7101	6.4177	6.1446	5.8892	5.6502	5.4262	5.2161	5.0188
11	10.3676	9.7868	9.2526	8.7605	8.3064	7.8869	7.4987	7.1390	6.8052	6.4951	6.2065	5.9377	5.6869	5.4527	5.2337
12	11.2551	10.5753	9.9540	9.3851	8.8633	8.3838	7.9427	7.5361	7.1607	6.8137	6.4924	6.1944	5.9176	5.6603	5.4206
13	12.1337	11.3484	10.6350	9.9856	9.3936	8.8527	8.3577	7.9038	7.4869	7.1034	6.7499	6.4235	6.1218	5.8424	5.5831
14	13.0037	12.1062	11.2961	10.5631	9.8986	9.2950	8.7455	8.2442	7.7862	7.3667	6.9819	6.6282	6.3025	6.0021	5.7245
15	13.8651	12.8493	11.9379	11.1184	10.3797	9.7122	9.1079	8.5595	8.0607	7.6061	7.1909	6.8109	6.4624	6.1422	5.8474
16	14.7179	13.5777	12.5611	11.6523	10.8378	10.1059	9.4466	8.8514	8.3126	7.8237	7.3792	6.9740	6.6039	6.2651	5.9542
17	15.5623	14.2919	13.1661	12.1657	11.2741	10.4773	9.7632	9.1216	8.5436	8.0216	7.5488	7.1196	6.7291	6.3729	6.0472
18	16.3983	14.9920	13.7535	12.6593	11.6896	10.8276	10.0591	9.3719	8.7556	8.2014	7.7016	7.2497	6.8399	6.4674	6.1280
19	17.2260	15.6785	14.3238	13.1339	12.0853	11.1581	10.3356	9.6036	8.9501	8.3649	7.8393	7.3658	6.9380	6.5504	6.1982
20	18.0456	16.3514	14.8775	13.5903	12.4622	11.4699	10.5940	9.8181	9.1285	8.5136	7.9633	7.4694	7.0248	6.6231	6.2593
21	18.8570	17.0112	15.4150	14.0292	12.8212	11.7641	10.8355	10.0168	9.2922	8.6487	8.0751	7.5620	7.1016	6.6870	6.3125
22	19.6604	17.6580	15.9369	14.4511	13.1630	12.0416	11.0612	10.2007	9.4424	8.7715	8.1757	7.6446	7.1695	6.7429	6.3587
23	20.4558	18.2922	16.4436	14.8568	13.4886	12.3034	11.2722	10.3711	9.5802	8.8832	8.2664	7.7184	7.2297	6.7921	6.3988
24	21.2434	18.9139	16.9355	15.2470	13.7986	12.5504	11.4693	10.5288	9.7066	8.9847	8.3481	7.7843	7.2829	6.8351	6.4338
25	22.0232	19.5235	17.4131	15.6221	14.0939	12.7834	11.6536	10.6748	9.8226	9.0770	8.4217	7.8431	7.3300	6.8729	6.4641
26	22.7952	20.1210	17.8768	15.9828	14.3752	13.0032	11.8258	10.8100	9.9290	9.1609	8.4881	7.8957	7.3717	6.9061	6.4906
27	23.5596	20.7069	18.3270	16.3296	14.6430	13.2105	11.9867	10.9352	10.0266	9.2372	8.5478	7.9426	7.4086	6.9352	6.5135
28	24.3164	21.2813	18.7641	16.6631	14.8981	13.4062	12.1371	11.0511	10.1161	9.3066	8.6016	7.9844	7.4412	6.9607	6.5335
29	25.0658	21.8444	19.1885	16.9837	15.1411	13.5907	12.2777	11.1584	10.1983	9.3696	8.6501	8.0218	7.4701	6.9830	6.5509
30	25.8077	22.3965	19.6004	17.2920	15.3725	13.7648	12.4090	11.2578	10.2737	9.4269	8.6938	8.0552	7.4957	7.0027	6.5660

续表

n	16%	17%	18%	19%	20%	21%	22%	23%	24%	25%	26%	27%	28%	29%	30%
1	0.8621	0.8547	0.8475	0.8403	0.8333	0.8264	0.8197	0.8130	0.8065	0.8000	0.7937	0.7874	0.7813	0.7752	0.7692
2	1.6052	1.5852	1.5656	1.5465	1.5278	1.5095	1.4915	1.4740	1.4568	1.4400	1.4235	1.4074	1.3916	1.3761	1.3609
3	2.2459	2.2096	2.1743	2.1399	2.1065	2.0739	2.0422	2.0114	1.9813	1.9520	1.9234	1.8956	1.8684	1.8420	1.8161
4	2.7982	2.7432	2.6901	2.6386	2.5887	2.5404	2.4936	2.4483	2.4043	2.3616	2.3202	2.2800	2.2410	2.2031	2.1662
5	3.2743	3.1993	3.1272	3.0576	2.9906	2.9260	2.8636	2.8035	2.7454	2.6893	2.6351	2.5827	2.5320	2.4830	2.4356
6	3.6847	3.5892	3.4976	3.4098	3.3255	3.2446	3.1669	3.0923	3.0205	2.9514	2.8850	2.8210	2.7594	2.7000	2.6427
7	4.0386	3.9224	3.8115	3.7057	3.6046	3.5079	3.4155	3.3270	3.2423	3.1611	3.0833	3.0087	2.9370	2.8682	2.8021
8	4.3436	4.2072	4.0776	3.9544	3.8372	3.7256	3.6193	3.5179	3.4212	3.3289	3.2407	3.1564	3.0758	2.9986	2.9247
9	4.6065	4.4506	4.3030	4.1633	4.0310	3.9054	3.7863	3.6731	3.5655	3.4631	3.3657	3.2728	3.1842	3.0997	3.0190
10	4.8332	4.6586	4.4941	4.3389	4.1925	4.0541	3.9232	3.7993	3.6819	3.5705	3.4648	3.3644	3.2689	3.1781	3.0915
11	5.0286	4.8364	4.6560	4.4865	4.3271	4.1769	4.0354	3.9018	3.7757	3.6564	3.5435	3.4365	3.3351	3.2388	3.1473
12	5.1971	4.9884	4.7932	4.6105	4.4392	4.2784	4.1274	3.9852	3.8514	3.7251	3.6059	3.4933	3.3868	3.2859	3.1903
13	5.3423	5.1183	4.9095	4.7147	4.5327	4.3624	4.2028	4.0530	3.9124	3.7801	3.6555	3.5381	3.4272	3.3224	3.2233
14	5.4675	5.2293	5.0081	4.8023	4.6106	4.4317	4.2646	4.1082	3.9616	3.8241	3.6949	3.5733	3.4587	3.3507	3.2487
15	5.5755	5.3242	5.0916	4.8759	4.6755	4.4890	4.3152	4.1530	4.0013	3.8593	3.7261	3.6010	3.4834	3.3726	3.2682
16	5.6685	5.4053	5.1624	4.9377	4.7296	4.5364	4.3567	4.1894	4.0333	3.8874	3.7509	3.6228	3.5026	3.3896	3.2832
17	5.7487	5.4746	5.2223	4.9897	4.7746	4.5755	4.3908	4.2190	4.0591	3.9099	3.7705	3.6400	3.5177	3.4028	3.2948
18	5.8178	5.5339	5.2732	5.0333	4.8122	4.6079	4.4187	4.2431	4.0799	3.9279	3.7861	3.6536	3.5294	3.4130	3.3037
19	5.8775	5.5845	5.3162	5.0700	4.8435	4.6346	4.4415	4.2627	4.0967	3.9424	3.7985	3.6642	3.5386	3.4210	3.3105
20	5.9288	5.6278	5.3527	5.1009	4.8696	4.6567	4.4603	4.2786	4.1103	3.9539	3.8083	3.6726	3.5458	3.4271	3.3158
21	5.9731	5.6648	5.3837	5.1268	4.8913	4.6750	4.4756	4.2916	4.1212	3.9631	3.8161	3.6792	3.5514	3.4319	3.3198
22	6.0113	5.6964	5.4099	5.1486	4.9094	4.6900	4.4882	4.3021	4.1300	3.9705	3.8223	3.6844	3.5558	3.4356	3.3230
23	6.0442	5.7234	5.4321	5.1668	4.9245	4.7025	4.4985	4.3106	4.1371	3.9764	3.8273	3.6885	3.5592	3.4384	3.3254
24	6.0726	5.7465	5.4509	5.1822	4.9371	4.7128	4.5070	4.3176	4.1428	3.9811	3.8312	3.6918	3.5619	3.4406	3.3272
25	6.0971	5.7662	5.4669	5.1951	4.9476	4.7213	4.5139	4.3232	4.1474	3.9849	3.8342	3.6943	3.5640	3.4423	3.3286
26	6.1182	5.7831	5.4804	5.2060	4.9563	4.7284	4.5196	4.3278	4.1511	3.9879	3.8367	3.6963	3.5656	3.4437	3.3297
27	6.1364	5.7975	5.4919	5.2151	4.9636	4.7342	4.5243	4.3316	4.1542	3.9903	3.8387	3.6979	3.5669	3.4447	3.3305
28	6.1520	5.8099	5.5016	5.2228	4.9697	4.7390	4.5281	4.3346	4.1566	3.9923	3.8402	3.6991	3.5679	3.4455	3.3312
29	6.1656	5.8204	5.5098	5.2292	4.9747	4.7430	4.5312	4.3371	4.1585	3.9938	3.8414	3.7001	3.5687	3.4461	3.3317
30	6.1772	5.8294	5.5168	5.2347	4.9789	4.7463	4.5338	4.3391	4.1601	3.9950	3.8424	3.7009	3.5693	3.4466	3.3321